도암집

이 책은 2015 · 2016년도 정부(교육부)의 재원으로 한국고전번역원의 지원을 받아
수행된 '권역별거점연구소협동번역사업'의 결과물임.

This work was supported by Institute for the Translation of Korean Classics - Grant funded by the Korean Government.

한국고전번역원 한국문집번역총서 / 단국대학교 동양학연구원

도암집 3

陶菴集

이재 李縡 지음

최예심
장유승
권진옥
이승용 옮김

일러두기

1. 이 책의 번역은 한국고전번역원에서 간행한 한국문집총간 194집 소재《도암집(陶菴集)》을 대본으로 하였다. 번역 대본의 원문 텍스트와 원문 이미지는 한국고전종합DB(http://db.itkc.or.kr)에서 확인할 수 있다.
2. 내용이 간단한 역주는 간주(間註)로, 긴 역주는 각주(脚註)로 처리하였다.
3. 대본의 본문과 원주의 구분이 명확하지 않은 경우는 역자가 임의로 조정하였다.
4. 한자는 필요한 경우 이해를 돕기 위하여 넣었으며, 운문(韻文)은 원문을 병기하였다.
5. 맞춤법과 띄어쓰기는 한글 맞춤법과 표준어 규정을 따랐다.
6. 이 책에서 사용한 부호는 다음과 같다.
   ( ) : 번역문과 음이 같은 한자를 묶는다.
   〔 〕: 번역문과 뜻은 같으나 음이 다른 한자를 묶는다.
   " " : 대화 등의 인용문을 묶는다.
   ' ' : " " 안의 재인용 또는 강조 문구를 묶는다.
   「 」: ' ' 안의 재인용을 묶는다.
   『 』: 「 」 안의 재인용을 묶는다.
   《 》: 책명 및 각주의 전거(典據)를 묶는다.
   〈 〉: 책의 편명 및 운문·산문의 제목을 묶는다.

차례

도암집 제6권

소疏

도암집 제7권

도암집 제8권

도암집 제9권

서書

도암집

제5권

소 疏

여필중의 무고로 비난을 당한 뒤에 검열을 사직하는 상소[1]

갑신년(1704, 숙종30)

呂必重誣詆後辭檢閱疏 甲申

삼가 아뢰옵니다. 어리석은 신이 외람되게 과거에 급제하여 불행의 경계[2]를 범하여 지나친 복에 따른 시기를 초래하였습니다.[3] 이에 벼슬길에 나오자마자 참담하게도 망극한 무고를 입어 아래로는 일신의 명성에 누를 끼치고 위로는 조정을 욕보였으니, 도리상 영화로운 벼슬자리에 뜻을 접고 자숙하기를 도모하는 것이 마땅합니다. 그러나 사람의 말은 허망하고 임금의 지혜는 지극히 밝으시니, 이치에 어긋난 재앙을 당했다고 하여 스스로 폐인이 되는 것은 의리가 아니라고 생각하였습니다. 겸하여 또 길이 좁아 운신하기가 어려웠고 품성이 나약해 평소 심지가 굳건하지 못하기에 결국 성은에 감격하고 분의(分義)에 두려워 일월과 같은 임금을 우러러 의지하며 대궐에서 주선하였지만 마음속에 남은 두려움으로 편안히 잠을 이루지 못했습니다. 얼마 전에 대

1 여필중의……상소 : 1704년(숙종30) 3월, 대관(臺官) 여필중(呂必重)이 부정한 문과 합격자가 사관(史官)에 재임한다고 비난하는 무소(誣疏)를 올리자 저자가 사직을 청하며 올린 상소이다.

2 불행의 경계 : 옛 사람이 경계했던 세 가지 불행한 일로, 어린 나이에 과거 급제하는 일, 부형의 세력으로 좋은 벼슬을 얻는 일, 재능이 빼어나서 문장에 능한 일을 말한다.

3 신이……초래하였습니다 : 저자는 1702년 알성문과에 합격하였는데, 충주(忠州)의 유학(幼學) 최세일(崔世鎰)이 상소하여 고관(考官)의 친족이기 때문에 합격하였다고 비난한 일을 말한다. 《肅宗實錄 28年 8月 19日》

각의 의론이 몇 년 만에 또 다시 일어났습니다. 이 일의 시비는 공론에 붙이는 것이 마땅합니다만 신의 낭패스런 처지는 더욱 심해졌으니, 험난한 길은 끝이 없고 갑작스러운 소란은 두려워 할 만하다는 사실을 비로소 깨달았습니다. 쉽게 한 번 벼슬길에 나온 것을 후회한들 어찌 돌이킬 수 있겠습니까.

신이 천한 몸으로 또 소명(召命)을 어기는 죄를 지었는데, 다행히도 너그러운 은혜를 입어 파직되는데 그쳤으니, 놀랍고 두려운 마음은 비록 심하지만 개인적인 의리에는 조금 편안했습니다. 그런데 뜻하지 않게 열흘도 안 되어 복직하라는 명이 내려오고 경패(庚牌)[4]가 뒤이어 내려왔으니, 당황스럽고 송구스러워 도망할 곳이 없습니다. 신이 비록 어리석고 미욱하나 재차 청요직을 더럽히고 거듭 낭패를 불러 염치를 잃어버리고 당세를 수치스럽게 하고 싶겠습니까.

삼가 생각하건대 천지는 사물을 기름에 골고루 은혜를 베풀고 부모는 자식을 사랑함에 반드시 보전해 줄 것을 생각하니, 지금 신의 괴로운 호소를 혹 자애로우신 성상께서 불쌍히 여겨 살펴주시리라 생각됩니다. 이에 감히 대궐로 달려와 우러러 실정을 아룁니다.

간절히 바라건대 속히 명하여 신의 직명을 체차하시고 과거시험과 관련된 허실을 철저히 조사해주소서. 설령 언관의 말이 사실이 아니라고 하더라도 신이 자처(自處)하기를 허락해 주시고 다시 관리로 기용하지 마시어 생성(生成)의 은택을 끝까지 내려주십시오. 신이 뼈가 가루가 되고 몸이 부서더라도 어찌 성은에 만에 하나라도 보답할 수 있겠습니까. 신은 지극히 황공하고 간절한 마음을 금할 수 없습니다.

4 경패(庚牌) : 대궐에서 내린 명패(命牌)를 말한다.

예문관 관원으로 임금이 선위한다는 비망기를 도로 거두기를 청하는 차자[5] 을유년(1705, 숙종31)

藝文館請還收傳禪備忘箚 乙酉

삼가 아룁니다. 신들이 앞서 짧은 차자를 올리고 나서 우러러 윤허를 기다렸는데, 성상의 비답을 받들어 보니 결코 윤허하여 따르기 어렵다고 하유(下諭)하셨습니다. 신들은 가슴이 막히고 눈물이 흘러 무슨 말을 해야 할지 모르겠습니다. 연이은 상소로 번독스럽게 하는 것 역시 황송하고 외람된 일이라 하루 동안 입을 닫고 있자니 가슴이 타는듯합니다. 이에 다시 어리석은 충정을 펴서 만에 하나라도 헤아려 받아들여 주시기를 바라지 않을 수 없습니다.

아! 옛날의 성군으로는 반드시 문왕(文王)을 일컫는데, 그 나라를 다스린 기간이 50년이니 짧은 세월이 아니며, 한낮이 되도록 밥을 먹을 겨를이 없었으니,[6] 근면하고 수고롭지 않았던 것은 아닙니다. 게다가 무왕(武王)을 아들로 두었으니 다시 무슨 근심이 있었겠습니까. 그러나 50년의 세월이 지나는 동안 선위를 하였다는 말은 듣지 못했으니,

5 예문관……차자 : 1705년(숙종31) 10월, 숙종이 병 때문에 왕세자에게 선위하겠다고 명을 내렸는데, 이 당시 예문관 봉교로 재직 중이던 저자가 선위의 명을 거두어 주기를 청하며 올린 차자이다.《肅宗實錄 31年 10月 29日, 11月 2日》

6 한낮이……없었으니 : 문왕의 덕을 찬양한 말이다.《서경》〈무일(無逸)〉에 "아름답고 부드러우며 공손하여 백성을 보호하고 홀아비와 과부를 아껴 아침부터 한낮과 지녁이 되도록 밥 먹을 겨를도 없이 만민을 평화롭게 하였다.〔徽柔懿恭, 懷保小民, 惠鮮鰥寡, 自朝至于日中昃, 不遑暇食, 用咸和萬民.〕" 하였다.

어찌 종묘사직과 백성에 마음을 두어 자신의 근면과 노고를 스스로 알지 못했던 것이 아니겠습니까. 지금 전하의 근심과 노고가 지성스럽기는 하지만 해가 질 때까지 밥 먹을 겨를이 없던 것 보다 심하지 않고, 오랜 기간 재위하셨다고는 하나 50년 동안 나라를 다스렸던 것에는 미치지 못하는데, 문왕이 하지 않았던 일을 하려고 하시니, 결코 평소 성상께 기대했던 일이 아닙니다.

삼가 보건대 성상께서는 질병을 근심하고 조리하는 일을 급선무로 여기고 있습니다. 신들이 오랫동안 가까이서 모시면서 자주 성상의 말씀을 들었던 터라 본래 성상이 앓고 계시는 병의 뿌리가 깊다는 사실을 알고 있으니, 저희들의 안타깝고 절박한 심정이 어찌 끝이 있겠습니까. 다만 생각건대 전하께서 비록 일시적인 병을 앓고 계시기는 하지만 천지신명이 보우하시고 억조의 생령이 기원하여 응당 병이 절로 완쾌되는 기쁨이 있을 것이니, 도리어 성상께서 마음 쓰실 일이 못됩니다. 병을 얻게 된 근원으로 보자면 전하께서 능히 자신에게 돌이켜 구하여 항상 "나는 참으로 병통을 지니고 있다."라고 말씀하시면서도 괴로움을 참지 못하는 이유는 또한 화기(火氣)가 성하여 마음을 다스리지 못해서가 아니겠습니까. 마음을 편안하고 고요하게 하여 잔잔한 물결처럼 맑게 하고 사물이 오면 순응하여 어긋나지 않게 한다면 번거로운 정무가 성상의 마음을 흔들지 못할 것이며, 조섭하시는 방도가 모두 합당하면 원기(元氣)가 날로 불어나 무궁한 복이 천년만년 이어질 것입니다.

만일 마음이 불길처럼 타오른다는 경계[7]를 조금 소홀히 하고, 욕심

7 불길처럼 타오른다는 경계 : 마음속에 이는 번뇌를 비유한다. 《장자(莊子)》 〈재유(在宥)〉에 사람의 마음을 표현하면서 "뜨거워지면 불처럼 타올라 모든 것을 태워 버리

을 줄이는 공부를 생각하지 않으면 이 마음이 유지되기가 어려우며, 이 병이 영원히 자리잡게 될 것이니, 비록 일에서 벗어나고 한가로운 와중에 가만히 있더라도 정신을 편안히 하고 안정시키는 방도에 무슨 도움이 있겠습니까. 전하께서는 지난번에 본래 마음을 다스리는 공부를 하지 않았다고 말씀하셨는데, 이는 본래 성상께서 스스로를 겸손히 하는 데에서 나온 말입니다. 그러나 병을 고치는 방법과 사물에 응하는 이치는 마음 다스리는 것을 버려두고 다른 것을 구해서는 안 되니, 이것이 어찌 전하께서 힘써야할 부분이 아니겠습니까.

아! 전하께서 계시는 곳은 임금의 자리이고 전해 받은 것은 조종(祖宗)의 부탁입니다. 마음 내키는 대로 곧장 행동에 옮기는 일반 사람들에게 비할 바가 아니니, 비록 스스로 가벼이 처신하고자 한들 어찌 될 수 있겠습니까. 더구나 은덕을 입고 사모하는 마음을 품고서 울부짖기를 그치지 않는 도성과 지방의 신하와 백성은 어미를 잃은 젖먹이 신세 정도가 아니니, 백성들을 자식처럼 길러주는 어진 마음을 지닌 전하께서 또한 어찌 차마 돌아보지 않고 훌쩍 떠나시겠습니까. 전하께서 행여 조용히 조섭하는 여가에 삼가 깊이 생각하신다면 얼마 지나지 않아 선뜻 마음을 바꾸게 될 것입니다.

삼가 바라건대 성상께서는 속히 여러 신들의 간청을 윤허하셔서 신명과 사람의 기대에 부응하신다면 종사를 위해서나 신민을 위해서나 매우 다행스런 일일 것입니다.

고, 차가워지면 얼음장처럼 모든 것을 꽁꽁 얼어붙게 만든다.〔其熱焦火, 其寒凝冰.〕" 하였다.

봉교를 사직하는 상소 병술년(1706, 숙종32)

辭奉敎疏 丙戌

삼가 아룁니다. 신이 병이 심하게 들어 관직에서 물러나 편의대로 조섭하게 되어 하해(河海)와 같아 헤아릴 수 없는 성상의 은혜를 송축하고 있었습니다. 그런데 뜻하지 않게 성상께서 특별히 기억하셔서 며칠이 지나지 않아 서용하라는 명을 내리셨습니다. 마침 신이 일이 있어 잠시 강교(江郊)에 나가느라 경패(庚牌)[8]가 헛되이 누추한 골목에 이르게 하였으니, 신이 참으로 감격스러우면서도 두려워 스스로 진정할 수가 없습니다. 마땅히 서둘러 달려가 공손히 사례하기에도 겨를이 없어야하지만, 신이 거듭 거센 바람을 맞고 갑자기 감기가 들어 침상에 쓰러져 누워 아주 위독한 상황입니다. 짧은 시일 내에 관대를 갖추고 조정으로 달려갈 가망이 전혀 없으니, 헛되이 직명만 가지고 있는 것은 잠시도 편안치 못한 일입니다. 게다가 신이 간절한 사정이 있는데 스스로를 감히 하늘처럼 인자하게 감싸주시는 성상의 다스림 바깥에 둘 수 없기에 우러러 간절히 호소하고서 밝은 명을 기다립니다.

삼가 생각하건대 신은 어리고 어리석은 몸으로 식견이 없고 재주도 모자란 터라 본래 조정에 들어가 벼슬하기에 부족한데, 외람되게도 사국(史局)에 몸을 담은 지 어느덧 4년의 세월이 지났습니다. 그동안의 행적을 살펴보니 한 가지도 은혜에 보답하지 못한 채 단지 오멸(汚衊)의 부끄러움을 쌓고 허물을 씻어주시는 은혜를 허비하게 했을 뿐입

8 경패(庚牌) : 16쪽 주4 참조.

니다. 그러나 오히려 여러 번 낭패를 겪으면서도 지금에까지 이른 것은 다만 벗어날 수 있는 길이 좁아 움직이려 해도 되지 않아 그런 것이니, 비록 자숙하고자 해도 형세상 어쩔 수 없었습니다.

지금은 다행히도 적임자가 새로 천거되어 예문관의 인원이 갖추어졌으니, 신과 같이 보잘 것 없는 사람은 있어도 그만, 없어도 그만입니다. 지금 이 때에 벼슬길에서 물러나 한가하고 조용한 곳으로 몸을 옮겨 역사를 편찬하는데 마음을 쏟고 여가에 독서를 하여, 신의 나이가 좀 더 들고 학문이 좀 더 넉넉해지고 식견이 좀 더 넓어지기를 기다린 뒤에 출사하더라도 오히려 늦지 않을 것이니, 신의 간절한 마음은 본래 이와 같습니다.

지난번에 체직된 것은 비단 직임을 수행하기 어려운 일시적인 질병 때문이 아니라 마침 동료들의 소요를 만나 그런 것입니다. 그런데 주하사(柱下史 사관)의 자리가 비게 되자 서용되는 은혜가 뒤섞여 신에게까지 이르렀습니다. 신이 만약 운 좋은 기회를 이용하여 태연히 눌러앉아 오랫동안 좋은 직함을 지니고 녹봉을 축내기만 한다면 이는 신이 위로는 성상의 은혜를 저버리고 아래로는 초심을 잃는 것이니, 실로 개인적인 의리에 감히 할 수 있는 일이 아닙니다.

삼가 바라건대 천지처럼 지극히 인자하시고 만물을 다스리는 성상께서 만일 신을 관원 명부에서 삭제하여 오랜 기간 휴가를 내려 위에서 말씀드린대로 작은 소망을 곡진히 이루어 주신다면 지금부터 죽는 날까지 어찌 전하의 은혜에 보답하는 날이 아닐 때가 있겠습니까. 감히 바라건대 자애로운 성상께서 신의 병세를 불쌍히 여기고 신의 마음을 살펴 속히 명을 내려 직명을 체차하도록 명하여 일신의 분수를 편안하게 해주신다면 매우 다행스런 일일 것입니다.

겸설서로 소회를 아뢰는 상소

兼說書陳所懷疏

삼가 아룁니다. 어리석은 신이 오래도록 외람되이 근신의 반열에 있는데, 근래에 또 겸하여 외람되게도 서연(書筵)의 직임을 맡았습니다. 영화로움이 이미 지극한데 성은에 보답한 것은 전무하기에 항상 부끄럽고 두려우니, 큰 짐을 진 것 같습니다. 삼가 나라를 근심하고 임금을 사랑하는 정성이 있어 대략이나마 하루의 책무를 다하고자 하니, 성상께서는 유념해 주시기 바랍니다.

세자 저하는 타고난 총명함으로 예학(睿學)이 날로 발전하여 경서와 역사서를 거의 두루 강습하여 빠르게 일취월장하고 있습니다. 그런데 지난 겨울 이후 연이은 환후로 인해 서연을 자주 쉬고 있으니, 식견이 있는 선비들은 진실로 벌써부터 일폭십한(一曝十寒)의 탄식[9]이 있었습니다. 지난번 눈병이 재발하여 본원(本院 시강원)에서 문후를 여쭈는 예가 있었는데, 얼마 지나지 않아 곧바로 그쳤습니다. 병환이 쾌차되어 얼마 뒤에 서연이 열릴 것이라 생각했으나 어느덧 열흘, 달포가 지나도록 아직까지 들리는 바가 없으니, 신은 어찌된 영문인지 모르겠습니다.

눈병은 글자를 보는데 크게 방해가 되고 학문은 하다 말다하는 것을 가장 꺼리니, 만일 예전 눈병이 아직 완쾌되지 않았다면 치료하는 방안

9 일폭십한(一曝十寒)의 탄식 : 하루 동안 햇볕을 쬐고 열흘 동안 얼린다는 말로, 학문이나 수양에 힘쓰는 때는 적고 게을리하는 때가 많다는 말이다. 《孟子 告子上》

을 조금도 늦추어서는 안 됩니다. 만일 그렇지 않다면 속히 이 따스한 봄날에 맞추어 옛 학업을 익혀야 하는데, 이미 의관에게 명해 약을 쓰라는 조치도 없고 또 날마다 강습을 열라는 명도 없습니다. 궁궐이 너무나도 깊어 그 이유를 알 수 없기에 지척의 관사에서 답답한 마음만 쌓입니다.

아! 주부자(朱夫子)가 말하기를,

"근세 제왕이 아들을 가르치는 법이 소략하여 궁료들의 머리수만 채울 뿐 엄한 사부가 없고, 강독만 할 뿐 경계하여 바로잡는 도움을 주는 이가 없으며, 아침저녁으로 거처에 출입하며 만나는 자들은 환관과 궁녀들뿐이다."

라고 하였습니다. 지금 세자 저하의 덕을 진보시키고 학업을 닦는 것이 지금 가장 시급한 일인데, 엄한 사부와 경계하여 바로잡아 도움을 주는 이가 없을 뿐 아니라, 궁료들과 강독하는 일마저 그만 두었으니, 너무나도 소략합니다. 그러나 평소 학문에 부지런하신 세자 저하의 정성으로 결코 이유 없이 강독을 빠트릴 리가 없으니, 신은 필시 그럴 만한 이유가 있으리라 생각됩니다.

들리는 말에 세자 저하가 이전부터 병환이 있을 때는 의관에게 진찰만 하게 하고 외부에 알리지 못하게 하여 약방에서는 문후를 여쭐 길이 없고, 궁료들은 자세히 듣지 못했다고 하니, 지금도 혹여 이러한 상황인지요? 공자는 질병에 대해 반드시 삼가셨으니, 재계(齋戒)와 전쟁 다음에 질병을 말한 것[10]에서 그 뜻을 볼 수 있습니다. 설령 뜻밖의

10 재계(齋戒)와……것 : 《논어》 〈술이(述而)〉에 "선생께서 조심하시는 일은 재계와 전쟁과 질병이다.〔子之所愼, 齊戰疾.〕"라고 하여 조심하는 일 세 가지를 들면서 질병은

질병이 생기더라도 진실로 소홀히 해서는 안 되고, 결코 숨겨서도 안 됩니다.

지금 열흘이 지나도록 강독을 폐한 일로 헤아려 보건대 삼가 병환이 여러 날 동안 그치지 않은 듯합니다. 진실로 이와 같다면 모든 방법을 동원하여 조섭하여 편안히 휴식을 취하는 방도와 약을 복용하고 침과 뜸을 쓰는 노력을 다하여 공자께서 질병을 조심했던 도를 극진해 해야 합니다. 더구나 진전(眞殿 선원전(璿源殿))에 거둥하실 때 대궐 밖에서 맞이하고 전송하는 예가 또한 하루 전으로 다가왔으니, 바람을 쏘일 수 없다면 속히 명을 내려 임시로 그만두도록 해야 하니, 이는 전하의 뜻에 달려 있을 뿐입니다. 만일 대단치 않은 일시적인 질병으로 굳이 약을 먹고 침과 뜸을 쓸 필요가 없다면 '하루 동안 학문을 폐하면 한 달의 손해가 있고, 한 달 동안 학문을 폐하면 몇 년의 손해가 있다'는 옛 사람의 말이 또한 바로 지금 경계해야 할 부분입니다. 밖에서 보면 강학을 폐하는 근심이 있고, 안에서 말하자면 질병을 숨기는 우려가 있으니, 이것이 신이 크게 두려워하는 바입니다.

자식을 사랑하는 보통 선비도 질병이 있으면 치료를 해주고, 질병이 없으면 학문을 권하는데, 지금 지극히 자상한 인애(仁愛)를 지니고 자식의 질병을 걱정하시는 전하께서 어찌 여기에 뜻을 기울이지 않겠습니까. 게다가 질병을 다스리는 요체는 반드시 먼저 마음을 고요하고 한결같이 하여 답답함을 푸는 데 있으니, 오로지 의약으로 다스리는 말단적인 방도에만 달린 것은 아닙니다. 만일 신들에게 명하여 때때로 입대하여 평상복 차림으로 편안히 있을 적에 조용히 토론하게 하여

자신의 생사와 존망에 관계되므로 조심하지 않을 수 없다고 하였다.

마음을 다스리는 말로 우러러 몸을 조섭하고 보양하는 공을 돕게 하신다면 조섭하는 일과 강습하는 공부에 실제 모두 편리하고 함께 얻는 점이 있을 것입니다. 엎드려 바라건대 전하께서는 깊이 유념하시어 명쾌한 명을 내리셔서 여러 신하들의 답답한 마음을 풀어주소서.

또 신이 또 어리석은 생각에 남은 소회가 있어 참람되고 외람됨을 피하지 않고 아래에서 감히 다음과 같이 아룁니다. 삼가 생각건대 전하께서 깊은 궁궐에서 한가로이 쉬실 적에 세자 저하를 가르쳐 이끌고 훈유하는 방법에 진실로 극진함을 쏟지 않는 때가 없을 것입니다. 그러나 옛날 선유(先儒)들이 당 태종(唐太宗)이 태자를 교육한 방법에 대해 논하면서 말했던 "일이 있을 때마다 가르쳐 주는 것은 자신이 본보기가 되어 가르쳐 주는 것만 못하다."는 점을 생각하소서. 우리 세종대왕(世宗大王)께서는 동궁의 관료들을 불러 세자를 보좌하여 이끌 책임을 지우고 또 말씀하시길,

> "내가 평소에 감히 과오를 저지르지 않는 것은 세자가 과오를 저지르지 않게 하기 위함이오."

라고 하였으니, 훌륭한 계책과 아름다운 말은 백대에 밝게 전합니다.

전하의 동정과 언행 하나하나가 세자 저하에게는 본보기가 되지 않는 것이 없습니다. 신이 감히 알지 못하겠으나 전하께서 한가로이 쉬시면서 훈육하고 이끌어 주실 때에 과연 성조(聖祖 세종대왕)께서 실천하신 과오를 저지르지 않는 덕에 부끄러움이 없으며, 또한 선유들이 말한 자신이 본보기가 되어 가르치는 교훈에 대해 터득하신 점이 있습니까?

근래에 옥체가 회복된 지도 이미 여러 날이 지났고, 날씨가 화창하고 낮 시각이 길어졌는데도 여전히 경연이 열린 것을 보지 못했습니다. 신이 진실로 전하께서 한 달이 넘는 병환에 우선 미칠 겨를이 없었음을

알고 있습니다만, 법강(法講)이 정지된 것으로 말하자면 너무 오래되었습니다. 막힘없이 계속하여 훤히 빛나는 전하의 학문은 한두 강관(講官)의 도움을 기다릴 것이 없습니다. 그러나 자만심을 갖지 않는 것은 성인이 가르친 바이니,[11] 위 무공(衛武公)이 90세의 나이에 시를 지어 경계한 것[12]이 어찌 전하께서 마땅히 본보기로 삼아야 할 것이 아니겠습니까. 더구나 세자 저하는 춘추가 한창 젊어 학업이 더욱 진보할 때이니, 더욱 마땅히 촌음을 아꼈던 우임금처럼 부지런히 더 면려해야 합니다. 그런데 지금 경연과 서연이 정지된 지 해를 넘기고 열흘이 지나 홍문관과 세자시강원이 아울러 할 일 없는 관직이 되었습니다. 먼 외방에서 전해 들으면 곡절을 알지 못할 것이니, 의혹과 탄식이 응당 어떠하겠습니까.

《서경(書經)》〈군아(君牙)〉에 이르기를,

"우리 뒷사람의 앞길을 열어 주고 도와주기를, 모두 바르게 하고 결함이 없게 하였다."

라고 하였으며, 또 이르기를,

"네 몸이 바르면 감히 바르지 않은 이가 없다."

라고 하였습니다. 진실로 바라건대 성상께서는 위로는 가법(家法)을 따르고, 아래로는 격언(格言)을 고찰하여 질병의 근원을 조심하는 것

11 자만심을……바이니 : 순(舜)임금이 우(禹)에게 제위(帝位)를 물려줄 때 우의 덕을 칭찬하여 "자만하거나 잘난 체하지 않았다.〔不自滿假〕" 하였다. 《書經 大禹謨》

12 위 무공(衛武公)이……것 : 무공은 춘추 시대 강숙(康叔)의 8세손으로 이름은 화(和)이다. 95세의 고령에도 불구하고 말을 삼가는 뜻으로 시를 지어 "하얀 옥의 티는 오히려 갈아 없앨 수 있지만, 이 말의 티는 갈 수도 없네.〔白圭之玷, 尙可磨也, 斯言之玷, 不可磨也.〕" 하였다. 《詩經 抑》

을 반드시 자신에게서 시작하고, 학문에 부지런히 힘쓰는 것을 또 자신에게서 시작하여 일상의 모든 일에도 올바름에서 나오지 않음이 전혀 없게 하소서. 그렇게 된다면 선왕의 덕을 밝히고 자손을 위한 계책을 남길 수 있을 것이니, 어찌 다만 당 태종이 일이 있을 때마다 가르쳐 준 것과 같은 수준에 그치겠습니까.

훈도하고 보좌하는 방법의 경우에는 지금까지 말한 자가 많았으니, 신이 낱낱이 아뢰지 않겠습니다. 그러나 또한 바라는 점은 신처럼 몽매하고 볼 것 없는 무리들을 물리치시고 별도로 난성하고 식견 있는 선비들을 선발하여 성과를 이루도록 요구하는 것이니, 이것이 구구한 신의 소망입니다. 신이 마침 숙직하는 곳에 있다가 있어 깊은 근심과 지나친 우려를 감당하지 못하여 감히 성명을 믿고 이렇게 함부로 말하였으니, 신이 진실로 죽을죄를 지었습니다. 너그러이 살피시고 혹 채택해 주신다면 신에게만 다행스러운 일이 아닐 것입니다. 신은 지극히 간절하고 두려운 마음을 가누지 못하겠습니다.

헌납으로 일을 논한 상소 기축년(1709, 숙종35)

獻納論事疏 己丑

삼가 아룁니다. 신이 삼가 생각하건대 국가에서 간쟁하는 관직을 두어서 귀와 눈의 책무를 맡겨 위로는 임금의 덕에 부족한 점을 바로잡고, 아래로는 당시 정치의 득실을 논하게 하였습니다. 그래서 적임자를 얻으면 조정의 풍조가 즉시 변하고 적임자를 얻지 못하면 언로가 끊어지고 직사를 그르치게 될 것이니, 중대하지 않겠습니까. 그런데 신처럼 나약해서 백에 하나도 감당하지 못하는 사람은 식견이 어둡고 비루하여 시비를 분별하지도 못하고 성신(誠信)이 본래 얕아 상하에 믿음을 주지 못하니, 마음과 생각을 다 쏟아 입을 놀려 정사를 논하고자 했으나 진실로 만에 하나도 조정에 도움이 된 것이 없습니다. 그러나 전하께서는 이미 신을 불초하다고 여기지 않으시고 언관의 책무를 주셨으니, 신이 만약 입을 다물고 머뭇거리며 조금이나마 하루의 책무를 다할 것을 생각하지 않는다면 신이 전하를 저버리는 것이 큽니다. 이에 감히 분수에 넘치고 망령됨을 생각지 않고 구구하게 충성을 다하려는 정성을 바치니 오직 성명께서는 그 우매함을 불쌍히 여기시어 한번 살펴주소서.

아! 지금의 국사는 위급한 상황이라 할 만합니다. 재앙이 거듭 닥치고 와언(訛言)이 들끓어 백성의 원망이 날마다 깊어지고 민심이 날마다 떠나 변경에는 점점 사단이 생겨나고 국내에는 흙이 무너지듯 손댈 수 없는 형세가 나타나 중외를 돌아보아도 하나도 믿을 만한 것이 없으니, 이는 지혜로운 자가 아니더라도 너무나 한심하게 여깁니다. 더구나 전하께서 끊임없이 정사에 힘쓰시는 와중에 생각이 여기에 이르신다면 어떤 마음이겠습니까. 임금이 백성들 위에 군림하고 구중궁궐에 거처하시니 그 은미한 마음을 외부에서 헤아릴 수 없을 듯하지만, 밖으로 드러나는 것은 가릴 수가 없습니다. 신은 청컨대 임금을 바르게 인도하고 일을 바로잡는 의리에 따라 죽음을 무릅쓰고 모두 아뢰겠습니다.

신이 삼가 보건대 전하께서는 총명하고 지혜로운 자질을 지니고 유정유일(惟精惟一)의 교훈[13]을 받들었으니, 함양하여 마음을 바로잡아 보존하는 요체에 본디 이미 충분히 강구하셨을 것입니다. 다만 공정한 의리를 항시 치우치는 사정(私情)에 빼앗기고, 조급한 병폐가 늘 곧장 희노(喜怒)에서 나와 덕을 지니는 것이 굳건하지 못하고 일처리에 순서가 없습니다. 그래서 아첨하는 말이 쉽게 들어가 의혹이 많고 선(善)의 단서는 싹트자마자 곧바로 묻혀버리며, 억측하는 데에서 의심이 생기고, 이기기를 좋아하는 데에서 잘못을 저질러 갈수록 격노하여 병의 근원이 더욱 깊어지고 있습니다.

전하께서 스스로를 다스리는 공부가 이미 올바른 도를 얻지 못하였으니 마음에서 생겨나 정치에 해를 끼치는 것[14]이 어찌 한두 가지이겠

13 유정유일(惟精惟一)의 교훈 : 순임금이 우임금에게 전해 주었다고 하는 심법(心法)으로, 《서경》 〈대우모(大禹謨)〉에 이르기를 "인심은 위태롭고 도심은 은미하니, 정하게 하고 한결같이 하여야만 진실로 그 중도를 잡을 수 있을 것이다.〔人心惟危, 道心惟微, 惟精惟一, 允執厥中.〕" 하였다.

14 마음에서……것 : 《맹자》 〈공손추 상(公孫丑上)〉에 맹자가 지언(知言)에 대해 "편벽된 말에서 그 가리운 바를 알며, 방탕한 말에서 빠져 있는 바를 알며, 부정한 말에서 괴리된 바를 알며, 도피하는 말에서 논리가 궁함을 알 수 있으니, 마음에서 생겨나 정사에 해를 끼치며, 정사에 발로되어 일에 해를 끼치나니, 성인이 다시 나오셔도 반드시 내 말을 따르실 것이다.〔詖辭知其所蔽, 淫辭知其所陷, 邪辭知其所離, 遁辭知

습니까. 선유(先儒)들은 궁궐의 금령을 엄하게 하고 근습(近習)을 바로잡는 것을 가장 중요한 내치로 여겼는데, 지금 늘어선 빈첩(嬪妾)들은 별도로 사제(私第)를 마련하고, 미천한 구사(丘史)들은 멋대로 대궐을 들락거립니다. 궁궐이 엄하지 못하여 거리낌 없이 드나들어 외부의 말이 들어가고 내부의 말이 새 나가니 이미 식자들이 깊이 우려하는 점이 많습니다. 그런데 대궐의 하례(下隷)들이 항간에 횡행하고, 내시와 말몰이꾼이 재상인 양 설쳐대는 행태가 마치 집안의 가법이 무너져 드세고 사나운 노복이 두려워하는 것이 없는 듯합니다. 그 교만방자한 정황이 드러났을 뿐만이 아니니, 전하께서 궁궐의 금령을 엄숙하게 하지 않고 근신을 바로잡지 않았음을 알 수 있습니다.

옛날부터 고귀한 공자들은 대부분 지나치게 사치스럽고 굶주림을 겪은 적이 없습니다. 지금 궁방(宮房)에서 모자라는 것이 어찌 비옥한 전답과 화려한 집이겠습니까. 그런데도 서울 안의 좋은 집들을 서로 연이어 절수(折受)하여 각자 몇 구역씩 한도 없이 차지하고, 심지어 강제로 사들였다는 비방이 위로 성상에게까지 이르렀습니다. 지난번에 절수한 것을 조사하여 혁파하라는 조처는 진실로 성상의 덕을 빛내는 일인데, 복주(覆奏)하는 사이에 곧바로 윤허를 아끼셨습니다.

아! 몇 해 사이 수해와 한재로 흉년이 들어 수많은 백성이 도로에 뒹굴고 있습니다. 그런데도 전하께서는 이를 생각하지 않으시고 단지 궁가(宮家)들을 더욱 더 부유하게 해주려는 계획만 세우려 합니다. 전하께서 어린아이를 보호하듯 백성을 사랑하는 마음으로 사랑하는 사람을 부유하게 해주려는 마음과 바꾸지 못하는 것이 안타깝습니다.

其所窮, 生於其心, 害於其政, 發於其政, 害於其事, 聖人復起, 必從吾言矣.]" 하였다.

이 몇 가지 사실을 미루어 보면 전하께서 사심에 치우친 병통을 통렬히 제거하여 근본을 바로잡고 본원을 맑게 하는 다스림을 극진히 하지 못했음을 알 수 있습니다.

아! 조정은 사방의 근본이며 풍교가 나오는 곳인데, 올바르냐 올바르지 못하냐는 실제 임금의 마음에 달려 있습니다. 지금 조정에서는 인재 등용을 살피지 않아 인재가 사라지고, 시비가 분명치 않아 당론이 거세며, 거스르지 않고 고분고분 따르기만 하는 것이 풍조가 되어 언로가 막혀 버렸습니다. 습속이 무너지고 정령(政令)이 무너지는 것이 또한 달마다 다르고 해마다 같지 않으니, 이와 같고서 나라가 망하지 않는 경우는 없습니다. 전하께서 한번 돌이켜 생각해보신다면 나라의 형세와 현재의 시국이 이런 지경에까지 이른 것은 누구의 잘못입니까.

아! 옛날부터 어진 임금이 사람을 등용할 적에는 반드시 그의 재능을 헤아려 관직을 임명하였으니, 마치 저울대로 물건을 달아 근소한 양도 틀리지 않게 하는 것과 같았습니다. 이 때문에 위로는 헛되이 관직을 제수하는 잘못이 없었고, 아래로는 일을 그르칠 우려가 없었습니다. 그런데 지금 전하께서는 사람을 등용하고 물리칠 적에 단지 한때의 개인적인 호오(好惡)만을 따르고 비록 큰 벼슬자리나 요직이라 하더라도 조금도 신중하게 여기는 뜻이 없으니, 그 사람의 장단점과 걸맞는지에 대한 여부는 막연히 성상의 마음에 두지 않으시는 것 같습니다.

사람을 알아보고 관직을 주는 것은 성군도 어렵게 여기는 일이니, 가령 전하께서 명철한 감별력이 없다면 진실로 논할 것도 없습니다. 그러나 총명하시고 슬기로우신 전하께서 나라를 다스린 지가 이미 오래이니, 여러 신하들의 장단과 선악의 여부에 대해서는 마땅히 모르는 점이 없을 것입니다. 그런데 오직 강한 자를 싫어하고 유약한 자를 좋아하며, 나약한 이를 좋아하고 올곧은 이는 싫어하여 자신을 바로잡아 주기를 구하지 않고 뜻을 맞추어 주기만 바라고, 두려워할 만한 것은 취하지 않고 기뻐할 만한 것만 취하십니다. 그러므로 사람을 등용하고 버리는 것이 잘못되어 관직이 날로 천해지고, 어진 사람과 어리석은 사람이 구분되지 않아 인재들이 날마다 사라지니, 이것이 어찌 전하의 좋아하고 싫어하는 마음이 올바름을 얻지 못해서가 아니겠습니까.

인재는 한 세대에 필요한 존재이니, 반드시 평소에 양성해 놓아야 위급할 때에 힘이 될 수 있습니다. 신은 알지 못하겠습니다만 전하께서 지금 양성해 놓은 사람은 누구이고, 가깝게 지내며 믿는 사람은 누구이며, 믿고서 백 리의 고을을 맡기고[15] 한 방면을 담당하도록 할 사람이 누구입니까. 우리나라의 인재는 선조(宣祖)와 인조(仁祖) 두 조정 때보다 성했던 때가 없는데도, 임진왜란과 병자호란을 만나자 곤경을 겪고 낭패를 당했으니, 망하지 않은 것은 요행일 뿐입니다. 더구나 지금은 인재가 드물어 전혀 앞선 조정에 미치지 못하니, 평상시 아무 일 없이 편안할 때에는 그나마 구차하게 무사하기를 바라지만 만에 하나라도 국가에 근심거리가 많아지고 사방에 경보(警報)가 생기면 또한 어떻게 대응할 것입니까. 생각이 여기에 미치니, 저도 모르게 기가 꺾입니다. 만일 전하께서 관직을 위해서 인재를 선발하는 원칙에

15 백……맡기고 : 《논어》 〈태백(泰伯)〉에 증자가 "6척의 어린 임금을 부탁할 수 있고, 100리의 고을을 맡길 수 있고, 중대한 사태에 직면하여 절개를 변치 않으면 군자다운 사람인가? 군자다운 사람이다.〔可以託六尺之孤, 可以寄百里之命, 臨大節而不可奪也, 君子人與? 君子人也.〕"라고 한 말을 이른다.

유의하여 의견이 같거나 다르다는 이유로 등용하고 버리며, 사랑하거나 미워하는 이유로 등용하고 해임하지 않고, 오직 인재만을 천거하고 어진 사람만을 등용했는 데도 참다운 인재가 나오지 않고 관방(官方)이 깨끗하지 않다고 하신다면 신은 믿지 못하겠습니다.

아! 붕당이 반드시 남의 집안과 국가를 망치게 되는 것은 분명한 일입니다. 전하께서 늘 붕당을 근심하고 계시지만 어리석은 신의 생각으로는 전하의 처사도 당론(黨論)을 벗어나지 못하고 계십니다. 어째서이겠습니까. 옛날에 붕당을 없애려고 하는 사람은 반드시 시비를 밝히는 것을 우선으로 삼았는데, 이는 시비가 분명해지면 공론이 정해지고, 공론이 정해지면 조정이 안정되기 때문입니다. 지금 조정의 논의가 비록 삼분오열 되어 마치 실마리가 없이 뒤섞인 실타래처럼 어지럽습니다. 그러나 시비의 공정함으로 말하자면 절로 사라지지 않는 것이 존재하니, 위엄과 힘으로 강제로 할 수 있는 것도 아니며, 여러 사람의 말로 혼란시킬 수 있는 것도 아닌데, 다만 군주가 살피는 것이 분명하지 못할 뿐입니다.

전하께서 다른 사람의 말을 듣고 일을 처리하실 때에 말의 가부와 일의 잘잘못을 따지자 않은 채 마음에 들어 등용한 사람들은 지나치게 추켜세우고, 싫어하여 박대하는 사람들은 지나치게 억누릅니다. 추켜세워주면 총애를 믿어 더욱 방자해지고, 억누르면 반발이 더욱 심해지니, 미미함에서 비롯되어 드러나게 되고, 작은 것이 쌓여 커져서 풍파가 날마다 일어나 아득히 끝날 날이 없게 될 것입니다. 전하께서는 시비의 구분을 분명하게 알고 확고하게 지키지 못하여 파란 속에 흔들리고 주자(朱紫)의 구별[16]을 혼동하고 있습니다. 또 어떤 경우에는 그것이 옳은 줄 알면서도 옳다고 하지 못하고 그것이 그른 줄 알면서도 그르다고 하지 못하며, 다만 탄핵이 다른 당을 공격하는 줄만 알고 구원하는 것이 같은 당을 편든다는 것은 깨닫지 못하시니, 그 뜻은 진정시키고자 하나 도리어 분열만 가중시킵니다. 이것이 어찌 전하가 시비를 구별하는 마음이 바르지 못해서가 아니겠습니까.

삼가 듣건대 전날 연석(筵席)에서 노론(老論)은 완만하고 소론(少論)은 급격하다는 말씀[17]이 있었다고 하는데, 모르겠습니다만 그러한 사실이 있습니까? 전하께서는 여기에서 실언을 하신 것입니다. 저 신하들 중에 동인(東人)이니 서인(西人)이니 하고 노론이니 소론이니 하는 것은 사가(私家)에서 하는 이야기에 지나지 않아 식견이 있는 사람은 또한 말하기에도 부끄러워하는데, 이를 어찌 경연에서 정사를 논하는 사이에 할 말이겠습니까. 하늘은 사사로이 덮어주는 것이 없고, 땅은 사사로이 실어주는 것이 없으며, 해와 달은 사사로이 비춰주는 것이 없습니다. 임금은 삼무사(三無私)[18]를 받들어 여러 신하들에게

16 주자(朱紫)의 구별 : 주자는 붉은빛과 자줏빛으로, 붉은 빛은 정색(正色)이고, 자줏빛은 간색(間色)이다. 두 가지 색은 서로 흡사하여 구별하기 어려워 마치 사람의 현불초(賢不肖)를 구별하기 어려운 것과 같다. 이를 두고 공자는 "자줏빛이 붉은빛을 탈취하는 것을 싫어한다.〔惡紫之奪朱也〕" 하였다. 《論語 陽貨》

17 노론(老論)은……말씀 : 숙종이 옥당 관원들을 소대하여 "내가 요사이의 일 때문에 한 마디 말을 하고 싶은 지 오래였다. 바야흐로 지금의 시론(時論)에 '노소(老少)'라는 말이 있는데, '노'는 마땅히 완만하고 후덕해야 하고 '소'는 마땅히 준엄하고 격렬해야 할 것인데도 그들은 실지는 그렇지 않아, 소론은 오히려 보합을 명분으로 삼고 노론은 오로지 비방하여 헐뜯기를 일삼고 있다." 하였다. 《肅宗實錄 35年 1月 27日》

18 삼무사(三無私) : 《예기》 〈중니한거(仲尼閒居)〉에 자하(子夏)가 공자에게 묻기를, "삼왕(三王)의 덕이 천지(天地)에 참여한다고 하는데, 어떻게 해야 천지에 참여한다고 할 수 있습니까?" 하였는데, 공자가 말하기를 "삼무사(三無私)를 받들어 천하의

임하니, 조정에 있는 백관들은 다 같은 전하의 신하로서 오직 마땅히 탕평의 범위에 포함될 것입니다. 그런데 지금 곧 피차를 구별하여 현저하게 좌우 색목(左右色目)을 가리키는 말이 심지어 임금의 말에서 나오니, 전하께서는 어찌하여 사람들에게 넓지 못한 마음을 보이십니까.

더구나 정도를 행하고 아부하지 않는 자는 과격한 데 가깝고, 악행을 미워하고 사특한 것을 규명하는 자는 의견을 달리하는 자를 공격하는 데 가까우며, 임금의 뜻에 순종하는 자는 충성하고 사랑하는 듯하고, 입을 닫고 말하지 않는 자는 근실하고 두터운 듯하며, 모호하게 둘러 말하며 겉으로 조정과 화합을 말하는 자는 또 도리어 조화롭고 완만하여 공평한 것과 유사하니, 명철하고 훌륭하신 전하께서 어찌 이와 같은 진실과 거짓을 분명히 구분하지 못하겠습니까.

아! 신하들이 서로 대립하며 빼앗는 것은 사심에 빠져 스스로 떨쳐 내지 못하는 것에 지나지 않습니다. 그런데 전하께서는 당론에 대해 도리어 무슨 이익이 있기에 꺼리지 않고 몸소 앞장서서 단지 국가로 하여금 그 병폐를 입게 하고도 개의치 않는 것입니까. 만일 전하께서 '당(黨)' 한 글자를 마음에 두지 않고 오직 시비를 분명히 하는데 힘써 치우침이 없게 하여 근신들에게 모범을 보이셨는데도 붕당이 사라지지 않는다고 하신다면 신이 들은 바가 아닙니다.

아! 국가의 언로(言路)는 사람의 명맥과 같습니다. 맥이 끊어지면

사람을 위로하며 따라오게 하는 것이다." 하자, 자하가 또 묻기를 "무엇을 삼무사라고 합니까?" 하니, 공자가 대답하기를, "하늘은 사사롭게 덮어 줌이 없고, 땅은 사사롭게 실어 줌이 없으며, 일월(日月)은 사사롭게 비침이 없으니, 이 세 가지를 들어 천하의 사람들을 따라오게 하는 것을 삼무사라고 한다." 하였다.

죽고 언로가 끊기면 망하니 두려워하지 않을 수 있겠습니까. 오늘날 언로가 몹시 막혀 있으니, 조정의 신하들이 어찌 모두 말을 할 줄 모르는 것이겠습니까. 감히 말을 하지 못하는 것일 뿐입니다. 이는 그 마음에 생각하기를, '오늘날 진언(進言)한 것이 비록 당시의 병폐에 꼭 맞는 것이라 하더라도 채택하여 써 주는 일을 볼 수 없으니, 이는 무익한 일이다.' 라 하고, 또 말하기를, '혹시라도 기휘(忌諱)에 저촉되는 말을 하면 우레와 같은 위엄이 쉽게 일어나니, 이는 두려워할 만하다.'라고 하여 크고 작은 관직에 있는 사람들이 서로 경계하여 입을 다문 것입니다. 그런데 전하께서는 또 오만하게 스스로를 훌륭하게 여기고 신료들을 경시하여 작록(爵祿)을 가지고 당세의 사람들을 부리려고 하여 번번이 신하들이 성상의 뜻을 따르고 어기며 거스르고 순종할 적에 주거나 빼앗는 것을 마음대로 할 수 있다는 뜻을 분명하게 보이십니다. 그러므로 자신의 지위를 잃을까 염려하는 무리들은 오직 입을 다물고 자리를 지키고 아첨하며 성상의 뜻에 순종하는 것을 일삼고 있습니다. 간혹 충성스럽고 정직하여 과감하게 말을 하는 신하가 있지만 한 마디라도 말을 꺼내면 곧바로 배척받아 더러는 작은 고을 수령으로 좌천되기도 하고 더러는 승진하는 길이 막히며, 또한 더러는 느닷없이 죄인의 명부에 올라 오래도록 복직 되지 못하는 사람도 있습니다. 그러므로 바른말을 하는 사람은 날로 소원해지고 용렬한 사람은 날로 친근해지게 됩니다. 전하께서는 또한 근래에 조정의 신하들 중에 전하 앞에서 얼굴빛을 바로하고 직언하는 사람을 본 적이 있으십니까.

아! 귀에 거슬리는 말이 전하의 귀에 다시 들리지 않은 지 오래입니다. 전하께서는 다행히도 크게 덕을 잃어 나라를 망치는 일은 없었지만 혹시라도 그런 일이 있으면 과감하게 간언할 사람이 단 한 명도 없으리라는 것을 분명히 알 수 있습니다. 공자께서 말씀하신 "오직 내가 말을 하면 아무도 어기는 자가 없다."[19]는 것이 불행히도 그에 가까울 것입니다.

신이 예전에 들어보니, 고(故) 신(臣) 최현(崔晛)이 역적의 옥사에 연좌되어[20] 형벌을 받을 적에, 인조 대왕(仁祖大王)께서 하교하시기를, '최현이 일찍이 야대(夜對)할 때에 직간(直諫)하여 내가 아주 곤혹스러웠는데, 뒤에 생각해 보니 참으로 나를 친애한 것이었다. 지금 비록 죄가 있기는 하지만 반드시 그때의 마음을 저버리지는 않았을 것이다.' 하시며 특별히 사형을 감하도록 명하셨는데, 들은 사람들이 모두 감격하여 눈물을 흘렸다고 합니다. 금기에 저촉되는 말은 인지상정상 듣기 싫어하는 법인데, 몇 년이 지난 뒤에도 마음에 기억하시어 필시 죽을 처지에서 구원해주셨으니, 성조(聖祖)께서 직언을 받아들이는 덕이 역대의 어느 임금보다도 높았음을 알 수 있습니다. 가령 지금 과감히

19 오직……없다 : 임금이 자만하여 나라를 잃게 되는 상황을 비유한 말이다. 노(魯)나라 정공(定公)이 "한 마디로 말해서 나라를 잃는 그런 일이 있습니까?" 하고 묻자, 공자께서 "말이란 그럴 수가 없습니다. 비슷한 것이라면 어떤 사람의 말에 '나는 임금 노릇 하기에 즐거움이 없는데 다만 말을 하면 아무도 내 말을 거역하지 않는 것만은 즐겁다'라고 하였습니다. 만약 그 말이 옳은데 아무도 그것을 거역하지 않는다면 이 또한 좋은 일이 아니겠습니까만, 만약 옳지 않은데 아무도 그것을 거역하지 않는다면 한마디로 말해서 나라를 잃는 것에 가깝지 않겠습니까?" 하였다. 《論語 子路》

20 최현(崔晛)이……연좌되어 : 이인거(李仁居)의 역변(逆變)을 말한다. 이인거는 영천인(永川人)으로, 인조반정 뒤에 익찬에 제수되었으나 출사하지 않고 강원도 횡성(橫城)에 거주하다가 1627년(인조5) 정사 공신(靖社功臣)들이 나라를 그르친다는 명분으로 난을 일으켜 스스로 창의중흥대장(倡義中興大將)이 되어 서울로 들어오다가 원주 목사(原州牧使) 홍보(洪寶)에게 잡혀 처형되었다. 《仁祖實錄 5年 10月 5日》

간언을 하는 신하가 중한 죄를 짓는다면 전하께서는 과연 그를 용서해 주실 수 있겠습니까. 결코 불가능하다는 것을 신은 알고 있습니다.

시험삼아 지난해 이동언(李東彦)의 일[21]로 보건대, 전하께서 여러 차례 엄한 분부를 내려 극형에 처하려고 하신 것이 성조의 일에 부끄러움이 없을 수 있겠습니까. 사람들 중에는 겁내고 나약한 사람은 많고 심지가 굳은 이는 적으며, 유약한 사람은 편안하고, 곧은 말을 하는 사람은 위태로우니, 만일 임금에게 너그럽게 포용하고 인도하여 마음을 비우고 받아들이는 도량이 없으면 누가 기꺼이 몹시 위태로운 상황을 무릅쓰면서 지극히 어려운 일을 행하려고 하겠습니까. 전하께서 만일 성조의 마음으로 마음을 삼는다면 조정의 신하들이 모두 정성을 다해 할 말을 다하여 맡은 직분을 수행하다 죽기를 다툴 것이니, 어찌 언로가 막힐 것을 근심하겠습니까.

아! 국가의 치란은 풍속의 성쇠에 달려있는데, 지금은 극도로 풍속이 무너진 상태입니다. 의리가 밝지 못하고 명분이 엄하지 못하여, 염치가 무너지고 이욕이 난무하여 뇌물을 받는다는 비판과 벼슬을 다툰다는 비난이 이미 감당할 수 없을 만큼 일어나고 있습니다. 그런데도 관원들 사이에서는 명분과 절의가 쓸어낸 듯이 사라져 경연에선 아부하는 말이 샘물 솟아나듯하고, 상소에도 아첨하는 말이 날마다 올라오고 있습니다. 지난해 존호(尊號)에 관한 의론[22]과 요사이 공주의 제택

21 이동언(李東彦)의 일 : 아비가 죽었을 때 끝내 와서 보지 않고 다른 사람을 시켜 반함(飯含)하였다는 죄목으로 이동언을 나문하여 옥에 가두었다. 그 후 제대로 진상이 밝혀지지도 않은 채 이동언은 3년 동안 갇혀 있다가 옥사하였다. 《肅宗實錄 32年 6月 13日》

22 지난해……의론 : 권익평(權益平)이 존호를 올려야 한다는 상소를 올린 일을 말한

(第宅)에 관한 계청(啓請)[23]과 같은 일은 조정의 가장 큰 수치입니다. 세도가 이 지경에 이르렀으니, 오히려 다시 무슨 말을 하겠습니까.

게다가 유생은 집안에서 수양한 것을 바탕으로 조정에 출사하는데, 근래에는 시사(時事)가 자주 바뀌고 세로(世路)에 험한 일이 많아 아비가 아들에게 가르치고 형이 아우에게 권면할 적에 오직 세속을 따라 처신하는 것만을 일삼기에 선정(先正)의 기풍이 날마다 침체되어 다시 경술(經術)과 절행(節行)이 귀한 줄 알지 못하는데, 국가에서 배양하지 않을 뿐 아니라 따라서 깎아 없애고 있는 실정입니다. 지난번에 전하께서 유생을 대하여 진실로 이미 더할 수 없이 욕을 보이고 내쫓았고, 심지어 소장(疏章)을 봉입(捧入)하지 말라는 명을 대신(臺臣)이 기망(欺罔)하는 상소를 올린 다음에 갑자기 내리셨습니다. 이는 온 나라 사람들의 입을 막고 사방의 사기(士氣)를 꺾어버리려 한 것이니, 비록 나라를 망치는 근저라 하더라도 지나친 말이 아닙니다.

저 교주(教胄 성균관)의 수장이라는 사람이 가르치고 인도하는 것이 어떤 일인지를 모르고, 오직 쟁탈하는 일에만 급급하여 간사하고 험악한 일을 꾸미느라 온통 마음을 쓰다가 사람들의 비난과 배척을 받게

다. 이 일로 그는 해남에 정배(定配)되었다.《肅宗實錄 34年 9月 12日》

23 요사이……계청(啓請) : 숙종이 정명공주의 집을 사서 왕자 연령군 이헌에게 주려 하였을 때, 신하로서 선조(先朝)의 공주의 집을 취하여 지금 왕자의 집으로 삼으려고 하는 임금의 잘못된 처사를 행위를 의리를 인용하여 힘껏 간쟁해야 함에도 불구하고, 이인엽(李寅燁), 최석정(崔錫鼎), 조상우(趙相愚)는 서로 칭찬하며 숙종에게 극력 주청하였다. 그 뒤 홍우서(洪禹瑞)가 상소를 올려 임금의 잘못을 조장하는 신하들의 잘못된 행위를 절실하게 논하였고, 이택(李澤)이 상소를 올려 이인엽을 더욱 강력히 배척하였는데, 본문의 내용은 이 일을 말한다.《肅宗實錄 34年 11月 5日·35年 5月 28日》

되어서는 말하기를,

"내가 그런 것이 아니라 성상께서 처분을 내린 것이다."

라고 하며 감히 임금의 위엄을 빌려 태연히 자신의 허물을 가리는 계책을 도모하였으니, 그는 본디 책망할 것도 없습니다. 신이 애석하게 여기는 것은 국가의 체면을 손상하고 성상의 덕에 누를 끼친 것입니다. 국조(國朝)가 융성할 때에 사대부들은 명예와 행실로 스스로를 단속하고 유생들은 기개와 절조를 서로 숭상하였으므로 삼백 년 동안 지탱하고 유지하여 지금에 이른 것은 이에 힘입은 것입니다. 그러나 지금은 명예와 절조가 없어지고 원기(元氣)가 다하였으니, 신은 위태롭고 망하게 되는 근심이 외적인 우환에 있지 않고 조정안에 있을까 두렵습니다. 전하께서는 군사(君師)의 지위에 있고 풍속을 교화하는 권한을 쥐고 계시니, 백성들이 크게 감화되는 효과는 한번 움직이는 사이에 있는데, 국맥(國脉)과 세도(世道)로 하여금 날마다 달마다 부지불식간에 줄어들게 하면서도 이를 구원하지 않으시니, 신이 실로 가슴이 아픕니다.

아! 나라를 다스리는 도는 진실한 마음으로 진실한 정사를 하는 것보다 우선하는 것이 없는데, 전하께서 시행하는 일이 대부분 겉치레만 따르니, 상하의 사이는 오직 허례에만 얽매이고 진정이 서로 통하지 않습니다. 비국(備局)의 차대(次對)는 모두 쓸데없는 말이 되고, 경연의 진강(進講)은 단지 상례만 지키고 있으니, 대소의 사무를 일체 실체의 밖에 두어 정령(政令)이 전도되고, 수시로 번복하여 사람들이 믿지 않아 국가의 체통이 더욱 가벼워졌습니다.

성을 쌓는 일을 들어 말하자면, 북성(北城)에서부터 도성(都城)까지, 또 도성에서부터 또 심도(沁都)까지 하기로 했건만 십 년 동안 무슨 일을 이루었습니까. 성을 쌓는 일에 대한 이득과 손해는 신이 논할 겨를이 없으나 장마를 대비해 집을 튼튼히 수리하는 일[24]은 나라의 큰일인데, 신속히 나섰다가 급히 물러서 버리고, 시작은 있으나 끝맺음은 없어서 지지부진하니, 어떻게 될지 결과를 알 수 없습니다. 이런 일조차 오히려 이와 같은데, 다른 일이야 말해 무엇하겠습니까. 이는 반드시 전하께서 스스로 '대대로 태평성대의 업을 계승하여 남쪽과 북쪽의 두 변경이 일단 안정되고 백성들도 편안하니, 내가 비록 깊은 궁궐 속에 있지만 이리저리 보완하여 다른 근심이 없을 수 있다'고 생각해서 그런 것입니다. 스스로를 용서하는 마음으로 스스로 편안히 하는 태도를 키워 다시 분발하여 진작시키려는 노력이 없으니, 신은 이대로 고치지 않으면 장차 국사가 어떤 지경에까지 이르게 될까 염려됩니다.

아! 오늘날 모든 폐단의 근원은 모두 전하의 마음에 있습니다. 전하께서 만일 스스로 돌이켜 구하여 심신과 정무의 사이에서 마음에서 생겨나 정치에 해를 끼치는 단서를 반드시 생각하여 한 가지라도 생각의 착오나 일의 과오가 있는 경우에 모두 깊이 반성하고 통렬히 고치기를 힘써 아주 공정하고 지극히 바른 정치로 근신들에게 표준이 되고, 지극히 성실하고 거짓이 없는 덕으로 하늘과 사람에게 믿음을 주며, 총명함을 열어 넓히고 인재들을 등용하고 존중하여 궁중(宮中)과 부중

24 장마를……일 : 환란을 당하지 않도록 미리 조처하여 예방하는 것을 말한다. 《시경》 〈빈풍(豳風) 치효(鴟鴞)〉의 "하늘에서 장맛비가 아직 내리지 않을 때에, 저 뽕나무 뿌리를 거두어 모아다가 출입구를 단단히 얽어서 매어 놓는다면, 지금 이 아래에 있는 사람들이 혹시라도 감히 나를 업신여길 수 있겠는가.〔迨天之未陰雨, 徹彼桑土, 綢繆牖戶, 今此下民, 或敢侮予?〕"라는 말에서 나온 것이다.

(府中) 사이가 환하여 터럭만큼의 누도 없고 정령을 내릴 때에 좋지 못한 풍속을 확연히 제거한다면, 풍속을 크게 변화시킬 수 있고 세도를 만회할 수 있을 것이니, 위태로운 상황이 편안한 상황으로 바뀌는 것은 손을 뒤집는 것처럼 쉬울 것입니다. 전하께서는 무엇을 꺼려 고치지 않는 것입니까.

아! 전하께서 백성을 다스리신 지 지금 벌써 35년이니, 조종(祖宗)의 부탁이 어떠하며, 백성들의 기대와 바람이 어떠합니까. 그런데 지금의 상황을 보면 국세가 날마다 위태로워져 큰 화로에 머리카락을 태우는 상황처럼 두렵습니다. 만일 전하께서 크게 일을 해 보려는 뜻이 없다면 진실로 어찌할 수가 없지만, 지금 전하의 총명예지는 한 세상을 잘 다스리기에 충분한데도 끝내 말세의 별 볼 일 없는 군주들과 같은 처지가 되고 말았습니다. 옛말에 '어리석은 군주를 원망하지 않고 현명한 군주를 원망한다.'고 하였으니, 신은 마음이 아픕니다.

옛날에 거백옥(蘧伯玉)은 나이 오십에 49년 동안의 잘못을 알았는데[25] 그가 좋은 방향으로 변화한 것을 군자가 칭찬하였으니, 옛 사람이 자신을 다스리는 노력이 이와 같았습니다. 하물며 임금은 위로 하늘을 대신하여 직접 온갖 정무를 보니, 내면을 성찰하여 날마다 새로워지려는 공부가 또 어찌 필부에 비할 바이겠습니까. 진 목공(秦繆公)이 맹세하는 말에 이르기를,

25 거백옥(蘧伯玉)은……알았는데 : 거백옥은 춘추 시대 위(衛)나라의 어진 대부로, 이름은 원(瑗)이다. 《회남자(淮南子)》〈원도훈(原道訓)〉에 "거백옥은 나이 50세에 49세 때의 잘못을 알았다."라고 하였는데, 그가 해가 바뀔 때마다 지난해의 잘못을 뉘우치며 끊임없이 개전(改悛)의 노력을 기울였음을 말한 것이다.

"세월이 빨리 흘러가 다시는 돌아오지 않는 것이 나의 근심이다."라고 하였습니다. 무릇 빨리 흘러서 잃기 쉬운 것은 기회이고, 가버려서 돌아오지 않는 것은 시간입니다. 성년(盛年)이 이미 지났는데 다스림의 효과는 더욱 아득하고, 대업(大業)은 유지하기 어려운데 위험과 혼란은 다가오니, 신은 '임금의 얼굴이 예전과 같지 않음을 또한 알겠다'고 한 주자의 말을 읽을 때마다 여러 번 반복해 읽으며 눈물을 흘리지 않은 적이 없습니다. 전하께서는 한가하고 고요할 때에 또한 돌아보고 탄식하여 두려워 바뀌어야겠다는 생각이 들 때가 있을 것입니다. 이때에 미처 정치와 형벌을 밝혀 국세를 유지할 계책을 세우지 않아서야 되겠습니까.

신은 세신(世臣)이라 나라에서 큰 은혜를 받은 것이 하늘처럼 끝이 없으니, 늘 시사를 생각하면 한밤중에도 여러 번 탄식합니다. 솟구치는 어리석은 충정에 말을 가릴 줄 몰랐으니, 비록 나라를 걱정하고 백성을 사랑하는 작은 정성에서 나온 것이지만 참람되고 경솔한 죄는 피할 수 없을 듯합니다. 만일 전하께서 사람이 별 볼 일 없다고 그 말까지 소홀히 대하지 않고 공평한 마음으로 살펴 가납해주신다면 실로 국가에 다행스런 일일 것입니다. 비록 광망(狂妄)한 죄에 대해 처벌을 받더라도 신이 달게 받을 것입니다. 신은 감격하고 황송함을 누를 길이 없습니다.

엄한 하교로 인해 견책을 청하고 이어 호당의 선발을 사양하는 상소 경인년(1710, 숙종36)

因嚴敎請譴仍辭湖堂疏 庚寅

삼가 아룁니다. 신이 지난해에 북막(北幕)에서 재직하다가 모친이 병이 났다는 소식을 듣고 휴가를 받고 돌아와 병세를 살폈습니다.[26] 그 이러한 때에 이조로 옮겨 제수하는 명이 갑자기 이르렀는데, 마침 성상의 체후가 미령하여 나라 안팎이 근심하고 정신이 없던 때 한 번 나아가 사은숙배를 하여 분의(分義)를 조금 폈습니다. 그런데 모친의 병세가 더욱 심해져 곁을 떠나기가 어려워 부득이 상소하고 고향으로 돌아오는 바람에 결국 달려가 축수(祝壽)하는 반열에 끼지 못하였으니, 인정과 예법에 어긋나 죄만 겹겹이 쌓게 되었습니다.

게다가 지난번에 비망기가 내려오자[27] 두려움에 떨며 몸 둘 바를 몰랐지만, 해당 관사의 직임을 맡은지라 감히 고하여 밝히지 못하고

26 북막(北幕)에서……살폈습니다 : 북막(北幕)은 함경북도 경성(鏡城)에 설치된 북병영(北兵營)의 별칭이다. 《도암선생연보(陶庵先生年譜)》를 참고하면, 저자는 기축년(1709) 7월 함경북도 병마평사(咸鏡北道兵馬評事)에 임명되어 부임했다가 그해 12월 모친이 병으로 인해 휴가를 받고 돌아와 그대로 화전(花田)에 머물렀다. 이듬해 1월 이조 좌랑에 임명되었다.

27 지난번에 비망기가 내려오자 : 저자가 헌납으로 있으면서 상소하여 편당의 논에 따른 폐단과 언로가 막힌 일 등을 논하였는데, 숙종이 비답을 내려 임금에게 하는 말에 격분한 기세가 있고 해괴한 말을 하였다고 꾸짖었다. 저자가 엄격하게 내린 분부 때문에 인피했는데, 뒤에 정언 서명우(徐命遇)가 처치(處置)하여 중죄인 이동언을 영구(營救)할 때에 말이 지극히 비뚤어졌다는 이유로 체직시켰다. 《肅宗實錄 35年 6月 19日》

가만히 움츠리고 엎드린 채 삼가 엄한 견책을 기다렸습니다. 그런데 뜻밖에 성상께서 다시 은혜로운 교지를 내려 세자시강원의 직임을 겸하게 하시고 역마를 타고 서둘러 올라오라고 명하셨습니다. 신이 이에 너무나도 두렵고 감격하여 눈물 콧물이 뒤섞여 흘렀으니, 진실로 어떻게 이런 은혜를 받게 되었는지 모르겠습니다.

신이 이전 상소에서 이동언(李東彦)의 일[28]을 논한 것은 삼가 민간의 의론을 듣고 혹 털끝만큼이라도 성상의 덕에 누를 끼치게 될까 두려웠던 한편, 성조(聖祖)에서 곤우 사람을 포용하던 덕을 일찍이 흠앙(欽仰)하며 감탄하였기에, 선열에 필적할 만큼 더욱 성량(聖量)을 넓히시기를 전하께 깊이 바랐기 때문입니다. 어찌 감히 소인의 마음으로 천지 같은 큰 도량을 함부로 헤아릴 수 있겠습니까.

지금 성심(聖心)이 깨우치시어 덕음(德音)을 내려 중옥(重獄)을 분명히 살펴 이미 죽은 사람이라고 해서 버려두지 않고 구천의 원통함을 남김없이 깨끗이 씻어주셨으니, 호오(好惡)를 공정히 하고 형벌을 신중히 행하는 성인의 마음이 보통 사람의 경우 보다 훨씬 뛰어남을 볼 수 있습니다. 어리석은 신이 말을 함부로 한 죄상이 이에 이르러 더욱 극명하게 드러났습니다. 마음대로 짐작하여 말하는 것은 동렬(同列) 이하에게도 오히려 해서는 안 되는 일인데, 더구나 신하가 되어 임금에게 말을 하면서 만일 이와 근사한 점이 있다면 죽음으로도 그 죄를 감당하기 어렵습니다. 비록 관대한 성상의 도량으로 특별히 감싸고 용서해 주신다 한들 어찌 감히 편안히 명을 받아 조정에서 활개치며 돌아다닐 수 있겠습니까.

28 이동언(李東彦)의 일 : 38쪽 주21 참조.

게다가 신처럼 전혀 능력이 없는 자가 호당(湖堂)에 선발되니 부끄럽고 두려운 마음이 오래도록 가시지 않습니다. 국조(國朝)의 전성기에 인재를 길러 문치(文治)가 크게 빛났을 때에도 사신(詞臣)에게 있어 사가독서(賜暇讀書)는 가장 영화로운 일이었습니다. 그러나 근래에는 재주가 옛날 사람만 못해 여기에 선발되는 경우가 거의 드뭅니다.

신은 어려서는 배우지 못했고 자라서는 더욱 학문을 폐하였는데, 다만 선대(先代)의 음덕에 힘입어 영화롭고 높은 자리를 거쳤으니, 반성해보면 부끄럽고 두려워 용납할 바가 없을 듯한데, 지금 이런 선발이 어찌하여 신에게 이르게 된 것입니까. 더구나 지금 문학과 명망이 신보다 나은 사람이 어찌 한량이 있겠습니까. 그런데 저울대가 기준을 잃고 취사선택이 전도되어 직임과 사람이 걸맞지 않아 사람들의 비난이 날마다 일어나는 데도 하찮은 신이 남들보다 앞에 서 있으니, 어찌 스스로 부끄럽지 않겠습니까. 신이 감히 무릅쓰고 명에 응할 수 없는 것은 본래 스스로 결정한 일인데, 엄한 교지가 내린 뒤에 견책을 청하기에 급급하여 또한 감히 정상을 다 말씀드릴 겨를이 없었습니다.

엎드려 바라건대 자애로운 성상께서는 특별히 헤아리시어 신의 직명을 거두시고 신의 죄상을 조사하여 말을 함부로 하는 자들의 경계로 삼으시고, 이어 호당의 선발을 취소하시어 관작을 중히 하시고 보잘것 없는 신의 분수를 편안하게 해 주시기를 간절히 바랍니다.

수찬으로 옮기라는 명을 받고 진정을 아뢰어 종양(終養)을 구하는 상소

移修撰陳情乞終養疏

삼가 아룁니다. 신이 지난번에 애달프게 호소하여 체직시켜 주시기를 바랐는데, 삼가 비답을 받아 보니 신의 청을 윤허하지 않고 어미의 병이 차도가 있거든 올라와 직분을 살피라 하시고, 뒤이어 옥당으로 옮기라는 명이 내리니, 신은 황송하고 감격하여 어찌할 줄을 모르겠습니다. 신이 비록 불초하지만 조금 분의(分義)를 아니, 어찌 우러러 성상의 덕의(德意)를 받들어 힘써 부름에 달려가기를 원하지 않겠습니까. 그러나 신의 모친의 병세가 줄곧 위독하여 열흘이나 달포 사이에 차도를 보일 수 있는 상황이 아니니, 신의 정리상 모친의 곁을 떠나 직무를 수행할 수 있는 가망이 전혀 없습니다. 이렇게 홍문관에 입직할 인원이 모자란 때에 열흘이 지나도록 헛되이 직명을 지니고서 직무를 방치하는 죄를 짓고, 성상의 체후가 편치 못하여 연일 침을 맞으신다는 말을 듣고도 문후를 여쭈는 반열에 나아가 마음과 예를 펴지 못했으니, 신하가 되어 이럴 바에는 진작 죽는 것이 나았을 것입니다.

생각건대 신의 개인적인 사정이 너무나도 절박하여 늘 인자하시고 포용해 주시는 성상께 한번 아뢰고 싶었지만 번거롭고 외람될까 두려워 지금까지 머뭇거리고 있었습니다. 그러나 군신 관계는 부자 관계와 같으니, 자식이 아버지께 무슨 말이든 다하지 않겠습니까. 신은 청컨대 만 번 죽기를 무릅쓰고 우러러 가슴속에 있는 말을 말씀드리니, 성명께서는 불쌍히 여겨 살펴주시기 바랍니다.

신은 타고난 운명이 험하여 다섯 살에 부친을 여의였습니다. 신의 모친이 애통한 마음을 안은 채 겨우 목숨을 부지하고 있는 것은 다만 신이 이 제대로 장성하기를 바랐기 때문입니다. 신이 외람되이 과거에 합격하여 녹봉을 바란 것은 조금이나마 어미에게 사적인 효심을 펴기 위한 것이었습니다. 그런데 뜻밖에 지나치게 과분한 은혜를 입어 좋은 벼슬자리를 역임하였으니, 임명하는 교지를 받을 때마다 모자가 마주 보고 감격의 눈물을 흘리지 않은 적이 없습니다. 신의 어미는 여러 차례 극심한 고통을 겪어 혈기가 고갈되었고, 노쇠함에 이르러서는 온갖 질병이 틈타 일어나 조금도 편안할 날이 없습니다. 병증이 번갈아 바뀌어 일어나고 몸이 상하여 음식과 기거는 올해가 작년만 못하며, 근력과 정신은 늙은이와 다름이 없습니다. 이는 마음의 화가 병을 쌓는 빌미가 되어서 그런 것이니, 만일 근심과 걱정이 마음에 닥치면 병세는 더 심해집니다. 게다가 심기가 허약하여 신이 곁에 있는 것을 보고서야 조금 안정을 취하는데, 신이 여러 날 곁을 비우면 울적하고 괴로운 마음으로 침식을 모두 폐하니, 더욱 목숨이 위태로운 우환이 있습니다.

신은 형제가 없는 독자로서 모자간에 그림자와 형상 같이 의지하여 어릴 때부터 장성할 때 까지 하루도 곁을 떠난 적이 없습니다. 그런데 벼슬길에 나온 뒤로는 대궐에서 근무하느라 걸핏하면 여러 달 보내고 있으니, 신이 혼정신성(昏定晨省)을 하지 못해 마음이 어지러울 뿐만 아니라 신의 모친도 신을 생각하는 마음을 놓지 못하여 거의 마음의 병이 되었습니다. 그래서 신이 누차 어미를 보살피고 구완하기를 번거롭게 청하여 효로 다스리는 교화 속에 있게 되었습니다. 몇 년 사이에 명을 받들고 변방에 있는 두 지역으로 나갔고, 가고 돌아오는데 걸린 시일이 반년이 채 안 되었는데, 돌아와 만나보니 모습이 바뀌어 거의

알아볼 수가 없었습니다. 신의 모친이 신의 손을 잡고서는 줄줄 눈물을 흘리며 말하기를,

"내가 병이 심해져 거의 다시 보지 못할 뻔 했구나."

라고 하였습니다. 신이 이에 몇 년 동안 조정에 있으면서 터럭만큼도 도움이 되지 못하고 다만 병든 어미에게 슬픔만 안긴 것이 마음 아프니, 불효와 불충이 신과 같은 자는 없을 것입니다. 생각건대 지금 어미는 나이가 더 많이 들었고 병세가 더 깊어졌습니다. 하늘과 같이 중한 부모의 은혜를 조금도 갚지 못했는데 노년은 빨리 흘러가 남은 날이 거의 없습니다. 신이 만약 성상의 은혜를 받고 총애를 그리워하여 나아가기만 하고 그칠 줄을 몰라 어미의 곁을 떠나 그 마음을 아프게 한다면 훗날 끝없는 후회로 남지 않겠습니까.

아! 신하된 자는 출사하여 임금을 섬기면 마음을 다하고 직분을 받들어 평탄하거나 험난하거나 마른자리건 진자리이건 간에 마다하지 않아야 합니다. 그러나 만일 부모가 늙고 병들어 벼슬길에 나가기 어려우면 공적인 의리와 사적인 정리가 때때로 서로 침탈하는 경우가 있습니다. 지금 신이 위로는 분의에 두렵고 아래로는 사사로운 정리에 얽매여 나아가서는 멸사봉공하는 절조를 바치지 못하고, 물러나서는 부모의 뜻을 봉양하는 기쁨도 다하지 못한 만큼 공적으로나 사적으로나 다 병통이 있고 거취에 둘 다 어려운 점이 있으니, 배회하고 돌아보는 와중에 얼음과 숯불이 마음속에 뒤엉킨 듯합니다.[29] 스스로 생각하건

29 얼음과……듯합니다 : 가슴속에서 격렬하게 일어나는 온갖 갈등과 번뇌를 비유한 말이다. 《장자》〈인간세(人間世)〉에 "기쁨과 두려움 등의 감정이 가슴속에서 싸우는데, 이는 원래 인간의 오장 속에 얼음과 숯이 한데 엉겨 있기 때문이다.〔喜懼戰于胸中,

대 신은 어리석고 우둔하기가 비할 바가 없으니, 조정에서는 있으나 마나 한 것이 강호의 물오리나 기러기와 다름없으나 신의 어미에게는 열 장님에 한 명의 안내자[30]와 같을 뿐만이 아니니니, 신을 위한 계책은 오직 불초한 몸을 물러나기를 청하여 노모를 봉양하여 효로 다스리는 나라에서 죄인이 되는 것을 면하는 것입니다.

신이 삼가 고찰해보니 명나라 홍치(弘治) 연간에 어사 진무열(陳茂烈)이 관직에서 물러나 어미가 죽을 때까지 봉양하기를 청하자 경황제(敬皇帝 효종(孝宗))가 그 마음을 불쌍히 여겨 허락하였는데, 사관이 그 일을 기록하여 훌륭한 일로 여겼습니다.[31] 그 소에 이르기를,

"어미가 병으로 홀로 신음하고 있으니, 약물을 누가 마련해 드릴 수 있겠습니까. 신이 이미 어미를 생각하면 임금께 보답하려는 마음이 혼란스럽고, 어미가 다시 신을 생각하면 몸을 보존하려는 생각이 줄어들 것입니다."

라고 하였습니다. 또 이르기를,

"임금의 은혜는 오히려 다시 갚을 수 있지만 어미가 살 날은 많지 않습니다."

固已結氷炭于五臟矣.]" 하였다.

30 열……안내자 : 여러 사람에게 다 같이 없어서는 안 될 소중한 존재라는 뜻이다. '십고일상(十瞽一相)'은 본래 우리나라 속담으로 《순오지(旬五志)》와 《동언해(東言解)》에서는 '십고일장(十瞽一杖)'이라 하였으며, '십맹일장(十盲一杖)'이라는 말과 함께 두루 쓰였다.

31 명나라……여겼습니다 : 명나라 홍치(弘治) 연간에 어사 진무열이 벼슬을 내놓고 부모를 끝까지 봉양할 것을 청하였을 때 효종이 그 사정을 불쌍히 여겨 허락한 일을 말한다. 《明史 卷283 儒林列傳》

라고 하였습니다. 지금 신의 슬프고 절박한 심정과 상황이 실제 진무열과 서로 비슷합니다. 비록 신의 진실한 효성과 간절한 슬픔은 전혀 고인에게 미치지 못하지만, 우러러 생각건대 성스럽고 자애로우신 성상께서 아랫사람을 다스림에 효를 돈독히 하는 것을 다스림으로 삼아 훌륭한 덕과 지극히 인자함이 앞 시대 성군의 아름다움에 버금가니, 신이 어찌 진무열이 명 황제에게 허락받은 일을 성상께 바라지 않을 수 있겠습니까. 이것이 신이 머리를 들어 애처롭게 부르짖으며 감히 스스로 그만두지 못하는 이유입니다.

이어 생각해보니 신의 학식은 보잘 것 없고 재주와 지혜는 모자라 관직을 맡아서는 변변찮아 한 가지도 잘한다는 칭찬이 없습니다. 선유(先儒)가 말하기를 '임금을 섬길 때는 먼저 견식이 있어야 한다.'라고 하였으니, 신이 늘 이 점을 생각하면 부끄러움에 얼굴이 붉어집니다. 게다가 신의 집안은 대대로 국은을 입어왔는데 오늘에 이르러서는 영화가 너무도 성대해 한 집안의 세 사람이 모두 청요직의 반열에 있습니다.[32] 신이 어리석은 자질로 너무 일찍 벼슬길에 올라 가장 깊은 지우를 받았으니, 분수에 넘치는 직임과 실제보다 지나친 포상이 신에게는 복을 덜어내는 재앙이 아닌 것이 없습니다. 천도(天道)는 넘치는 것을 싫어하고 귀신은 가득 차는 것을 꺼려하니, 범의 꼬리를 밟고 봄의 살얼음을 건너는 것으로도 이 위태롭고 두려운 상황을 비유하기에 부족합니다.

신의 개인적인 의리로는 다만 영화로운 벼슬길을 피해 물러나 개인

32 한……있습니다 : 이 무렵 저자의 중부(仲父) 이만성(李晩成)은 이조 참판, 계부(季父) 이만견(李晩堅)은 응교로 재직하고 있었다. 《肅宗實錄 36年 5月 19日》

적인 분수를 지키기를 바라니, 어미에게 탕약을 달여 드리는 여가에 독서하며 뜻을 구하여 가령 견식이 행여 조금이라도 넓어진다면 지금부터 죽는 날까지는 어느 날인들 전하에게 보답하는 날이 아니겠습니까. 충정(衷情)이 절박하여 말을 가릴 줄 모르지만 구구한 신의 간절한 사정을 성상께서 실로 살펴 주실 것입니다. 혹시라도 성상께서 불쌍히 여기셔서 속히 체직하라는 명을 내려 진무열의 고사에 의거하여 신이 어미가 죽을 때까지 봉양하도록 허락하여 지극한 바람을 이루게 해 주신다면 일개 미물에 불과한 신이 또한 아울러 우로(雨露)의 은택에 흠뻑 젖게 될 것이니, 신의 모자가 어찌 죽어서 결초보은(結草報恩)하는데 그치겠습니까.

생각건대 신이 근래 맡은 일은 간쟁이 아니면 국사를 의논하는 것인데, 한 마디 간언을 하거나 한 가지 일을 논하여 직무에 대한 책임을 다하지 못하고 다만 개인적인 절박함으로 이렇게 번거롭게 하였으니, 신이 더욱 죽을죄를 지었습니다. 신은 눈물을 흘리며 기원하는 지극한 심정을 이기지 못하겠습니다.

견책을 받은 여러 신하들을 구원하기 위한 상소

擬論救被譴諸臣疏

삼가 아룁니다. 신이 병으로 누워있는 와중에 가만히 들어보건대 옥당의 세 신하가 간언을 올린 일로 귀양을 가고,[33] 전후로 논쟁을 한 여러 신하들이 모두 견책을 받아 조정이 텅 비어 그 광경이 시름겹고 참담하니, 원근에서 보고 들은 자들이 모두 당황하고 놀랐다고 합니다. 신이 들보를 바라보고 탄식하며 한 밤 중에도 잠을 이루지 못하니, 성스럽고 밝은 세상에 이와 같이 잘못된 일이 있을 줄은 정말 생각지도 못했습니다.

아! 오늘날 군신 관계는 정과 뜻이 통하지 않아 막힌 것이 극심합니다. 신하들이 간언할 때에는 분명하고 적절하게 하여 임금의 마음을 수긍하게 하지 못하고, 임금이 간언을 들을 적에는 마음을 비우고 기운을 편안히 하여 신하의 진정을 살피려 하지 않아 일마다 의혹이 일어 막히고, 말마다 가로막히는 지경입니다. 이는 실로 지금의 가장 큰 근심거리인데, 근래의 거조(擧措)가 점점 중도를 잃어가는 것이 또한 여기에서 비롯되었습니다.

《유편(類編)》의 책자는 실로 사문(斯文)의 변괴라 전하께서 이미

33 옥당의……가고 : 부교리 홍우서(洪禹瑞), 수찬 이택(李澤),이교악(李喬岳) 등이 향유(鄕儒) 곽경두(郭景斗) 등의 소비(疏批)에서 논의한 것이 국가에 무익하다는 하교로 인하여 차자를 올려 변명하다가 삭직되어 분외출송 낭한 일을 말한다.《肅宗實錄 36年 閏7月 4日》

그 책을 불태우고 해당 인물들에게 벌을 내리셨으니,[34] 초야의 말이 이제는 그칠 만합니다. 그런데 이어 분란을 일으키는 저들은 망령된 것일 뿐이니, 전하께서 그들의 말을 듣기 싫어하시는 것이 당연합니다. 지난번에 성상의 비답 중에 논의가 무익하다는 하교는 당론(黨論)을 가리켜 말씀하신 것이니, 저 차자를 올린 몇몇의 신하들이 또한 어찌 성상의 의중이 어디에 있는 줄을 몰랐겠습니까. 그러나 구구하고 어리석은 저들은 다만 '논의(論議)'라는 두 글자가 시비와 곡직을 포함하고 있어서 일체를 무익한 것으로 귀결시켜서는 안 된다고 생각한 것입니다. 그러므로 전하께서 시비를 잘 살펴 간언을 듣고 수용하는 총명함을 더욱 넓히기를 바랐던 것입니다. 그리고 그들의 말이 또 한 편에만 치우쳐 있지 않고 단지 대체(大體)를 가지고 말하였으니, 어찌 감히 치우친 논의로 전하를 권면한 것이겠습니까. 주자가 붕당에 대해 논하면서 말하기를,

"자기 자신이 그 당이 되는 것을 꺼리지 말아야 하고, 나아가서는 임금까지도 이끌어서 그 당이 되게 해야 한다.[35]"

라고 하였습니다. 만일 현사(賢邪)를 구분해야 한다는 그 뜻을 깊이

34 유편(類編)의……내리셨으니 : 《예기유편(禮記類編)》의 판본을 헐어 버리고 윤회(尹會)를 사판(仕版)에서 삭거하도록 한 일을 말한다. 《肅宗實錄 36年 3月 13日》

35 주자가……한다 : 주희(朱熹)가 사대부의 붕당을 걱정하는 승상 유정(留正)에게 글을 보내 군자의 당을 적극 옹호하면서, "군자가 당을 이루는 것을 미워하면 안 될 뿐만 아니라 자기 자신도 그 당이 되는 것을 꺼리지 말아야 할 것이며, 자기 자신이 그 당이 되는 것을 꺼리지 말아야 할 뿐만 아니라 나아가서는 임금까지도 이끌어서 그 당이 되게 하는 일을 꺼리지 말아야 한다.〔不惟不疾君子之爲黨, 而不憚以身爲之黨, 不惟不憚以身爲之黨, 是又將引其君以爲黨而不憚也.〕"라고 한 내용을 말한다.

궁구하지 않고 그 말만 취할 뿐이라면, 주자도 임금을 당론으로 인도한 것이 되니, 어찌 그럴 리가 있겠습니까. 전하께서 향유(鄕儒)가 올린 소에 대해 그들을 미워할 뿐만이 아니라, 진실로 이미 온 조정의 신하들을 다 의심하고 있었습니다. 옥당의 차자가 마침 그 뒤에 올라왔기에 전하께서 대번에 그들이 소유(疏儒)를 두둔하고 사당(私黨)을 비호한다고 생각하여 위엄과 노여움이 갑자기 진동하여 갈수록 더 심해진 것입니다. 가령 상하의 정과 뜻이 훤히 통해 막힘이 없었다면 오늘날의 일이 또한 어찌 이런 지경에까지 이르렀겠습니까.

아! 논사(論思)의 직임은 국가의 언론이 달려있으니, 전하께서는 너그럽게 받아들여 숨김없이 말하는 문을 열어주어야 합니다. 설령 일시적인 의논에 그릇된 점이 있다 하더라도 또한 어찌 노기 띤 음성과 엄한 안색[36]으로 갑자기 귀양 보내는 처벌을 내린단 말입니까. 더구나 승정원은 왕명의 출납을 관장하고 대관(臺官)은 간쟁을 주된 임무로 삼으며, 잘못을 바로잡는 책임은 재상이 더욱 무거우니, 여러 신하들이 서로 이어 바로잡고 구원하는 것이 바로 그들의 직무일 뿐입니다. 그런데 전하께서는 파직시키거나 내치는 견책과 처벌을 잇따라 내려,[37] 심

36 노기……안색 : 《중용장구(中庸章句)》 제33장에 "《시경》에 이르기를, '나는 밝은 덕이 음성과 얼굴빛을 대단찮게 여김을 생각한다.' 하거늘 공자께서는 '음성과 얼굴빛은 백성을 교화함에 있어 말단이다.' 하였다.〔詩云, 予懷明德, 不大聲以色, 子曰, 聲色之於以化民, 末也.〕" 하였다.

37 승정원은……내려 : 향유(鄕儒) 곽경두(郭景斗) 등의 일과 관련한 차자를 올려 변명하다가 옥당의 세 신하가 삭직되어 문외 출송당할 때 이들을 신구(伸救)하던 승지 김흥경(金興慶)과 우부승지 조도빈(趙道彬)은 파직을 당하고, 옥당의 세 신하를 원찬도록 한 명을 거두어 달라고 청한 장령 홍호인(洪好人)은 진해 현감(鎭海縣監)으로 좌천되었으며, 홍주형(洪冑亨)을 정거(停擧)하도록 한 명을 도로 거둘 것을 논한 대관

지어 충성을 다하는 백발의 재상이 쫓겨나 버려진 물건처럼 내쳐졌으니,[38] 이는 무슨 처사입니까. 전하께서 한번 조용한 밤에 공평한 마음으로 따져 보셨다면 지금 이처럼 지나친 처사가 있었겠습니까. 재상의 자리에 있는 자와 의론을 맡은 자가 입을 다물고 한 마디 말도 하지 않는다면 국가의 체모에 있어서 어떠하겠으며, 전하는 또한 어떻게 생각하시겠습니까. 정호(鄭澔)가 강직하여 말을 과감히 하는 것에 대해서는 전하께서도 알고 계시는 일이지만, 그가 받은 죄명은 실상 애매한 점이 있습니다. 그가 몰래 소유(疏儒)를 사주했다는 죄목은 다만 무함하고 시기하는 자의 입에서 나온 것인데, 그 허실과 진위의 여부를 살피지 않고 곧바로 귀양 보내는 죄율로 결단하시니, 이것이 어찌 큰 성인이 공평하게 듣고 아울러 보는 도리이겠습니까.

아! 현재 논의가 분열됨이 날이 갈수록 더해져 지존께서 위에서 근심하고 피로하게 하는 지경에 이르렀으니, 이는 여러 신하들의 죄입니다. 전하께서 이미 근심이 깊고 생각이 절실하다면 속히 공평한 마음으로 일에 대응하고, 사물을 각자 사물에 맡겨두는[39] 성인의 뜻에 종사

(臺官) 정호(鄭澔)・정필동(鄭必東)・윤봉조(尹鳳朝) 등이 연좌되어 파직된 일을 말한다. 《肅宗實錄 36年 閏7月 4日, 5日》

38 심지어……내쳐졌으니 : 당시 영의정 이여(李畬)가 차자를 올려 옥당 관원과 정호(鄭澔)를 처치한 일이 임금의 과격한 행동에서 나온 부당한 처사라고 말하고 금오문 밖에서 명을 기다렸는데, 임금이 사관(史官)을 보내어 기다리지 말라는 뜻을 유시(諭示)하자, 이여가 마침내 도성 밖으로 나간 일을 말한다. 《肅宗實錄 36年 閏7月 8日》

39 사물을……맡겨두는 : 자기의 주관을 개입시키지 않고, 어떤 일을 대하든 간에 객관적으로 살펴서 그 일의 성격에 맞게 처리하는 것을 말한다. 《근사록(近思錄)》 권4 〈존양류(存養類)〉 주(註)에, "이른바 사물을 각자 사물에 맡겨 둔다고 하는 것은 어떤 사물이 나에게 다가올 때 허심탄회하게 받아들여 과도하게 반응하지 않고, 그 사물이

한 뒤에야 논의가 정해져 조정이 평안해질 것입니다. 지금 전하께서 신하들을 대하고 일을 마주할 때에 정성과 신의가 두텁지 않아 억측하여 의심하고 조금이라도 편치 못한 점이 있으면 가슴에 쌓아 두었다가 일로 인해 심하게 꾸짖어 한 때의 뜻을 푸는 데에만 힘써 조정에 끝없는 풍랑을 일으키면서도 돌아보지 않으시니, 전하께서 논의를 싫어하는 것은 끓는 물을 퍼냈다 다시 부어 끓는 것을 막는 것에 가깝지 않겠습니까.[40]

전하께서는 신류들을 경시하고 호오(好惡)에 일정함이 없어, 승진시키고 좌천시키며 부르고 물리칠 때에 진실로 이미 노예로 대우하고 있습니다. 여러 신하들로 하여금 전하의 위엄과 노여움에 벌벌 떨고 이익과 손해의 사이만 돌아보며 머리를 숙이고 입을 다문 채 순종하기만 하고 거역함이 없게 하도록 한 뒤에야 논의를 좋아한 죄를 면할 수 있을 것입니다. 저 교묘히 자신만을 도모하여 그 자취를 감추는 자들은 암암리에 기뻐할 것이니, 이것이 어찌 국가의 복이겠습니까. 전하께서 근심하시는 것은 논의이지만, 신이 크게 우려하는 것은 전하께서 이 병통을 없애지 못하면 꼭 나라를 잃게 되는 근원이 되지 않으리

떠나면 또 그대로 가게 하면서 과거의 자취에 집착하지 않는 것이니, 이렇게 하면 내가 능동적으로 사물을 부리게 되고 피동적으로 사물에 부림을 받지 않게 된다.〔所謂物各付物者, 物來而應, 不過其則, 物往而化, 不滯其迹, 是則役物而不爲物所役.〕" 하였다.

40 끓는……않겠습니까 : 펄펄 끓는 물을 퍼냈다가 다시 부어서 끓지 않게 하려는 것처럼 임시방편으로 눈앞의 급한 일만 우선 모면하려고 하는 것을 말한다. 한(漢)나라 매승(枚乘)의 〈상서간오왕(上書諫吳王)〉에 "끓는 물을 식히려 할 경우, 한 사람이 불을 때고 있으면 백 사람이 아무리 퍼냈다가 다시 담는다 하더라도 소용이 없으니, 장작에 붙은 불이 꺼지도록 하는 것만 같지 못하다.〔欲湯之滄, 一人炊之, 百人揚之, 無益也, 不如絶薪止火而已.〕" 하였다.

라 보장할 수 없다는 사실입니다. 만일 전하께서 맹자가 말한 자신을 바로잡고 나서야 남을 바로잡는다는 가르침에 뜻을 기울이고 안자(顔子)의 옮기지 않고 반복하지 않은[41] 공부에 힘써 본원의 영역을 함양하고, 기쁨과 노여움의 조절에 경계하고 조심하여 의심나고 장애가 되는 것을 통렬히 떨쳐 버리고 시비를 분명히 가려, 마음을 비워 간언을 듣고 이치를 살펴 일을 다스려 한 시대에 표준이 되면, 조정의 신료들은 노여워하지 않아도 두려워하고 형벌을 가하지 않아도 경외하여 모두 탕평(蕩平)의 교화 속에 있을 것이니, 어찌 논의가 흩어져 갈라짐을 근심 하겠습니까.

지금의 일이 비록 일시적으로 격노에서 나왔다 하더라도 우레와 같은 노여움은 본래 하루를 넘기지 않습니다. 성상께서 일식과 월식 같은 허물을 고치면 사람들이 우러러 볼 것이니,[42] 이것이 보잘 것 없는 신이 묵묵히 바라는 점입니다. 신이 상소를 다듬어 아뢰려는 차에 조보(朝報)를 받아보니, 명을 거두어 달라는 양사(兩司)의 계사가 이미 모두 정지되었다고 합니다. 아! 지난번엔 논의가 비록 분열되었어도, 일이 임금의 지나친 처사와 관련된 경우에는 동일한 말로 바로잡지 않은 적이 없었습니다. 그런데 지금에는 일의 시비를 따지지 않고 오직 사람

41 옮기지……않은 : 애공(哀公)이, "제자 가운데 누가 학문을 좋아합니까?"라고 묻자, 공자가 답하기를, "안회(顔回)라는 사람이 학문을 좋아하여, 노여움을 남에게 옮기지 않으며 같은 잘못을 반복하지 않았는데 불행히도 명이 짧아 죽었습니다. 지금은 없으니, 학문을 좋아하는 자를 아직 듣지 못하였습니다." 하였다. 《論語 雍也》

42 성상께서……것이니 : 《논어》 〈자장(子張)〉에 "군자의 허물은 일식이나 월식과 같다. 허물이 있을 때에는 사람들이 모두 보게 되고, 허물을 고치면 사람들이 모두 우러러본다.〔君子之過也, 如日月之食焉, 過也, 人皆見之, 更也, 人皆仰之.〕" 하였다.

의 호오(好惡)만 따지니 임금의 지나친 처사를 바로잡아 구원하지 못할 뿐 아니라 그대로 받들어 따르기만 하니, 여기에서 세도를 볼 수 있습니다. 전하의 대각에 그래도 사람이 있다고 하겠습니까. 신은 삼가 한심하게 생각합니다. 바라건대 전하께서는 두루 밝게 살펴 주시기를 바랍니다. 신은 황공함을 견디지 못하겠습니다.

본직과 겸직을 사양하는 상소 신묘년(1711, 숙종37)

辭本兼諸職疏 辛卯

삼가 아룁니다. 신이 지난번에 외람되이 본직을 맡아 오랫동안 은혜로운 소명(召命)을 피하여 몇 개월 동안 버티다가 결국에는 관직에서 해임되었습니다. 비록 절박한 사정에서 나온 것이기는 하나 실로 오만한 죄가 쌓였으니, 두려운 마음에 용납될 곳이 없는 듯하였습니다. 뜻밖에도 제일 낮은 고과를 받은 이들을 탕척(蕩滌)하라는 명이 며칠 사이에 갑자기 나와 예전 직명을 그대로 회복하여 새로이 두터운 총애를 입었으니, 신은 공경히 제수하는 교서를 받들고는 감격하여 눈물이 흘렀습니다. 신하된 분의(分義)로 속히 허겁지겁 달려가 받들어 그동안 소명을 어긴 죄를 조금이라도 속죄해야 마땅하지만, 신의 어미가 숙병이 더욱 깊어져 오래도록 자리에 누워 있어 약물로 봉양해야 하는 터라 잠시라도 곁을 떠나기가 어려우니, 비록 힘써 조정에 나아가고자 하더라도 어찌할 도리가 없습니다.

돌아보건대 본직과 겸직 이 두 직임은 얼마나 긴요하고 중요한 자리입니까. 그런데 해를 넘기고 철을 보내는 동안에 잠시 해직되었다가 곧바로 다시 임명되어 이조 정랑과 권강(勸講)하는 자리[43]가 신으로 인해 하나의 빈자리가 되어 버렸으니, 신의 마음은 황공하고 두려워 이미 말을 할 수가 없습니다. 어찌 나라의 체모에 있을 일이겠습니까.

43 이조……자리 : 저자는 이 당시에 이조 정랑으로 겸문학의 자리에 있었다.《肅宗實錄 37年 1月 17日》

신의 정리가 절박하여 벼슬에 나아갈 수 없는 실상은 여러 차례 상소로 자세히 아뢰었습니다. 우러러 생각하건대 훌륭한 통찰력을 지닌 성상께서 윗자리에 계시면서 남김없이 비추어 보고 계신데, 다만 신의 성의가 모자라 어진 임금을 감격시키지 못해서 과분한 은혜가 거듭 내리고 소명이 계속 이어져 신의 거취의 낭패가 매번 이에 이르니, 가슴을 쓸어내리며 근심하는 처지를 오히려 다시 무엇으로 비유하겠습니까. 게다가 신이 나아가기 어려운 점은 비단 한두 가지가 아니니, 부득불 죽음을 무릅쓰고 열거하겠습니다.

대체로 관리를 선발하는 법은 통색(通塞)[44]보다 엄격한 것이 없으니, 낭관(郎官)이 만일 지명하여 저지한 사람이 있다면 그 사람이 이조를 떠나기 전에는 마음대로 통의(通擬)[45]할 수 없고 반드시 그 낭료와 소상히 논의하여 허락을 받은 뒤에 추천해야 합니다. 신이 지난해 외람되이 이조에 있을 때 관료들이 의논하여 이명세(李命世)와 유명함(兪命咸)을 참하(參下)의 청선(淸選)에 의망하려 하였는데, 신이 이명세는 그의 죄가 명의(名義)에 관계되고 유명함은 본시 하자와 비방이 많다는 점을 들어 저지하였습니다. 지금 신이 이조를 떠나지 않았고, 소상히 논의하고 허가한 일이 없는 데도 몇 사람이 갑자기 대각의 선발에 추천되었습니다.

전랑(銓郎)의 경우 상급자가 있으면 지례 품계를 올려주는 것을 허

44 통색(通塞) : 등용과 저지라는 뜻으로, 관원에 대한 추천권을 말한다. 일반 관직의 후보자로 천거하는 것을 통망(通望), 청환(淸宦)의 후보자로 천거하는 것을 통청(通淸)이라 한다.

45 통의(通擬) : 관원을 뽑을 때 물망에 오른 사람의 명단을 한곳에 모아 놓고 뽑는 사람들이 한자리에 모여 의논하여 적임자를 뽑는 일을 말한다.

락하지 않는 것이 규례입니다. 전 필선 신심(申鐔)은 애초에 낭관이 부족해서 함께 서용된 것인데, 대정(大政 도목정사) 때에 세 명의 전랑을 뛰어넘어서 4품에 승진하였습니다. 신심이 대각에 의해 논핵을 당한 것은 실제로 날조하여 배척하는 계획에서 나온 것이라 공의가 모두 놀란 일입니다. 설령 그에게 죄가 있다면 벼슬길을 막고 외직에 보임해야 옳을 것인데, 다만 어찌 반드시 승진시키는데 급급하여 정격을 무너뜨린단 말입니까.

신은 본래 쓸모없고 보잘 것 없는 사람이라 언론이 중하게 여겨지지 못하였고, 더구나 지금은 지방에 있어 감히 우위에 있는 관료로 자임할 수 없지만 관리를 선발하는 법이 무너진 것이 다만 신에게서 비롯되었으니, 어찌 다만 신 한 몸의 수모일 뿐이겠습니까. 다시 관리를 선발하는 자리를 맡아 이로 인해 염치를 손상시키고 당세에 치욕을 끼쳐서는 안 됨이 더욱 분명합니다. 더구나 신은 남상(南庠)[46]의 직임까지 맡고 있는데, 2년 동안 상제(庠製)[47]를 많이 시행하지 못하였습니다. 삼가 들어보니 회시(會試)의 기일이 가까워 조정에서 과시(課試)를 신칙하라는 조처가 있었다고 합니다. 돌아보니 신의 사정으로는 결코 조정에 나아가 직분에 종사할 수 있는 가망이 없는데, 줄곧 직임을 띠고 있는 것은 지극히 온당치 못합니다. 만일 지금 변통하지 않으면 그때 가서 군색한 걱정이 있을까 두렵습니다.

엎드려 바라건대 자애로운 성상께서는 억누를 수 없는 신의 절박한

46 남상(南庠) : 조선 시대 한양에 두었던 관립 학교인 사학(四學) 중의 하나이다. 남횡(南黌)이라고도 한다.

47 상제(庠製) : 성균관에서 보이는 제술(製述)시험을 말한다.

사정을 곡진하게 헤아리시고, 무릅쓰고 나아갈 수 없는 신의 위축된 처지를 굽어 살피셔서 신이 겸임하고 있는 여러 직책을 모두 체차하시어 신의 분수를 편안하게 하고 직사(職事)가 거행되게 한다면 큰 다행일 것입니다.

여러 사람들에게 비방을 받고 면직을 청하는 상소
被諸人詆斥乞免疏

삼가 아룁니다. 신의 간절한 마음이 너무나도 절박하고 정세가 위축되어 외람되이 사직 상소를 올려 체직하는 은혜를 내려주시기를 기대했습니다. 그런데 성상의 비답을 받고 보니 제가 원하던 것은 얻지 못하고, 올라와서 직무를 살피라고까지 하시니 너무도 두렵고 민망하여 몸 둘 바를 몰랐습니다. 이어 삼가 교리 임상덕(林象德)과 이진검(李眞儉)의 상소를 보았는데, 신의 인혐에 지나치게 성을 내며 힘을 다해 비방하니,[48] 신이 진실로 놀랍고 개탄스러워 이렇게 된 이유를 모르겠습니다.

신의 지난번 상소는 모욕을 받은 단서를 스스로 끌어다 직임에 나아가기 어려운 형세를 말한 것이지, 본래 힘을 내어 남과 시비를 다투려 한 것이 아니니, 지금 횡역(橫逆)을 만남에 다만 웃으며 받아들일 뿐, 어찌 대단한 기세로 변명하여 남의 좋지 못한 일을 본받았다는 비방을 불러일으키겠습니까. 다만 간문(簡問) 한 가지 일[49]은 모두 곡절이 있습니다. 대체로 전법(銓法)에서는 낭료(郎僚)를 중하게 여겨 멀리 있

48 교리……비방하니 : 이조 정랑으로 있던 저자가 이명세, 유명함, 신심을 논핵하자 부교리 임상덕과 교리 이진검이 그에 대해 대변하는 소를 올려 저자의 처사가 온당하지 못하다고 비방한 일을 말한다. 저자는 이 일로 인해 체차되었다.《肅宗實錄 37年 1月 17日》

49 간문(簡問)……일 : 간통(簡通)을 보내어 물었을 때 저자가 애초에 가부를 말하지 않았던 일을 말한다.《肅宗實錄 37年 1月 17日》

든 가까이 있든 관계없이 크고 작은 신통(新通)을 대략이나마 알리는 것은 옛날의 관례가 모두 그러하니, 동료들이 이 몇 가지 때문에 신에게만 곡진하게 묻고 의논한 것은 아닙니다.

신이 고향에 머무른 뒤로는 전후로 동료의 간통(簡通)을 단 한 번도 뜯어보지 않고 돌려보냈으니, 이는 직위에 있지 않으면 정사를 도모하지 않는다[50]는 의리를 따른 것입니다. 나머지 다른 전주(銓注)의 잘잘못은 진실로 신이 알 바가 아니지만, 몇 사람의 경우에는 예전에 이미 신에 의해 추천이 가로막혔고, 참하(參下)와 참상(參上)은 동일하게 청선(淸選)이니, 정격(政格)에 있어서 이치상 마땅히 신의 가부(可否)를 한번 거쳐야 하는데, 동료들이 이미 신이 간통을 뜯어본 적이 없다는 것을 알고 의망할 때에 다다라 간통을 보내어 그저 규례를 따르기만 하였습니다.

간문(簡問)은 가부를 묻는 것을 말한 것이니, 답을 하지 않으면 우선 천천히 해야 하는 것이 마땅한데, 저들은 한편으로는 통의(通擬)를 하고 한편으로는 전하여 알려오기만 했으니, 어디에 가부를 묻는 뜻이 있단 말입니까. 신이 인혐하자 자신들은 이미 가부를 물었다고 말하여 이로써 사람을 막는 칼자루로 삼고자 하였습니다. 신의 생각으로는 동료 간의 의리와 성상에게 고하는 말이 이처럼 불성실해서는 안 될 듯합니다.

유명함(兪命咸)에 대한 떠들썩한 비방은 진실로 이미 오래되었으니, 현관(賢關 성균관)을 어지럽힌 처사를 어느 누군들 침을 뱉고 더럽

50 직위에……않는다 : 공자는 "그 자리에 있지 않으면 그 정사를 꾀하지 않는다.〔不在其位 不謀其政〕" 하였다. 《論語 泰伯》

게 여기지 않겠습니까.[51] 그런데 지금은 칭송하고 구원하는 바탕으로 삼고 있으니, 참으로 우스운 일입니다. 하물며 6품에 오른 지 하루 만에 곧장 청요직에 의망한 경우는, 참하에 있으면서 이미 통청을 거친 자를 제외하고는 이와 같이 빨리 승진시키는 경우가 없습니다. 이는 반드시 지난번 저지했던 의논에 대해 맞서 싸우려고 하는 것이니, 어찌 신이 업신여김을 당해 그런 것이 아니겠습니까. 그러나 이는 오히려 말할 것이 못됩니다. 저 명의(名義)에 관계되는 죄를 어찌 작은 실수와 작은 허물에 비하겠습니까. 그런데도 권면하고 자랑하여 밀어주고 당겨주며 조금도 돌아보거나 꺼리는 점이 없으니, 신은 세도를 위해 한심하게 생각합니다.

하급 관료가 지례 승진한 일에 대해서는 비록 뜻을 다해 막더라도 감히 격례상 당연하다고 말할 수 없고 벌을 내려야 한다고 말할 뿐입니다. 만일 그 말과 같다면 춘방의 승진이 과연 조정의 기강을 무너뜨린 죄를 징계할 수 있는 일인지 신은 알지 못하겠습니다. 이와 같은 전법(銓法)은 신이 들은 적이 없습니다. 멀리서 권력을 잡고 있다는 비난과 명을 받든다는 지목은 지어낸 뜻이 지극히 심하여 신을 위태롭고 두렵게 만드니, 신과 같이 미약하고 모자라 인망이 가벼워 걸핏하면 모욕이나 당하는 사람이 어찌 털끝만큼이라도 이러한 제목과 비슷한 점이 있겠습니까.

성상께서 굽어보고 계시니, 신이 다시 무슨 말을 하겠습니까. 다만

51 유명함(兪命咸)에……않겠습니까 : 유명함이 성균관 재임(齋任)으로 있을 때 권당(捲堂)을 주도하였는데, 지나간 일을 제기하여 문제를 일으키려고 하였다는 이유로 정거(停擧)에 처해진 일이 있다. 《肅宗實錄 24年 9月 14日》

신의 사정이 절박하여 감히 벼슬길에 나갈 수 없다고 진실로 이미 마음 속으로 결정한 터라 괴로운 마음과 간절한 심정을 남김없이 다 말씀드렸습니다. 지난번에 인혐한 정세는 다만 벼슬길에 나아가기 어려운 한 가지 일일 뿐이었는데, 남들에게 이렇게까지 비방을 받았으니, 더욱 어찌 이를 무릅쓰고 명을 받들 가망이 있겠습니까. 신이 전직(銓職)에 하루도 머무를 수 없는 것은 신이 스스로 말하지 않더라도 성상께서 굽어 아시는 바입니다.

주연(胄筵)에서 돌아가며 숙직하는 인원이 신으로 인해 부족해지고, 남상(南庠)의 과시(課試)를 다른 사람에게 대신하도록 하는 것은 개인적인 마음에 황송하고 두려울 뿐 아니라, 실제 국가의 체모에 마땅한 일이 아닙니다. 결코 줄곧 헛된 직명을 지닌 채로 직무를 방치하고 명을 어기는 죄를 거듭하게 해서는 안 되니, 번번이 감히 죽음을 무릅쓰고 지엄하신 성상께 거듭 아뢰니다. 엎드려 바라건대 자애로운 성상께서는 신의 본직과 여러 겸직을 아울러 개차하시어 신으로 하여금 물러나 은거하여 작은 소망을 온전히 이루게 해 주신다면 크나큰 다행일 것입니다.

응교를 사직하는 상소
辭應敎疏

삼가 아룁니다. 신이 고향에서 은거하고 있는 가운데 삼가 승정원에서 성첩(成帖)한 유지(有旨)를 받았는데, 신을 홍문관응교 겸 시강원필선으로 임명하여 역말을 타고 올라오라고 하였습니다. 신이 절을 하고 머리를 조아려 공경히 받고서는 너무도 놀라고 황공하여 며칠이 지나도록 진정을 할 수가 없었습니다. 신이 졸렬한 자질과 하찮은 재주로 조상의 음덕(蔭德)을 바탕으로 크나큰 은혜를 입어 번번이 남들보다 앞서 청요직을 차지하였습니다. 평소 행동을 살펴보면 털끝만큼도 보탬이 된 일이 없기에 나무에서 떨어질 것 같은 두려움[52]으로 먹고 쉬는 사이에도 편하지가 않습니다. 돌아보건대 지금 외람되이 차지한 직명은 지위와 명망이 각별하니, 더욱 미천한 본분으로 감당할 수 있는 일이 아닙니다.

신이 그동안 외람되이 관직(館職)을 차지한 것이 한두 번이 아닙니다. 학문에 어둡고 식견이 얕은 신은 진실로 논사하여 보필하는 도움을 기대할 수 없고 번갈아 경연에 참여하는 데 이르러서도 맡은 바 그날의 책임을 조금이라도 수행한 적이 없으니, 총애하는 명령을 헛되이 훔쳐 직무를 제대로 수행하지 못한 죄를 이루 다 용서받을 수가 없습니다.

52 나무에서……두려움 : 높이 보이는 곳에 있어서 매사에 두려워하고 조심함을 뜻한다. 《시경》 〈소완(小宛)〉에 "우리는 온유하고 공손해야 한다. 나무 위에 아슬아슬하게 앉아 있는 것처럼.〔溫溫恭人, 如集于木.〕"이라는 구절이 있다.

그런데 지금 차례대로 동벽(東壁 응교)의 반열에 갑자기 오른다면 이것이 어찌 국가에서 명실을 따지고 관방(官方)을 신중히 하는 뜻이겠습니까.

이어 생각건대 신과 신의 계부 만견(晩堅)이 얼마 전에 교리에 임명되었으니, 홍문록(弘文錄)에 선발되는 것은 세상에서 모두 영화롭게 여기는 일입니다. 숙질 두 사람이 동시에 같은 반열에 오르는 것은 진실로 벼슬하는 사람에게 있어 성대한 일이지만, 분에 넘치면 시기를 받는 것은 이치상 당연한 일이라 매번 제수하는 교지를 받들 때마다 두려운 마음으로 대합니다. 더구나 지금 임명받은 관직은 더 윗자리로 차례가 전도되었으니, 비단 같은 관사에 있는 혐의 정도에 그치지 않습니다. 돌아봄에 곤란한 상황이 응당 어떻겠습니까. 관직(館職)이 비록 상피(相避)하는 제도는 없지만 이는 일상적인 법도로 논할 문제가 아닙니다. 신의 개인적인 의리에도 감히 편치 않을 뿐 아니라 국가의 체모와 관련된 것이니, 또한 어찌 신이 단 하루라도 차지하고 있어서야 되겠습니까.

또 신이 지난번에 올린 상소는 편안히 받아들일 수 없는 형세를 대략 말씀드린 것에 불과한데, 남들에게 도리어 비방을 받은 것이 예사롭지 않습니다. 진실로 일일이 따라 변론하려고 한다면 그 역시 괴로운 일입니다. 신이 한 차례 이조 정랑을 맡아 악한 이들을 내치고 선한 이들을 등용하지도 못했으며, 정성이 부족하고 인망이 가벼워 또 상하의 사람들에게 믿음을 주지도 못하고 다만 격식과 규례의 말단적인 일에만 급급하였습니다. 신이 보기에도 절로 우스운데 어찌 남을 탓하겠습니까. 그러나 정세의 위축은 갈수록 더욱 심해집니다.

생각건대 신이 아뢴 몇 가지 일은 다만 맡은 직분의 염치 상 말씀드린 것뿐이며, 개인적인 절박한 사정은 작년에 종양(終養)[53]을 청한 소에서 이미 다 말씀드렸습니다. 현재 모친의 병세가 더욱 나빠져 날마다 심해지니, 실제 자식된 도리로 부모 곁을 떠나 벼슬을 할 때가 아니기에 은혜로운 명이 내릴 때마다 소명을 회피하는 오만한 죄를 짓고서 엎드려 처벌을 기다렸습니다. 신이 믿을 것은 오직 천지 부모와 같이 어진 성상께서 굽어 살피셔서 곡진히 이루어주시는 것뿐입니다.

엎드려 바라건대 성상께서는 위로는 일의 체모를 생각하시고 아래로는 저의 작은 정성을 살펴주시어 새로 제수한 직명을 속히 체차하여 천한 신에게는 분수에 넘치는 지위에 대한 경계를 드리워주고 성조에는 효를 돈독히 하는 교화가 빛나게 하신다면 공적으로나 사적으로나 어찌 모두 다행스런 일이 아니겠습니까.

53 종양(終養) : 벼슬을 그만두고 집에 돌아와서 연로한 어버이를 돌아가실 때까지 봉양하는 것을 말한다.

집의를 사직하는 상소

辭執義疏

삼가 아룁니다. 신이 지난번에 외람되이 궁관(宮官)에 제수되어 오랫동안 소명(召命)을 어기고 감히 개인적인 속마음을 다 말하여 윤허해 주시기를 공경히 기다렸습니다. 그런데 성상의 비답을 받아보니, 사직을 허락하지 않으시고, 그날 정사(政事)에서 다시 사헌부로 옮겨 제수하는 명이 있었으니, 놀랍고 두려워 어찌할 줄을 모르겠습니다. 신이 그동안 내리신 임명 교지에 한 번도 달려가 명을 받들지 못했으니, 명을 태만히 하고 직분을 방치한 죄는 이미 이루 다 주벌할 수 없습니다. 심지어 언책(言責)과 같은 직임은 더욱 부끄럽고 위축되어 스스로 편안하지 못한 점이 있으니, 이에 감히 죽음을 무릅쓰고 스스로 탄핵하여 지엄한 명을 기다립니다.

삼가 생각건대 신은 자질과 성품이 나약하고 뜻과 기질이 용렬하여 본래 대각(臺閣)의 모양을 갖춘 사람이 아니니, 비록 칼끝을 담금질하고 벼려 스스로 옛날 골경지신(骨鯁之臣)의 풍모를 기약한다 하더라도 결코 불가능한 일임을 알고 있습니다. 과거에 외람되이 사간원에 몸담아 한번 사은숙배하였으나, 식견이 얕고 말이 진부하여 실제로는 터럭만큼도 도움이 되지 못하였으니, 이는 성상께서도 훤히 아시는 일입니다. 게다가 지난해에 진심을 아뢰는 소[54]를 올린 뒤로 우러러

54 지난해에……소 : 본서 제5권 〈수찬으로 옮기라는 명을 받고 진정을 아뢰어 종양(終養)을 구하는 상소〉를 말한다.

효로 다스리는 교화를 믿고 조그마한 소신을 온전히 지키고자 시골에 자취를 감추고 벼슬길에 나아가는 뜻을 끊고, 오직 밤낮으로 두려워하여 여러 번 명을 어긴 죄를 기다리며 감히 시사를 함부로 논하지 않아 생각이 자신의 지위를 벗어나지 않아야 한다[55]는 경계를 범하지 않았습니다. 성덕(聖德)의 소홀한 점과 조정의 득실에 어찌 말할 만 한 것이 없겠습니까마는 끝내 신의 어리석은 충정을 드러내는 한마디 말도 하지 못했습니다. 여러 차례 글로 번거롭게 올린 상소가 대체로 절박하고 위태로운 개인적인 사정에서 벗어나지 않아 위로는 나라의 은혜를 저버리고 아래로는 예전에 먹었던 마음을 져버렸으니, 한결같이 부끄럽고 한스러운 생각이 자나깨나 마음에 맺혀 있습니다.

지금 신에게 내린 직무는 옛날 중승(中丞)[56]의 직임이니, 임금의 덕을 바로잡고 관리들의 부정을 단속하는 것이 그 책무입니다. 그런데 무능하여 직분을 수행하지 못하는 사람을 그 자리에 두시니, 이는 귀머거리와 봉사에게 보는 일과 듣는 일을 맡기는 것과 무엇이 다릅니까. 근래에 언로가 막혀서 올바른 의론이 들리지 않으니, 신과 같은 무리는 진실로 말할 것도 없거니와 대체로 사대부들이 유약함이 풍조가 되어 버렸습니다. 조정의 처사는 또 거리낌 없이 바른 말을 하는 것을 싫어하며 수용하고 묵인하는 것을 즐거워하는 행태를 면하지 못하여 일을 논하여 임금의 뜻을 거스르는 자에게는 혹 낙점하는 은혜를 아끼고,

55 생각이……한다 : 자기 직분을 벗어나지 않게 처신하는 것을 가리킨다. 《주역》 〈간괘(艮卦)〉 상사(象辭)에, "겸한 산이 간이니, 군자가 그것을 인하여 생각을 그 지위에 벗어나지 않게 한다.〔兼山艮, 君子以, 思不出其位.〕" 하였다.

56 중승(中丞) : 한대(漢代)에 어사대부(御史大夫) 밑에 어사승(御史丞)과 중승을 두었는데, 본문에서는 저자가 맡게 된 사헌부 집의를 말한다.

진언을 하여 견책을 받은 자는 오래도록 복직되지 못하며, 오랫동안 시의(時議)에 미움을 받아 오던 사람은 버려진 경우가 많습니다. 그러나 신은 다만 침묵하고 말을 하지 않았기에 상하에서 죄를 받은 것이 없어 좋은 벼슬자리가 있으면 번번이 추천을 받아 아침에 임명되고 저녁에 승진하여 간언과 논의를 담당하는 삼사(三司)를 떠난 적이 없습니다.

신이 비록 지조가 없고 우둔한 사람이지만 그래도 조금이나마 부끄러워 할 줄 아는 마음은 있어 늘 임명 교지를 받을 때마다 놀리 등에 땀이 흐르니 비록 성상의 총애를 영화롭게 여기고자 해도 그렇게 할 수 없습니다. 신이 아무 말도 못하는 처지에 오직 달려가 명을 받드는 것을 공손하다고 여겨 영화로움을 탐내고 봉록을 훔쳐 의기양양하게 길에서 떠들어댄다면 이는 사람들에게 비웃음을 살 뿐만이 아니라, 신 역시 부끄럽게 여기는 바입니다. 이미 나아갈 수도 없는 처지에 또 다시 화려한 직함에 얽매여 헛되이 총애하는 명을 욕되게 하는 것은 개인적인 분수로 감히 할 수 있는 일이 아니니, 이리저리 생각하고 헤아려보아도 어느 것이나 죄 아닌 것이 없습니다. 신의 마음이 너무나 송구하고 위축되는 것은 말할 것도 없으며, 성상의 조정에서 언관을 두는 뜻이 또한 어찌 인원수를 갖추고 자리를 채우는데 그치겠습니까.

신의 이런 말을 하는 것은 단지 개인적인 사정 때문이 아니라 국가의 체모를 아끼기 때문입니다. 만일 자애로운 성상께서 굽어 살펴주셔서 속히 사헌부의 직임에서 신을 해직시켜 무능하고 직분을 저버린 죄를 엄중히 다스려 다른 사람들을 독려한다면 직언을 이르게 하고 무너진 풍속을 진작하는데 반드시 작은 도움이 없지는 않을 것입니다.

신이 상소를 다듬어 올리려 할 때에 삼가 듣건대, 양궁(兩宮)의 건강이 좋지 않아 온 조정이 근심하고 있다고 하니, 의리상 감히 외람됨을 무릅쓰고 보잘 것 없는 개인의 정상을 말씀드려 번거롭게 해 드리는 죄를 지어서는 안 되지만 한 달이 지나도록 헛되이 직함을 지니고 있는 것은 더욱 죄를 쌓는 일이기에 마침내 조용히 조섭하는 중에 부득불 번거롭게 말씀드리니, 신은 더욱 죽을죄를 지었습니다. 신은 너무나도 두렵고 간절한 마음을 가눌 수가 없습니다.

돌아가 모친을 봉양하기를 청하고 인하여 경계를 진언한 상소

乞歸養仍陳戒疏

삼가 아룁니다. 신이 소명을 어긴 죄가 쌓여 견책을 기다리던 중에 갑자기 의약청(議藥廳)을 설치한다는 말을 들었으니, 놀랍고 근심스러워 초조함을 견딜 수가 없습니다. 신이 시헌부 관원의 반열에 있으니 의리상 교외 초려에 머물러 있어서는 안 되고 힘써 성 밖으로 나아가 문후를 여쭐 계획을 해야 하는데, 신이 지니고 있는 직명은 실로 감히 할 수 없는 처지입니다. 신의 중부(仲父) 만성(晩成)이 막 대사간이 되었습니다. 근래의 예로는 양사(兩司)에서 피혐하지 않으나, 공적으로 보면 저어되는 일이 많고 사적으로 보면 위축되어 편안하지 못하기에 결국 대궐에 나아가 한번 사은숙배하여 전후 소명을 피한 죄를 속죄하지 못하였습니다. 날마다 사직 단자를 올리는 것은 그 행적이 오만한데에 관계되니, 두려움에 움츠러들어 몸 둘 바를 모르겠습니다.

삼가 생각건대 정리가 절박하여 벼슬에 나아갈 수 없는 신의 실상에 대해서는 하늘의 해처럼 밝으신 성상께서 모두 빠짐없이 통촉하고 계시니, 신일 늘 지난해 비답 중에 '너의 정리를 매우 가련하게 여긴다.'라는 말씀을 읽을 때면 저도 모르게 감격의 눈물이 얼굴에 가득합니다. 신이 비록 죽어서 결초보은한다고 하더라도 어찌 성은의 만에 하나라도 보답할 수가 있겠습니까.

신의 어미는 오래된 병환이 점점 더 심해져 신이 하루라도 곁을 떠나면 부축하고 돌봐줄 사람이 없는데, 신이 여관에서 지체하고 있은 지가 벌써 보름이 지났습니다. 비단 혼정신성(昏定晨省)을 빠트려 신의 마음속이 탈 듯할 뿐만이 아니라, 신의 어미도 신에 대한 생각을 놓지 못해 병이 더 보태지고 있습니다. 날마다 고향의 편지를 받을 때마다 돌아올 날을 물으니, 신이 무슨 마음으로 감히 영화를 탐하여 눌러앉을 계획을 하겠습니까. 신이 한번 나온 것은 다만 신의 분의(分義)를 조금이나마 펴기 위해서이지 이로 인해 관직에 나아가려는 바람이 있어서가 아니니, 이는 온 조정에서도 알고 있는 사실입니다. 중외가 근심하고 두려워하는 때에 감히 개인적인 사정을 말씀드리지 못하다가 이제야 죽음을 무릅쓰고 성상의 앞에 호소합니다.

삼가 바라건대 자애로운 성상께서는 곡진하게 살펴주셔서 신의 직명을 거두어 신이 고향으로 돌아가 어미를 봉양하는 것을 허락하여 늙은 어미의 여생을 마칠 수 있게 해주신다면 효로 다스리는 교화에 신이 시종일관 의지하게 될 것입니다.

신이 고향에 있을 때에 감히 입을 닫고 직분을 저버린 죄에 대해 상소를 올려 스스로 탄핵했었는데, 전하께서는 너그럽게 용서해주시고 죄를 묻지 않으셨습니다. 신이 비록 불초하나 나라를 걱정하고 임금을 사랑하는 정성은 떳떳한 본성에 근본이 있으니, 사헌부의 직임을 맡고 대궐에 나아가 끝내 한 마디 말도 없이 물러난다면 위로는 나라의 은혜에 부끄럽고 아래로는 직명에 부끄럽기에 감히 대략이나마 우매하고 망령된 말을 하여 모든 것을 받아들이는 성상의 덕을 돕고자 합니다.

지금 중전의 천연두 증세가 회복되었으니, 실로 종사의 막대한 경사입니다. 모든 살아 있는 생령이라면 누군들 뛰고 손뼉을 치며 기뻐하지 않겠습니까. 상전(賞典)과 사령(赦令)은 응당 행하여야 할 일로, 경사를 일컫고 하례를 올린 후에는 마땅히 예에 따라 거행해야 합니다. 그런데 의관(醫官)의 품계를 높여주라는 명이 약청(藥廳)을 파하기도 전에 갑자기 내려오고, 사면하는 교지가 잇따라 내려와 감옥이 죄다 비었으니, 마치 잠시도 늦출 수 없는 듯이 급급합니다. 선유(先儒)들이 말하기를,

"세간의 어떤 일이든 바삐 처리하다가 뒤에 잘못되지 않겠는가."

라고 하였습니다. 저 죄수들 중에 죄가 가벼운 사람은 진실로 말할 것이 없지만, 그 중에 응당 사형에 처해야 할 중죄를 범한 부류들은 오직 마땅히 유사에게 맡겨 천천히 최종 판결을 기다려야 합니다. 그런데 지금 죄의 경중을 따지지 않고 하나 같이 조금도 어려움이 없이 모두 너그럽게 처결하여 석방하시니, 이것이 비록 한때의 기쁨을 표하는 뜻에는 유리하나 유독 선인(善人)은 입을 다문다[57]는 경계에 대해서는 어찌 생각하지 않으십니까.

칠정(七情) 중에 희노(喜怒)가 앞에 있으니, 오직 성인은 마음에서 발동하기 이전에 잘 함양하기 때문에 마땅히 기뻐해야 할 때 기뻐하고 노여워해야 할 때 노여워하여 발동함에 있어 지나치거나 미치지 못하는 과오가 없습니다. 전하께서는 하늘이 내신 성인으로, 비록 우매한 신이 감히 헤아릴 수 있는 분이 아니지만, 대체로 명예(明睿)는 넉넉하

57 선인(善人)은 입을 다문다 : 사면을 자주 거행함으로 인하여 소인들이 요행히 죄를 용서받게 된다는 말로, 당 태종(唐太宗)이 시신(侍臣)에게 이르기를 "모든 사면이 오직 역적 무리들에게만 미치고 있다. 옛말에 '군자에게 불행함은 소인에게 다행함이 되는 것이라, 1년에 두 번 사면령을 내리면 선인들은 입을 다물고 말을 못한다.' 하였다.〔凡赦惟及不軌之輩, 古語云, 君子不幸, 小人之幸. 一歲再赦, 善人喑啞.〕"라고 한 데서 온 말이다.《歷代名臣奏議 卷218》

시나 침잠(沈潛)이 부족하십니다. 함양하는 공부에 일찍이 마음을 붙여 노력하지 않은 까닭에 명을 내리고 일을 처리하는 사이에 대체로 지나치게 너무 급박합니다. 지금의 이러한 조처는 진실로 기뻐해야 할 때 기뻐하는 것이라 말할 수 있지만, 일을 처리하는 것이 깊고 진중한 모습이 전혀 없습니다. 삼가 듣건대 전하께서는 일찍이 갑자기 성내는 것을 스스로 경계하여 말씀하시기를,

"내 병은 늘 조급한 데 있다."

라고 하셨으니, 여기에서 대성인이 병통을 살펴 처방하는 노력을 볼 수 있습니다. 그런데 지금 보니 조급한 병증이 다만 제어하기 어려운 노여움에만 있는 것은 아닙니다.

신이 아뢴 몇 가지 일이 비록 선후의 순서와 빨리하고 천천히 하는 데에 논할 만 한 점은 있으나 모두 그만둘 수 없는 전례(典禮)이니, 반드시 성상의 덕에 큰 누를 끼치지는 않을 것입니다. 구구한 신이 깊이 염려하는 것은 전하께서 이 병통을 제거하지 않으시면 마음에서 일어나서 정사에 해를 끼치는 것이 어찌 한두 가지가 아닐까 하는 점입니다. 바라건대 전하께서는 통렬히 스스로 성찰하여 본원의 영역에 뜻을 기울여 의리로 수양하고, 장엄과 공경으로 지켜서 희노(喜怒)의 절도가 발현할 때마다 중도에 맏도록 하고, 지극한 공부를 추구하여 천지가 제 위치를 잡고 만물이 발육되는 성대함에 이르도록 하소서.

아! 임금의 마음은 여러 욕구들이 공격을 하니, 마음을 좀먹게 하고 뜻을 잃게 하는 것은 다만 음악, 여색, 재화, 이득, 말타기, 사냥이 그렇게 만드는 것일 뿐만이 아닙니다. 만일 털끝만큼이라도 태만하고 안일한 뜻이 마음에서 싹트면 청명하고 강대한 기운이 혼란스럽고 요동치는 가운데 절로 꺾여 마침내 인욕이 승리하여 주인이 되고 천리가

패배하여 손님이 됩니다. 총명하고 명철한 과단성이 있는 전하께서는 큰일을 해낼 자질을 갖추고 계시지만 세월이 지날수록 지기(志氣)가 줄어들어, 크고 작은 일을 하실 때 임시로 나무를 얽어서 비가 새는 곳을 메우는 것처럼 하시고 조정의 득실, 민생의 즐거움과 걱정, 어진 사람과 간사한 사람의 진퇴, 논의의 시비는 전혀 마음을 두지 않으신 듯합니다. 이는 정무에 염증을 내는 뜻이 한 번 마음속에 드러나자 인순하고 구차하는 습속이 이루 말할 수 없이 많아진 것입니다.

지난번 겨울에 천둥이 쳐서 재앙을 예고하여 상하가 근심하였으니, 하늘이 인애(仁愛)하는 마음으로 깨우쳐 격려한 것이 지극하다고 하겠습니다. 그런데 전하께서는 자신을 책망하고 구언(求言)하는 말씀이 형식만을 갖추었을 뿐, 분발하여 힘써 고치려는 노력이 조금도 보이지 않으니, 이것이 진실로 식자들이 함께 근심하고 탄식하는 점입니다. 더구나 보통 사람의 마음은 경사로운 일을 만나면 지나치게 기뻐하고, 기쁜 일을 만나면 편안한데 익숙해지기 마련이니, 이것이 《주역》〈예괘(豫卦)〉에서 기뻐하는 상이 있으면서 겸하여 안락함을 경계하는 뜻을 붙인 이유입니다. 전하께서 기쁨을 경축하는 일을 이처럼 갑작스럽게 하시니, 아래에서 명을 받드는 사람들이 다만 지나치게 헛된 은혜를 베푸는 것을 급선무로 여겨 은혜가 고갈될 것이라 비난을 돌아볼 겨를이 없습니다. 지난날 태만하고 안일하던 뜻이 진실로 마음속에 뿌리를 내리고 있다가 지금 날마다 더욱 불어나고, 지난날 두려워하고 성찰하던 일이 애초에 또한 허식에 지나지 않다가 지금 날마다 점점 잊고 있으니, 이와 같은 기상과 규모가 점점 심해져서 풍형예대(豐亨豫大)[58]

58 풍형예대(豐亨豫大) : 《주역》 풍괘(豐卦)와 예괘(豫卦)의 풍성하고 즐거우며 형

의 상황이 되지 않으리라 어찌 장담하겠습니까.

아! 민생이 고통받고 병들어 나라의 근본이 기울어지려 하고, 당론이 갈리고 분열되어 조정이 안정되지 못하여 민심이 이미 떠나고 왕의 기강이 이미 무너졌으니, 위태롭고 망해가는 형세는 지혜로운 자가 아니더라도 한심스럽게 여길 일입니다. 주자(朱子)가 말하기를,

> "오늘날 첫 번째로 해야 할 일은 임금이 몸과 마음을 수습하여 항상 천하의 일을 염두에 두도록 권면하는 일이니, 그런 뒤에야 분발하여 어떤 일을 할 수 있다."[59]

라고 하였습니다. 어리석은 신의 생각으로 오늘날 급선무로 여길 일도 이 말에서 벗어나지 않습니다. 바라건대 전하께서는 혼자 있을 때 마음대로 행동하여 태만한 버릇을 더 키우지 말고, 한때의 기쁜 마음으로 삼가고 두려워하는 정성을 조금도 해이하게 하지 마십시오. 이렇게 온 나라가 함께 경사로워하는 때에 이르러 지기(志氣)를 분발하여 사업에 드러내시어 정성스런 마음을 미루어 실제 은혜를 펴고, 시비를 명확히 하여 당론을 타파하여 백성들에게는 소생하는 즐거움이 있고 조정에는 화평한 복을 누릴 수 있도록 해준다면, 즐거움과 근심을 백

통하고 크다는 뜻으로, 재물이 많고 덕이 크면 천하는 형통하고 즐거우며 성대하다는 뜻이나, 본문에서는 향락이 극도에 이른다는 부정적인 의미로 쓰였다.

59 오늘날……있다 : 《회암집(晦菴集)》 권29 〈여조상서서(與趙尙書書)〉에 "오늘날 첫 번째로 해야 할 일은 임금에게 몸과 마음을 수습하고 정신을 보존하고 아끼면서 항상 천하의 일을 염두에 두도록 권면하는 일이니, 그런 뒤에야 치도를 강론하며 점차로 개혁해 나갈 수 있을 것이다.〔今日之事 第一且是勸得人主收拾身心, 保惜精神, 常以天下事爲念, 然後可以講磨治道, 漸次更張.〕"라고 하였는데, 본문의 내용과는 다소 차이가 있다.

성과 함께 한다는 맹자의 말씀[60]에 가깝게 될 것입니다. 온화한 기운으로 인도하고 민심을 즐겁게 하는 것이 어찌 다만 종전에 응당 행한 한두 가지 일일 뿐이겠습니까.

또 신이 삼가 소문을 듣건대 전후로 마마를 앓을 때 여무(女巫)가 궁액(宮掖)에 출입하여 기도를 할 무렵에 소요된 비용이 적지 않았다고 하니, 설령 이런 일이 있었다 한들 이처럼 쇄쇄한 일을 전하께서 어찌 다 아시겠습니까. 그러나 사대부의 경우도 가법(家法)이 조금 엄하면 무격(巫覡)이 감히 집안으로 들어오지 못하는데, 지금 당당한 천승(千乘) 나라의 지존께서 여무가 함부로 대궐을 드나들도록 하여 저 여항의 천하고 무지한 자들이 함부로 말을 전하며 더러 한유(韓愈)가 말한 '혹 큰 성인이신 천자도 오히려 믿고 따른다'[61]는 것과 같은 일이 있으니, 풍속을 무너뜨리고 세도에 해를 끼치는 것이 참으로 작은 일이 아닙니다. 더구나 국가에서는 법사(法司)를 두어 음사(淫祀)를 금하게 하는데, 기도하는 일이 대궐에서부터 먼저 시작된다면 어떻게 일국의 법과 강령을 진작시킬 수 있겠습니까.

지난번에 유신(儒臣)이 상소하여 송신(送紳)에 관해 논했는데[62] 비

60 즐거움과……말씀 : 맹자가 음악을 좋아하는 제 선왕(齊宣王)을 설득하기 위해 말한 여민동락(與民同樂)을 말한다. 《孟子 梁惠王下》

61 한유(韓愈)가……따른다 : 임금이 잘못된 일에 현혹되면 우매한 백성들이 임금도 하는 일이라 말하며 그대로 따르는 것을 말한다. 한유(韓愈)의 《논불골표(論佛骨表)》에서 한유가 불교에 빠진 임금을 깨우치는 내용에 "진실로 폐하께서 이렇게 하시는 것을 보고서는 장차 폐하가 진심으로 불도를 섬기는 것이라고 여기고서 모두 말하기를 '큰 성인이신 천자도 일심으로 공경하고 믿으시는데 백성이 무엇이라고 신명을 아낀단 말이냐.'라고 합니다."〔尙見陛下如此, 將謂眞心事佛, 皆云天子大聖, 猶一心敬信, 百姓何人, 豈合更惜身命?〕"라는 말이 나온다.

답에서 분명한 답을 하지 않으시고, 전하께서 본래 이런 일이 없다고 하지 않으셨으니, 그 말이 허망한 말이 아님을 알 수 있습니다. 신이 듣기로, 이번에 송신하는 일[63]도 지난 일처럼 한다고 하니, 도로에 말이 퍼져 떠들썩할 뿐만이 아닙니다. 만일 이와 같다면 신은 전하께서 격물치지(格物致知)의 학문에 미진한 점이 있어 괴상한 일과 간교한 귀신이 있는지 없는지를 마음으로 깨우치지 못하였기 때문에 알면서도 그만두지 못하신 듯합니다. 공자께서는 '좋아하기만 하고 그 말의 참뜻을 찾지 않거나 겉으로만 따르고 허물을 실제 고치지 않는' 것에 대해 심지어 '나도 어쩔 수가 없다'[64]라고 하였는데, 더구나 전하께서는 다만 좋아하면서 그 말의 참뜻을 찾지 않을 뿐만 아니라, 도리어 가려서 사람들로 하여금 알지 못하게 하시니, 이것이 어찌 겉과 속이 훤히 통하는 큰 성인의 도리이겠습니까. 전하께서 간언을 듣는 도리 역시 그다지 정성스럽지 못하니, 신이 개탄스럽게 여깁니다.

아! 천하의 일은 어느 하나 임금의 마음에서 근본하지 않는 것이 없으니, 신의 이 말은 또한 삼가 먼저 임금의 마음을 바로잡는 의리를

62 지난번에……논했는데 : 부교리 홍치중의 상소를 말한다. 홍치중이 민진후를 서용할 것 등을 청하며 올린 상소의 말미에 "여항에서 혹 연잉군(延礽君)이 마마를 앓은 후에 금중(禁中)에서 송신(送神)한 일이 있었다고 말하는데, 만에 하나라도 이에 가까운 일이 있었다면 성덕(聖德)에 누됨이 어떻겠습니까? 바라건대 더욱 이치를 밝히는 공부를 더하여 사음(邪陰)의 길을 끊도록 하소서."라고 하였는데, 이에 대한 비답은 내리지 않았다. 《肅宗實錄 37年 11月 24日》

63 이번에 송신하는 일 : 중궁전의 마마와 관련하여 송신(送神)을 하는 일을 말한다. 《肅宗實錄 37年 12月 20日》

64 공자께서는……없다 : 《논어》 〈자한(子罕)〉에 나오는 구절로, 남의 조언을 듣는 것에 그치지 않고 행동에 옮겨 고치는 것이 중요하다는 뜻이다.

따른 것입니다. 광망하고 어리석은 신의 죄를 피할 곳이 없음을 지극히 알지만, 마음을 비우고 수용하는 명철하신 성상의 도량을 믿기에 함부로 논의한 것이 여기에 이르렀습니다. 만일 전하께서 공평한 마음으로 살피시어 신의 충정을 받아들이고, 신을 관직에서 물러나게 해주신다면 어찌 신 한 사람만의 다행이겠습니까.

신이 상소를 다듬어 올리려 할 때에 경패(庚牌)[65]가 갑자기 내려왔기에 감히 가만히 앉아서 소명(召命)을 어길 수가 없어 나와서 대궐 앞에 엎드렸습니다. 그러나 개인적인 의리로 보면 송구한 마음이 실제 윗글에서 말씀드린 바와 같아서 감히 어리석음을 무릅쓰고 성상의 명에 숙배할 수 없어 삼가 이미 작성한 상소를 올리고 곧장 돌아가니, 신은 더욱 죽을죄를 지었습니다. 신은 지극히 간절하고 두려운 마음을 가누지 못하겠습니다.

65 경패(庚牌) : 16쪽 주4 참조.

대사성을 사직하는 상소 계사년(1713, 숙종39)
辭大司成疏 癸巳

삼가 아룁니다. 신이 한가롭게 있으며 병을 요양하며 졸렬한 몸을 안고 분수를 지키고 있으니, 성상의 은혜를 흠뻑 받아 당세에 나아갈 생각을 접었습니다. 삼가 스스로 생각하기에 신의 병든 실상은 상하가 모두 알고 있으니, 지금부터는 관원 명부에서 이름을 삭제하여 관직을 욕되게 하고 죄를 더하는 지경에 이르러서는 안 된다고 여겼습니다. 그런데 전혀 뜻밖에 대사성에 새로 임명한다는 명이 갑자기 이르니, 부끄럽고 황송하여 몸 둘 바를 모르겠습니다.

삼가 생각건대, 태학은 어진 선비들이 모이는 문이고 교화의 근본이 되는 터전입니다. 성균(成均)의 법은 《주례(周禮)》에 명시되었고[66] 교주(敎胄)의 명은 《우전(虞典)》에 실려 있으니,[67] 그 막중한 책임이 어떠합니까. 인재는 시대가 내려올수록 낮아지고, 관직은 사람으로 인해 가벼워져서 오늘날에 이르러서는 오직 과정을 정해 문예를 기르는 것

66 성균(成均)의……명시되었고 : 《주례(周禮)》 〈춘관(春官) 종백 하(宗伯下)〉에 "대사악이 성균의 법을 관장하여 건국의 학정을 다스려 나라의 자제들을 화합하게 한다〔大司樂掌成均之法, 以治建國之學政, 而合國之子弟焉.〕" 하였다.

67 교주(敎胄)의……있으니 : 《서경》 〈순전(舜典)〉에 순임금이 신하 기(夔)에게 "그대를 전악의 관직에 임명하니, 주자를 가르치도록 하라. 그 방법은 곧으면서도 온화하게 하고, 너그러우면서도 엄격하게 하고, 굳세면서도 사납지 않게 하고, 간략하면서도 오만하지 않게 해야 할 것이다.〔命汝典樂, 敎胄子. 直而溫, 寬而栗, 剛而無虐, 簡而無傲.〕" 하였다.

을 직분으로 여기고, 훈계하고 가르쳐 이끌어주는 책임이 있는 줄은 다시 알지 못하니, 오늘날의 인재 양성은 역시 말단이라 하겠습니다. 그러나 그동안 이 직책을 맡았던 이들은 한 시대의 문망(文望)을 짊어져 선비들에게 존중을 받는 사람들이니, 신처럼 이 직임에 전혀 걸맞지 않는 사람이 있었겠습니까.

어리석고 보잘 것 없는 신은 본래 조그마한 장점도 없는데, 경학에 더욱 어두워 어린 시절에 스스로 포기하여 장성해서도 아무런 명성이 없습니다. 글을 짓는 작은 기예도 남들만 같지 못했는데, 지금에는 병이 더욱 심해지고 학업이 더욱 황폐해져 그저 아무런 재능도 없는 있으나마나 한 사람일 뿐입니다. 신 스스로도 너무도 잘 알고 있으니, 세상 사람이라면 누군들 그 사실을 모르겠습니까. 그런데 하루아침에 사석(師席)에서 안색을 엄하게 한다면[68] 어찌 여러 선비들의 웃음거리가 되고 조정의 부끄러움이 되지 않겠습니까. 더구나 선비들의 기풍이 물이 아래로 내달리는 점점 쇠퇴해지니, 인재를 육성시키는 일은 오로지 남에게 사유(師儒)에게 달려 있습니다. 이런 때에는 비록 연륜이 깊고 뛰어난 인물이 그 임무를 맡기더라도 조금 바로잡을 수 있다고 장담을 못 하는데, 신처럼 나이가 젊고 식견이 얕으며 재주가 엉성한 사람이 더욱 어떻게 이에 대해 함께 논할 수 있겠습니까.

우러러 생각하건대 명철하신 성상께서 윗자리에 계시니 장단(長短)

68 사석(師席)에서……한다면 : 성균관 대사성을 맡는 것을 말한다. 당(唐)나라 유종원(柳宗元)의 〈답위중립논사도서(答韋中立論師道書)〉에 스승으로 자처하여 세상의 비난을 사려고 하지 않는 때에 유독 한유(韓愈)가 과감하게 나서서 〈사설(師說)〉을 짓고 안색을 엄하게 하며 스승으로 나섰다는 '항안위사(抗顔爲師)'의 내용이 나온다.

과 능부(能否)에 어느 것인들 밝게 알지 않으시겠습니까마는 이렇게 과분한 은혜를 베푸시니, 신이 만약 영화를 탐내고 총애에 연연해서 맡아서는 안 될 자리를 외람되이 차지한다면 임금이 사람을 알아보는 식견을 상하게 하고 사람들의 이목을 놀라게 할 것이라 참으로 작은 일이 아닙니다. 이것이 신이 크게 두려운 점입니다. 또 신이 거듭 기이한 질병에 걸려 반년 동안 운신을 못 했으니, 지금까지 죽지 않은 것은 요행입니다. 평소에 어린 아이를 보호하듯 요양하여 조금 싸늘해지는 때에도 마치 큰 적을 두려워하듯이 하여 침상에서 몸을 뒤척이며 근심에 잠겨 살 생각이 없는데, 분수에 넘치는 직책이 더해지는 것은 복이 아니라 재앙이니, 부끄럽고 두려워 거의 병이 하나 더해진 듯합니다. 재주와 분수로 말하자면 하나도 감당할 수 있는 것이 없고, 병세로 말하자면 전혀 나아가기 어렵기에 열흘 넘도록 움츠려 있으면서 의지할 곳이 없어 어쩔 수 없이 어리석음을 무릅쓰고 인자함으로 덮어주시는 성상께 호소합니다.

엎드려 바라건대 자애로운 성상께서는 신의 직명을 속히 개정하시어 관방(官方)을 중하게 하시고 신으로 하여금 편의대로 요양하여 남은 목숨을 연명하여 생성시켜주는 은택을 마치게 해 주신다면 크나큰 다행일 것입니다.

엄한 비답이 내린 뒤에 승지를 사직하는 상소 병신년(1716, 숙종42)

嚴批後辭承旨疏 丙申

삼가 아룁니다. 신이 여러 번 소명(召命)을 어기고도 외람되이 시종신의 반열에 있으니, 전석(前席)에 가까이 나아가 한번 성상의 얼굴을 뵈었으니, 신의 바람에 있어 실로 만족스러운 일입니다. 그러나 신의 사정이 절박하여 진실로 그 자리에 눌러 앉아 있을 수가 없지만, 하루라도 직위에 있으면 하루의 책임을 다해야 합니다. 마침 성상의 지나친 처사를 보고 그 과오를 바로잡기 위한 정성을 대략 아뢰고 한밤중에 소회를 다 아뢰지 못했기에 직분을 다하지 못한 처벌을 기다리고 있었습니다. 성상의 비답을 받고 보니, 말씀이 준엄하여 심지어 '앞장서서 붕당을 비호하고 힘을 다해 추켜세운다'[69]고 하시니, 신이 절반도 읽기 전에 황송하여 등줄기에 땀이 흐르고 어찌할 바를 모르겠습니다.

아! 전하께서는 신의 불초함을 모르시고 승지의 직책에 임명하셨으니, 일을 따라 봉격(封繳)[70]하는 것이 그 직분입니다. 간관(諫官)이

69 앞장서서……추켜세운다 : 사림(士林)의 공론(公論)을 진달한 정언 조상건(趙尙健)을 체차하라고 명한 것은 옳지 않으므로 환수하기를 청하며 저자가 승정원에서 계사(啓辭)를 올렸는데, 그에 대한 비답에 "체차시키라는 벌이 어찌 그 죄를 충분히 징계한 것이겠는가? 그대는 앞장서서 당을 비호하니, 말뜻이 엄정하여 말을 과감히 하는 옛사람의 풍모가 있다고 한 것은 힘써 추켜세운 것이며, 감히 환수하기를 청한다고 한 것은 아주 놀랄만한 일이다." 하였다. 《承政院日記 肅宗 42年 2月 5日》

70 봉격(封繳) : 임금이 내린 분부가 사리에 맞지 않을 경우, 승지가 그 부당함을

일을 논하다가 견책을 받았는데, 그 일이 사림의 큰 시비와 관계되니, 신이 비록 입을 다물고 말을 하지 않고자 한들 되겠습니까. 온 세상 사람들이 주저하고 있을 때에 남들이 말하기 어려운 일을 말하여 이해관계를 떨쳐버리고 근원적인 문제를 설파한 이는 오직 간관 한 사람입니다. 신이 과감히 말하는 풍모가 있다고 말한 것은 지나친 말이 아닌 듯한데, 전하께서는 시비가 존재하는 곳을 조금도 따져 보지 않으시고는 지나치게 꺾어버리고 뒤이어 견책을 내리셨습니다. 이 일이 다만 언로에 방해가 될 뿐만이 아니라, 호오(好惡)에 올바름을 잃고 곡직(曲直)에 분별이 없게 될까 몹시 염려가 됩니다. 성덕에 누가 되고 세도에 해를 끼치는 것이 진실로 작은 일이 아니니, 신이 구구하게 쟁론하는 것이 어찌 오로지 간신(諫臣) 때문이겠습니까. 신은 정성이 부족하고 말이 졸렬하여 성상의 마음을 감동시켜 깨우치지도 못하고, 말 한 마디 꺼냈다가 대번에 당을 비호한다는 지목을 받았으니, 무슨 면목으로 일각이라도 근신의 반열에 외람되이 머물러 있겠습니까. 궐문이 닫힌 터라 달려 나가 견책을 청할 수도 없어 벽을 돌며 방황하고 밤새도록 전전긍긍하다가 지금에야 비로소 죽음을 무릅쓰고 아뢰고는 곧장 집으로 돌아왔습니다.

엎드려 바라건대 자애로우신 성상께서는 속히 신을 파직하시고 뒤이어 말을 함부로 한 죄를 물어 시골에서 허물을 반성하게 하여 끝내 작은 바람을 이루게 해주신다면 너무나도 다행스런 일일 것입니다.

상세히 논하여 그 분부를 임금에게 도로 올리는 것을 이른다.

부제학과 승문원 부제조를 사직하는 상소

辭副提學槐院副提調疏

삼가 아룁니다. 신이 지난번에 억지로 사사로운 마음을 억누르고 문안하는 자리에 한번 나아갔다가 이내 근신의 반열로 옮겨 곧바로 낭패를 당했습니다. 지은 죄가 큰 데도 불구하고 중한 은혜를 입어 밤낮으로 부끄럽고 두려웠습니다. 오래도록 뵙지 못하던 차에 성상의 청광(淸光)을 가까이서 뵙고서 조금이나마 견마(犬馬)의 그리움[71]을 쏟아내고 물러나와 시골로 돌아왔으니 또한 더 이상 여한이 없었습니다. 그런데 곧 곡진히 보살펴 주시는 성상의 은혜로 다시 등용하라는 명을 내려 예조 참의와 호조 참의에 임명한다는 교지가 이어졌습니다. 전후로 신의 실정을 아뢰었는데, 번번이 상소를 승정원에 보관해두고 걸핏하면 한 달이나 보름이 지나도록 성상께 한번 올리지 않았습니다. 뜻밖에도 은혜로운 교지를 거듭 내려 다시 신을 홍문관 부제학에 임명하시니, 신이 이에 놀랍고 두려워 어찌할 줄을 모르겠습니다.

신은 재주가 미천하고 학문에 어두워 조그마한 장점도 없는데 이른 나이에 조정의 명부에 이름을 올렸으니, 머리부터 발끝까지 모두가 성상의 은혜입니다. 여러 차례 논사(論思)하는 자리에 외람되이 올랐으나 대부분 머뭇거리며 피하기만 하고 단 한 번도 경서를 들고 경연에 참여하여 강관(講官)의 인원수를 채운 적이 없습니다. 비록 절박한

71 견마(犬馬)의 그리움 : 견마는 자신의 겸칭으로, 신하가 군주에게 충성을 다하고자 하는 마음을 말한다.

정세로 인해 관직에 나아가기가 힘든 처지이긴 하였으나, 신이 직무를 감당할 만한 능력이 안 된다는 것을 스스로 알았기 때문입니다. 지금까지 차례차례 올라가 외람되이 높은 관직을 차지하여 어느새 여러 선비들보다 높은 자리에 섰으니, 이 어찌 신이 꿈에선들 생각이나 했겠습니까. 신이 형편없는 실상을 다 아뢰어 분수에 넘치는 영화를 거두어 주시기를 바라야 하지만 동지춘추관사 신 민진후(閔鎭厚)가 신의 외숙이라 상피(相避)하는 법도로 보면 아래 사람이 체차되어야 하니, 담장을 따라 달아나고 싶은 간절한 마음을 아뢰지 않더라도 체차해 주시는 은혜를 입을 수 있습니다. 그러나 부질없이 벼슬자리를 욕되게 한 것 또한 신의 죄입니다.

승문원 부제조의 경우에는 청직(淸職)인데다 직무가 중하여 당상관으로 겸임하는 경우가 더욱 드물고, 문장에 능한 사람이 아니면 그 자리에 있어서는 안 됩니다. 재주가 얕고 인망이 가벼운 신과 같은 사람이 어찌 조금이라도 감당할 가망이 있겠습니까.

그리고 신의 처지로 너무나도 두려워 끝내 감히 한번 아뢰지 않을 수 없는 것이 있습니다. 신이 이전에 세세하게 교주(繳奏)[72]한 것은 단지 세도(世道)와 사문(斯文)에 대한 근심 때문에 그런 것이지, 단지 한 명의 간관을 위해 한 말이 아닙니다. 한밤중에 갑자기 써서 문장이 거칠었던 터라 구구한 충정을 성상께 진달할 수 없었습니다. 분부가 엄하여 신하로서는 감히 들을 수 없는 점이 있었는데,[73] 우레와 같은

72 교주(繳奏) : 승지가 임금의 명령이 잘못되었다고 생각하여 직권으로 임금의 명령서를 봉하여 임금에게 되돌려 올리는 것을 말한다.

73 신이……있었는데 : 조상건(趙尙健)의 체차에 관해 계사를 올렸다가 엄한 비답을

위엄을 곧바로 거두시고 처벌이 관례에 따라 파직하는데 그쳤으니, 처벌과 은택이 천지처럼 지극히 인자하지 않은 것이 없습니다.

돌아보건대 지금 성심이 훤히 깨달아 시비가 크게 정해져 지난번에 신이 말씀드린 수십 년 동안 어두워진 의리가 근일에 이르러 비로소 밝아졌으니, 신이 어찌 성상께서 허물을 고치신 뒤에 지나간 일을 가지고 말을 하겠습니까. 그러나 신이 진실로 제대로 직분을 수행하지 못하여 말 한 마디 꺼냈다가 대번에 당을 비호한다는 지적을 받았습니다. 이러한 죄명을 안고 있으니 죽어서도 책임을 면할 수 없습니다. 신하가 임금을 섬길 때에는 오직 성신(誠信) 한 가지만 있을 뿐인데, 신의 성의가 이처럼 믿음을 얻지 못했으니, 앞으로 무엇을 가지고 성상을 섬기겠습니까. 이 점이 신이 반성하고 두려워하여 감히 영화로운 자리로 진출하려는 생각을 할 수 없는 까닭입니다. 게다가 신의 집안은 외롭고 한미한데 과도하게 성은을 입어 숙부 두 명이 모두 높은 벼슬자리에 올랐고, 우매한 신 역시 하대부(下大夫)의 반열에 끼어 청요직의 좋은 벼슬자리를 두루 거쳤습니다. 차 있는 것은 줄어들고 가득차면 넘치는 것은 이치상 반드시 그렇게 되는 것이니, 나무 위에 올라 있고 못가에 다가서 있는 것과 같은 두려움에 자나 깨나 어찌 편안할 수 있겠습니까.

받은 일을 말한다. 동부승지로 있던 저자가 사림의 공론을 진달한 조상건을 체차하라고 한 명을 환수하기를 청하며 계사를 올렸는데, 그에 대한 비답에 "체차시키라는 벌이 어찌 그 죄를 충분히 징계한 것이겠는가. 그대는 앞장서서 당을 비호하니, 말뜻이 엄정하여 말을 과감히 하는 옛사람의 풍모가 있다고 한 것은 힘써 추켜세운 것이며, 감히 환수하기를 청한다고 한 것은 아주 놀랄 만한 일이다." 하였다. 《承政院日記 肅宗 42年 2月 5日》

신은 재주가 모자라고 고질병이 있어 본래 세상에서 필요로 하는 재목이 아니니, 만일 나아가서 관직에 종사하더라도 다만 녹봉만 허비하는데 불과하여 터럭만큼도 도움이 되지 못하고 개인적으로 다만 재앙만 더해질 것을 잘 알고 있습니다. 그러니 차라리 불초한 신이 물러나기를 구하여 작은 지조를 온전히 이루는 것이 나을 것입니다. 간절한 이 마음을 성상께서 실제 알고 계실 터인데, 충정(衷情)이 절박하여 조용하게 조섭하시는 와중에 번거로움을 끼치고 말았으니, 참람되고 외람된 행동에 대한 처벌을 엎드려 기다리겠습니다.

엎드려 바라건대 자애로운 성상께서는 신의 본직(本職)을 법도에 의거하여 처치(處置)하도록 속히 명하시고, 맡고 있는 겸임직도 또한 개차하도록 윤허하시어 신의 분수와 바람을 이루어 생성(生成)의 은혜를 다할 수 있도록 해 주신다면 크나큰 다행이겠습니다.

도암집

제6권

소疏

부제학과 균전사를 사직하는 글 기해년(1719, 숙종45)
辭副提學均田使書 己亥

삼가 아룁니다. 신이 지난번 간절한 심정을 아뢰어 은혜로이 내리신 자급을 거두어주시기를 바랐는데, 아직 윤허를 받지 못하여 두려운 마음만 더욱 불어났습니다. 본직(本職)에 대해서는 법례(法例)로 헤아려 볼 때 반드시 체차해야 할 대상에 속한다고 하겠습니다. 그런데 해당 조(曹)의 복계(覆啓)를 보니 대신의 새로운 건의에 따라 춘추관의 직임만 감하(減下)하고 본직은 그대로 살피게 하였으니, 신은 매우 의아합니다.

신이 본래 몽매하여 전고(典故)를 잘 알지는 못하지만, 부제학이 사관(史館)의 유사 당상(有司堂上)이 되는 것은 예전부터 시행된 일입니다. 비록 신이 보아서 기억하고 있는 것으로 말씀드리더라도 사국(史局)을 새로 천거할 때 으레 사직(史職)을 겸하는 승지와 옥당에게는 회문(回文)하지 않고 부제학에게만 알리는 것이 또한 부제학이 유사당상이라는 한 가지 증거라 하겠습니다.

신이 삼가 들으니, 선정신(先正臣) 김상헌(金尙憲)이 이 직임에 제수되었을 때 지춘추와 상피(相避)되자, 특별히 겸대한 춘추관의 직임만 감하하였습니다. 그때 그가 사직을 청한 글에, "옥당의 장관은 사국 당상의 반열이니 치적을 살펴 고과를 매겨 승진시키고 좌천시키는 일에 참여하지 않을 수 없습니다. 그러므로 사관이 승지와 상피될 경우엔 승지의 춘추관 직임을 감하하고, 사관이 부제학과 상피될 경우엔 사관을 체차합니다. 전례와 고사가 매우 분명한데도 지금 신 때문에 마침내 사국의 당상 한 자리가 비게 되었으니, 어찌 감히 구차한 혐의를 앞장서서 무릅쓰고 선왕의 법을 가벼이 무너뜨리겠습니까."라고 하였는데, 고(故) 판서 김좌명(金佐明)이 친혐(親嫌)으로 부제학을 사임할 적에 김상헌의 이 상소의 말을 인용하고서 "이는 바꿀 수 없는 논의이다."라고 하였습니다. 또 말하기를,

"신이 일찍이 열 번 승지에 제수되었는데, 매번 상피로 인해 승지의 춘추관 직임을 감하하였습니다. 이는 승지 6인이 모두 수찬관(修撰官)이니 그 중에 비록 한 두 사람을 감하하더라도 나머지 인원이 아직 많기 때문입니다. 옥당의 경우에는 수찬관을 겸임하는 자가 부제학 한 사람뿐인데, 만약 이를 감하한다면 이는 그 관직을 폐하는 것입니다. 훌륭하신 선배들이 본직까지 아울러 체차되기를 힘써 청한 것은 법도를 바꿀 수 없기 때문입니다. 조종조에서 관직을 설치한 뜻이 참으로 우연한 것이 아닌데, 어찌 신 한 사람으로 인해 끝내 그 직임을 폐해서야 되겠습니까."

하였는데, 당시 이조에서 복주하기를,

"지난번 상소에 대한 회계(回啓)에서는 단지 근래에 들은 김익희(金益熙)의 예에 따라 그 겸대한 직임만 감하했었는데, 지금 다시 올린 상소에서 인용한 말이 지극히 엄절합니다."

하였습니다. 또 들으니 고(故) 신 홍명구(洪命耉)가 부제학으로서 사국과 상피되었을 때에도 본직을 아울러 체차하였다고 합니다.

이러한 사실로 본다면, 옥당 장관의 춘추직을 감하하는 것은 본래 고례가 아니요, 끝내 그 본직을 아울러 체차하였습니다. 국조의 법도가 이러하고 선배들이 엄하게 자처함이 또 이러합니다. 신은 비록 전혀 고인에게 미칠 수 없는 인물이지만 맡은 직임은 고금의 차이가 없으

니, 어찌 감히 영화를 탐해 반드시 체차되어야 할 자리를 구차하게 차지하여 나라의 법도가 신으로 인해 무너지게 되어 훌륭하신 선배들에게 죄를 얻을 수 있겠습니까. 다시 바라건대, 저하께서는 이 상소를 해당 조에 내려 신의 아뢴 예전의 사실을 가지고 법에 비추어 처치하게 하소서.

신이 지난날 올린 사직 상소에서 이미 균전사를 사직하는 뜻을 대략 언급하였습니다. 신이 이 직임에 걸맞지 않음은 신 자신이 매우 분명히 알고 있을 뿐 아니라 온 조정 신료들도 모두 알고 있습니다. 가령 신이 평소 재주를 자부하여 땅을 구획하고 헤아리는 일을 익숙하게 꿰뚫고 있다 하더라도 막상 일이 닥치면 말하기는 쉬워도 실행하기는 어려움을 오히려 걱정할 것인데, 하물며 백에 하나도 능한 것이 없는 졸렬한 신은 토지를 구획하는 정사가 무슨 일인지조차 알지 못합니다. 이런 처지로 함부로 이 직임을 맡는다면 머잖아 일을 그르치는 꼴을 보지 않겠습니까.

지난번 간신(諫臣)이 직임을 맡겨 일을 시키는 중요성을 극진히 아뢰면서 성망(聲望)으로 제압하고 통제한다는 말까지 하였습니다. 신처럼 성망이 가벼운 사람은 전혀 가당치도 않은 자리인데 지금 홀로 탄핵에서 빠진 것은 종전의 신의 경력이 외람되이 남들에게 빨랐던데 불과합니다. 흐리멍덩하게 아랫사람을 부리고 불분명하게 일을 결정하고도 한 도를 제압하고 통제할 수 있다는 것을 신은 믿을 수 없습니다. 이것이 어찌 구구한 자격과 경력으로 할 수 있는 일이겠습니까. 이 일의 성패는 당장의 이해에 관계될 뿐만 아니라 한 도의 수백 년 백성의 휴척(休戚)이 여기에 달려있습니다. 신이 죽을 각오로 힘써 사양하는 것이 어찌 감히 일신을 위한 계책 때문이겠습니까.

또한 신은 개인적으로 매우 급박한 사정이 있습니다. 신의 노모가 고질을 안고 산 지 거의 30년인데, 지금 나이가 이미 예순이 넘었습니다. 수년 이래로 화를 거듭 당하는 바람에 신기(神氣)가 시드는 것이 하루가 다르고 다달이 같지 않은 데다 병증이 번갈아 바뀌는 통에 하루도 편안하지 못하여 조석을 기약할 수 없는 상태로 침상을 떠나지 못하고 있습니다.

신은 본래 형제도 없는 독자로서 외로운 몸으로 어미와 서로 의지하여 살고 있으니, 신이 곁에 있지 않으면 더 이상 간호할 사람이 없습니다. "병으로 홀로 신음하고 있으니, 약물을 누구와 함께 마련하겠습니까."[1]라는 옛사람의 말이 바로 신의 상황을 대변하는 말입니다.

신이 경인년(1710, 숙종36)에 어미를 끝까지 봉양하고자 사직을 청하는 글을 올렸을 때에 성상께서는 "너의 정리를 내가 매우 가련하게 여긴다."라고 비답을 내리셨으니, 신이 이 비답을 공손히 읽을 때마다 눈물이 얼굴을 뒤덮곤 하였습니다. 생각건대 지금 신의 어미의 근력과 정신이 십 년 전에 비해 몇 길 떨어진 정도가 아니니, 지금이 어찌 신이 어미 곁을 비우고 멀리 떠날 때이겠습니까.

신이 작년 강화도 어사에 차임되었을 적에도 어미의 병 때문에 부임할 시일에 이르러 체차되었으니, 곡진하게 덮어주시는 성상의 사랑을 신이 실로 두루 받은 것입니다. 강화도는 거리가 몇십 리 밖에 되지 않는데도 오히려 이러하였는데, 하물며 영남은 수천 리 밖에 있어 다녀

1 병으로……마련하겠습니까 : 본서 제5권 〈수찬으로 옮기라는 명을 받고 진정을 아뢰어 종양(終養)을 구하는 상소〉에 따르면, 명(明)나라 홍치(弘治) 연간에 어사를 지냈던 진무열(陳茂烈)이 한 말이다.

오는 데 걸릴 시일을 기약하기 쉽지 않으니 말해 무엇하겠습니까. 신이 비록 맡은 일에 진력하려 해도 마음속이 이미 어지러우니 무슨 일을 할 수 있겠습니까. 또 혹 어미가 세상을 떠나 신이 곧장 돌아오는 걱정스런 상황이 온다면 국사의 낭패가 더욱 어떠하겠습니까.

삼가 바라건대 저하께서는 위로는 효(孝)로 다스리는 대조(大朝)의 교화를 본받고 아래로는 미천한 신의 간절한 심정을 헤아리시어 신에게 내리신 균전사의 직임을 특별히 체차하여 감당할 만한 사람에게 다시 내린다면 공적으로나 사적으로나 다행일 것입니다.

신이 삼가 보건대, 조정에서 사람을 등용할 적에 오로지 자격이나 지위와 같은 배경을 숭상하여 한번 극선(極選)을 거치면 바로 학식과 재주를 겸비한 사람으로 인정받아 전곡(錢穀)과 갑병(甲兵)의 직임을 맡기지 않음이 없으니, 이는 실로 근래의 막대한 폐습입니다. 비국을 겸대하는 직임이 또 어찌하여 신의 몸에 미친 것입니까. 신의 졸렬하고 무능함은 이전에 이미 다 아뢰었으니, 진실로 묘당의 의논에 참여하기 부족한 인물입니다. 더구나 신은 자급이 오른 지 열흘도 지나지 않아 갑자기 비국의 중요한 자리를 차지하게 되었으니, 차례도 없이 갑자기 높은 자리로 뛰어오른 것이 신처럼 심한 경우가 없습니다. 관직이 가벼이 취급되어 듣는 자들이 모두 놀라고 있으니, 신이 비록 어리석음을 무릅쓰고 명을 받들고 싶어도 공론은 어찌하겠습니까. 신의 개인적인 의리의 두려움은 또한 진달할 겨를조차 없습니다. 또한 바라건대, 모두 체차하시어 미천한 신의 분수를 편안하게 해 주소서.……

진연을 정지하기를 청하는 소[2]

請寢進宴疏

삼가 아룁니다. 성상의 환후가 더 심해져 내의원이 옮겨 숙직하고 있으니 중외 사람들의 놀라고 당황스러운 심정이 어찌 끝이 있겠습니까. 그런데 얼마 뒤에 대신이 진연(進宴)할 길일을 가려 여쭈었다고 하니, 신이 고향에 있던 때에 이 소식을 듣고는 한편으로는 기쁘고 한편으로는 걱정스러웠습니다. 기뻤던 이유는 성황의 환후가 차도가 있어서이고, 걱정했던 이유는 지금이 잔치를 베풀고 즐길 때가 아니기 때문이었습니다. 그런데 지금 조정 반열에 나와서 삼가 문후하고 보니, 성상의 환후에는 아무런 차도도 없고 연회 날짜만 점점 다가오고 있습니다.

어리석은 신의 생각은 다음과 같습니다. 지금이 어떠한 때인데 이 행사를 그대로 진행한단 말입니까. 신하들의 거듭된 간청은 본디 경하하는 정성에서 나온 것이고, 전하께서 신하들의 마음을 애써 따라주신 것 또한 즐거워서 하시는 것이 아닙니다. 그러나 연회는 상하가 함께 즐기기 위한 것입니다. 생각건대 지금 위에서는 세자 저하가 마음을 태우고 있고, 아래에서는 백관들이 마음을 졸이고 있습니다. 한편에서는 약을 시중들고 한편에서는 연회를 여는 것이 어찌 근심과 즐거움을 동시에 하지 않는다는 경계에 어긋나지 않겠습니까.

삼가 곤전(坤殿)의 하교를 보건대, "무슨 마음으로 연회를 받겠는

2 진연(進宴)을……소 : 이 글은 1719년(숙종45) 9월 14일에 올린 상소이다.《肅宗實錄 45年 9月 14日》

가." 하셨으니, 참으로 지당하신 말씀입니다. 조정의 신료들 또한 모시고 연회를 하는 것이 어찌 편안하겠습니까. 이처럼 근심스러운 날에 우러러 용안을 바라보며 연모하는 심정을 조금이라도 풀 수 있다면 참으로 지극히 다행일 것입니다. 그러나 날씨는 추워지고 외전(外殿)에는 바람도 심하니, 병환을 무릅쓰고 연회에 나오시는 것이 조섭에 방해되는 일임은 분명히 알고 있습니다. 이것이 신이 구구하게 간절히 걱정하는 이유입니다.

어제 문안하는 반열에게 "문안하지 말라."라는 하교를 내리셨지만, 성상께서 주무시고 음식을 드시는 여러 일이 전날보다 훨씬 나아진 점은 보지 못했습니다. 신이 감히 알 수는 없지만, 전하께서 스스로 근력을 헤아리시기에 과연 다른 염려가 없다고 보장할 수 있겠습니까. 만약 혹 신하들의 간청을 거듭 어기고 강행하신다면 실로 병을 조심하는 위대한 성인의 도가 아닙니다. 우러러 생각하건대 종묘사직이 묵묵히 도우시고 열성조의 영령이 돌보시어 마침내 완쾌되시는 경사가 있을 것이요, 또 혹은 지난번 연회를 내리셨을 때처럼 환후에 차도가 있을 것입니다. 이에 따뜻한 봄이 되기를 천천히 기다려 추후에 연회를 거행하신다면 생황과 젓대 소리와 종소리, 북소리를 듣고 어느 누군들 우리 왕께서 질병이 없는 것을 기뻐하지 않겠습니까.[3]

탕춘대에서 군대를 검열하는 일 또한 적당한 때가 아니라고 할 수

3 생황과……않겠습니까 : 《맹자》 〈양혜왕 하(梁惠王下)〉에 "지금 왕이 이곳에서 음악을 연주하시면, 백성들이 왕의 종소리와 북소리, 생황소리와 젓대소리를 듣고 모두 기뻐하는 기색을 띠면서 서로 말하기를, '우리 왕께서 아마도 질병이 없으신가 보다. 그렇지 않으면 어떻게 음악을 연주하실 수 있겠는가.'라는 내용이 있다.

있습니다. 그러나 성상의 뜻이 군대를 다스리는 데에서 나온 만큼 진실로 중지하기는 어렵고 세자께서는 시탕(侍湯)하는 중이라 친림해서는 안 되니, 명관(命官)으로 하여금 대신 거행하게 하는 것이 마땅할 듯합니다. 이 일도 아울러 재결하여 처리하소서.

신이 비록 간관(諫官)은 아니나 재신(宰臣)의 반열에 있는 몸입니다. 망극한 은혜를 받고서 보답할 길은 없지만 임금에게 충성을 다하고 나라를 사랑하는 마음은 한밤중에도 마음에서 떠난 적이 없으니, 이런 근심과 걱정을 안고서 한번 아뢰지 않는다면 이는 신이 전하를 저버리는 것입니다. 만일 신의 어리석음을 용서하시고 신의 충성을 살펴주신다면 지위를 벗어나 말한 죄를 신이 진실로 달게 받겠습니다. 신은 지극히 두려운 마음으로 명을 기다립니다.

강화 유수를 사직하는 소 경자년(1720, 경종즉위년)

辭江華留守疏 庚子

삼가 아룁니다. 우리 대행대왕(大行大王)께서 신민(臣民)을 버리고 떠나신 지도 이미 한 달이 지났습니다. 어진 마음과 은혜로운 혜택이 사람들의 피부와 골수에 스며들었으니, 궁벽한 지방의 천한 백성들조차도 그 누군들 달려와 슬피 사모하지 않겠습니까. 신은 망극한 은혜를 입고서 욕의(蓐蟻)의 정성[4]도 펴지 못했는데 마침내 선왕의 뒤를 이어 밝게 다스리시는 초기에 외람되이 서용되어 다시 관료의 명단에 끼게 되었으니, 오직 하늘을 우러르고 땅을 내려다보며 울부짖다 쓰러질 뿐입니다. 지난번 예조 참판에 제수되었을 적에 가만히 앉아서 명을 어기는 죄를 범하였는데, 며칠 지나지 않아 또 강화부(江華府)에 제수하는 새로운 명을 내리시니,[5] 신은 이에 놀라고 감읍하여 어찌할 바를 모르겠습니다.

아! 신이 임금을 섬기는 것이 변변치 못하여 선조(先朝)에서 죄를

4 욕의(蓐蟻)의 정성 : 욕의는 잠자리를 깔아 땅강아지와 개미를 좇는다는 '욕누의(蓐螻蟻)'의 뜻으로, 승하한 임금을 따라 죽으려는 신하의 충성을 말한다. 전국 시대에 안릉군(安陵君)이 초 공왕(楚共王)에게 "대왕께서 승하하신 뒤에는 이 몸이 황천에 따라가서 잠자리를 만들어 땅강아지와 개미를 좇고자 합니다."라고 한 고사에서 온 말이다. 《戰國策 楚策1》

5 지난번……내리시니 : 저자가 예조 참판에 제수된 것은 1720년(경종즉위년) 6월 18일이고, 강화 유수에 제수된 것은 7월 11일이다. 《景宗實錄 卽位年 6月 18日, 7月 11日》

얻었는데, 매번 나무라지 않는 하교를 읽을 때마다 마음이 바닥으로 떨어졌습니다. 비록 천지와 같은 지극한 사랑으로 잠시 가벼이 견책하셨지만, 신하가 되어 이런 죄명을 지고서 오히려 어디로 돌아가겠습니까. 받은 은혜가 골수에 맺혀 있는데 보답할 날은 없는지라, 애통한 마음이 하늘에 사무쳐 죽어도 눈을 감을 수 없습니다. 신의 개인적인 의리로는 오로지 죽을 때까지 스스로 자숙하여 지난날의 허물을 자책해야 하니, 어찌 조금이라도 세상을 담당할 생각을 두겠습니까.

생각건대 지금 보장(保障)의 막중한 직임을 신의 재주와 분수로 감당할 수 없음은 논할 것도 없거니와, 지금의 신의 정세로는 부끄럽기 그지없는 일입니다. 왕역(往役)[6]은 수고로운 일이니 신이 사양하고, 유수(留守)는 좋은 관작이니 신이 받는다면, 신하가 벼슬을 사양하고 받는 의리에 있어 어떠하겠습니까. 신이 비록 불초하지만 의리를 전혀 모르지는 않으니, 마땅히 사양해야 하고 감히 받을 수 없음은 두말할 필요도 없이 분명합니다. 너무도 가슴이 아파 느긋하게 말씀드릴 수 없어 상중에 계신 성상께 번거롭게 아뢰오니, 더욱 죽을죄를 보태었습니다.

삼가 바라건대, 자애로우신 성상께서는 신의 애절한 심정을 곡진히 헤아려 속히 체차하시어 공적으로는 직무를 비우는 걱정이 없게

6 왕역(往役) : 왕명에 따라 반드시 수행해야 하는 임무를 말한다. 《맹자》 〈만장 하(萬章下)〉에 "서인은 군주가 불러서 부역을 시키면 가서 부역한다.〔庶人召之役則往役〕"라고 한 데서 온 말이다. 여기서는 저자가 1719년(숙종45) 차임되었던 경상도 균전사(慶尙道均田使)의 직임을 말한다.

하시고 사적으로는 버티고 고집부리는 죄를 면하게 하시고, 이어 엄중하게 처벌하여 미천한 분수를 편안하게 해 주신다면 매우 다행이겠습니다.

강화 유수를 사직하는 소 두 번째 소

辭江華留守疏 再疏

삼가 아룁니다. 신이 어제 간절한 진심을 아뢰고서 공손히 윤허를 기다렸는데, 성상의 비답을 받아보니 신의 소청을 허락하지 않으시고, 심지어 "속히 직임을 살피라."라는 명을 내리셨습니다. 신은 참으로 황송하고 답답한 심정을 의지하여 하소연할 곳이 없습니다.

우러러 생각건대, 전하께서 새로 즉위하시어 한 사람도 빠짐없이 보살펴주셨는데 미천한 신의 심정은 인자하신 성상께 도달하지 못했으니, 이는 신의 말이 분명치 못해서 그런 것입니다. 이에 신의 진심을 모두 아뢰어 밝으신 성상의 보살핌을 받고자 합니다.

신하가 벼슬하여 임금을 섬길 적에는 몸이 자신의 소유가 아니니 동서남북 어디서든 오로지 명을 수행해야 합니다. 신이 비록 불초하지만 감히 이런 의리를 모르겠습니까. 다만 신의 노모는 고질이 온 몸을 감싸고 있고 신은 또 형제도 없는 독자입니다. 그 혈혈단신의 슬프고 괴로운 처지가 "하룻밤도 집 밖에서 잘 수 없다."[7]던 옛사람의 처지와 같았는데, 중년에 분주히 국사에 종사하느라 노모의 마음에 큰 걱정을 끼친 바람에 거의 무궁한 회한을 남길 뻔했습니다. 신이 이때부터 놀라

7 하룻밤도……없다 : 소진(蘇秦)이 연(燕)나라 왕에게 말하기를, "효가 증삼(曾參)과 같은 자는 의리상 부모 곁을 떠나 밖에서 하룻밤도 묵을 수 없는데, 왕이 어찌 그런 자를 천 리로 떠나와 약한 연나라의 위태로운 왕을 섬기게 할 수 있겠습니까." 하였다. 《史記 卷69 蘇秦列傳》

고 두려워 감히 다시는 벼슬길에 오를 생각을 두지 않았으니, 벼슬하고 있으면서 그 일을 사양하는 것이 또 분수와 의리상 감히 해서는 안 되는 일이기 때문입니다. 더구나 신 한 몸의 거취는 승안(乘鴈)이 오가는 것과 다름이 없으니,[8] 공적인 의리나 사적인 사정에 마땅히 그 경중이 있기에 마침내 경인년(1710, 숙종36)에 감히 어미를 끝까지 봉양하고자 사직을 청하는 글을 올렸습니다. 이에 선대왕께서 비답을 내리시어 "너의 정리를 내가 매우 가련하게 여긴다."라고 하셨으니, 신은 매번 공손히 이 덕음을 읽을 때에 한 글자마다 눈물을 흘렸습니다. 다만 한스러운 것은 신의 효성이 부족하여 진무열(陳茂烈)이 황조(皇朝)에서 얻은 것[9]을 성군에게 얻지 못하고, 주관도 없이 무리지어 나아가고 무리지어 물러나와 가만히 앉아서 높은 벼슬을 불러들여 끝내 사적인 일로 공무를 폐하는 죄에 빠진 것이니, 이는 신의 죄입니다.

계심(季心)은 일개의 협사(俠士)일 뿐인데도 갑자기 위급한 일이 생겼을 때 부모를 핑계로 사양하지 않았습니다.[10] 지금 신은 국은을

8 신……없으니 : 승안(乘鴈)은 4마리의 기러기이다. 강가에 많은 새가 앉아 있어 기러기 몇 마리가 날아왔다고 해서 크게 달라지는 것이 없듯이, 국사에 종사하는 사람이 매우 많아 자신처럼 존재감 없는 사람이 오고가는 것은 아무런 영향도 끼치지 않는다는 말이다. 양웅(揚雄)의 〈해조(解嘲)〉에 "아침에 권력을 잡으면 경상(卿相)이 되고 저녁에 권세를 잃으면 필부가 되니, 비유하자면 강호의 참새나 발해(渤海)의 새는 4마리의 기러기가 날아와 모여도 많아지지 않고, 한 쌍의 오리가 날아가 버려도 적어지지 않는 것과 같다."라고 한 데서 나온 말이다. 《漢書 卷87下 揚雄傳》

9 진무열(陳茂烈)이……것 : 50쪽 주31 참조.

10 계심(季心)은……않았습니다 : 한(漢)나라 문제(文帝) 때 명신 원앙(袁盎)이 "위급한 경우는 사람마다 있기 마련인데, 어떤 사람이 급한 일을 당해 문을 두드리면 부모를 구실삼아 변명하거나 집에 있으면서도 없다고 핑계를 대며 따돌린 적이 없으니,

받은 것이 어떠합니까. 그런데도 어려운 일도 아닌 한 때의 왕역(往役)[11]을 사지(死地)에 가는 것처럼 피하여 혁혁한 임금의 명을 거부하고 당당한 나라의 기강을 실로 무너뜨렸습니다. 신이 이러하니 수만 번 죽더라도 무엇이 애석하겠습니까.

그러나 겨를이 없다는 시인(詩人)의 탄식[12]은 수고로운 자가 스스로 한 말이 아니라, 조정에서 그 정상을 알고 그 노고를 불쌍히 여겨준 것입니다. 그런데 신의 경우엔 스스로 말하는 데서 면치 못한 데다 믿음도 받지 못하여 이렇게나 크게 독촉하는 지경에 이르렀으니, 신이 십 년 동안 마음을 다해 괴롭게 호소했던 일이 모두 허사로 돌아갔습니다. 신이 어버이를 섬긴 것이 효성스럽지 못했으니 상하에 믿음을 얻지 못하는 것이 마땅합니다. 그러나 사람이 사람답게 되는 것은 오직 충(忠)과 신(信)이 있어서인데, 이 두 가지를 버린다면 무엇으로 임금을 섬기겠습니까. "아랫자리에 있으면서 윗사람에게 신임을 얻지 못하면 백성을 다스릴 수 없을 것이다."라는 공자의 말씀[13]은 또한 부차적인 일입니다.

신이 이 일을 만나고부터는 스스로 상심하여 항상 불안하게 지내며

천하의 인망이 모인 곳은 계심(季心)과 극맹(劇孟)일 뿐이오." 하였다. 《史記 卷101 袁盎列傳》

11 왕역(往役) : 104쪽 주6 참조.

12 겨를이……탄식 : 《시경》〈사모(四牡)〉의 "왕사(王事)를 견고히 않을 수 없는지라 어머니를 봉양할 겨를이 없노라.〔王事靡盬, 不遑將母.〕"라는 구절을 말한다.

13 백성을……말씀 : 애공(哀公)이 공자에게 정치를 물었을 때 공자가 대답하기를, "아랫자리에 있으면서 윗사람에게 신임을 얻지 못하면 백성을 다스릴 수 없다.〔在下位, 不獲乎上, 民不可得而治矣.〕" 하였다. 《中庸章句 第20章》

몸 둘 바를 모르겠습니다. 지금 만약 크나큰 죄를 짓고서 분수에 넘치는 영화를 탐내어 거리낌 없이 출사하여 명을 받든다면 신이 지금까지 사양하고 받았던 것이 모두 이해를 따지고 좋은 자리와 나쁜 자리를 가린 것처럼 되고 맙니다. 신이 비록 심장을 갈라 스스로 해명한들 어찌 될 수 있겠습니까. 또한 무슨 얼굴로 다시 맑은 조정의 사대부를 만날 수 있겠습니까.

아, 세도가 피폐해진 지 오래 되었습니다. 조급하게 출세를 다투는 습속이 날로 심해지고 염치는 크게 없어졌지만 자신에게 편리한 곳을 교묘하게 차지하는 이런 길은 없었는데, 차마 신으로부터 이 길을 열어 시초의 맑고 엄숙한 정사에 누를 끼칠 수는 없습니다. 더구나 지금 영남 좌도의 전역(田役)은 아직도 직임을 완수했다는 보고가 올라오지 않은 만큼 원습지신(原隰之臣)[14]이 더위를 무릅쓰고 바삐 업무를 수행할 터인데, 신은 바쁜 공무에서 놓여나 일년 내내 편안히 지냈으니 그 수고로움과 편안함이 같지 않습니다. 그런데 끝내 또 재상이 다스릴 지역에 의기양양하게 나선다면 신의 개인적인 마음이 어찌 감히 편안하겠습니까. 국가의 상벌이 어긋남이 또한 어찌 이런 지경에 이르렀단 말입니까. 신이 죽음을 무릅쓰고 사직을 청하여 허락받을 때까지 그치지 않는 것은 신하의 절의를 위해서이고 나라의 체모를 위해서이지, 비단 일신의 염치와 의리상 억지로 나아가기 어렵기 때문

14 원습지신(原隰之臣) : 언덕과 습지를 다니며 공무를 수행하는 신하를 말하는데, 여기서는 균전사(均田使)를 말한다. 《시경》 〈신남산(信南山)〉에 "첩첩이 둘러싼 저 남산(南山)을 예전에 우(禹)임금이 다스렸네. 언덕과 습지를 개간하여 증손들이 그곳에서 농사를 짓네.〔信彼南山, 維禹甸之. 畇畇原隰, 曾孫田之.〕"라고 한 데서 온 말이다.

만은 아닙니다.

삼가 바라건대 자애로우신 성상께서는 곡진히 살피시어 신의 직명을 속히 체차하고 거듭 이조에 명하여 다시는 신을 관리의 명부에 올리지 못하게 하소서. 그리하여 신으로 하여금 분수를 지키고 잘못을 자책하며 하찮은 신념을 온전히 지키게 하신다면 실로 생성시켜주는 천지의 은혜입니다. 신은 지극히 절박한 심정으로 눈물을 흘립니다.

함경 감사를 사직하는 소[15]

辭咸鏡監司疏

삼가 아룁니다. 신이 거듭 간정한 심정을 호소하였으나 아직 윤허를 얻지 못했으니, 신의 정성이 부족하고 말이 서툴러 인자하신 성상께 믿음을 받지 못한 것을 스스로 슬퍼하였습니다. 그런데 신의 병증을 거듭 아뢰려고 생각하던 차에 함경도 감사로 옮겨 제수하는 명이 뜻밖에 갑자기 내려오니, 신은 참으로 두렵고 당황스러워 왜 이렇게 되었는지 모르겠습니다.

생각건대, 신의 간절한 심정은 이미 지난번 상소에 다 아뢰었습니다. 신의 능력으로 말하자면 한 부(府)도 감당하기 어려운데, 하물며 한 도(道)를 책임지는 자리이겠습니까. 신의 처지로 말하자면 이전과 달라진 것이 없는데, 어찌 지난번에는 받을 수 없다가 지금은 받을 수 있겠습니까. 옛 사람은 진실로 혹 높은 자리를 사양하고 낮은 자리에 거한 경우[16]가 있었습니다. 그러나 지금의 경우는 보장(保障)과 쇄약(鎖鑰)[17]이 똑같이 중요하니, 또한 어찌 저번의 강화 유수(江華留守)

15 함경……소 : 저자는 1720년(경종즉위년) 8월 1일에 함경 감사에 제수되었다. 《景宗實錄 卽位年 8月 1日》

16 높은……경우 : 《맹자》 〈만장 하(萬章下)〉에 "가난 때문에 벼슬하는 경우에는 높은 자리를 사양하고 낮은 자리에 처해야 하며, 많은 녹봉을 사양하고 적은 녹봉만 받아야 한다." 하였다.

17 보장(保障)과 쇄약(鎖鑰) : 보장은 강화도를 가리키고, 쇄약은 국경 수비를 담당하는 함경도를 가리킨다.

는 사양하고 이번의 함경 감사는 말을 수 있겠습니까.

조정에서 신을 처우하는 것이 조삼모사(朝三暮四)와 같은데 신이 또 이 중에서 취사선택한다면 좌우로 살펴보며 농단(壟斷)하는 것[18]과 무엇이 다르겠습니까. 신이 기꺼이 처벌을 받을지언정 결코 함부로 명을 받들 수 없는 것은 이 때문이니, 절박한 개인 사정에 대해서는 또한 두렵고 외람되어 미처 아뢰지 못하는 바가 있습니다.

삼가 바라건대, 자애로우신 성상께서 조정의 체모가 무너지는 것을 염려하여 신이 구차하게 자리를 차지하는 것을 용납하지 마시고, 신의 사정과 처지가 위태롭고 절박함을 살펴 신이 마음을 바꾸기를 기대하지 마시고, 신의 직명을 속히 체차하여 공적으로나 사적으로 낭패를 볼 우려를 없게 하신다면 매우 다행이겠습니다.

18 좌우로……것 : 이익을 독점하는 것을 말한다. 《맹자》 〈공손추 하(公孫丑下)〉에 "어떤 천박한 사내가 시장 옆의 높은 언덕에 올라가 좌우로 교역 상황을 살펴가며 시장의 이익을 독점하였기에 사람들이 모두 그 사내를 천하게 여겼다."라는 내용이 있다.

함경 감사를 사직하는 소 두 번째 소

辭咸鏡監司疏 再疏

삼가 아룁니다. 신이 지난번에 사직 상소를 올리고 은혜로운 명을 거두어 주시기를 기다렸는데 성의가 부족하여 아직 윤허를 얻지 못하였습니다. 신이 이에 낭패스럽고 근심스러워 더욱 어찌할 바를 모르겠습니다.

아! 신이 강화 유수(江華留守)를 힘껏 사직한 것은 실로 크나큰 신의 죄를 스스로 용서할 수 없고, 지극히 중대한 직임을 감히 함부로 받들 수 없기 때문이었습니다. 우러러 생각건대, 자애로우신 성상께서 아랫사람의 심정을 깊이 알아주시니 조금이나마 신의 개인적인 의리를 펼 수 있을 듯한데, 차례차례 옮겨 제수되어 과분한 은혜를 마구 입는 바람에 듣는 사람들을 놀라게 하고 여론을 의혹하게 하였습니다. 이는 평소 신의 지조가 낮아서 구구한 소신을 잠깐 사이에 바꿀 수 있다고 생각하신 것이 아니겠습니까.

그러나 지난번 강화 유수와 이번의 함경 감사는 경중의 차이는 조금도 없이 그저 직명만 다를 뿐이니, 어찌 이전에는 사양했다가 이후에는 받을 리가 있겠습니까. 과연 신이 영화를 탐해 무릅쓰고 달려가면서 "이는 거리상 원근의 차이가 있어서이다."라고 한다면 이는 나아가고 싶어도 나아갈 수 없어 일부러 이런 핑계를 대어 명분으로 삼은 것이 되고 맙니다. 이는 식자들이 부끄럽게 여기는 일일 뿐만 아니라, 신 또한 부끄럽게 여기는 일입니다. 사대부의 거취와 득실은 시속(時俗)의 성쇠와 관련이 있습니다. 신이 비록 불초하지만 덕 있는 자에게 명하는 직책을 맡고 있으니, 어찌 감히 가벼이 몸을 처신하여 성상의 정치에 누를 끼치겠습니까.

또 신의 병든 노모가 동기(同氣)를 잃은 뒤로 몸이 날로 더욱 상한데다 여름 내내 독한 학질을 앓아 원기가 실낱같이 약해져서 지금 병석에서 시름시름 앓고 있으니 생명을 보전하기 힘들 듯합니다. 비록 부축하여 모시고 관령(關嶺) 밖으로 나가고 싶지만 어찌 될 수 있겠습니까. 만일 신의 염치와 의리상 억지로 나아갈 수 있어 임명장을 받드는 효[19]를 행하는 데 지장이 없었다면 지척에 있는 강화 유수 자리를 애초에 어찌 굳게 사양하였겠습니까. 만약 신의 사정이 절박하지 않아 마부를 꾸짖는 충[20]을 행할 수 있었다면 작년 왕역(往役)[21]의 의리를 또 어찌하여 피하였겠습니까. 이 두 가지로 볼 때 신의 괴로운 심정과 간절한 사정은 거의 상하에서 이해를 받을 수 있을 것입니다. 만일 이런 이유

19 임명장을 받드는 효 : 부모를 위해 벼슬하는 효도를 말한다. 후한(後漢) 사람 모의(毛義)는 집이 가난하고 어머니가 연로하였는데, 수령으로 삼는다는 격서가 오자 매우 기뻐하며 벼슬에 나아가니 사람들이 모두 천하게 여겼다. 그 후 어머니가 세상을 떠난 뒤 효렴(孝廉)으로 천거되었으나 나아가지 않았는데, 그제야 사람들이 그가 벼슬길에 나아간 것이 어머니를 위해서였음을 알았다고 한다. 《後漢書 卷39 劉平列傳》

20 마부를 꾸짖는 충 : 한(漢)나라 왕존(王尊)이 익주 자사(益州刺史)가 되어 험난하기로 유명한 공래산(邛郲山) 구절판(九折阪)이라는 고개를 넘게 되었다. 이전에 익주 자사에 임명되었던 왕양(王陽)이 이곳을 넘으면서 "어버이가 물려주신 이 몸을 이끌고 어찌 이렇게 험난한 곳을 자주 넘어 다닐 수 있겠는가." 하고는 병을 핑계대고 벼슬을 버리고 가 버렸다. 왕존이 이 구절판에 이르러 관리에게 묻기를, "여기가 왕양이 겁을 내었다는 그 길인가?" 하니, 관리가 "그렇습니다." 하자, 왕존이 마부에게 말하기를, "어서 몰아라. 왕양은 효자이고 왕존은 충신이다." 하면서 고개를 넘어갔다. 《漢書 卷76 王尊傳》

21 왕역(往役) : 104쪽 주6 참조.

가 아니라면 또한 마땅히 명을 거스른 신의 죄를 속히 벌하시어 오랫동안 공적으로나 사적으로 피폐하게 하지 마십시오.

생각건대, 이 직임은 이미 세 번 사람이 바뀌었습니다. 관찰사의 병이 위태로운 상황에서 벗어나지는 못했으니 살아서 옥문(玉門)에 들어오려는 심정[22]이 매우 다급합니다. 더구나 조정에서는 한두 고을의 마부와 말이 체류하는 것에도 매번 염려하는데, 새로 감사를 맞이하러 온 함경도 사람들은 여름과 가을을 보내며 고생이 이만저만이 아니니 먼 지방 사람들이 더욱 어찌 가엾지 않겠습니까. 신이 이미 스스로 반드시 체차되리라 생각하면서도 다시 시일을 끌면서 헛되이 직명을 지니고 있다면 그 죄가 더욱 큽니다. 이것이 신이 다급한 소리로 연달아 호소하며 그칠 줄을 모르는 이유입니다.

삼가 바라건대, 밝으신 성상께서는 공사간의 사세(事勢)를 굽어살피시어 체차하는 은혜를 특별히 내려주신다면 매우 다행이겠습니다. 신이 상소를 다듬어 아뢰려는 사이에 다시 재촉하는 명이 내렸음을 삼가 들었으나 정세가 이상과 같아 뜻을 바꿀 수 없습니다. 죄 위에 죄를 보태어 실로 만 번 죽어도 마땅하니 또한 엄중하게 처벌하소서…….

22 살아서……심정 : 살아서 고향으로 돌아가고 싶다는 뜻이다. 옥문(玉門)은 옥문관(玉門關)을 말하는데, 반초(班超)가 서역(西域) 일대를 정벌한 공으로 정원후(定遠侯)에 봉해지자, "신은 감히 주천군(酒泉郡)에 이르는 것을 바라지 않고 단지 살아서 옥문관(玉門關)에 들어가기를 원한다.〔不敢望到酒泉郡, 但願生入玉門關.〕"라는 상소를 올린 데서 온 말이다. 《後漢書 卷47 班超》

도승지를 사직하는 소[23]

辭都承旨疏

삼가 아룁니다. 신이 삼가 산릉(山陵)의 역사를 수행하여 대궐에 복명하고는 하늘을 우러르고 땅을 내려다보며 울부짖었으나 어찌할 도리가 없었습니다.

신의 처지로 볼 때 그대로 조정에 머물 형편이 아닌 만큼 산릉의 역사를 마친 날에 이치상 자숙해야 마땅하였습니다. 우러러 생각하건대 성상께서 황황한 심정[24]으로 상중에 계신 터라 감히 구구한 개인 사정으로 번거롭게 하는 죄를 거듭 범할 수 없어 시골로 돌아와 누웠으니 매우 황송할 따름이었습니다. 그런데 어제 삼가 승정원의 유지를 받드니, 신을 도승지에 제수하고 속히 역말을 타고 올라오라는 명을 내리셨습니다. 신은 놀라고 두려운 마음으로 어찌할 바를 모르겠습니다.

아, 신의 죄를 신이 본디 잘 알고 있습니다. 신하의 절조가 모두 무너졌으니 이 세상에 어찌 설 수 있겠습니까. 생각건대 선왕 때의 일을 가지고 감히 누차 인혐할 수는 없지만 죽을 때까지 지난날의 허물을 반성하며 자책하더라도 남음이 있을 것입니다. 일전에 어리석음을

23 도승지를 사직하는 소 : 저자는 1720년(경종즉위년) 11월 6일 도승지에 제수되었다. 《景宗實錄 卽位年 11月 6日》

24 황황(皇皇)한 심정 : 장례를 치르고 난 뒤의 자식의 심정을 말한다. 《예기》 〈단궁(檀弓)〉에 "부모의 장례를 마친 뒤에는 안절부절못하는 것이 마치 누군가 오기를 바라건만 오지 않는 것 같다.〔旣葬皇皇, 如有望而弗至.〕" 하였다.

무릎쓰고 왕역(往役)[25]한 것은 이른바 "여기에 정성을 쓰지 않으면 어디에 그 정성을 쓰겠는가."[26]라는 뜻에서 한 일이니, 물러나서 깊은 골짜기에서 죽는다 하더라도 유감이 없습니다. 지금 만약 한 번 나온 것을 계기로 곧장 아무 일 없는 사람처럼 자처하면서 영화를 탐내고 봉록에 연연하여 잠깐 물러났다 곧바로 나간다면 장차 어떤 사람이 되겠습니까. 쓸모없는 직책이나 한산한 관직도 마음이 편치 못할 것인데, 더구나 이 직임은 임금을 가까이서 모시는 깨끗하고 엄중한 자리가 아닙니까. 신이 비록 불초하지만 일신의 거취에 대해 이미 충분히 생각하였으니, 명을 태만히 한 죄를 실로 달게 받겠습니다.

또 노모를 끝까지 봉양하려는 신의 소망은 종전에 올린 상소에 이미 남김없이 아뢰었습니다. 삼가 생각건대 밝으신 성상께서 동조(東朝)[27]를 모시고 효성으로 나라를 다스리시니, 신과 같은 처지는 마땅히 허락될 사항입니다. 어찌 신의 누누한 말이 필요하겠습니까. 얼핏 들으니 승정원이 텅 비어 왕명의 출납이 매우 군색하다고 하니, 신처럼 외방에 있어 응당 체차될 사람은 마땅히 변통되어야 합니다. 더구나 군함(軍銜)을 띠고 고향으로 내려가는 것은 법률로 금하고 있는데 신이 그 수범(首犯)이니 또한 어찌 대간의 논의에서 피할 수 있겠습니까. 이에

25 왕역(往役) : 1720년(경종즉위년) 산릉도감 당상(山陵都監堂上)으로 복역한 일을 말한다.

26 여기에……쓰겠는가 : 《논어집주(論語集註)》에 나오는 말이다. 《논어》 〈자장(子張)〉에 "내가 부자께 들으니, 사람은 스스로 정성을 다하는 일이 없지만 반드시 부모의 상에는 정성을 다한다고 하셨다." 하였는데, 윤씨(尹氏)의 주석에 "부모의 상은 진실로 정성을 다해야 하니, 여기에 그 정성을 쓰지 않으면 어디에 그 정성을 쓰겠는가." 하였다.

27 동조(東朝) : 숙종의 계비 인원왕후(仁元王后)를 가리킨다.

감히 죽음을 무릅쓰고 스스로 논열합니다.

삼가 바라건대, 자애로우신 성상께서는 속히 신의 직명을 파직하도록 명하여 신으로 하여금 분수를 지키고 물러나 살면서 병든 어미를 봉양하여 천지처럼 생성해 주시는 은혜를 끝까지 누리게 해 주신다면 매우 다행이겠습니다.

대사헌 및 실록청 당상을 사직하는 소 신축년(1721, 경종1)

辭大司憲實錄堂上疏 辛丑

삼가 아룁니다. 신이 일전에 간절한 심정을 아뢰고서 삼가 윤허를 기다렸습니다. 비답을 내려 유시하신 말씀을 받드니 말씀하신 뜻이 후하고 너그러워 심지어 "경을 제수한 것은 뜻이 있어서이다."라는 말씀까지 하셨습니다. 신의 지금까지의 처신이 윗사람에게 인정을 받을 만한 점이 없는데, 어찌 이렇게까지 줄곧 신에게 부질없는 은혜를 내리신단 말입니까. 형편없는 몸으로 가만히 앉아서 높은 자리를 훔친 신으로 인해 사람을 알아보는 성상의 밝은 감식안에 누를 끼쳤으니 이는 신의 죄입니다.

계속하여 삼가 승정원의 유지를 받드니, 신을 실록청 당상에 차임하고 즉시 올라오도록 명을 내리셨습니다. 실록의 찬수는 사체가 엄중하니, 결코 신처럼 견문이 적고 문재(文才)가 없는 사람이 감히 참여할 자리가 아닙니다. 신이 이에 두려워 떨면서 어찌할 바를 모르겠습니다.

생각건대 신이 직임에 나아가기 어려운 의리는 지난번 상소에 이미 다 아뢰었지만, 신에게는 더욱 절박한 구구한 사정이 있습니다. 신의 노모는 고질이 온 몸을 감싸고 있어 늘 목숨이 위태로운데, 석 달 동안 독학 학질을 앓은 뒤로는 산으로 떨어지는 태양빛이 점차 희미해지듯이 원기가 점차 쇠약해져서 올해가 작년보다 심하고 오늘이 어제만 못합니다. 그러니 지금이 어찌 자식이 부모 곁을 떠나 벼슬에 종사할 때이겠습니까. 근래 고르지 않은 날씨로 인해 또 감기에 걸리는 바람에 수시로 현기증이 일어 자리에 누워 위태로운 나날을 보내고 있습니다.

약을 올리고 간호하는 일을 잠시도 놓을 수가 없으니, 비록 어리석음을 무릅쓰고 명에 달려가고 싶어도 할 수 없습니다.

근세에 사헌부 장관이 하나의 빈자리가 되고 말았으니 조정의 체모에 마땅한 바가 아닐 뿐만 아니라, 더구나 실록을 편차하는 이 일은 하루가 시급한 일입니다. 신이 만약 이대로 헛되이 차지한 채로 즉시 사직하지 않는다면 직무를 방치한 죄가 더욱 큽니다.

신이 막 상소를 다듬어 아뢰려는 차에 삼가 형조 참판 이태좌(李台佐)의 상소에 내린 비답을 보고는 삼가 지극한 감탄을 금할 수 없었습니다. 태좌의 처지가 참으로 애처롭지만 그래도 그에게는 형제와 아들, 조카가 있으니, 좌우에서 부축할 사람이 신 혼자뿐인 것과 비교하면 조금 차이가 있습니다. 태좌의 경우에도 오히려 허락을 받았는데 하물며 신의 처지야 말해 무엇하겠습니까.

어미를 끝까지 봉양하고자 하는 신의 바람은 십여 년을 거쳐 온 소망이니, 일찍이 선왕께서도 불쌍히 여겨 위로해 주셨습니다. 견책을 받은 이래로 신의 정성이 믿음을 받지 못함을 스스로 슬퍼하여 감히 더 이상 개인적인 사정을 번거롭게 아뢰지 못하였습니다. 지금 전하의 인자한 덕이 노인에게까지 미치고, 정사가 아랫사람을 돌보는 것을 우선하시니, 이러한데도 신이 한 번 호소하지 않는다면 이는 하늘은 백성을 불쌍히 여기는데 백성이 스스로 하늘을 막는 것입니다.

예전 현묘조(顯廟朝 현종)에 대사헌 민응형(閔應亨)이 노병을 이유로 체차되었는데, 신의 외선조인 문정공(文正公) 송준길(宋浚吉)[28]이 사직 상소에서 《중용(中庸)》의 '신하들의 마음을 깊이 살핀다.〔體羣

28 신의……송준길(宋浚吉) : 저자의 외조부 민유중(閔維重)이 송준길의 사위이다.

臣]'라는 글을 인용하여 아뢰기를,

"'신하들을 보기를 나의 사체(四體)처럼 여긴다.'고 하였는데, 지금 민응형의 사직은 허락하고 신의 소청은 허락하지 않는다면 이는 사체를 똑같이 여기지 않고 차등을 두는 것이 됩니다."

라고 하였으니, 신이 감히 전하를 위하여 이 일을 말씀드립니다.

삼가 바라건대, 밝으신 성상께서는 차마 잠시도 어미를 떠날 수 없는 신의 처지를 살피시고 직사를 헛되이 비워둘 수 없음을 생각하시어 신의 본직과 겸직을 일체 체차하소서. 그리하여 미천한 신으로 하여금 모든 신하를 똑같이 여기는 은혜를 입게 하고, 성조로 하여금 효로 다스리는 교화를 더욱 빛내게 한다면 실로 매우 다행이겠습니다.

대사헌으로서 경계를 아뢴 소[29]

大司憲陳戒疏

삼가 아뢰니다. 세월이 빨리 흘러 대행대왕(大行大王)의 연제(練祭)가 열흘 밖에 남지 않았습니다. 삼가 생각건대, 효성스런 성상께서는 울부짖고 그리워하시며 어떻게 견디고 계십니까.

신이 전야로 물러나 엎드린 지 여러 해가 되었으니, 허물이 지극히 심한지라 기꺼이 자숙하였습니다. 신이 작년에 한 번 나갔던 것은 단지 왕역(往役)[30]의 의리를 따르고자 한 것뿐인데, 지금 전하께서 또 실록을 찬술하는 일로 신을 부르셨습니다. 이는 사체가 엄중하니, 의리상 어찌 가만히 앉아서 사임하겠습니까.

생각건대, 신의 처지가 매우 절박하고 병세 또한 심각하여 은혜로운 유지를 누차 어겼으니 죽어도 그 책임을 면할 수 없습니다. 신이 이미 극력 사양하여 윤허를 얻지 못한 만큼 이치로 보나 형세로 보나 막다른 지경이니, 오직 나아가서 신하의 절조를 펴고는 물러나서 하찮은 소신을 온전히 지켜야 할 뿐입니다. 더구나 연제가 임박한 때라 더욱 태연히 엎드려 있을 수 없기에 성 밖으로 나아가서 엄한 처벌을 청합니다.

생각건대, 신이 헛되이 대사헌의 직임을 지닌 지 이미 석 달이 되었으니 명을 태만히 한 죄가 쌓였으며, 소장을 모두 예닐곱 차례 올렸으

29 대사헌으로서……소 : 이 글은 1721년(경종2) 5월 28일에 올린 상소이다. 《景宗實錄 1年 5月 27日》

30 왕역(往役) : 산릉도감 당상(山陵都監堂上)으로 복역했던 일을 말한다.

니 성상을 번거롭게 한 죄가 심합니다. 신하가 이런 죄를 짓고서 무슨 방법으로 속죄하겠습니까. 보잘것없는 천한 몸으로 함부로 높은 반열을 차지할 수 없음은 신 스스로 분명히 다짐한 것일 뿐 아니라, 온 조정이 모두 이를 알고 있습니다. 주벌을 받는 한이 있더라도 한 번 나아갈 이치가 전혀 없기에 우러러 성상의 인애(仁愛)와 은덕(恩德)을 믿고서 감히 애처롭게 호소합니다.

삼가 바라건대 자애로우신 성상께서는 먼저 유사에게 명하여 신의 죄를 논죄하시고 이어 신의 본직을 체차하시어 군함(軍銜)을 띠고 제사 반열에 참여하여 신으로 하여금 염의(廉義)와 정례(情禮)를 둘 다 펼 수 있게 하시기를 매우 간절히 바랍니다.

신은 진실로 감히 언관(言官)으로 자처할 수는 없지만 애타는 어리석은 충정을 끝내 감히 숨길 수 없습니다. 신이 을유년간(1705년, 숙종 31)에 주연(胄筵)에서 전하를 모시고 강독하다가 글 뜻으로 인하여 어떤 군주가 되고자 기약하는지 함부로 여쭌 적이 있습니다. 전하께서는 '어찌 감히 요순을 바라겠는가.'라는 신종(神宗)의 말에 정자(程子)가 대답한 말[31]을 들어 하교하시기를,

"내가 기약하는 바가 또한 어찌 미미하겠는가."

하셨습니다. 신이 일어나 경하하며 말하기를,

"이는 종사와 생민의 복입니다."

하고는 마침내 요순의 효제(孝悌)의 도를 인용하여 반복하여 거듭 고하였는데, 전하께서도 아직 기억하시는지요? 신이 항상 엄숙하게 외

31 어찌……말 : 신종(神宗)이 "짐이 어찌 감히 요순을 바라겠는가."라고 하자, 정자(程子)가 "폐하의 이 말씀은 천하 생민의 복이 아닙니다." 하였다.

우고 감탄하면서 요순의 다스림을 볼 수 있으리라 생각하였습니다. 그런데 어찌하여 보위에 오르신 이래로 모든 정책이 무력하고 나태하여 위로 하늘의 마음에 보답하고 아래로 백성의 기대를 위로할 만한 한 마디 말씀이나 한 가지 일도 없는 것입니까. 전하께서는 큰일을 하실 자질을 지니시고 행할 수 있는 지위에 계시는 데다 평소에 스스로 기약함이 어떠하신데, 지금 이처럼 그저 답답하기만 한 것입니까. 신이 그 미세한 것은 논할 겨를이 없고 우선 몇 가지 일을 아뢰겠습니다.

이번 삼년의 상제(喪制)는 전대의 비루함을 일체 씻어버린 것으로 전하께서는 선대의 뜻을 잘 계승하셨으니 실로 제왕의 대효(大孝)입니다. 그런데 진실로 그 실상이 없다면 이는 또한 겉치레일 뿐이니, 예에 비추어 볼 때 어떠하겠습니까. 근자에 친히 제사지내는 일로 간언을 올린 자가 많은데도 성상의 뜻을 돌릴 수 없어 중외의 근심과 답답함이 날로 심하였는데, 어제 내리신 비망기로 아랫사람들의 의혹이 조금 풀어졌습니다. 그러나 성상의 하교가 내리지 않았더라도 신하들은 본디 그러할 줄 생각하였습니다. 만일 그렇지 않았다면 전하께서 어찌 그리하셨겠습니까. 하지만 신의 구구한 근심은 아직 없어지지 않습니다.

질병이 찾아오는 것은 성인도 벗어날 수 없습니다. 전하께서는 위로 종묘사직과 자전을 위해 옥체를 가벼이 움직여서는 안 되지만, 천성에서 나온 애통하고 참달한 슬픔은 억누르고자 해도 누를 수 없습니다. 비록 절하고 무릎 꿇는 등의 일은 예제(禮制)대로 행할 수 없더라도 첨전(瞻展)과 곡읍(哭泣)만은 전하께서 스스로 마음을 다할 수 있는 바인데, 정월 이후 아직까지 한 번도 성묘한 적이 없고, 크고 작은 제사에 결핏하면 '제사 지내지 않은 것 같다.'라는 탄식[32]이 있습니다.

근력이 미치지 못함은 진실로 어찌할 수 없으나 마음속으로 헤아려 보건대 과연 스스로 편안하십니까. 전후로 내리신 하교에 매번 부끄러워하고 뉘우치는 뜻이 있는 만큼 양심이 절실하고 선단(善端)이 발현하여 샘물이 콸콸 솟아나고 불길이 타오르는 듯한 기세가 있으니, 여기에 나아가 채워간다면 성군이 되실 것입니다.

아, 세월은 빨리 흐르고 효도는 끝이 없으니, 지나간 일은 어쩔 수 없지만 앞으로는 고칠 수 있습니다. 더구나 지금 연제 전의 은전(殷奠)이 이번 달 초하루에 한 번 남았는데, 다행히 침을 맞으시는 것도 그치고 다리가 시리고 아픈 증세도 조금 줄었으니, 전하께서 이번에 슬픔을 펴지 않는다면 다시 어느 때를 기다리겠습니까. 지난번 사계절 제사의 정식(定式)이 이미 크게 예전(禮典)에 어긋났는데 전하께서는 또 그 말씀을 한 번도 실천하지 않으셨으니, 지금 생각을 바꾸신다면 일식과 월식이 다시 복원되는 것처럼 더욱 빛날 것입니다. 혹 성상의 환후가 완전히 회복되지 못했다면 신이 이에 대해 별도로 아뢸 말씀이 있습니다.

선정신 문경공(文敬公) 김집(金集)이 팔십의 나이로 병이 들어 직접 제사지내지 못하게 되자 글을 지어 가묘(家廟)에 고하기를,

"비록 혹 제사에 참여하여도 힘이 미치지 못해 절차대로 예법을 다할 수 없을 경우엔 그때 상황에 따라 근력을 헤아려 저는 단지 신위(神

32 제사……탄식 : 제사에 참석하지 않았다는 말이다. 《논어집주》 〈팔일(八佾)〉에 "내가 제사에 참여하지 못하면 제사를 지내지 않은 것과 같다.〔吾不與祭, 如不祭.〕" 하였는데, 그 주(注)에 "혹시 연고가 있어 참여하지 못하고 다른 사람에게 대신 시키면 직접 그 정성을 드릴 수 없기 때문에 제사를 지냈더라도 마음이 허전하여 제사지내지 않은 것과 같다." 하였다.

位) 앞에 엎드려 있고 집사에게 대신 거행하게 하겠으니 그래도 본래 제사에 참여하지 않는 것보다는 나을 것입니다."

하였습니다. 어찌 예가 아닌 것을 선정이 행하였겠습니까. 이는 상하에 충분히 통용될 수 있는 권도(權道)입니다.

삼가 바라건대 밝으신 성상께서는 속히 밝은 하교를 내리시어 삭전(朔奠)을 친히 거행하시고, 만약 혹 절하고 무릎 꿇기가 어려우시면 관천(祼薦)[33]의 절차는 대신에게 섭행하게 하소서. 이후의 향사도 반드시 근력을 헤아려 거행하시되, 모든 제사에 성상의 마음을 다해야만 비로소 온 나라의 인심을 크게 위로할 만하고 신인(神人)의 기대를 영구히 매어 둘 수 있을 것입니다. 만약 혹 그렇게 하지 않고 다만 "전일의 비망기로 사람들이 분명히 알게 되었을 것이다."라고 생각하여 매번 섭행하게 할 뿐이고, 여러 신하들도 또 따라서 감히 말씀드리지 못한다면 이는 위에서는 신하의 간언을 막고 아래에서는 임금의 과실을 이루어주는 것입니다. 신이 이 때문에 두려워 감히 사전의 경계를 망령되이 아뢰지 않을 수 없으니, 바라건대 밝으신 성상께서는 신의 어리석음을 용서하시고 신의 충정을 살피소서.

주자(朱子)가 말하기를,

"몸은 하나의 집과 같고 마음은 한 집의 주인과 같은 것이다. 이 집의 주인이 있은 뒤에야 문호를 청소하고 사무를 정돈할 수 있다."

하였습니다. 보통의 사람도 그러한데, 하물며 전하의 몸은 만백성의 주인이시고 전하의 마음은 모든 변화의 근원이시니, 여기에서 근본을

33 관천(祼薦) : 제왕의 제사에서 술을 땅에 부어 신(神)을 강림하게 하고, 음식을 차려서 신에게 올리는 의식이다.

세우지 않고서 다시 무슨 일을 논하겠습니까. 마음은 살아있는 물건이니, 자신도 모르는 사이에 한번 몸 밖으로 치달리고 날아가 외물을 따르면 일신의 주인이 없어지고 만사에 벼리가 없어질 것입니다. 임금은 구중궁궐에 깊이 거처하시니 그 마음의 은미함을 쉽게 엿보고 헤아리지 못할 듯하지만, 마음속에 있어 밖으로 드러나는 것은 스스로 숨길 수가 없습니다. 전하께서 조정에 나와 정사를 보실 적에 전적으로 침묵을 숭상하시어 모든 시비와 흑백에 대하여 가한 것도 없고 불가한 것도 없는 듯이 하시며, 크고 작은 정령(政令)을 일체 유유범범하게 처리하여 마치 일개의 몸과 마음이 서로 관섭하지 않는 것처럼 하십니다. 이 때문에 아래에서 임금을 받드는 자들도 모두 임시변통으로 시간을 끌고 구차하게 날을 보내면서 깊은 우물 속에 떨어진 듯 멍하게 있으니, 이와 같이 하고서 능히 나라를 다스린 경우는 없습니다.

무릇 독서와 강학이 이 마음을 모이게 하고 묶어두는 방법입니다. 이 때문에 명철한 임금은 부지런히 경연에 나가는 것을 제일무로 삼지 않은 적이 없습니다. 전하께서 지난 역사를 한번 살펴보소서. 어찌 일찍이 즉위한 초기에 한 해가 다가도록 한 번도 개강(開講)하지 않은 경우가 있었겠습니까. 처음에는 강관(講官)이 채워지지 않아 그렇다고 핑계라도 댈 수 있지만 지금은 조정에 훌륭한 선비들이 즐비합니다. 국가에서 옥당을 둔 것이 그들에게 눈치 보면서 숙직이나 하라고 둔 것이겠습니까. 승지가 입대(入對)하는 규정이 마침내 폐해져서 전하를 뵈는 일이 더욱 뜸해졌고, 전강(殿講)에서 친히 정무를 보시는 일이 어쩌다가 있어서 완급이 뒤바뀌었습니다. 빈청(賓廳)의 차대(次對)는 나라의 중대한 일인데, 연석(筵席)의 우불(吁咈)[34]은 '알았다〔유(唯)〕'라는 한 마디에서 벗어나지 않습니다. 이 정도에서 그칠 뿐이라면 하루에 세 번 접견하는 부지런함이 또한 무슨 이익이 있겠습니까. 전하께서는 이미 궁중에 깊이 들어앉아 신료들을 드물게 접견하시니, 감히 알지 못하겠습니다만, 평소 가까이 하는 자는 누구이며, 하시는 일은 어떤 일입니까? 임금의 마음을 좀먹고 덕을 잃게 하는 것이 반드시 음악이나 여색, 사냥만이 아닙니다. 생각의 게으름이 나라를 잃는 근저가 되기에 충분하니 매우 두려워할 만합니다.

아! 천재(天災)는 날마다 이르고 인심은 날로 떠나가며, 사의(私意)는 날로 더욱 기승을 부리고 의리는 날로 더욱 퇴색되며, 형정(刑政)은 날로 더욱 문란하고 기강은 날로 더욱 무너지고 있습니다. 그런데도 대번에 망하지 않는 것은 오직 선왕의 은택이 사람들에게 남아 있기 때문입니다. 전하께서 이것을 믿고 스스로 안일해서야 되겠습니까. 주자가 말하기를,

"오늘날 제일 먼저 할 일은 오직 임금에게 몸과 마음을 수습하고 정신을 보양하여 항상 천하국가의 일을 생각하도록 권하는 것이다."

하였으니, 이야말로 오늘날의 증상에 맞는 좋은 약입니다. 전하께서 만일 신의 이 말을 마음에 돌이켜보아 그 보존 여부를 살피고 그 부지런함과 나태함을 점검하시어 반드시 학문으로 일깨우고 경(敬)으로 지키기를 사씨(謝氏)의 '성성법(惺惺法)'[35]과 허형(許衡)의 '천만 인

34 우불(吁咈) : 도유우불(都兪吁咈)로, 임금과 신하가 함께 정사를 토론하는 것을 말한다. 요(堯)임금이 신하들과 정사를 의논할 때에 쓴 말로, 도(都)는 탄미하는 말〔歎美之辭〕이고, 유(兪)는 응낙하는 말〔應許之辭〕이고, 우(吁)는 그렇지 않음을 탄식하는 말〔歎其不然之辭〕이고, 불(咈)은 매우 그렇지 않다고 여기는 말〔甚不然之之辭〕이다. 《書經集註 堯典 蔡沈註》

35 사씨(謝氏)의 성성법(惺惺法) : 사씨는 송(宋)나라의 사양좌(謝良佐)이고, 성성

속에 있더라도 항상 자기 자신이 있음을 안다.'[36]는 것처럼 한 뒤에 비로소 힘을 쓸 바탕이 생겨서 가장 먼저 종전의 안일하고 나태했던 습성을 덕음(德音)을 깊이 발하여 통렬히 스스로 질책하신다면 신이 말한 몇 가지 일이 벼리를 들어 올리면 그물눈이 펼쳐지듯 저절로 시행되어 상하 간에 마음이 모아져 말 한마디에 바람처럼 신속히 움직일 것입니다. 그러니 국면을 전환시키는 기틀이 어찌 손바닥 뒤집듯 쉬울 뿐이겠습니까. 요순(堯舜)이 된 이유도 이 마음에서 벗어나지 않는데, 전하께서는 무엇을 꺼려 행하지 않으십니까.

이어 생각하건대, 근래 여러 신하들의 주장(奏章)이 간절하지 않은 것이 아니고 성상의 비답도 가납하지 않는 것이 아닌데도, 끝내 이를 채용했다는 실상을 듣지 못했으니, 이는 "좋아하기만 하고 그 말의 참뜻을 찾지 않으며, 겉으로만 따르고 실제로 고치지 않는"[37] 데에 거의 가깝습니다. 지금 신의 진달한 바는 본디 별개의 일이 아니라, 처음부터 끝까지 먼저 임금을 바로잡는 의리[38]에 입각하여 아뢴 것입니다.

법은 머릿속이 항상 맑은 상태를 유지하는 것을 말한다. 사양좌가 말하기를, '경은 항상 또렷이 깨어 있게 하는 방법이다.〔敬是常惺惺法〕" 하였다. 《心經附註 卷1》

36 허형(許衡)의……안다 : 허형은 원(元)나라 때의 학자이다. 《심경부주(心經附註)》 권3에 "정(靜)할 때에 경(敬)하여 항상 천지와 귀신이 강림하고 있음을 생각하여 감히 조금도 소홀히 하지 않고, 동(動)할 때에 경하여 시청(視聽), 색모(色貌), 언사(言事), 의분(疑忿), 득(得)에서부터 일일이 성찰해서 외물을 따라가지 않게 하여 비록 천만인 속에 있더라도 항상 자신이 있음을 알아야 하니, 이것이 경을 잡아 지키는 대략이다." 하였다.

37 좋아하기만……않는 : 《논어》 〈자한(子罕)〉에 나오는 말이다.

38 먼저……의리 : 《서경》 〈고종융일(高宗肜日)〉에, 고종(高宗)이 융제(肜祭)를 지내던 날에 꿩이 우는 이변이 생기자, 조기(祖己)가 "먼저 왕을 바로잡고 나서 이 일을

전하께서 또 그저 '유념하겠다.'라는 말로만 그친다면 신이 다시 무엇을 기대하겠습니까.

신이 양조(兩朝)의 은혜를 받아 이런 지위에 올랐습니다. 조용히 왕실을 생각함에 한밤중에도 눈물이 흐르니, 몸이 조정의 반열에 있는 만큼 의리상 감히 한 마디 말도 없이 묵묵히 있을 수 없습니다. 부디 전하께서 깊이 생각하시어 속히 행하신다면 신이 비록 물러나 전야에 엎드려 있더라도 영광스러울 것입니다.

신이 상소를 써서 미처 올리지 못한 사이에 실록청의 초기(草記)로 인해 소패(召牌)가 이르렀습니다. 신의 재주와 분수로 감당할 수 없음은 말할 것도 없거니와 본직(本職)에서도 해임되기 전이니 조금이라도 염치를 무릅쓰고 나아갈 처지가 못 됩니다. 그저 가만히 앉아 명을 거스르는 죄만 짓고 있으니 더욱 죽을죄를 보태었습니다. 삼가 바라건대 엄중하게 처벌하시어 관료들을 권면하소서. 신은 간절히 바라는 마음을 이기지 못하겠습니다.

바로잡겠다.〔先格王, 正厥事.〕" 하였다.

별유가 내린 뒤에 거듭 도승지를 사직하는 소
別諭後再辭都承旨疏

삼가 아뢰니다. 일전에 간절한 심정을 아뢰고서 공손히 윤허를 기다렸는데, 성상의 비답을 받들고 보니 온후하게 타이르고 독책하시어 심지어 "매번 인혐하여 사직을 청한다면 언제나 임금을 섬기겠는가."라고 말씀하셨습니다. 아! 신하로서 임금을 사모하는 정이 신에게도 있으니, 비답을 한번 읽을 때마다 눈물을 흘리는 심정이 어떻겠습니까. 그러나 신의 괴로운 마음과 절절한 진심은 믿음을 받기에 아직 미진함이 있는 듯합니다.

군신(君臣)의 분의(分義)는 참으로 천지 사이에 피할 길이 없습니다만, 임금에 대한 의리와 어버이에 대한 은혜는 상치될 때가 더러 있습니다. 이 때문에 옛 사람이 "임금을 섬길 날은 많고, 어버이를 모실 날은 짧다."[39]는 말을 한 것입니다. 신이 경인년(1710, 숙종36) 이래로 누차 어미를 끝까지 봉양하겠다는 청을 올렸는데, 선대왕께서는 애처롭게 여기시어 신이 호소할 때마다 번번이 따라주셨습니다. 곡진히 이루어주시려는 뜻을 신이 실로 치우치게 입고는 마침내 스스로 중죄에 빠졌으니, 여기에서 신의 궁박한 처지를 알 수 있습니다.

생각건대, 지금 성상께서는 위로 동조(東朝)[40]를 모시고 효성으로

39 임금을……짧다 : 이밀(李密)의 〈진정표(陳情表)〉에 "신이 폐하에게 충성을 다할 날은 많고, 할머니 유씨(劉氏)에게 보답할 날은 짧습니다." 하였다.

40 동조(東朝) : 숙종의 계비 인원왕후(仁元王后)를 가리킨다.

나라를 다스리고 계시니, 신과 같은 처지는 마땅히 가엾게 여겨 용서하실 사항입니다. 이에 아랫사람을 사랑하시는 성상께서는 신에게 어버이를 섬길 날을 특별히 허락해주시기를 간절히 바라오니, 이것이 어찌 신이 전적으로 분수와 의리에 어두워 그런 것이겠습니까.

신의 어미에게 등창이 생긴 지 한 달이 넘는데도 상처 뿌리가 완전히 제거되지 않고 부기가 완전히 사그라지지 않아 남은 독기가 주변으로 퍼져 여기저기 부스럼이 생겼습니다. 이런 오랜 고질병으로 무더위를 만나 지금까지 고통에 신음하고 있으니 기력이 다 떨어졌음을 알 수 있는데, 신이 지난 상소에서 성상께 번거로움을 끼칠까 두려워 감히 낱낱이 아뢰지 못한 탓에 "병세에 이미 차도가 있으리라 생각한다."는 하교가 있게 되었으니, 이 또한 신의 효성이 부족한 죄입니다.

별유(別諭)를 내리시어 정중히 부르시는 것은 항상 있는 은전이 아니니, 시대의 안위와 관계있는 중망을 지닌 원로에게 베풀어야 마땅합니다. 대체 신이 어떤 사람이기에 또한 여기에 포함된단 말입니까. 더구나 융숭하고 간곡한 윤음은 신이 감히 들을 바가 아니기에 놀랍고 두려우니 이렇게까지 된 이유를 알지 못하겠습니다.

아! 신은 본디 몸을 깨끗이 하고 자중하는 선비가 아니라, 과거를 통해 벼슬에 진출하고 녹사(祿仕)에 뜻을 두었던 사람입니다. 그러나 오활하고 병이 많아 세상에 이바지할 재주가 없는 탓에 중간에 인혐하고 물러났으니 이는 실로 부득이한 개인 사정 때문입니다. 또한 일찍이 주관도 없이 무리지어 나아가고 무리지어 물러나온 데다 근래에는 과실을 범하여 처지가 더욱 위축되는 바람에 거듭하여 소명을 어기는 죄를 범한 지 십여 년이 되었습니다. 만약 신을 두고 시사를 어찌 해볼 방도가 없어 갑자기 물러날 뜻을 품었다고 한다면 이미 전혀 가당치도 않거니와 신의 거취가 마치 시대에 영향을 미치는 듯 여기는 것은 어찌 더욱 전혀 신의 분수 밖의 일이 아니겠습니까.

성상의 유지(諭旨)에서 지나치게 인책하신 것은 바로 성탕(成湯)의 "나 한 사람에게 있다"[41]는 뜻이니, 성덕(聖德)에 있어서는 본디 아름다운 일이지만, 신하가 되어 이런 하교를 받고서 어느 곳에 용납되겠습니까. 신이 비록 불초하지만 임금을 섬기는 의리를 조금 알고 있으니, 어찌 선(善)을 개진하는 것이 공경이며 임금에게 하기 어려운 일을 요구하는 것이 공손임[42]을 모르겠습니까. 다만 정성이 믿음을 받기에 부족하고 말이 감동을 일으키기에 부족하니, 가령 신이 염치를 무릅쓰고 다시 나아가더라도 구차하게 봉록을 훔치는 데 불과하여 결코 털끝만큼도 보답하지 못할 것이 분명합니다. 그렇다면 오직 물러나 분수를 지키고 하찮은 신념을 온전히 지켜서 명을 어긴 처벌을 면치 못하더라도 혹 갚을 수 없는 큰 은혜를 갚는 방법이 될 것입니다.

지금의 이 일은 본디 상하가 경계하고 권면하는 기틀인데, 변변치 못한 신으로 인해 과분한 은혜를 내리시어 단지 국가의 체모를 가볍게 만들고 물정을 놀라게만 하였으니, 신의 구구한 우려와 개탄이 어찌 단지 일신의 낭패 때문이겠습니까. 지금 신의 처지가 절박하여 명을 따를 길이 없습니다. 형조와 승정원의 직임이 얼마나 중요합니까. 그런데도 직무를 방치한 것이 또 이에 이르러 두려워 몸 둘 곳이 없으니,

41 성탕(成湯)의……있다 : 《서경》 〈탕고(湯誥)〉에 "너희 만방 백성들에게 죄가 있는 것은 그 책임이 나 한 사람에게 있다.〔其爾萬方有罪, 在予一人.〕" 하였다.

42 선(善)을……공손임 : 《맹자》 〈이루 상(離婁上)〉에 "임금에게 하기 어려운 일을 요구하는 것을 공손이라 하고, 선을 개진하여 임금의 사심을 막는 것을 공경이라 한다.〔責難於君, 謂之恭, 陳善閉邪, 謂之敬.〕" 하였다.

감히 죽음을 무릅쓰고 번거롭게 아뢰지 않을 수 없습니다. 신하의 절조가 모두 무너졌으니 만 번 죽은들 어찌 속죄할 수 있겠습니까.

삼가 바라건대, 밝으신 성상께서는 굽어 살피시어 먼저 신에게 과분한 은혜로운 명을 거두시어 본직과 겸직을 모두 없애시고, 이어 신에게 어미를 끝까지 봉양하도록 허락하여 큰 은혜를 끝까지 누리게 해 주신다면 명을 거역한 죄로 신을 처벌하더라도 달게 받을 것입니다. 신은 지극히 두려운 마음으로 명을 기다립니다.

행 부제학을 사직하는 소 을사년(1725, 영조1)
辭行副提學疏 乙巳

삼가 아룁니다. 하늘이 우리나라에 재앙을 내려 선대왕께서 갑자기 신하들을 버리시어 왕릉을 조성하는 일이 이제 마무리되었으니 온 백성이 몹시 비통해하고 있습니다. 삼가 생각건대, 성상께서는 상중에 즉위하시어 어떻게 감당하고 계십니까.

신은 화를 당하고[43] 남은 목숨으로 깊은 산골에 살면서 실로 세상에 대한 생각이 털끝만큼도 없으니, 오직 시골의 이웃 노인들과 함께 날마다 덕화(德化)가 이루어지기를 빌면서 골짜기에서 죽더라도 유감이 없습니다. 그런데 천만뜻밖에 성상의 조서가 먼 곳까지 내려와 신에게 홍문관 부제학과 경연의 관직을 내리고 역마로 부르는 명이 문에 이르니 싸늘한 골짜기에 빛이 생겼습니다. 이에 신은 당황스럽고 놀라워 마음이 두근대고 불안한 나머지 저도 모르는 사이에 얼굴이 눈물로 뒤덮였습니다.

신은 본디 형편없는 사람으로 외람되게도 양조(兩朝 숙종과 경종)의 은혜로운 대우를 받아 십 년 동안 다섯 차례 본직에 제수되었으나 감히 한 번도 명을 받든 적이 없었으니, 어찌 정사를 새로 시작하는 오늘날 거듭 누를 끼칠 줄 생각이나 했겠습니까. 더구나 지난번 대간(臺諫)의 망극한 말로 인해 받은 처벌이 비록 삭출되는 정도에서 그쳤지만 신하

43 화를 당하고 : 경종 즉위 초년에 발생한 신임옥사로 저자의 중부(仲父) 이만성(李晩成)이 죽임을 당한 사건을 말한다.

로서 이런 죄명을 지고서 장차 어디로 돌아가겠습니까. 그러나 이에 대해서는 여태껏 토로할 겨를이 없습니다. 신의 가슴속에 오랫동안 응어리진 원통함을 만약 성상께 다급히 호소하지 않는다면 다시 어디로 달려가서 하소연하겠습니까.

삼가 생각건대, 신의 중부(仲父) 이만성(李晩成)이 근년에 화를 당한 것은 다만 이삼(李森)을 충청도 병마절도사에 제수한 한 가지 일에서 말미암은 것입니다. 병조 판서로서 무관(武官)을 등용하고 내치는 것은 본디 직무를 수행한 것뿐입니다. 더구나 대신의 분부까지 있었던 일이 아닙니까. 이 때문에 이 사건이 처음 제기될 때에 화를 즐기는 일부 사람들조차도 오히려 모두 "이는 문제 삼을 만한 점이 없다."고 생각하여 한 달에 걸쳐 죄상을 꾸민 뒤에 드러내었던 것이며, 사실대로 대답한 원사(爰辭)에 대해 그 죄를 평의(評議)하여 아뢸 적에도 어쩔 수 없이 "대신의 분부를 전관(銓官)이 봉행하는 것은 본디 옛 규례이니 달리 더 이상 신문할 단서가 없습니다."라고 말하여 참작하여 처리하기를 청하고는 곧바로 사람을 바꾸어서 저지했던 것입니다.

본 사건 이외에도 번번이 홍치중(洪致中)과 주고받은 이야기를 다시 꾸미고 지어내어 망측한 곳으로 몰아넣으려고 했으나 홍치중에게 무함하기 어려운 실상이 있자 곧장 또 낭패를 보고 중지하였습니다. 온갖 계책으로 모략하다가 이처럼 하는 일마다 파탄이 나자 마침내 그만두었습니다. 또 등대(登對)하여 여쭈어 처리한 일로 얽어매어 마침내 양조(兩朝)의 노신(老臣)을 단번에 구금하고 겨울과 여름 내내 붙잡아 두어 끝내 살아서 감옥을 나오지 못하게 하였습니다. 아, 하늘이시여! 어찌 차마 말하겠습니까.

신의 중부는 근신하고 돈후하여 시종일관 절의를 지켰으며 밝게 빛나는 분명한 충심을 나라 사람들이 모두 믿었습니다. 그러나 중망(衆望)이 귀의하는 바에는 화가 뒤따르는 법이라, 세도(世道)가 어지러워지자 가장 먼저 내쫓겼고, 내쫓긴 것으로도 부족하여 마침내 사지로 내몰렸습니다.

생각건대, 중부가 곤액을 당한 것은 단지 한번 관리를 임명하는 사이의 일이었을 뿐, 달리 한 마디나 한 글자도 위조했거나 혐의쩍을 만한 점이 없습니다. 이 때문에 역적 김일경(金一鏡)과 이사상(李師尙) 무리가 옥관(獄官)이 되어 여러 달 동안 죄명을 만들려 하였지만 할 수 없었던 것이니, 단지 원한을 품은 두서너 사람의 주장으로 인해 이렇게 된 것 뿐입니다. 중부가 죽던 날 문신이나 무신, 천한 노비에 이르기까지 모두 탄식하며 몹시 슬퍼하였으니 사람들 마음이 같다는 것을 매우 알 수 있습니다. 그런데도 저들의 화심(禍心)은 그치지 않고 오히려 독기를 확장하여 비할 데 없는 극도로 패악한 말이 중부의 사후에도 거듭되었습니다. 덫과 함정을 널리 펼쳐놓고서 겉으로는 너그러운 척하고 속으로는 주도면밀한 그 실상들이 지금에 이르러 다 드러났습니다. 아, 하늘이시여! 어찌 이런 일을 차마 할 수 있단 말입니까.

지난날 선대왕의 더없이 인자하고 후한 덕이 미치지 않았더라면 신의 집안이 어떻게 지금까지 보전될 수 있었겠습니까. 지금 전하께서 대통을 이어받아 은택이 두루 내려져 유배되었던 자가 이배(移配)되고 쫓겨났던 자가 돌아왔습니다만, 죽은 사람만은 다시 살아날 수 없습니다. 아, 이제 와서 무슨 소용이 있겠습니까.

신은 어려서 아비를 잃고 오직 중부의 보살핌에 의지해 성장하였으니, 실로 40년간 아버지와 같은 은혜와 스승과 같은 의리가 있습니다. 그런데 중부가 화변을 당하던 날, 조정에서 머리를 깨부수어[44] 그 마음을 밝히지 못했으니 천지간에 움츠린 채 몸 둘 곳이 없습니다. 오직 깊은 산중으로 달려 들어가 사슴이나 돼지와 무리지어 살면서 풀을 엮어 옷을 만들어 입고 나무뿌리를 캐어 먹으며 여생을 마칠 뿐입니다. 신이 오늘날까지 부끄러운 심정으로 구차하게 살면서 구천에 있는 숙부의 깊은 원한은 씻지 못하고 은총이 신 한 몸에 먼저 미쳤으니, 하늘을 우러르고 땅을 굽어봄에 부끄럽고 비통합니다. 누구에게 의지하고 누구에게 하소연해야 합니까. 상황이 이러한데 또 다시 영화를 탐하여 무릅쓰고 나아가 갓끈을 늘어뜨리고 인끈을 찰 생각을 한다면 사람의 도리가 거의 사라지게 될 것입니다.

삼가 들으니, 지난번 구언(求言)하신 유지(有旨)에, "곤궁한 사람들의 억울한 사정이 구중궁궐에 미치지 못해서인가?"라는 말씀이 있었습니다. 말씀의 뜻이 애절하여 귀신도 감읍할 정도인데, 신이 이런 원통하고 억울한 사정을 품고서 아뢰지 않는다면 이는 하늘은 지극히 인자한데 사람 스스로 막은 것입니다. 지금 전하께서 직명으로 신을 부르시는데 신이 또 외람될까 두려워 개인적인 의리를 한번 드러내지 않는다면 살아서는 세상에 얼굴을 들 수 없고 죽어서는 지하에서 중부를 볼 수 없기에 감히 죽음을 무릅쓰고 눈물을 흘리며 진언합니다.

삼가 바라건대, 자애로우신 성상께서는 해와 달처럼 밝으시니 굽어 살피시어 천지에 사무친 원한이 성명(聖明) 아래에서 풀어지게 해 주

44 머리를 깨부수어 : 죽을 각오로 과감히 간쟁하는 것을 의미한다. 《논형(論衡)》〈유증(儒增)〉에 "금식(禽息)이 백리해(百里奚)를 천거하였는데 무공(繆公)이 들어주지 않고 나가 버리자, 금식이 문에 머리를 깨부수어 죽었다. 무공이 이를 비통히 여기고 백리해를 등용하였다."라고 한 데서 나온 말이다.

신다면 죽어서 결초보은하더라도 그 은혜의 만분의 일도 갚지 못할 것입니다. 신의 처지가 단 하루도 고관의 반열에 있을 수 없으니 또한 속히 관직을 삭탈하여 천한 신분으로 돌아가게 해 주시고, 또 지엄하신 성상을 번거롭게 한 죄를 다스려 신하의 절의를 면려하신다면 매우 다행이겠습니다. 신은 너무도 간절히 성상을 우러러보며 명을 기다립니다.

이조 참판 및 실록청 도청 당상을 사직하는 소[45]

辭吏曹參判實錄都廳堂上疏

삼가 아룁니다. 하늘이 우리 종사를 도우시어 세자가 일찍 정해졌으니, 억만년 이어질 무궁한 경사에 중외(中外)가 함께 기뻐합니다.

신이 일전에 감히 절박한 심정을 아뢰었으니,[46] 너무도 외람된 행동이라 주벌을 피할 길이 없습니다. 그런데 삼가 지성으로 타이르신 비답의 말씀을 보니, 이미 간흉들이 자행한 악독한 정상을 통찰하고 계셨으며 신의 중부(仲父)의 일에 대해서도 측은하게 여기시어 그 본심을 남김없이 통촉해 주셨으니, 다 타 버린 재가 다시 타오르고 말라 빠진 해골에 다시 살이 붙게 되었습니다. 죽지 못하고 근근이 살던 신이 이런 덕음(德音)을 직접 받들게 될 줄 어찌 생각했겠습니까. 하루에도 백 번씩 입으로 외우고 마음속으로 생각하며 대궐을 바라보면서 눈물을 줄줄 흘립니다. 예로부터 충심을 간직한 채 억울하게 화를 당한 신하 중에 임금에게 이런 인정을 받을 수 있었던 사람이 몇이나 되겠습니까. 신이 오늘 저녁에 죽더라도 덕분에 중부를 볼 낯이 있게 되었습니다. 죽은 사람이 이를 안다면 또 그 은혜를 보답함이 어떠하겠습니까.

45 이조……소 : 이 글은 1725년(영조1) 3월 26일 올린 상소이다. 《承政院日記 英祖 1年 3月 26日》

46 신이……아뢰었으니 : 신임옥사에 연루되어 죽은 저자의 숙부 이만성(李晩成)의 신원(伸冤)을 청한 일을 말한다.

삼가 이달 2일 연석에서 특별히 중부의 관작을 회복시키도록 명하신 것을 듣고서 온 집안이 감격의 눈물을 흘렸으니 더더욱 몸 둘 바를 모르겠습니다. 아, 밝으신 성상께서 분명하게 아랫사람을 다스려 억울한 사정을 반드시 풀어주시니, 이는 비유하자면 높은 하늘이 위에서 덮어주면 만물이 저절로 이루어지는 것과 같습니다. 그런데도 붙들고 호소하며 바라는 것은 참으로 망발입니다. 일전에 사헌부 신하의 상소에서 신이 지난번에 호소한 일을 거론하여 "아직 군주의 무함도 씻지 못하고 역적을 토죄하지도 못했는데, 어찌 사가(私家)의 신원을 급히 게 여겨서야 되겠는가."라고 논척하였으니,[47] 이것이 또 하나의 의리입니다.

사람은 임금과 사부와 아비로 인해 만들어지니 한 가지로 섬겨 상황에 따라 목숨을 바쳐야 함은 신도 배운 바가 있습니다. 그러나 마음이 급하여 느긋하게 있을 수 없는 것은 개인적인 심정이고, 법의(法義)로 재단하는 것은 공적인 의논이니, 신은 마땅히 그 죄명을 받아 감히 변명하지 않겠습니다.

일전에 부제학에서 해임되기 전에 다시 상소를 올려 사직을 청하였고, 또 처음 올린 상소에서 이미 감하(減下)된 경연관의 직함을 잘못 쓴 일을 스스로 논핵하였는데, 승정원에서 이직(移職)되었다는 이유로 도로 물리쳤습니다. 지금 제수 받은 이조 참판과 실록청 춘추의 직임은 신이 신축년(1721, 경종1) 국상(國祥)에 달려가던 때에도 동시에 제수 받은 일인데, 신은 분수와 역량을 헤아려 감히 한 발자국도

47 일전에……논척하였으니 : 사헌부 지평 이의천(李倚天)이 1725년(영조1) 2월 25일에 올린 상소에 나오는 말이다. 《承政院日記 英祖 1年 2月 25日》

나가지 못하였고, 조정에서도 억지로 시킬 수 없다는 것을 알고 허락하였습니다. 그런데 어찌하여 또 지금 은혜로운 명이 신에게 내려졌단 말입니까.

신은 십수 년 전부터 이미 사직을 청하는 글을 진달하였으니, 사사로운 정리에 쫓겨 누차 소명을 어기는 바람에 마침내 큰 죄를 짓고 자숙하기로 맹세하였습니다. 구구한 신의 거취를 어찌 같은 조정에 있는 사람들이 상세히 모르겠습니까만, 단지 예전의 관직을 취하여 구차하게 채워 넣었을 뿐입니다. 궁벽한 산골에 엎드려서 선발해 주신 은명을 한 달 동안 헛되이 지니고 있으니 이미 미천한 분수로 감당할 바가 아닌데, 사흘 사이에 체차하였다가 바로 다시 제수하니, 나라의 체모가 어찌되겠습니까. 신은 이에 공적인 근심과 사적인 번민으로 감히 한시도 편안할 수가 없습니다. 성상을 번거롭게 하는 죄는 작지만 직임을 방치한 책임은 크기에 거듭하여 숭엄하신 성상의 귀를 더럽히지 않을 수 없습니다.

삼가 바라건대, 자애로운 성상께서는 신의 진심을 헤아리시어 본직과 겸직을 속히 모두 개차하여 조정에 있는 사람에게로 돌려주어 신으로 하여금 오랫동안 버티지 않게 하시고, 이어 분수를 모르고 함부로 호소한 신의 죄를 다스려 국가의 체모를 엄중하게 하고 대간의 논의를 펴 주신다면 매우 다행이겠습니다. 신은 은혜를 입고 죄를 지어 너무도 황공한 마음으로 간절히 바랍니다.

대제학을 사직하는 소[48]

辭大提學疏

삼가 아룁니다. 신이 은혜를 저버리고 명을 태만히 하여 용서받지 못할 죄를 지었는데 성상의 도량으로 지나치게 용서하시어 온화한 유지를 선뜻 내려 주셨으니, 사사로운 의리에 있어 더욱 송구하여 몸이 움츠러듭니다. 생각건대, 이 이조 참판이라는 지극히 중요한 자리가 신으로 인해 자리가 빈 지 지금 몇 달이 되었습니다. 신이 힘써 성상의 덕의(德意)를 받들 수 없는 만큼 오직 다시 간절한 심정을 다 아뢰어 견벌(譴罰)을 청할 뿐인데, 신을 수 홍문관 예문관 대제학 지성균관사(守弘文藝文大提學知成均館事)로 삼은 이달 6일에 내리신 교지를 삼가 받들게 되니, 명을 듣고는 놀라고 두려워 몸 둘 곳이 없습니다.

삼가 생각건대, 본조는 문치(文治)를 숭상하기 때문에 문형(文衡)의 직임을 가장 중시합니다. 그 직책이 실로 문교(文敎)의 성쇠와 사풍(士風)의 청탁(淸濁)에 관련되기에 문형을 선발할 때에는 반드시 삼공과 육경을 불러 널리 의논합니다. 이는 또 다른 관직에서는 볼 수 없는 절차인 만큼 까다롭고 신중히 선발함을 알 수 있습니다. 세상과 도가 서로를 잃고[49] 문장과 학문이 모두 무너진 지금 이를 떨쳐 일으킬 책임

48 대제학을 사직하는 소 : 이 글은 1725년(영조1) 5월 18일에 올린 상소이다. 《承政院日記 英祖 1年 5月 18日》

49 세상과……잃고 : 《장자》 〈선성(繕性)〉에 "이로 말미암아 본다면 세상은 참된 도를 잃고 참된 도는 세상을 잃어 세상과 도가 서로를 잃었다.〔由是觀之, 世喪道矣, 道喪世矣, 世與道交相喪也.〕"라고 한 데서 온 말이다.

이 오직 문형에게 있습니다. 더구나 성상께서 즉위하신 초기인 만큼 의당 한 시대의 인망을 받는 사람을 엄선하여 새로운 교화를 빛내야 합니다. 그런데 도리어 제대로 선발하지 못하여 어리석고 용렬한 신에게 잘못 내렸으니, 신은 무슨 영문인지 모르겠습니다.

대개 신은 타고난 자질이 노둔하고 다른 재능이 없는데, 젊을 때에 문장을 꾸며 한갓 과장(科場)에서 헛된 명성을 훔쳤습니다. 그러나 글을 번지르르하게 꾸며 남의 이목을 즐겁게 하는 데에 지나지 않았기에 안으로는 양심을 무너뜨리고 밖으로는 식자들에게 부끄러웠습니다. 높은 과거 성적과 좋은 벼슬이 모두 신의 불행인지라, 중년의 나이에 조정에서 물러나와 틈틈이 옛 서적을 읽으며 노년에 허물을 보완하려는 소망이 없지는 않았으나, 심력이 굳세지 못하고 질병이 찾아드는 통에 오경(五經)과 제자(諸子)의 서적을 열에 하나도 읽지 못한 채 과루한 견문으로 그럭저럭 세월을 보내다 보니 어느새 명망 없는 사람이 되고 말았습니다.

문장을 꾸미는 일에 있어서도 재주가 미치지 못하는 데다 천성마저 나태한지라, 고문(古文)에 능숙하지 못함은 말할 것도 없고 속하문자(俗下文字)[50]에 부응하는 것조차 번번이 얼굴이 붉어지고 몸이 위축되니, 관각(館閣)의 풍부하고 민첩한 글솜씨를 아무도 신에게 기대하지 않습니다. 더구나 화를 당한 이후 깊은 산골에 묻혀 지내며 근심이

50 속하문자(俗下文字) : 고문(古文)과 상반되는 문자로, 세상에 부응하기 위하여 지어낸 평범한 문장을 말한다. 한유(韓愈)의 〈여풍숙논문서(與馮宿論文書)〉에 "때때로 세상일에 부응하기 위해 속하문자를 짓곤 하였는데 붓을 들 때마다 부끄러웠다." 하였다.

깊어지고 두려움이 쌓인 탓에 모든 세상사에 생각이 싸늘히 식어 버렸으니, 무슨 여력이 있어 문장을 다루는 일에 종사할 수 있겠습니까. 게다가 머리가 세고 이가 빠지며 시력과 청력이 전부 약해지고 정신과 기운이 고갈된 탓에 문장도 덩달아 쇠퇴하여 종전에 섭렵했던 것마저 모두 잊어버리고 말았습니다.

신의 본말과 장단이 이것이 전부인데 외람되이 추천 대상에 올라 성상의 간택을 받았습니다. 이는 다름이 아니라, 신이 조정에 머문 기간이 짧아 크고 작은 사명(辭命)에 한 번도 시험하지 못했기 때문이고, 또 여러 해 은거하는 동안 혹여 조금이라도 터득함이 있으리라 생각하시고 이처럼 쓸모없는 사람인 줄 모르셨기 때문입니다. 신이 만약 남이 제대로 알지 못하는 것을 요행으로 여겨 할 수 없는 것을 억지로 할 수 있다고 여긴다면 이는 자신을 속이고 하늘을 속이는 것입니다. 구구한 이 말은 실로 진심에서 우러나온 것이니, 하늘이 살펴보고 있는데 어찌 감히 꾸며서 말하겠습니까. 신이 직무의 중요성을 강조하여 진달하기에도 겨를이 없는 판국에 글재주 없는 신의 실상만을 밝힌 것은 우리나라에서 문형을 중시하는 뜻이 신에 이르러 무너질까 두렵기 때문입니다. 논평하여 바로잡아 주기를 공손히 기다린 지도 이미 여러 날이 지났으니, 하루를 헛되이 차지하고 있으면 하루만큼의 죄를 늘어나는 것입니다.

삼가 바라건대, 밝으신 성상께서는 《서경(書經)》의 "관원을 반드시 구비할 필요는 없다"는 교훈[51]을 상고하시고, 우인(虞人)이 죽어도 감

51 서경(書經)의……교훈 : 《서경》 〈주관(周官)〉에 나오는 말로, "관원을 반드시 구비할 필요는 없고, 오직 적임자가 있으면 임명하여야 한다.〔官不必備, 惟其人.〕" 하였

히 갈 수 없었던 의리[52]를 살피시어 속히 새로 제수한 3관(館)의 직임[53]을 개차하여 관작을 신중히 하시고, 현재 맡고 있는 이조 참판의 직책도 체차하시어 공적으로나 사적으로나 모두 다행스럽게 해 주소서. 신은 지극히 움츠러들고 두려운 마음을 금할 수 없습니다.

다.

52 우인(虞人)이……의리 : 자신의 지위나 능력에 넘치는 대우를 거부하는 의리를 말한다. 우인(虞人)은 원유(苑囿)를 지키는 관리인데, 제(齊)나라 경공(景公)이 사냥할 적에 대부(大夫)를 부르는 정(旌)으로 우인을 부르자, 그는 죽음을 각오하고 감히 가지 않았다.《孟子 滕文公下·萬章下》

53 3관(館)의 직임 : 저자가 겸임한 홍문관, 예문관, 성균관의 직임을 말한다.

거취를 아뢰어 이조 참판을 사직하는 소[54]

陳去就辭銓職疏

삼가 아뢰옵니다. 신이 삼가 듣건대, 동궁 저하의 두진(痘疹) 증세가 안정되어 약원의 숙직을 폐하고 대정(大庭)에서 존호를 올린다고 하니 실로 종묘사직의 무궁한 복입니다. 신처럼 폐기된 자가 비록 함께 만세를 부르며 손을 휘젓고 발을 구르지[55]는 못하지만 경하하고 기뻐하는 정성이야 어찌 끝이 있겠습니까. 신이 날마다 과분한 은혜를 입어 헛되이 중책을 맡았는데, 융숭한 비답과 지성스러운 연석의 하교에도 불구하고 모두 명을 받들지 못하여 오랫동안 직무를 방치하는 죄만 더욱 쌓였으니, 오직 두려운 마음으로 날마다 엄벌이 내리기만 기다릴 뿐입니다. 마침내 자애로우신 성상께서 조정의 체모를 걱정하여 특별히 신의 해임을 허락하시어 모기가 산을 짊어진 부담에서 벗어나게 하셨으니, 공적으로나 사적으로나 참으로 매우 다행스럽습니다. 크나큰 은혜를 두 손 모아 감축하니 천지처럼 커서 한량할 수 없습니다.

다만 이조(吏曹)의 직임이 아직 신의 몸에 있고 변통하는 거조가 있지 않으니, 이는 단지 두 당상이 별 탈이 없어 아직까지 변통할 수 있기 때문입니다. 그러나 국가에서 관직을 설치하고 직사를 나눈 것은

54 거취를……소 : 이 글은 1725년(영조1) 6월 17일 올린 상소이다. 《承政院日記 英祖 1年 6月 17日》

55 만세를……구르지 : 만세를 부르는 것은 국가의 중요한 의식에서 신하들이 임금의 만수무강을 축원하여 두 손을 치켜들고 만세를 부르는 것이고, 손을 휘젓고 발을 구르는 것은 임금을 알현할 때의 의절이다.

생각을 모으고 견문을 넓혀서 공명정대한 정치를 돕기 위한 것이지, 어찌 단지 오랫동안 멀리서 직명만 띠고 있는 빈자리를 만들고자 한 것이겠습니까. 신이 직임을 방치한 죄는 본디 말할 것도 없거니와 국사는 어찌한단 말입니까. 더구나 대정(大政)이 목전에 있으니 이치상 마땅히 인원을 갖추어야 합니다. 이것이 신이 염치를 무릅쓰고 호소하여 처음부터 끝까지 보살펴 주는 성상의 은혜를 바라는 이유입니다.

또한 신은 지난번 관대하게 용서해 주신 유지에 실로 매우 황공하고 부끄러운 바가 있습니다. 소신의 애절한 모자지간의 정리는 이미 대신을 통해 진달하여 외람되게도 지엄하신 성상께 전하였지만, 이 괴로운 일단의 심정이야 신이 직접 아뢰지 않으면 성상께서 무슨 수로 통촉하시겠습니까.

신이 경인년(1710, 숙종36)에 감히 황조(皇朝) 진무열(陳茂烈)의 고사[56]를 끌어와 어미를 끝까지 봉양할 수 있기를 청하였는데, 성고(聖考)께서 내리신 비답에 "너의 정리를 내가 매우 가련하게 여긴다."라고 하셨으니, 신은 종신토록 공손히 읽으면서 글자마다 눈물을 흘렸습니다. 그 후 소명을 어긴 죄가 쌓여서 속죄할 길이 없었는데 도용(陶鎔)[57]의 공력을 지나치게 입어 하찮은 신조를 보전하게 되었습니다. 필경 왕역(往役)[58]한다고 해도 스스로 힘을 다 바칠 수 없었기에 도성으로 돌아와 공손히 견책을 청하였습니다. 상설(霜雪)과 같은 견책과 우로

56 진무열(陳茂烈)의 고사 : 50쪽 주31 참조.

57 도용(陶鎔) : 가마에서 도자기를 굽고 용광로에서 쇠를 녹이는 것처럼 인재를 배양하고 육성하는 것을 말한다.

58 왕역(往役) : 104쪽 주6 참조.

(雨露)와 같은 은덕이 어찌 조화(造化)가 아니겠습니까. 그러나 충심을 밝히기도 전에 성고께서 승하하시니, 애통한 마음이 하늘에 사무쳐 죽어도 눈을 감기가 어렵습니다. 그러나 당시의 죄는 신이 실로 스스로 지은 것이니, 비유하자면 어리석은 자식이 어버이를 믿고 방자하게 굴며 어버이를 존경하고 두려워할 줄 모르는데 자애로운 부모의 꾸짖음은 모두 지극한 사랑에서 나오는 것과 같으니, 신이 비록 불초하지만 어찌 감히 선왕조의 노하지 않은 가르침[59]을 스스로 멀리하겠습니까. 다만 신이 스스로 안타까운 것은 신이 어버이를 섬기는 것이 정성스럽지 못하여 진실로 벗에게 신뢰를 얻지 못하고, 또 윗사람에게도 신임을 얻을 수 없는 것입니다.[60] 이 정성과 믿음을 버려두고 무엇으로 임금을 섬기겠습니까. 더구나 신하의 직분상 쉬운 일이나 어려운 일이나 똑같이 여겨야 하는데, 만일 가슴속에 조금이라도 쉬운 일로 달려가고 어려운 일을 기피하는 뜻이 있다면 이는 본분을 다하지 않은 것입니다.

신이 일찍이 반복하여 공적인 의리와 사사로운 은혜 사이에서 따지고 비교해 보았는데, 스스로 헤아려보건대 사적인 은혜로 공적인 의리

59 노하지 않은 가르침 : 《시경》 〈반수(泮水)〉에 "얼굴빛을 화락하게 하고 웃으시니, 성냄이 아니라 가르치심이도다.〔載色載笑, 匪怒伊敎.〕"라고 한 데서 온 말이다. 여기서는 저자가 어버이의 병을 핑계로 균전사의 직임을 사양하자 파직하라는 명을 내린 것을 말한다. 《肅宗實錄 45年 7月 25日, 10月 6日・8日》

60 어버이를……것입니다 : 《맹자》 〈이루 상(離婁上)〉에 "윗사람에게 신임을 얻는 데에는 방법이 있으니, 벗에게 신뢰를 받지 못하면 윗사람에게 신임을 얻지 못할 것이다. 벗에게 신뢰를 받는 데에는 방법이 있으니, 부모를 섬기되 기뻐하시지 않으면 벗에게 신뢰를 받지 못할 것이다." 하였다.

를 해친 것이 왕역(往役) 한 가지 일에 그치지 않습니다. 이처럼 행동하고서 다시 금방 나아갔다가 금방 물러나 자신에게 편리한 것을 교묘하게 차지한다면 장차 군자에게 거듭 죄를 얻을 것이기에 이후로는 벼슬에 나아가지 않겠다고 다짐하였습니다. 그런데 대행조(大行朝 경종(景宗))께서 즉위하시자마자 곧바로 다시 서용하시어 외직이나 내직에 제수하는 명이 잇따라 내려오고, 간간이 또 과분한 별유(別諭)를 내리셨으니, 신이 어찌 은혜로운 예우에 감격하지 않았겠습니까. 그렇지만 산릉(山陵)의 역사(役事)로 부르신 것 외에는 일체 사절하여 끝내 한 번도 용안을 가까이서 뵙지 못하여 마침내 영원한 한이 되고 말았습니다.

화를 겪고[61] 살아남아 오늘을 보게 되었으니, 간흉들이 쫓겨나서 억울한 일이 다 풀리고 사방의 백성들도 모두 새로운 교화에 고무되었습니다. 더구나 신의 집안은 더욱 망극한 은혜를 입었으니 한번 궁궐에 나와 사례하고서 물러나 깊은 골짜기에서 죽어야 합니다. 신이 어찌 홀로 이런 마음이 없겠습니까마는, 움츠리고 주저하며 끝내 한 걸음도 나아갈 수 없으니, 이는 모두 신이 죄가 깊어서 스스로 단념한 지 오래되었기 때문입니다.

신의 거취의 본말이 대략 이러한데도 성상의 하교에 신이 산림처사로 자처하는 듯이 말씀하셨습니다. 아, 신은 본래 과거로 등용된 평범한 벼슬아치라 별다른 지절(志節)도 없고 그저 죄를 짓고 병든 몸으로 도망간 전야의 일개 신하일 뿐이니, 어찌 고고한 뜻을 지닌 선비와

61 화를 겪고 : 경종 즉위 초년에 발생한 신임옥사로 저자의 중부(仲父) 이만성(李晩成)이 죽임을 당한 사건을 말한다.

털끝만큼이라도 닮은 점이 있겠습니까. 신이 비록 어리석고 망령되지만 자처하는 바가 반드시 이에 이르지는 않습니다. 이것이 또한 신이 성상께 믿음을 받지 못하는 하나의 단서입니다. 그러나 주자(朱子)가 말하기를,

"사대부가 사양하고 받고 나아가고 물러나는 데 있어 도리에 합당한가 합당하지 못한가는 풍속의 성쇠와 관계되니 자세히 살피지 않아서는 안 된다."

하였습니다. 신이 비루하고 용렬하여 나라에 보답할 길이 없음을 스스로 알고 있으니, 오직 종신토록 허물을 반성하고 기꺼이 자숙하여 위로는 효로써 다스리는 성상의 교화를 돕고, 아래로는 의리를 능멸하는 신하의 경계가 되는 것으로나마 갚을 수 없는 큰 은혜를 갚을 뿐입니다. 진실로 차마 불초한 몸으로 염치를 무릅쓰고 영화와 봉록을 탐하여 평소 지키던 신조만 잃은 채 염치를 면려하고 풍속을 돈독히 하는 전하의 다스림에 거듭 해를 끼칠 수는 없습니다.

구구한 이 말은 가식이 아니니 신의 깨끗한 마음은 하늘의 해가 내려다보고 있습니다. 삼가 바라건대 밝으신 성상께서는 불쌍히 여기시어 신의 본직과 겸직을 모두 개차하여 신으로 하여금 하찮은 신념을 끝내 온전히 지키게 하신다면 매우 다행이겠습니다.

신의 중부(仲父)인 판서 증(贈) 좌찬성 이만성(李晚成)이 지난달 그믐 전에 사제(賜祭)하는 은혜를 입어 왕명을 받든 사자가 멀리 궁벽한 산골에 왕림하니, 온 가문이 더욱 다시 감격의 눈물을 흘렸습니다. 신이 이미 외방에 있어 말미를 청할 길이 없었으나 정리상 또 차마 가지 않을 수 없었습니다. 이에 다녀온 뒤에 곧바로 사실대로 자백하여 제멋대로 다녀온 죄를 청했어야 마땅한데, 서독(暑毒)에 걸려 복창증

(腹脹症)이 심해져 숨이 가쁘고 정신이 혼미하여 목숨이 끊어질 지경이라 열흘 넘게 엎드려 있다가 지금에서야 스스로 논열하니, 더욱 죽을 죄를 보태었습니다. 신은 눈물을 흘리며 간절히 기원하는 마음을 금치 못하겠습니다.

도성에 들어온 뒤에 소회를 아뢴 소

入城後陳所懷疏

삼가 아룁니다. 신이 지난해에 죄를 짓고 화를 피하여 스스로 산골의 백성으로 치부하였는데, 깊은 산골짜기에서 대행대왕의 승하 소식을 삼가 받들고는 북쪽을 바라보며 슬퍼하고 소리쳐 울부짖어도 소용없었습니다. 다만 종적이 지극히 위태로워 감히 권 밖으로 달려가지 못하고, 장례 날에도 장마로 길이 막혀 중도에 포기하고 그저 재야에서 곡하는 예문만 따랐는지라 분수와 의리가 땅에 쓴 듯이 사라졌으니 슬픔이 하늘에 사무쳤습니다.

세월은 빨리 흘러 어느덧 연제(練祭)가 다가오는데, 상제(祥祭) 이전의 은전(殷奠)이 단지 이번 망일제(望日祭)만 남았으니, 부득불 병든 몸을 이끌고 성으로 들어가 한번 산반(散班)에 입참(入參)하여 남은 슬픔을 조금이나마 풀지 않을 수 없습니다.

그리고 일전에 내리신 별유(別諭)에서 "군신(君臣) 사이에 어찌 한번도 면대하지 않는 이치가 있겠는가."라고 하셨는데, 신은 한번 읽을 때마다 눈물이 흘러내리니 어떤 심정이겠습니까. 신이 비록 지극히 어리석은 자이나 또한 주인에게 충성하는 견마(犬馬)의 천성을 지녔으니, 어찌 나아가 성상을 뵙고서 물러나 깊은 골짜기에 묻히고 싶지 않겠습니까. 그러나 죄를 짓고 버려진 오랜 세월 동안 스스로 신조를 지키기로 맹세한 터라 은혜로운 명에 한번 사례할 길이 없기에 대궐을 되돌아보며 그저 그리워하는 마음만 간절할 뿐입니다.

"나의 부족한 부분을 보완하라."는 비답에 이르러서는 성상께서 일찍이 대료(大僚)와 원로(元老)들에게 시행하신 바이니, 어찌 소루하고 천박한 신이 감히 받들어 따르겠습니까. 더구나 신은 식견이 얕고 사려가 짧은데다 또 충신(忠信)과 선도(善道)로 평소 군부(君父)와 마음과 합해지지 못하였습니다. 비록 어리석은 심정을 모두 아뢰고 싶어도 이는 끝내 신임을 얻지 못한 채로 간하는 것이니, 어찌 성상의 덕을 만에 하나라도 도울 수 있겠습니까. 그러나 신이 재야에 있던 때에 전하께서 내리신 좋은 명령 하나를 들으면 기뻐서 밥 먹는 것도 잊고, 전하께선 행하신 잘못 하나를 보면 근심하여 잠을 이루지 못했으니, 신은 또한 스스로 무슨 마음인지 모르겠습니다. 지금 전하께서는 신을 만나고자 하시지만 신은 의리상 감히 나아갈 수 없습니다. 몸은 나아갈 수 없어도 말씀을 올릴 수 있으니, 이것마저 할 수 없다면 군신간의 의리가 폐해지고 말 것입니다.

옛날에 주자(朱子)가 임금의 명에 나아갈 적에 그 스승에게 현 상황에서 마땅히 해야 할 말을 묻자, "삼강(三綱)이 바르지 않으면 의(義)와 이(利)가 구분되지 못한다.'라는 말을 주었는데, 주자가 마침내 이 말을 군주에게 고하는 제일의 의리로 삼았습니다. 오늘의 국사가 불행히도 이와 비슷한데, 신이 아무 말도 하지 않는다면 그만이지만, 말한다면 이 말을 제쳐두고 무슨 말을 하겠습니까.

아, 군신과 부자의 큰 윤리는 이른바 하늘의 법이요, 땅의 의리요, 백성의 도리이니, 하나라도 무너진다면 사람은 사람답지 못하고 나라는 나라답지 못하게 됩니다. 의리는 천리의 공적인 것이고, 이익은 인욕의 사사로운 것이니, 이 두 사이는 털끝 하나도 용납할 수 없습니다. 그런데 지금은 털끝의 차이가 천리만큼 벌어지고 올바름과 그릇됨이 뒤섞여 하나의 길이 되어 의리는 어두워지고 사욕은 불어나 혼란스럽고 어지러워 따를 곳이 없으니 신은 오늘날의 세도를 장차 어떻게 바로잡아야 할지 모르겠습니다.

하늘이 사목(司牧 임금)을 만든 것은 백성을 다스리기 위해서만이 아니라, 또한 스승의 도리를 주기 위해서입니다. 지금 전하께서는 성스럽고 지혜로운 자질로 군사(君師)의 지위에 처하셨습니다. 하늘의 돌보심이 바야흐로 새롭고 열성(列聖)의 부탁이 매우 크시니, 천리(天理)를 밝히고 인심(人心)을 바로잡는 것이 전하의 책임이 아니고 누구의 책임이겠습니까. 그러나 임금의 마음은 만화(萬化)의 근원이니, 임금의 마음이 바르면 조정이 바르게 되고, 조정이 바르면 온 세상이 바르게 됨이 필연의 이치입니다. 오늘날 다스림의 모습을 거슬러 올라가 이렇게 된 까닭을 구해보면, 깊숙한 궁중에 한가로이 계시는 중이나 마음이 외물(外物)에 응하는 사이에 이른바 천리가 순수하지 못해서가 아니겠으며, 이른바 인욕이 제거되지 않아서가 아니겠습니까. 천리가 순수하지 못하기 때문에 선을 하는데 그 양을 채우지 못하고, 인욕이 다 제거되지 않았기 때문에 악을 제거하는데 그 뿌리를 없애지 못한 것입니다. 심지어 한 번 생각하는 사이에도 공사(公私), 사정(邪正), 시비(是非), 득실(得失)의 기미가 분명하게 대립하여 마음속에서 싸우지 않은 적이 없는데 끝내 인욕이 이기고 천리가 졌던 것입니다. 이는 신의 망령된 생각이 아닙니다. 마음에서 나와 정사에 해를 끼치고 정사에 반영되어 천하의 일에 해를 끼치니, 이는 성인이 다시 나온다 해도 바뀌지 않을 것입니다. 맹자(孟子)가 어찌 우리를 속이겠습니까.[62]

62 마음에서……속이겠습니까 : 《맹자》 〈공손추 상(公孫丑上)〉에 "마음에서 나와 정사에 해를 끼치고 정사에 반영되어 천하의 일에 해를 끼치게 되니, 성인이 다시 나오

지금 임금의 무함을 씻고 나라의 역적을 토죄하는 것이 온 나라의 대론(大論)이 된 것을 전하께서는 물리도록 보고 지겹게 들으셨을 것입니다. 그러나 이는 하늘의 이치와 백성의 떳떳한 도리에 크게 관계되니, 성상의 마음이 가려지고 미혹됨이 또한 이보다 큰 것이 없습니다. 신은 우선 중요한 부분에 나아가 논하겠습니다.

삼가 생각건대, 대행대왕께서는 온화하고 우아하며 화평하고 순수하셨으며, 관대하고 후덕하며 인자하고 선량하시어 효우(孝友)의 덕이 역대 여느 왕보다 뛰어나셨습니다. 그러나 불행히도 국운이 어려워져서 3, 4년 이래로 이처럼 혹독한 재앙을 만났는데, 신은 서연에서 모시던 옛 신하로서 그저 죽지도 못하고 살아남았습니다. 전하의 평소 성스러운 자질을 가지고 여러 일을 참고해 보면 선왕의 본의가 아님을 분명 알 수 있을 것입니다. 비유하자면 눈과 서리로 뒤덮여도 천지는 불인한 마음을 지닌 적이 없고, 운무에 가려져도 일월은 밝지 않은 적이 없으니, 도리어 성덕에 무슨 손해가 있겠습니까. 저 여러 간흉들은 기회를 타 함부로 날뛰면서 우리의 선량한 사람을 해치고 우리의 전장(典章)을 변경하여 매번 무슨 일을 할 적마다 걸핏하면 '성상의 뜻을 여쭙겠다.'라고 칭하고는 물러나와 외부에 소리를 높여 말하기를, '성상의 결단이 단호하다.'라고 하였으니, 이것이 어찌 진심으로 선왕을 사랑한 것이겠습니까. 지난번 전하의 하교에 "간사한 자들이 나의 귀와 눈을 속이고 가렸으며 국권을 제멋대로 농락하였다."라는 말씀이 있었으니, 그렇다면 전하께서도 이미 통촉하고 계십니다. 그러나 말이 선조(先朝)에 관계되면 번번이 "감히 말할 수 없고 차마 들을 수 없다."

시더라도 반드시 내 말을 인정하실 것이다." 하였다.

라고 하시니, 이는 효제(孝悌)의 양심(良心)입니다. 그러나 전하께서 시험 삼아 감히 말할 수 없고 차마 들을 수 없는 이유를 생각해보신다면 당시 흉악한 무리들의 죄를 더욱 이루다 주벌할 수 없을 것입니다. 감히 말할 수 없고 차마 들을 수 없는 마음으로 피눈물을 흘리고 울음을 삼키며 통렬히 악을 미워하여 선왕을 위해 난신(亂臣)을 토죄하여 사람과 귀신의 분노를 푸는 것이야 말로 효제를 행하는 방법입니다.

질병이 오는 것은 본디 성인도 면할 수 없습니다. 그런데 오늘날 상하에서 또한 어찌 차마 무단히 제기하겠습니까. 또 협잡하는 비기 있어서도 안 됩니다. 단지 지성으로 슬퍼하는 뜻으로 완곡한 표현을 써서 선왕을 위해 그 본심을 확실히 밝혀야 하니, 이는 그 의리가 명백하고 깨끗합니다. 전하께서 만일 이에 대해 투철하게 살피고 변함없이 지켰다면 애초에 어찌 신하들이 억지로 청하기를 기다렸겠으며, 뒤에 어찌 이상한 말에 동요되고 빼앗겼겠습니까. 이는 지성으로 슬퍼하는 전하의 뜻이 계교하는 목전의 사욕을 이길 수 없어 마침내 크게 금하는 법을 만들었으니 군흉의 간계가 되기에 족할 뿐입니다. 아! 선왕의 성대한 덕과 지극한 인이 끝내 가려지고 드러나지 않게 될 것입니다. 전하께서 이를 생각하지 않으시고 간간이 당시의 비지(批旨)를 인용하여 이로써 선대의 뜻을 잘 계승하는 것처럼 하십니다. 어찌 전하께서는 작을 것을 살피고 큰 것을 버리시며 가까운 것에 가려 원대한 것에 어두운 것입니까. 신은 이것이 슬픕니다.

아, 임금이 후사가 없으면 동생을 후사로 삼는 것이 은급(殷及)[63]의

63 은급(殷及) : 은나라의 급왕(及王)의 세도를 말하는데, 형이 아들이 없이 죽었을 때 동생이 왕통(王統)을 잇는 것을 말한다. 《예기》〈예운(禮運)〉에 "제후는 세급(世

유제(遺制)이며, 대리청정은 또 우리 선왕께서 행하신 바이니 신하된 자들이 누가 감히 그 사이에서 두 마음을 품겠습니까. 저쪽편의 사람들이 거듭 명분과 의리가 곤경에 처하자 화심(禍心)을 한번 통쾌히 풀어 보려 벼르고 있은 지 오래되었습니다. 다만 선왕의 성덕이 깊어 그 계교를 행할 수 없자 마침내 사납고 독살스러운 사심을 품고 종묘사직의 대책(大策)에 승부를 다투어 뜬소문을 선동하여 사람들의 마음을 현혹시켜 마침내 저위(儲位)를 세운 것을 가지고 선왕을 폐립(廢立)했다고 하고 대리청정을 가지고 왕위를 찬탈했다고 하였으니, 그들이 장차 저군(儲君)을 어떤 곳에 두려는 것이었겠습니까. 그렇다면 김일경(金一鏡)과 목호룡(睦虎龍)의 말이 나오기를 기다리지 않더라도 전하께서 무함당한 것이 이미 망극합니다.

그러나 전하께서 처신하신 도리는 다른 것이 없었습니다. 대개 숙고(肅考 숙종(肅宗))께서 유교(遺敎)로 부탁하신 것은 종사를 위해 그런 것이며, 선왕께서 숙고의 뜻을 본받고 대비전의 뜻을 여쭈어 빨리 대책(大策)을 결정한 것도 종사를 위해 그런 것입니다. 전하께서 합문(閤門)에 나아가 저위(儲位)를 사양하신 것이 한두 번에 그치지 않으셨으니, 그 어렵고 절박하며 위태로움이 어떠하셨겠습니까. 그런데도 오히려 감히 천승(千乘)의 나라를 가볍게 여겨 필부의 절의를 펴지 못하신 것 또한 종사를 위해 그런 것입니다. 저들의 무함하고 패역한 말이 전하께 무슨 흠이 되겠습니까.

전하의 한 몸은 바로 종사의 주인이시니 전하께서도 또한 사사로이

及)으로써 예를 삼았다.〔大人, 世及以爲禮.〕"라고 하였는데, 그 주석에 "왕위를 부자가 서로 전하는 것을 세(世)라 하고, 형제가 서로 전하는 것을 급(及)이라 한다." 하였다.

행동할 수 없습니다. 저위를 세우기를 주장한 저 여러 신하들도 전하에게 사정(私情)이 있어서가 아니라 실로 종사를 위하는 큰 계책이었습니다. 전하께서 만일 이를 고맙게 여기는 마음이 있다면 이는 사사로운 것입니다. 저군(儲君)을 위태롭게 하려 꾀한 자들은 실로 종사에 죄를 지은 것이지 전하의 개인적인 원수가 아닙니다. 전하께서 만일 이들을 원수로 여기는 뜻이 있다면 이는 사사로운 것입니다. 전하께서는 '단지 종사를 위한다.〔爲宗社〕'는 세 글자를 눈앞에 걸어두시고 명령하고 토죄하며 형벌을 가하고 상을 내리는 것을 한결같이 하늘의 법칙에 따라 행한다면 전하께서 이에 대해 무슨 관여할 것이 있겠습니까. 전하께서 매번 "내 마음은 편안하다"고 말씀하시니, 전하의 마음은 진실로 태연할 것입니다. 그러나 일에 드러난 것을 보면 단지 이해를 따지고 이리저리 혐의를 피하기만 하셨으니, 비록 스스로 태연하다고 자신하시지만 중외의 사람들의 마음을 복종시킬 방법이 없습니다. 반드시 대공지정(大公至正)한 도로 다스린 뒤에야 태연하다고 말할 수 있습니다.

주공(周公)이 숙부로서 어린 성왕(成王)을 도울 적에 유언비어를 입고 인륜의 변고를 만났으니 그 얼마나 위태롭고 의심을 받았을지 알 수 있습니다. 그러나 그의 처신은 경외하는 마음으로 조심하고 두려워하였으며, 이리저리 되돌아보는 뜻이 없이 크고 넓었습니다. 그러므로 시인들이 "공이 큰 아름다움을 공손히 사양하시니 덕스러운 음성에 하자가 없도다.〔公孫碩膚, 德音不瑕〕"[64]라고 노래하였습니다. 가령 주

64 공이……없도다 : 《시경》〈낭발(狼跋)〉에 나오는 구절이다. 〈낭발〉은 주공이 섭정할 때에 왕위를 찬탈하려 한다는 유언비어가 돌았으나 주공이 성덕(聖德)을 잃지 않았음을 당시 대부들이 찬미한 노래이다.

공이 조심하고 두려워하며 크고 넓은 뜻을 지니지 않고 오직 혐의에 구애되었다면 도리어 천하 후세의 의혹을 불어나게 하였을 것이니, 어찌 주공이 될 수 있었겠습니까. 한유(韓愈)는 말하기를, "사람됨이 주공과 같다면 또한 더 바랄 것이 없을 것이다."[65]라고 하였는데, 전하께서는 주공이 되려하지 않으시고 어떤 군주가 되고자 하십니까. 신은 근심스럽습니다.

무릇 이런 사리는 분명하여 알기 쉽고 평탄하여 시행하기 어렵지 않습니다. 그런데 전하께서는 단지 자신의 개인적인 생각으로 그 사이에서 우물쭈물하며 끌려들어가 이처럼 분분하게 만들고 말았습니다. 주자(朱子)는 말하기를, "의리를 사색함에 있어 혼란스럽고 막힌 곳에 이르면 반드시 일체를 싹 쓸어 없애 가슴속을 완전히 텅 비워두었다가 문득 다시 들어서 한번 보면 귀결되는 곳이 있음을 스스로 느낄 수 있다."[66]고 하였습니다. 신은 비단 독서만 그런 것이 아니라고 생각합니다. 전하께서 시험 삼아 이 일에 대하여 이 방법을 써보신다면 아마도 하루도 지나기 전에 분명하게 깨닫는 것이 있을 것입니다.

마음은 천하의 대본(大本)인데, 그 쓰임이 일일이 절도에 맞지 못하여 조금이라도 외물에 얽매이게 되면 즉시 흔들리게 됩니다. 일에 앞서 먼저 기대하기도 하고, 일에 응할 때에 편중되기도 하고, 일이 지난

65 사람됨이……것이다 : 〈휘변(諱辨)〉에 나오는 말로, "부모 섬기기를 증삼처럼 할 수 있다면 나무람이 없을 것이고, 사람됨을 주공과 공자처럼 할 수 있다면 또한 더 바랄 것이 없을 것이다.〔凡事父母, 得如曾參, 可以無譏矣; 作人, 得如周公、孔子, 亦可以止矣.〕" 하였다.

66 의리를……있다 : 《주자대전(朱子大全)》 권44 〈답채계통(答蔡季通)〉에 나오는 구절이다.

뒤에 연연하기도 하니, 이것은 모두 의필고아(意必固我)[67]의 사사로움입니다. 신이 감히 알 수 없으나, 전하의 병통은 과연 어디에 있습니까. 기쁨과 노여움이 본디 마음의 작용인데, 기뻐하여 상을 주는 것은 양(陽)에 해당하고, 노여워하여 형벌을 주는 것은 음(陰)에 해당합니다. 성인이 시상을 좋아하고 형벌을 싫어하지 않은 적이 없지만 그래도 형벌을 전부 없애지 못하였고 오직 삼가고 삼가하여 형벌을 신중하게 행하는 뜻[68]이 오형(五刑)에 관통되어 있습니다.

지금 전하께서는 그저 명목 없는 상을 내리는 것을 좋아하시고, 죄에 대해서는 경중을 따지지 않고 일체 너그러이 덮어주어 대체로 가엾게 여기는 기색을 보이시니, 차마 형벌을 시행하지 못할 뿐만 아니라 항상 남들에게 원망 받지 않으려는 뜻이 있는 듯합니다.

옛날의 왕자(王者)는 백성을 죽여도 백성이 원망하지 않고 백성을 이롭게 해주어도 백성이 공(功)으로 여기지 않았으니,[69] 이는 저절로

67 의필고아(意必固我) : 《논어》 〈자한(子罕)〉에 나오는 내용으로, 의(意)는 사의(私意), 필(必)은 기필(期必), 고(固)는 집체(執滯), 아(我)는 사기(私己)이다. 의와 필은 어떤 일에 앞서 부당한 생각을 품거나 무리해도 기어이 해내려고 작정하는 것이고, 고와 아는 사후(事後)에 일의 부당함을 알고도 고집을 부리거나 아집에 사로잡히는 것이다.

68 삼가고……뜻 : 《서경》 〈순전(舜典)〉에 "오형을 경감하여 유형(流刑)으로 대체하고, 관부에서는 채찍의 형벌을 행하고, 학교에서는 회초리의 형벌을 행하며, 형벌은 돈을 내고 용서받을 수 있게 한다. 무의식적인 실수나 불운해서 지은 죄는 용서하여 풀어 주지만, 의도적으로 반복해서 짓는 죄는 사형에 처하였다. 공경하고 또 공경하는 마음으로 형벌을 신중히 하였다.〔流宥五刑, 鞭作官刑, 扑作教刑, 金作贖刑, 眚災肆赦, 怙終賊刑, 欽哉欽哉, 惟刑之恤哉.〕" 하였다.

69 백성을……않았으니 : 《맹자》 〈진심 상(盡心上)〉에 나오는 말이다.

봄이 되고 저절로 가을이 되는 천지자연처럼 사심 없이 대처하였기 때문입니다. 사람들이 누군들 상을 좋아하지 않겠습니까마는 혹 사의(私意)에서 나온 것이라면 상을 주어도 기뻐하지 않을 것입니다. 누군들 죽음을 싫어하지 않겠습니까마는 한결같이 공정한 마음으로 처리한다면 죽는 자 또한 원망하지 않을 것입니다.

어린아이가 우물에 빠지는 것을 보고서 깜짝 놀라고 측은한 마음이 드는 것이 본디 양심입니다. 그러나 구해준 인연으로 그 아이의 부모와 교분을 맺으려는 마음이나 아이를 구했다고 마을 사람이나 친구들에게 칭찬을 듣고자 하는 마음이나 구하지 않았을 때 듣게 될 잔인하다는 비난의 소리들을 싫어하는 마음이 서로 이어 생긴다면 이는 사심(私心)입니다. 호광중(胡廣仲)이 이러한 마음을 쉽게 없앨 수 있다고 하자, 주자가 꾸짖었습니다. 전하께서 시험 삼아 이것으로 자신을 돌이켜 보시건대, 근래의 처분이 과연 한결같이 천리에서 나온 것이고 사지(私智)의 소행이 아니었습니까?

자산(子産)이 자신의 수레로 진수(溱水)와 유수(洧水)에서 사람들을 건네주자, 맹자는 "어찌 사람들을 일일이 기쁘게 해 줄 수 있겠는가."라고 하였습니다.[70] 제갈량(諸葛亮)은 큰 덕으로 촉(蜀)을 다스리

70 자산(子産)이……하였습니다 : 《맹자》 〈이루 하(離婁下)〉에 나오는 내용이다. 자산이 자신의 수레로 진수와 유수에서 사람들을 건네주자, 맹자가 이를 두고 말하기를, "은혜로운 일이나 정치하는 방도를 모르는 것이다. 농사일이 한가해진 11월에 걸어서 건너는 나무다리를 놓고, 농사일이 다 끝난 12월에 수레가 건너는 다리를 놓으면 백성들이 강을 건너는 데 근심하지 않을 것이다. 위정자가 정사를 공평하게 하면 행차할 때 벽제(辟除)를 해도 괜찮은데, 어떻게 모든 사람을 일일이 건네준단 말인가. 위정자가 사람들을 일일이 기쁘게 하려다가는 그 일만 해도 시간이 부족할 것이다." 하였다.

고 작은 은혜로 다스리지 않았으며, 말하기를 "내 마음은 저울처럼 누구에게도 치우침 없이 공평하다."라고 하였는데, 정자(程子)는 삼대(三代)의 예약에 가깝다고 인정하였습니다. 이 두 사람(자산과 제갈량)은 미세한 한 생각의 차이에서 왕도(王道)와 패도(霸道)가 나뉘어졌습니다. 전하께서 시험 삼아 생각하시건대, 누가 잘했고 누가 잘못했으며 누가 현명하고 누가 현명하지 못하다고 생각하십니까? 천승(千乘)의 나라가 소국(小國)이 아닌데, 전하께서는 개인적인 은혜와 작은 지혜로 임시변통하여 다스릴 수 있다고 생각하십니까.

장자(張子)는 "마음을 적게 먹으면 만물이 다 병들고, 마음을 크게 가지면 만물이 다 통한다."라고 하였습니다. 하늘의 체(體)는 넓어서 바깥이 없으며 사람의 성(性)은 그 온전함을 받았기 때문에 본연의 마음이 넓어 또한 한정된 분량이 없습니다. 다만 형기(形氣)의 사사로움에 갇히고 좁은 견문에 막혀서 가려진 바가 있어 다할 수 없는 것입니다.

맹자는 또 호연지기(浩然之氣)를 부각시켜 내놓았습니다.[71] 하늘과 사람은 하나여서 다시 분별할 수 없지만, 만일 사의(私意)에 가려진다면 줄어들어 작아짐을 알 수 있습니다. 그러므로 호연지기는 반드시 마음이 그 바름을 얻었을 때에 알 수 있습니다. 신이 감히 알 수 없지만, 전하께서 맑은 밤 고요히 마음의 본체를 묵묵히 살피실 적에 과연 광대하게 큼을 알 수 있습니까? 아니면 혹 줄어들어 작음을 보십니까? 저 광대하고 호연함이 본시 하늘과 같은데 전하께서 이처럼 스스로

71 맹자는……내놓았습니다 : 《맹자》 〈공손추 상(公孫丑上)〉에 "나는 호연지기를 잘 기르노라.〔我善養吾浩然之氣〕"라는 구절이 있다.

작게 여기시는 것은 하나의 사(私)가 빌미가 된 데 불과합니다. 아, 전하께서는 끝내 빠져나올 수 없으십니까.

천지의 이치는 지극히 진실하여 한순간도 거짓이 없기 때문에 예전부터 지금까지 하나의 사물도 진실하지 않음이 없었으며, 성인의 마음 또한 지극히 진실하여 한순간도 거짓이 없기 때문에 처음부터 끝까지 한 가지 일도 진실하지 않음이 없었습니다. 이 때문에 주자는 "천지가 만물을 생성하는 것과 성인이 만사에 응하는 것은 직(直)일 뿐이다."라고 하였습니다. 전하께서 시험삼아 스스로 생각하시건대, 즉위하신 이래 시행하신 일이 과연 처음부터 끝까지 진실하지 않은 일이 하나도 없으십니까?

전하께서 저위(儲位)에 계실 때에 힘들고 어려운 일을 이미 충분히 경험하셨으니, 마음을 격동시키고 성품을 강인하게 하여 능하지 못한 것을 증익시켰을 것입니다. 위로 종사를 위하고 아래로 백성을 위해 감히 스스로 가볍게 처신할 수 없었으니, 그렇다면 환란을 막고 변고에 대처하는 방도에 있어 진실로 일일이 상도(常道)를 지키기 쉽지 않았을 것입니다. 그러나 대위(大位)가 안정된 뒤에는 마땅히 결단을 내리시어 한결같이 공리(公理)에 따라 가장 먼저 선왕의 본심을 밝히고 간흉의 죄악을 통쾌하게 바로잡아 중외로 하여금 대성인의 처분을 분명히 알게 했어야 합니다. 그렇다면 한 마디 말이 간신들의 간담을 서늘하게 하고 온 백성의 마음을 감복시키기에 충분하였을 것입니다. 그런데 전하께서는 이렇게 하지 않으시고 마침내 저들이 열었다 닫았다 펼쳤다 거두었다 하는 데에 마음과 힘을 헛되이 쓰고 동요시키고 위협하는 말이 먼저 들어갔으니, 저들에게 내린 융숭한 예수(禮數)가 가슬(加膝)[72]보다 심하고, 사마(駟馬)로도 따라잡을 수 없는 잘못된 명을 내리셨습니다. 그러나 이는 전하께서 즐거이 행하신 것이 아니라, 당시 나라 형편이 위태로워 백성의 마음이 불안하고, 음양이 서로 다투어 승부가 나지 않아서이니, 군부(君父)로 하여금 이토록 눌러 참게 한 것은 신하들의 죄입니다. 그러나 천지 가운데에는 본디 일단의 진실하고 곧은 도리가 있으니, 전하께서 마음에 돌이켜 보건대 스스로 만족하고 부족함이 없으십니까?

우리 숙고(肅考)께서 내리신 병신년(1716, 숙종42)의 큰 처분[73]은 그 선후와 시말이 같은 않은 듯하지만, 우레처럼 맹렬하고 바람처럼 신속하게 국면이 전환될 적에 일찍이 털끝만큼의 사의가 그 사이에 응체되어 있지 않았습니다. 그러므로 청천백일처럼 툭 트이고 크게 공평하였습니다. 그런데 지금 전하께서는 그렇지 않아 국면이 전환된 뒤에도 여전히 차마 단칼로 자르지 못하고 인정(人情)과 사세(事勢) 사이에서 완곡하게 하고자 하시어, 한 가지 일을 시행할 적에도 선후가 모순될까 의심하고 말 한마디 할 적에도 시말이 어긋날까 염려하여 반복하여 얽매이고 구차하게 비호하여 마침내 '인(仁)이 아닌 인'과 '신(信)이 아닌 신'이 있게 되었으니, 이는 모두 전하께서 애초에 진실하지 못했던 잘못입니다. 군자의 허물은 일식, 월식과 같은지라, 허물이 있으면 사람들이 모두 알고 허물을 고치면 사람들이 모두 우러러봅니다. 전하께서 시험 삼아 이 말을 외우신다면 전하의 흉금이 얼마나

72 가슬(加膝) : 무릎 위에 놀려놓을 듯이 총애하는 것으로, 애증을 멋대로 함을 뜻한다.

73 숙고(肅考)께서……처분 : 1716년(숙종42) 송시열과 윤선거·윤증 부자 사이의 오랜 시비에 대해 숙종이 윤증을 배사(背師)로 규정하고 노론을 지지한 일을 말한다.

시원하고 깨끗하겠습니까.

정자(程子)가 말하기를, "기사(機事)[74]를 오랫동안 보게 되면 마치 씨앗을 뿌려놓은 것처럼 기심(機心)이 저절로 생긴다."고 하였습니다. 신은 전하의 병통의 씨앗이 마음에 있어 수많은 병통을 만들어 낼까 두렵습니다. 이를 제거하지 않고 무슨 일을 할 수 있겠습니까. 전하께서는 속히 진실하지 못한 한 생각에 나아가 통렬히 스스로 바로잡으시되, 우선 지난날 진실하지 못했던 이유를 가지고 뉘우치고 깨닫는 뜻을 밝게 보이시고, 이후 말 한마디를 내고 일 하나를 시행할 적에도 매번 진실하고 곧은 도리를 기준으로 행하신다면 오늘날의 국사는 해볼 만할 것입니다. 그런데 만일 또 따라서 변명하신다면 참으로 공자께서 말씀하신 "이런 사람은 어떻게 할 도리가 없다."[75]라는 것입니다. 전하

74 기사(機事) : 기교를 부리는 일을 말한다. 《장자》 〈천지(天地)〉에 "자공(子貢)이 남쪽으로 초(楚)나라에 놀다가 한음(漢陰)이란 땅을 지날 적에 한 장인(丈人)이 계단을 만들고 우물에 들어가 항아리에 물을 길어다가 밭에 주고 있었다. 자공은 노력은 많으나 효과가 적은 것을 안타깝게 여겨 길고(桔槹)라는 물푸는 기계를 사용하라고 하였더니 그는 성을 내면서 "나는 스승에게 들으니 '기계를 사용하는 자는 반드시 기사(機事)가 있고 기사가 있는 자는 반드시 기심이 있게 마련인데, 기심이 있으면 순백(純白)한 마음이 갖추어지지 않고 정신이 정해지지 않아 도(道)가 실리지 않는다.' 하였다. 나는 기계를 사용할 줄 모르는 것이 아니라 사용함을 부끄럽게 여겨 하지 않을 뿐이다." 하였다.

75 공자께서……없다 : 《논어》 〈자한(子罕)〉에 나오는 말로, "바른 소리로 일러 주는 말을 따르지 않을 수 있겠는가. 그러나 그 뒤에 잘못을 고치는 것이 귀중하다. 완곡하게 이끌어 주는 말을 좋아하지 않을 수 있겠는가. 그러나 그 뒤에 그 말을 추슬러 보는 것이 귀중하다. 좋아하기만 하고 추슬러 보지 않거나 따르기만 하고 잘못을 고치지 않는다면 나도 그런 사람은 어떻게 할 도리가 없다.〔法語之言, 能無從乎? 改之爲貴. 巽與之言, 能無說乎? 繹之爲貴. 說而不繹, 從而不改, 吾末如之何也已矣.〕" 하였다.

의 이 마음은 실로 종사의 안위와 세도(世道)가 성하고 쇠하는 기회이니, 신의 말이 망령되다 하여 소홀히 여기지 마십시오.

아, 나라에 기강이 있는 것은 사람에게 혈맥이 있는 것과 같으니, 혈맥이 끊어지면 죽고 기강이 무너지면 망합니다. 옛날에 기강을 진작시키는 방법은 시비를 밝히고 상벌을 공정하게 시행하여 온 세상 사람들로 하여금 각자 스스로 신중하고 엄격하게 행하여 악을 제거하고 선을 따르게 하는 데 불과하였으니, 출척(黜陟)과 형상(刑賞)이 일일이 몸에 가해지지 않아도 풍속이 변하였습니다. 생각건대, 지금 인심의 타락이 이미 극한 지경에 이르렀습니다. 저 군소배들은 그 할아비와 아비가 우리의 선대 신명한 군주를 섬기고 우리의 왕가에 복역하였으니, 어찌 우리 조종(祖宗)의 신하가 아니겠습니까. 그런데도 단지 벼슬을 얻고 잃는 것을 근심하는 마음으로 하지 않는 짓이 없어 부귀를 탐하고 속셈을 자행하여 남의 집안과 나라를 해칠지언정 오로지 쌓인 울분을 풀지 못하고 사욕을 만족시키지 못할까 염려할 뿐입니다.

《시경》에 이르기를, "사람에게는 부끄럽지 않다 하더라도 하늘에게도 두렵지 않은가."[76]라고 하였습니다. 저 일단의 타고난 떳떳한 본성이 혹 완전히 민멸되지 않았다면 아마도 홀로 있는 중에 저절로 이마에 땀이 흐르고 얼굴이 붉어질 것입니다. 더구나 큰 악인을 제외하고는 천심과 완급의 차이가 없지 않은데도 마치 비탈을 구르는 탄환이 스스로 멈출 수 없듯이 색목(色目) 속에서 벗어날 힘이 없습니다. 전하께서 만일 통렬히 시비를 구분하여 전형(典刑)을 밝게 보이시고 사리에 맞게 조처하여 백성들의 마음을 크게 복종시켜 악을 부끄러워하고 선을

76 사람에게는……않은가 : 《시경》 〈하인사(何人斯)〉에 나오는 구절이다.

사모할 줄 알게 한다면 저들도 장차 옛일을 뉘우치고 새로운 것을 도모하여 탕평(蕩平)의 영역으로 함께 가게 될 것입니다. 그런데 전하께서는 토죄하지 못하실 뿐만 아니라 번번이 시비의 근원에 대하여 모호하게 얼버무리고 뒤섞여 휩쓸려 충신과 역적이 구분되지 못하고 이름과 실상이 어긋나니, 무엇으로 선을 권면하며 무엇으로 악을 징계하며 무슨 수로 기강을 세우고 무슨 수로 습속을 변화시키겠습니까. 이는 성상께서 악인을 교화하고자 했던 것이 단지 악을 조장한 것이 되고, 당화(黨禍)를 풀기 위한 방도가 단지 당화를 보탠 것이니, 이것이 어찌 성상께서 백성을 사랑하는 도이겠습니까.

작년에 전하께서 진노하시어 김일경과 목호룡을 주살하셨으니, 이전에 사직에 공훈이 있다고 일컬어지던 자들이 갑자기 변하여 역적이 되고, 어떤 이들은 그대로 두고 토죄하지 않는 것을 자신의 죄로 삼았습니다. 그 형세상 비록 이광좌(李光佐)에게 조태억(趙泰億)을 다스리게 하고 조태억에게 이광좌를 다스리게 하더라도 장차 분주히 그 죄를 처벌하기에 바쁠 것입니다. 이것이 어찌 단지 전하의 위엄이 그렇게 만든 것이겠습니까. 저 간사한 무리들이 자신들의 죄가 지극히 중하여 밝은 태양 아래에서 하나도 도망칠 수 없음을 알았으니, 국가의 법률이 삼엄하여 넋이 나가고 마음을 잃게 만들기 충분하였습니다. 그런데도 끝내 분수와 기강을 범하여 제멋대로 위복(威福)을 휘두른 자가 여전히 그대로 있고, 몰래 요망한 환관과 결탁하여 종사를 어지럽힌 자가 죄를 받지 않았으니, 이는 나라에 법이 없는 것입니다. 설령 전하께서 한결같이 용서하여 총애하신다 하더라도 혹여 어느 날 깨닫고서 스스로 편안하지 않을 것입니다. 그런데 전하께서는 이미 그들의 죄악을 환히 알고도 곡진하게 비호하시니, 저들이 지금 무엇이 두려워 방자하게 굴지 않겠습니까. 장차 은혜를 받고도 은혜로 여기지 않고 죄를 짓고도 그 죄를 알지 못하여 의기(意氣)가 강대해져서 더욱 꺼리는 바가 없을 것입니다. 조정에 있는 신하들은 진실로 모두 마음이 무너지고 몸이 와해되겠지만, 백성들은 무지하니 또 더욱 의혹을 일으키지 않는다고 어찌 장담하겠습니까. 시비가 분명하지 않으면 백성의 뜻이 안정되지 못하고 백성의 뜻이 안정되지 못하면 기강이 무너져 화란이 뒤따를 것입니다. 전하께서 바야흐로 온화하고 편안하게 계시면서 단독으로 총명을 써서 스스로 "나는 위엄 속에 은혜가 있으니 한 세상을 다스리기에 충분하다."라고 생각하시지만, 삼강(三綱)이 민멸되고 구법(九法)[77]이 무너져 신하는 임금이 있음을 알지 못하고 자식은 아비가 있음을 알지 못하여 인심이 어긋나고 국세가 위태롭게 되는 것은 전혀 알지 못하시니, 전하께서는 또한 장차 무엇을 믿고서 편안할 수 있겠습니까. 이는 지혜로운 자가 아니더라도 두렵고 한심하게 여길 것입니다.

아! 오늘의 세도가 진실로 어찌할 수 없는 상태인 듯하지만, 만일 지성대공(至誠大公) 네 글자를 끊임없이 행한다면 천하에 시행할 수 없는 때가 없으며, 천하에 변화시키지 못할 사람이 없으며, 천하에 대처할 수 없는 일이 없을 것인데, 전하께서는 무엇을 꺼려 행하지 않으시고 그저 말단의 얕은 술수와 치우친 견해에 구애되십니까? 신은 안타깝게 생각합니다.

아, 의리(義理)가 어두워져서 막힌 지가 오래 되었습니다. 온 세상이 걷잡을 수 없이 흘러 그저 이해(利害)가 있는 줄만 알고 더 이상

77 구법(九法) : 본래는 《서경》 〈홍범(洪範)〉의 구주(九疇)를 가리키는데, 일반적으로 천하를 다스리는 각종 중대한 법을 이른다.

의리가 있는 줄 알지 못하는데, 전하께서 또 일개 사사로움을 몸소 행하여 이들을 이끄시니, 상하와 대소가 대부분 사의(私意)의 소굴에 빠져 있습니다. 사대부들이 한번 살벌한 화를 겪은 뒤로 기절(氣節)이 사라졌으니, 비유하면 서리가 내린 뒤로 초목이 시들어 생기가 없는 것과 같습니다. 비록 간신히 부지하더라도 오히려 진작시키지 못할까 걱정인데, 전하께서는 한갓 작록으로 속박하고 몰아붙이시니, 국조에서 예교(禮教)와 명절(名節)을 숭상하는 기풍을 더 이상 볼 수 없을 것입니다.

역적을 토죄하는 것이 공정한 일인데도, 지금 조정의 신하들은 마치 사사로이 전하에게 구하는 것이라도 있는 듯 아무도 전하의 뜻을 감히 거스르지 못합니다. 대간에서 거듭 발의된 논의도 억지로 정지시키고 지나치게 남발된 작상(爵賞)도 한결같이 따르고 봉행하여 점차 임금의 권위는 날로 높아지고 신하의 도리는 날로 낮아지고 말았으니, 주자의 "모일(某日)의 조서는 종을 대하듯이 대신을 꾸짖고 여러 관원들을 쓸모없는 물건처럼 취급하였다. 이제부터 임금의 마음은 더욱 방자해지고 임금의 형세는 더욱 고립될 것이니, 현인과 군자는 날로 더욱 위축되어 조정에 서고자 하지 않고, 녹봉이나 받고 작위나 보존하려는 선비들이 날로 더욱 모여들 것이다."라는 말에 거의 가깝습니다. 더구나 대간(臺諫)은 군주의 이목(耳目)인데 전하께서 이미 능멸하였고, 사림(士林)은 국가의 원기(元氣)인데 전하께서 또 기를 꺾어 욕보였습니다. 스스로 그 이목을 닫고 스스로 그 원기를 해치고서 오만하게 위에서 스스로 성인이라 여기시니, 이와 같이 하고도 나라가 위태롭지 않은 경우는 없었습니다. 대순(大舜)같은 성인도 남에게서 취하여 선을 행하였고[78] 문왕(文王)처럼 큰 덕을 지니신 분도 도를 바라보고도 보지 못한 듯이 여겼는데,[79] 전하께서는 늘 이기기를 좋아하여 독단을 행하는 병통이 있고 자신을 굽혀 선을 받아들이는 미덕은 전혀 없습니다. 《서경》에 "나보다 나은 사람이 없다고 여기면 망한다."[80]라고 하였고, 공자께서는 "'내가 말을 하면 아무도 어기지 않는 게 즐겁다'는 것이 한 마디 말로 나라를 잃는 데 가깝지 않겠는가."라고 하였습니다.[81] 전하께서 한번 생각이 여기에 미친다면 마음에 두렵지 않겠습니까.

또 신이 삼가 들으니, 전하께서 보위에 오르신 초기에 사친(私親)을 높여 받드는 한두 가지 일로 아첨하는 자가 있었으니 전하께서 대의(大義)를 이끌어 물리치시니, 원근에서 다함께 "성주(聖主)가 나셨다."고 전송(傳誦)하였다고 합니다. 그런데 얼마 지나지 않아 사옥(祠屋)을 새로 짓느라 종친의 집을 강제로 사들이고[82] 수많은 재물을 과소비하였으니, 지난날 의리를 이끌어 물리쳤던 것이 과연 어디에 있습니까. 선단(善端)이 잠깐 보이다가 쉽게 어두워진 것이 참으로 애석합니다. 동궁의 병환이 회복된 것이 어찌 종묘사직의 큰 경사가 아니겠습니까. 의원을 수령에 제수하는 것은 본래 아름다운 일이 아닌데, 사면령을

78 대순(大舜)같은……행하였고 : 《맹자》 〈공손추 상(公孫丑上)〉에 "순임금은 남에게서 취하여 선을 행하는 것을 좋아하였다.〔大舜樂取於人以爲善〕"라고 하였다.

79 문왕(文王)처럼……여겼는데 : 《맹자》 〈이루 하(離婁下)〉에 "문왕은 도를 바라보시고도 보지 못한 듯이 여겼다〔望道而未之見〕"라고 하였다.

80 나보다……망한다 : 《서경》 〈중훼지고(仲虺之誥)〉에 나오는 말이다.

81 공자께서는……하였습니다 : 37쪽 주19 참조.

82 사옥(祠屋)을……사들이고 : 영조의 생모 숙빈 최씨(淑嬪崔氏)의 사당을 건립할 터로 청릉군(靑陵君)의 아들 이언형(李彦衡)의 집을 매매한 일을 가리킨다. 《英祖日記 1年 1月 7日》

반포하던 날에 서둘러 시행하고 하루의 정사(政事)에서 두 사람이나 제수하여 선왕의 금석 같은 법을 망설임 없이 무너뜨리시니,[83] 사의(私意)가 쉽사리 일어나고 극복하기 어려움이 참으로 심합니다.

궁중(宮中)과 부중(府中)이 모두 일체요, 순라(巡邏) 군교(軍校)와 액정서(掖庭署) 하례(下隷)가 똑같은 신하입니다. 신이 모르겠습니다만, 노하여 처벌할 자가 법을 집행한 자입니까? 법을 범한 자입니까? 하례가 지극히 보잘것없는 신분인데, 존귀하신 천승(千乘)의 군주께서 아래로 낭리(朗吏)와 그 경중을 다투고자 하시니,[84] 전하께서는 어찌 그리도 자중하지 않으십니까. 전하께서 소소한 일에 사심을 극복하지 못하시면서 오히려 매번 〈서명(西銘)〉을 인용하여 동포(同胞)의 사랑을 넓히시니[85] 그 누가 믿겠습니까. 이는 작은 잘못이 아닙니다.

백성들이 곤궁함이 거꾸로 매달린 것보다 심하여 전하께서 이들을 구휼하는 뜻을 누차 말씀에 드러내셨으니, 이는 어진 마음입니다. 그러나 공자가 나라를 다스리는 일을 논할 때 절용(節用)을 애민(愛民)보다 앞에 두었습니다.[86] 전하께서 이미 내수사(內需司)를 두고 또 사궁

83 의원을……무너뜨리시니 : 동궁의 천연두가 별 탈 없이 회복된 것을 종묘에 고하고 사면령을 반포하는 날 정사가 열렸고 그 정사에서 의관들을 수령으로 제수한 일을 가리킨다. 《英祖實錄 1年 6月 13日》

84 하례가……하시니 : 야금(夜禁)을 어긴 액정서 하례를 순라 군교가 구금한 일 때문에 순라 군교는 곤장을 맞고 액정서 하례는 풀어준 일을 말한다.

85 서명(西銘)을……넓히시니 : 장재(張載)의 〈서명(西銘)〉에 나오는 구절로, "모든 사람은 나의 형제요, 만물은 나의 동류이다.〔民吾同胞, 物吾與也.〕" 하였다.

86 공자가……두었습니다 : 《논어》 〈학이(學而)〉에 "천승의 나라를 다스릴 적에는 모든 일을 공경히 행하여 미덥게 하며, 씀씀이를 절도 있게 하여 백성을 사랑하며, 백성을 부리기를 때에 맞게 해야 한다.〔道千乘之國, 敬事而信, 節用而愛人, 使民以

(私宮)을 두었으니, 이미 임금은 개인적인 재산이 없어야 한다는 의리가 아닙니다. 그런데 이것도 오히려 부족하여 유사(有司)가 일정하게 올리는 물품 이외에 또 갖가지 명목 없는 것들을 들이시니, "감히 털끝 하나라도 잠저(潛邸) 시절보다 더해서는 안 된다"[87]라고 한 주자의 말과 비교하면 어떠합니까? 재물은 백성에게서 나오니 재물이 고갈되면 백성은 곤궁해집니다. 전하께서 비록 백성을 사랑하는 마음이 있어도 백성이 그 은택을 입지 못한다면 도리어 재물을 허비해서 백성을 해치는 데로 귀결되지 않겠습니까.

정무를 보는 틈틈이 독서를 하는 임금이 드문데, 전하의 학문을 좋아하시는 정성은 평소 여러 사람에게 알려졌으니, 이는 성대한 덕입니다. 그러나 부열(傅說)이 자신의 임금에게 고하기를, "배움은 뜻을 겸손하게 해야 한다."라고 하였습니다.[88] 전하의 고명한 학문은 신이 감히 헤아릴 수 있는 바가 아니지만, 밖으로 드러난 것을 보면 번번이 성인의 말씀을 자신의 뜻에 억지로 끌어 붙이고 의리를 지어내니, "마음을 비우고 기운을 차분히 하여 성현의 본뜻을 구할 것이고, 비록 이미 터득했더라도 또 다시 반복 음미하여 그 의리가 푹 젖어들게 해야 한

時.〕" 하였다.

87 감히……된다 : 주자가 1194년 행궁(行宮) 편전(便殿)에 입대해서 영종(寧宗)에게 올린 〈행궁편전주차(行宮便殿奏箚)〉에 나오는 말이다. 《朱子大全 卷14》

88 부열(傅說)이……하였습니다 : 부열은 은 고종(殷高宗)의 재상이다. 《서경》〈열명 하(說命下)〉는 부열이 학문을 논한 말을 기록한 것인데, 제4장에 "배움은 뜻을 겸손하게 해야 하니, 힘써서 때로 민첩하게 하면 닦여질 것입니다. 독실히 믿어 이것을 생각하면 도가 몸에 쌓일 것입니다.〔惟學遜志, 務時敏, 厥修乃來. 允懷于茲, 道積于厥躬.〕" 하였다.

다."는 주자의 말과 비교하면 어떠합니까? 독서는 이치를 밝히고 마음을 기르기 위한 것입니다. 전하께서 비록 학문을 좋아하는 정성이 있지만 그 학문이 이치를 밝히지 못한다면 장차 총명을 스스로 만족하게 여기는 바탕이 될 것입니다. 이는 모두 전하의 사의(私意)가 종종 드러난 것입니다.

《예기》에 이르기를, "왕의 말씀이 실과 같아도 나오고 나면 끈처럼 굵어지고, 왕의 말씀이 끈과 같아도 나오고 나면 밧줄처럼 굵어진다." 하였고, 《주역》에 이르기를, "군자가 선한 말을 하면 천리 밖에서도 호응하고, 선하지 않은 말을 하면 천리 밖에서도 어긴다." 하였습니다. 전하께서는 말씀을 하실 때에 과묵하지 못하시어 간결하고 엄중해야 할 체모를 크게 잃으시고, 또 더러 말재주로 남을 막는 습관이 있으십니다. 그 말의 병통을 가지고 그 마음의 잘못을 아는 법이니, 또 어찌 스스로 숨길 수 있겠습니까.

예로부터 어떤 제왕인들 잘 다스리기를 바라지 않겠습니까마는, 처음에 분발해도 나중에 나태해지지 않는 경우가 드뭅니다. 지금이 전하께서 즉위하신 초기인데, 조금이라도 하늘의 마음에 보답하고 조금이라도 백성의 바람을 위로할 만한 실제의 마음과 실제의 정사를 아직 보지 못했습니다. 시초가 이러한데 뒤에는 장차 어떠하겠습니까. 전하께서 걸핏하면 성인을 이끌어 개연히 다스림을 도모하시니 마치 스스로 삼대(三代)의 정치를 기약하신 듯하지만, 일을 살펴보면 여전히 말세의 기상이니, 어찌 하늘이 우리 삼백년 종사를 돕고 싶겠습니까. 한밤중에 이를 생각하면 하염없이 눈물이 흐릅니다. 그러나 전하께서는 큰일을 하실 자질을 지니시고 큰일을 하실 뜻이 있으시니, 요순(堯舜)과 같은 임금이 되는 것이 본시 분수 안의 일입니다. 더구나 기질의 병통은 작고 학문의 공력은 크시니, 이를 변화시킬 방법이 어찌 전하에게 있지 않겠습니까.

임금의 학문하는 방법은 이치를 궁구하는 것보다 우선이 없습니다. 이치가 이미 밝아지면 마땅히 해야 할 일과 해서는 안 될 일이 흑백처럼 분명하게 구분되어 거침없이 시행할 수 있으니, 이것이 《대학》에서 '사물의 이치를 연구하여 앎을 지극하게 하는 것〔格物致知〕'이 팔조목(八條目)의 가장 앞에 있는 이유입니다. 신이 아뢴 것이 '뜻을 성실히 하고 마음을 바르게 하는〔誠意正心〕' 영역을 침범하여 단계를 건너뛰는 잘못이 있는 듯하지만 이것이야말로 근본 바탕이니, 여기에 다리를 세우지 않으면 다시 손댈 곳이 없습니다.

또 정자는 "격물은 자신의 몸에서 살피는 것 만한 것이 없으니, 그렇게 하면 얻는 것이 더욱 절실하다"라 하였고, 주자는 "이른바 격물은 혹은 드러난 일에서 살펴보고 혹은 은미한 생각에서 살핀다."라고 하였으니, 그렇다면 신이 말이 또한 터무니없지는 않을 것입니다. 더구나 지금 백성의 고통과 국가의 정책에 대해 거론할 것이 한두 가지가 아닌데도 일체 언급할 겨를이 없는 것은 또한 맹자의 "일에 대해 말하지 않고 먼저 임금의 잘못된 마음을 공격하는"[89] 뜻입니다.

삼가 바라건대, 전하께서는 신의 말을 일일이 몸에 돌이키고 마음에 체인하여 혹 정자가 말한 것처럼 측은지심이 무성히 발동한다면 이는

89 일에……공격하는 : 《순자(荀子)》 〈대략(大略)〉에 나오는 내용으로 원문은 다음과 같다. "맹자가 세 번 제(齊)나라 임금을 보고서도 일에 대해 말하지 않자, 문인(門人)들이 '어찌하여 제나라 왕을 세 번이나 만나면서도 정사에 대해 말씀하지 않으십니까?'라고 하였다. 맹자가 말하기를, '나는 먼저 그의 바르지 못한 마음을 공격하고자 한다.' 하였다."

선한 단서입니다. 지금부터 한 생각이 싹트는 곳을 맹렬히 성찰하여 이것이 인욕이라면 끊어버려 다시는 싹트지 않게 하고, 이것이 천리라면 확충시켜 지극한 경지에 이르기를 구하여, 경(敬)으로 내면을 곧게 하고 의(義)로 외면을 바르게 하여 안팎이 융화되어 자신의 사리(私利)를 도모하는 뜻이 털끝만큼도 말과 행동에 드러남이 없다면 성상의 마음이 환하게 트여서 천하 후세에 믿음을 얻을 수 있을 것입니다. 이와 같다면 천토(天討)가 절로 거행되어 인륜이 무너지지 않고 인심(人心)이 절로 바르게 되어 의(義)와 이(利)에 어둡지 않아 국가의 기강이 크게 진작되어 세상의 습속이 한번 변하여 임금은 위에서 군사(君師)의 책임을 다하고 신하들은 아래에서 백성의 소망에 부응할 것이니 종묘사직에 매우 다행일 것입니다. 선정신(先正臣) 이이(李珥)가 말하기를, "밝은 임금이 나오는 것은 천 년에 한 번 있을 어려운 일이고, 세도가 추락하는 것은 물이 아래로 흐르는 것처럼 쉽게 일어나니, 지금 급히 구원하지 않으면 후회해도 소용없다." 하였으니, 참으로 통절한 말입니다. 신이 감히 전하를 위해 눈물을 흘리며 이 말을 아룁니다.

신은 망극한 은혜를 받은 세신(世臣)으로서 이런 근심과 걱정을 안고 있기에 감히 부득불 군부(君父)와 세도(世道)를 위해 이렇게까지 논하였습니다. 부디 전하께서는 차분히 밝게 살피시어 신의 충정을 살펴 신의 말을 채납하고 신의 간절한 사정을 가엾이 여겨 신의 몸을 물러나게 해 주신다면 신이 비록 전야에서 죽더라도 또한 영광된 일입니다. 어찌 굳이 신으로 하여금 애써 달려가 명을 받들어 평소의 신조를 잃어버리게 하여 당세의 수치가 되게 하십니까. 은혜를 저버리고 명을 어긴 죄는 상법(常法)이 있으니 누차 용서해서는 안 됩니다. 먼저 신의 직질(職秩)을 삭탈하고 엄중하게 처벌하는 것이 또한 기강을 진작시키는 데 일조가 될 것입니다. 오직 밝으신 성상께서 재결하소서. 신은 지극한 두려움을 이기지 못하겠습니다.

도암집

제7권

疏소 啓계

소疏

대사헌을 사직하는 소[1] 병오년(1726, 영조2)

辭大司憲疏 丙午

삼가 아룁니다. 신은 이조에서 해직된 뒤로 사사로운 분의가 조금 편안해졌습니다. 작은 벌레같은 신도 길러주시는 성대한 은혜를 입게 된 점을 삼가 다행으로 여겼습니다. 그런데 뜻밖에 제수하는 전지가 이어져 예조에 제수되었다가 또 사헌부에 제수되었습니다. 신은 이미 명을 어기고 재야에 있으니, 직분을 방기한 죄로 말하자면 어느 관직인들 그렇지 않은 것이 없습니다. 그러나 말하는 책임을 맡은 중대한 자리는 하루라도 헛되이 차지할 수 없으므로 이리저리 둘러보고 주저하며 몸둘 곳을 몰랐습니다.

삼가 들으니, 엊그제 연석에서 미천한 신의 거취 때문에 성상께서 번거롭게 유념하시고 반복하여 타이르는 말씀이 자세하고 간절하였다고 합니다. 심지어 신의 외삼촌 영부사 신 민진원(閔鎭遠)에게 사적으로 권유하라 명하고 즉시 올라오게 하셨다고 합니다. 명을 받고는 두렵

1 대사헌을 사직하는 소 : 이 글은 1726년(영조2) 3월 18일 저자가 대사헌 및 실록청 당상을 사직하며 올린 상소이다. 《承政院日記 英祖 2年 3月 18日》

고 놀라워 오장이 제자리를 잃고 눈물을 흘리며 방황하면서 하루종일 진정이 되지 않았습니다.

아, 가죽나무와 상수리나무처럼 쓸모없는 재목은 썩히고 버려야 마땅하고, 오리와 기러기가 오고가는 것은 중요한 일이 아닙니다. 천지와 같이 지극히 어진 성상께서는 하나의 물건도 빠뜨리지 않고 훈도하여 반드시 재주에 맞추어 부릴 수 있도록 구비하려고 합니다. 대등하거나 그보다 못한 상대가 이렇게 하더라도 감격하여 죽고자 할 텐데, 하물며 존귀한 군부에게 이러한 대우를 받은 경우이겠습니까. 신이 목석처럼 미련하더라도 어찌 분발하려는 뜻이 없겠습니까. 그러나 나아갈 만하여 나아가는 것은 공경이고, 나아갈 수 없는데 나아가는 것은 공경하지 않는 것이라는 군자의 가르침을 들은 적이 있습니다.[2] 신은 진심을 대략 아뢰니 자애로운 성상께서 불쌍히 여기고 살펴주시기를 바랍니다.

신의 거취에 관한 본말은 이미 지난 여름에 올린 상소 한 통에서 아뢰었습니다. 지금 전하께서 신의 어미의 나이가 얼마나 되는지 물으셨으니,[3] 이는 또 천고에 드문 은혜입니다. 미천한 신의 분수에 있어서 어찌 더욱 과분하지 않겠습니까. 그렇지만 구구한 정리는 이미 통촉하

2 나아갈……있습니다 : 군자는 이황(李滉)을 말한다. 《퇴계집(退溪集)》 권9 〈답민판서(答閔判書)〉에 "나아갈 만하여 나아가면 나아가는 것이 공경이고, 나아갈 수 없어 나아가지 않으면 나아가지 않는 것이 공경이다.〔可進而進, 以進爲恭, 可不進而不進, 以不進爲恭.〕" 하였다.

3 지금……물으셨으니 : 영조는 이해 3월 3일 내의원이 청대한 자리에서 저자가 올라오지 않는 것은 지나치다며 민진원에게 저자의 모친이 몇 살인지 물었다. 《承政院日記 英祖 2年 3月 3日》

고 계실 것입니다.

신이 조정에 선 지 수십 년이 지나도록 녹봉으로 봉양하지 못하였고, 그저 변변치 못한 음식으로 시중을 들면서 그 뜻을 상하지 않게 하고자 하였습니다. 몹시 곤궁하고 절박하지 않다면 어찌 이렇게 하겠습니까. 신이 봉양을 마치도록 청한 것은 실로 경인년(1710, 숙종36)이었는데,[4] 지금은 경인년으로부터 이미 여러 해가 지났습니다. 늙은 모친의 모습이 날이 갈수록 쇠약해지고 있으니, 살아계실 때 효도하지 못하는 것은 옛사람이 슬퍼한 일입니다. 신이 이러한 때 감지기 지키던 바를 바꾸고 영예와 이익을 향해 달려간다면 어떤 사람이 되겠습니까.

송(宋)나라 신하 범진(范鎭)이 소명을 사양하며, "예순 세 살에 떠나기를 구한 것은 나이 때문이었는데, 일흔 아홉에 다시 온다면 어찌 예법에 맞다고 하겠습니까."[5]라고 하였습니다. 지금 신이 고집하는 바는 비록 다르지만 거취의 의리는 비슷합니다. 선조(先朝 숙종)를 위해 힘을 다하라는 하교[6]로 말하자면, 아홉 번 머리를 조아리며 엄숙히 읽으니 저도 모르게 울음소리와 눈물이 함께 나옵니다.

4 신이……경인년이었는데 : 저자는 헌납으로 재직 중이던 1710년 5월 25일 모친의 병을 이유로 사직하는 상소를 올린 뒤 계속 관직에 나아가지 않았다. 《承政院日記 肅宗 36年 5月 25日》

5 예순……하겠습니까 : 1086년(원우1) 송 철종(宋哲宗)이 범진을 문하시랑(門下侍郎)에 임명하였으나 범진은 표문을 올려 이렇게 말하며 사직하였다. 《續資治通鑑 卷80 宋紀80》

6 선조(先朝)를……하교 : 영조가 "실록을 찬수하고 나면 선조를 위해 힘을 바치고자 하여도 다시는 바칠 곳이 없을 것이니."라고 한 말을 가리킨다. 《承政院日記 英祖 2年 3月 3日》

신이 경자년(1720, 경종즉위년) 국상(國喪) 때 지은 만시(挽詩)에 "하늘처럼 높고 큰 은혜에 보답하지 못하고, 헛되이 세월의 길고 짧음만 논하였네."[7]라는 구절이 있으니, 이는 신이 평생 통탄한 말입니다. 선제(先帝)를 추모하여 폐하에게 보답하겠다는 마음[8]이 어찌 신에게만 없겠습니까. 다만 지은 죄가 몹시 무겁고 재주와 힘이 부족하니, 끝내 보탬이 될 수가 없기 때문입니다. 전하께서 역사를 편찬하는 일을 요구하고 계시는데, 설령 신에게 참으로 하늘의 태양 같은 임금의 덕을 묘사할 재능이 있더라도 이처럼 큰 허물을 덮기는 부족합니다. 할 수 없다는 것을 알면서도 염치를 무릅쓰고 나아간다면, 힘을 다하더라도 이미 의도 없이 하는 행동[9]이 아닙니다. 사소한 글재주를 빙자하여 진퇴의 대방(大防)을 무너뜨리는 것은 신이 차마 할 수 없습니다.

신의 학술이 지리멸렬하다는 점은 신이 스스로 아뢸 필요도 없습니다. 신이 예전에 시강하는 반열에 한번 나아간 적이 있는데, 나라를 걱정하고 임금을 사랑하는 정성은 타고난 천성에 근본을 두었지만, 언론이 우활하고 어리석어 하나도 채택할 것이 없었습니다. 말 한 마디에 지혜로운 사람인지 지혜롭지 않은 사람인지 알 수 있으니, 하늘의

7 하늘처럼……논하였네 : 본서 제1권 〈숙종대왕에 대한 만시〔肅宗大王挽〕〉에 나오는 구절이다.

8 선제(先帝)를……마음 : 제갈량(諸葛亮)이 〈출사표(出師表)〉에서 선주(先主) 유비(劉備)를 추모하여 후주(後主) 유선(劉禪)에게 보답하겠다고 말한 고사를 인용한 것이다.

9 의도……행동 : 의리에 맞는 행동을 말한다. 송(宋)나라 장식(張栻)이 말하기를, "의도 없이 하는 것은 의리이고, 의도가 있어서 하는 것은 이익이다.〔無所爲而爲之者義也, 有所爲而爲之者利也〕" 하였다. 《近思錄 卷7》

태양처럼 밝으신 성상께서 어찌 통촉하지 못하셨겠습니까.

칠조개(漆雕開)가 하려고 했던 벼슬이 중요한지 하찮은지는 알 수 없지만, 그가 '저는 아직 자신할 수 없습니다.'라고 하자 성인께서는 그의 독실한 뜻을 기뻐하셨습니다.[10] 군주의 덕을 성취시키는 책임이 얼마나 중대합니까. 신이 감히 자신하며 함부로 나아갈 수 있겠습니까. 선비가 이 세상에 태어나면 오직 출처 두 가지가 있을 뿐이니, 나아가면 쉬운 일이건 어려운 일이건 각기 그 직분을 다하고, 할 수 없다면 물러날 뿐입니다. 지금 신의 거취에 대해서는 나갈 수 있는지 나갈 수 없는지만 논해야 하니, 먼저 직분을 수행하러 나아가되 스스로 한계를 두어 마치 교묘하게 편의대로 하는 것처럼 해서야 되겠습니까. 전하께서 어리석은 신을 불쌍히 여겨 나아갈 수 있는 길을 열어주셨지만, 신의 어리석은 소견으로는 그저 나아갈 수 없다는 점만 보일 뿐입니다.

충성하고 효도하는 것은 때로 충돌하는 경우가 있지만, 분의와 염의는 가는 곳마다 모두 극진해야 합니다. 임금과 정승이 부지런히 타이르는 데도 태도를 바꿀 줄 모르고 천지 사이에 머물러 있으니, 이는 도대체 어떤 사람입니까. 그저 이 불초한 몸을 물러나게 해 달라고 청하여 두문불출하며 봉양을 마치고 죽을 때까지 반성하며 위로는 효도로 다스리는 성조의 교화를 돕고, 아래로는 사심을 품고 공무를 망치는 신하의 경계로 삼아야 합니다. 이것이 신이 스스로 분의를 펼 수 있는 방도이니, 다행히 전하께서 불쌍히 여겨 허락하신다면 신은 비록 전야에서

10 칠조개(漆雕開)가……기뻐하셨습니다 : 《논어》 〈공야장(公冶長)〉에 나오는 이야기이다. 공자가 칠조개에게 벼슬을 하라고 권하였는데, 칠조개는 벼슬하는 것에 대해 자신할 수 없다며 사양하니, 공자가 기뻐하였다.

말라 죽더라도 영광일 것입니다. 만약 그렇게 할 수 없다면 속히 벌을 내려 태만한 죄를 드러내고, 은명이 소홀해지거나 직무가 방기되지 않도록 한다면 이 또한 신에게는 다행한 일입니다. 바라건대 밝으신 성상께서는 재결하소서.

신은 화란을 당해 이리저리 떠도느라 선영에서 멀리 떨어져 있다가 얼마 전 한식에 맞추어 한번 성묘하였습니다. 그런데 돌아오는 길에 비와 안개를 맞아 오래 전부터 앓던 풍비(風痺)와 위완(胃脘)의 증세가 일시에 심해져 자리에 누운 채 정신을 차리지 못하고 있습니다. 날마다 침과 뜸을 써서 겨우 조금 살아날 기미가 생겨, 이제야 병을 무릅쓰고 글을 올려 호소하니, 지체한 죄는 더욱 속죄하기 어렵습니다. 신은 눈물을 흘리고 두려워하며 석고대죄하는 지극한 심정을 가누지 못하겠습니다.

대제학을 사직하는 소[11]

辭大提學疏

삼가 아룁니다. 신이 병을 앓고 있다고 아뢰어 해직을 청하여 외람되게도 조리하라는 하유를 받았습니다. 그런데 하루가 지나기도 전에 홀연 삼관(三館)에 제수하는 명을 받았습니다. 이는 신이 작년에 외람되게 맡았다가 곧 체직된 직임입니다. 한 번도 이미 괴분한데 기둡할 수 있겠습니까. 부끄럽고 두려워 몸둘 바를 모르겠으나 신은 너무도 형편없는 실상을 아뢸 겨를이 없습니다.

지금 동조(東朝)의 호칭[12]을 논의할 기한이 이미 정해졌으니, 관각의 인원을 갖추어야 마땅합니다. 그러나 신이 맡았던 제학의 직임도 지방에 있다는 이유로 체직되었는데, 하물며 이보다 더한 직임은 어떻겠습니까. 조정의 조처가 구차함을 면하지 못하였는데, 구구하게 사양하고 받는다면 십만 종(鍾)의 녹봉을 사양하고 만 종의 녹봉을 받는 것과 또 무엇이 다르겠습니까.[13]

11 대제학을 사직하는 소 : 이 글은 1726년(영조2) 6월 29일 저자가 대제학을 사직하며 올린 상소이다. 《承政院日記 英祖 2年 6月 29日》

12 동조(東朝)의 호칭 : 이해 7월 2일 혜순자경대왕대비(惠順慈敬大王大妃)의 존호(尊號)를 헌열(憲烈)이라 올리고, 왕대비(王大妃)의 존호를 경순(敬純)이라 올렸으며, 단의 왕후(端懿王后)의 휘호(徽號)를 공효정목(恭孝定穆)이라 올렸다. 《英祖實錄 2年 7月 2日》

13 십만……다르겠습니까 : 《맹자》 〈공손추 하(公孫丑下)〉에 나오는 말이다. 제(齊)나라 왕이 맹자를 위해 도성에 집을 지어주고 만 종의 녹봉을 주겠다고 제안하였다.

신이 천거에 들어간 이유는 신이 감당할 수 있어서가 아니라 다만 모자란 인원수를 채워 교화를 돕게 하려는 것이었습니다. 그런데 규례를 넘어 낙점을 받았으니, 공론에서 크게 벗어난 것입니다. 평범한 관직에 제수하는 것이라면 의망하는 차례에 구애될 필요는 없지만, 이 관직은 수망으로 천거되어 권점을 채우고 제수된 사람이 아니면 절대 공무를 행하지 못합니다. 그 자리가 맑고 엄격하여 구차하게 자처할 수 없기 때문이 아니겠습니까.

신보다 앞서 이 관직을 지냈던 사람들은 비록 글재주가 없다는 이유로 스스로 인혐하였으나 이것은 예로부터 고명한 큰 선비들도 입을 모아 했던 말이고, 실제로는 차점(次點)을 혐의로 삼았을 뿐입니다. 심지어 50번이나 소명을 어겨도 전하께서 끝내 강요하지 못하셨습니다. 신이 어찌 홀로 오래된 전례를 버리고 거듭 관각에 수치를 끼치겠습니까.

더구나 신은 죄를 저지르고 스스로 폐인이 되었습니다. 선조 때부터 중간에 세월이 얼마나 많이 흘렀으며 글을 얼마나 많이 올렸으며 염의(廉義)에 대해서 얼마나 많이 말하였습니까. 그런데 하루아침에 높고 화려한 자리에 선발되었다고 해서 염치를 무릅쓰고 받는다면 이는 어떤 사람이겠습니까. 근래 풍속이 무너지고 염의와 절개가 모두 훼손되었으나 이와 같은 부류는 없었습니다. 신이 본디 몸가짐을 가볍게 하지만, 몸소 이러한 폐단을 열어 세상 사람들의 비웃음과 꾸짖음을 받는 짓은 차마할 수 없습니다.

이어서 삼가 승정원의 유지(有旨)를 받으니, 하유하신 말씀이 간곡

맹자는 과거에 경(卿)이 되어 십만 종의 녹봉을 받을 기회가 있었으나 사양하였는데, 이제 와서 만 종의 녹봉을 받을 생각은 없다고 하였다.

하고 온화하여 미천한 신이 감당할 수 있는 내용이 아니었습니다. 임금에 대한 충성과 어버이에 대한 효도에 대해 반복하여 타이르신 말씀이 지극히 간절하니, 신이 비록 어리석으나 어찌 감격하지 않겠습니까. 아홉 번 머리를 조아리며 세 번 반복하여 읽어보니 눈물과 땀이 얼굴에 흐릅니다.

아, 신이 관직에 나온 지 수십 년이 지나도록 녹봉으로 봉양하지 못하였는데, 보잘 것 없는 음식을 올리며 아침 저녁으로 곁을 지킬 수 있었던 것은 세 조정이 뜻을 굽히고 따라주신 덕택입니다. 그런데 간소한 예절과 미미한 행실조차 다하지 못하고 여러 해 동안 병을 앓느라 그저 노모에게 걱정만 끼쳤으니, 불효막심하기로는 신에게 비할 사람이 없습니다. 다시 무엇을 가지고 임금을 섬기겠습니까.

그러나 개와 말처럼 주인에게 충성하려는 본성은 모든 사람이 함께 타고난 것이며, 몸은 외방에 있어도 마음은 왕실에 있는 처지를 옛사람이 먼저 얻었으니[14], 신이 어찌 감히 이처럼 태연하겠습니까.

다만 신 역시 예전에 군자의 가르침을 들은 적이 있습니다. 군주와 신하의 정해진 분수는 하늘과 땅처럼 현격하니, 죽으나 사나 쉬우나 어려우나 명령을 따를 뿐입니다. 영예로운 벼슬을 사양하고 받을 때는 의(義) 한 글자에 맞게 해야 합니다. 그러므로 나아갈 만하여 나아가는 것이나 나아갈 수 없어 나아가지 않는 것을 모두 공경이라 하는 것입니다.[15]

14 몸은……얻었으니 : 주 강왕(周康王)이 제후들에게 "비록 너희들의 몸은 외방에 있으나 마음은 왕실에 있지 않음이 없다.〔雖爾身在外, 乃心罔不在王室.〕"라고 한 말을 인용한 것이다.《書經 康王之誥》

신이 나아갈 수 없는 상황이 이미 저와 같은데 한갓 명령을 듣고 달려가는 것을 충성으로 여긴다면 군자에게 거듭 죄를 짓는 것이 아니겠습니까. 이것이 신이 차라리 명을 어긴 벌을 받을지언정 감히 한 몸의 진퇴 때문에 성조의 교화에 누를 끼칠 수 없는 이유입니다.

그러나 군부가 명을 내렸는데 듣지 못한 것처럼 멍청하게 있는다면 참으로 목석만도 못한 사람입니다. 나라에 정해진 법이 있으니 전하께서 어찌 누차 용서하실 수 있겠습니까. 이번 권점은 전적으로 훌륭한 법전에 따른 것으로 일의 체모가 엄중하다는 것을 신이 어찌 모르겠습니까. 그러나 전하께서 이 직임으로 신을 부르신다면 신은 우인(虞人)처럼 죽음을 각오할 뿐입니다.[16] 공연히 은명을 욕되게 하였으니 그 죄는 만번 죽어 더욱 마땅합니다. 그저 벌벌 떨며 날마다 주벌이 내리기를 기다릴 뿐입니다. 그러나 기일이 이미 임박하였으니 변통하는 일을 어찌 조금이라도 늦출 수 있겠습니까.

삼가 바라건대, 자애로우신 성상께서는 위로는 나라의 체모를 유념하고 아래로는 미천한 신의 진심을 살펴 당일로 체직하고 조정에 있는 현자를 임명하소서. 그리고 신이 그간 저지른 죄를 감률하여 분의를 멸시하고 은혜를 저버린 신하의 경계로 삼으신다면 천만다행이겠습니다. 신은 호소하기에 급급하여 병을 무릅쓰고 상소의 초고를 지었습니다. 정신이 혼미하고 숨이 가빠 말에 두서가 없으니 더욱 두려운 마음입니다. 신은 석고대죄하고 눈물을 흘리며 하늘같은 성상을 바라보며 간절히 바라는 마음을 견디지 못하겠습니다.

15 나아갈……것입니다 : 182쪽 주2 참조.

16 우인(虞人)처럼……뿐입니다 : 146쪽 주52 참조.

대제학을 사직하는 소[17] 두 번째 소

辭大提學疏 再疏

삼가 아룁니다. 신은 분수에 맞지 않는 관직을 차지하고부터 두려워 몸둘 바를 몰라 병을 무릅쓰고 상소를 지어 당일로 호소하였습니다. 그러나 현(縣)과 도(道)를 통해 역마로 전하느라 저절로 지체되어 윤허한다는 소식을 밤낮으로 기다렸습니다. 그런데 성상의 비답을 받고 보니, 비단 청을 허락하지 않았을 뿐만 아니라 어리석은 신을 자세하고 간곡하게 깨우쳐 주시며 신에게 속히 올라오라고 하셨습니다. 신은 천지 사이에서 어쩔 줄 몰라 오장이 동탕치며 저도 모르게 눈물과 땀이 번갈아 흘렀습니다.

아, 이전에 특별히 하유하신 말씀과 오늘 재계하는 날 내리신 비답은 모두 세상에 드문 은혜입니다. 성상의 뜻은 중시한 바가 있지만 미천한 신의 분수에 있어서 어찌 감히 스스로 편안히 여기겠습니까. 신처럼 용렬하고 비루한 자가 성대한 은전을 입었으니 실로 지극한 영광입니다. 하물며 혈구지도(絜矩之道)라는 하교[18]는 너무도 황공하니, 어찌

17 대제학을 사직하는 소 : 이 글은 1726년(영조2) 7월 1일 저자가 대제학을 사직하며 올린 상소이다. 《承政院日記 英祖 2年 7月 1日》

18 혈구지도(絜矩之道)라는 하교 : 혈구지도는 《대학(大學)》에 나오는 말로, 자신의 마음을 미루어 남의 마음을 헤아리는 것이다. 앞의 상소에 대한 영조의 비답에 "혈구지도는 윗사람과 아랫사람이 마찬가지다."라는 내용이 있었다. 《承政院日記 英祖 2年 6月 29日》 서사가 보친을 생각하는 마음을 미루어 영조가 동조에게 시호를 올리려는 마음을 생각하라는 말이다.

성상의 생각을 우러러 체득하고자 하지 않겠습니까.

그러나 신하의 거취에는 의(義) 한 글자가 있기 마련이니, 나아갈 수 있는지 나아갈 수 없는지만 논해야 합니다. 나아갈 수 없다면 직무의 경중을 논할 겨를이 있겠습니까. 하물며 천하 만사 중에 자신을 굽히고서 할 수 있는 일이 어디 있겠습니까. 신이 죄를 짓고 스스로 폐인이 된 지 오래입니다. 제수하는 명령이 한번 내리면 위로는 조정 관원으로부터 아래로는 천한 이들까지 모두 빈 자리라고 지적합니다. 신이 벼슬할 수 없다는 것은 이미 온 세상 사람들이 믿고 있는데 오직 전하만 살피지 못하실 뿐입니다. 사람이 아무리 어리석더라도 자신에 대해서는 분명히 아는 법입니다. 신은 제 자신이 너무도 형편없다는 사실을 알고 있으니, 참으로 거짓을 진실이라 하고 없는 것을 있다고 하여 우리 밝으신 성상을 감히 속일 수는 없습니다. 그런데 밝으신 성상께서 지나치게 칭찬하신다면 당세의 선비들에게 부끄럽지 않겠습니까.

차점을 받은 자가 체직되어야 한다는 실상에 대해서는 이미 전에 자세히 아뢰었습니다. 문단의 명망은 해당자가 있기 마련이며, 조정의 회권(會圈)은 공론이 귀의하는 곳입니다. 규례를 어겨 잘못 제수하면 허다한 장애가 생길 것인데 급한 일을 앞두고 독촉하여 기어이 하루의 수요를 채우려 합니다. 시호를 의논하는 일의 체모가 얼마나 엄중한데 이처럼 구차해서야 되겠습니까. 국가가 문형을 둔 것이 어찌 독단적으로 부리고자 해서이겠습니까. 가령 신이 오늘 명에 응하고 내일 고향으로 돌아간다면 대제학으로 자처할 수 있을 것입니다. 명령을 받들었으니 요행히 죄는 없겠지만 청론(淸論)을 지키는 세상 사람들이 신의 거취를 두고 무어라 하겠습니까.

그리고 신은 삼가 개탄하는 점이 있습니다. 군주와 신하의 분수는 하늘과 땅처럼 현격하니 명을 내리면 곧 따라야 할 것 같지만, 나아가고 물러날 때에는 의리만을 보아야 합니다. 그러므로 아랫사람이 누차 명을 어기더라도 오만이 아니고, 윗사람이 뜻을 빼앗지 못하더라도 굴복이 아닙니다. 이것은 뜻을 통하게 하여 남을 완성해주는 방도입니다. 지금 전하께서 신하들을 대하실 적에 어진 마음은 참으로 곡진하지만 좁아서 움직이기 어려운 곳에 대해서는 번번이 속박하고 몰아쳐서 거취를 온전히 하지 못하게 합니다. 신이 만약 평소 지키던 지조를 잃고 성상의 명을 따른다면 염치와 절개가 무너질 것이며, 신이 만약 목석처럼 완고하게 태도를 바꾸지 않는다면 분의가 어그러질 것입니다. 분의가 어그러지면 죄는 신의 몸에 그치지만 염치와 절개가 무너지면 조정에까지 모욕이 미치니, 신은 이미 반복하여 생각해보고 처신할 곳을 알고 있습니다.

신이 비록 선을 아뢰고 어려운 일을 요구하여 우리 임금을 과실 없는 지경에 이르게 하지는 못하더라도, 어찌 차마 한 몸의 진퇴 때문에 군주가 잘못을 저지르게 만들어 위로 태평성대의 교화에 누를 끼치겠습니까. 그저 속히 벌을 받아 은혜를 저버리고 의리를 멸시한 죄를 드러내고자 할 따름입니다.

성대한 의식이 하루 앞이라 일이 촉박하니, 형세상 호소하는 글을 현(縣)으로 부치지 못하고 감히 아이종을 시켜 직접 승정원에 바치게 하였으니, 참람한 죄는 더욱 피할 길이 없습니다. 삼가 바라건대, 밝으신 성상께서는 신이 맡고 있는 삼관의 직임을 즉시 변통하고, 신이 저지른 죄를 엄하게 감률하신다면, 신은 비록 죽어 없어지더라도 유감이 없을 것입니다. 신은 석고대죄하는 지극한 심정을 견디지 못하겠습니다.

달려가 문안하고 돌아올 때 올린 소[19] 무신년(1728, 영조4)
奔問歸時疏 戊申

삼가 아룁니다. 신은 나라에 역적의 변란[20]이 일어났다는 소식을 듣고서 다급히 도성 밖으로 나아가 삼가 달려가 문안하는 의리에 빗대었습니다. 그러나 본래 죄를 저지르고 스스로 버려진 데다 죄명이 정해지지 않아 감히 견책을 받고 쫓겨난 신하와 다르다고 할 수 없고, 호소할 때가 아니므로 지금까지 움츠리고 있었습니다. 얼마 전 도성문의 계엄이 풀리고 영남의 첩보가 잇달아 도착하였으니 기쁜 마음을 이루 말할 수 없습니다.

삼가 생각건대, 신이 물러나기를 청하여 고향으로 돌아와 어버이를 봉양한 지 거의 20년이 되었습니다. 신의 모친의 나이가 팔순에 가까워 숨이 넘어갈 듯한데 걱정과 두려움이 병이 되어 그리운 마음이 날로 간절해집니다. 신의 정리로는 실로 오랫동안 곁을 떠날 형편이 아닙니다. 방금 들으니 설사와 현기증이 더욱 심해졌다고 하는데, 마음이 타는 듯하여 차마 조금도 머무를 수 없어 어쩔 수 없이 상소를 올리고 지레 돌아갔으니 신의 죄가 큽니다. 삼가 바라건대, 자애로우신 성상께서는 신의 작질을 먼저 삭직하고 엄하게 감처하소서.

아, 이번 흉역은 군주와 신하가 생긴 이래로 없던 것입니다. 변란이

19 달려가……소 : 이 글은 1728년(영조4) 4월 11일 저자가 부사직으로 있으면서 올린 상소이다. 《承政院日記 英祖 4年 4月 11日》

20 역적의 변란 : 이인좌(李麟佐)의 난을 말한다.

일어나 한결같이 이 지경에 이르렀으니, 참으로 어찌할 수가 없는 듯합니다. 그러나 믿고 만회할 방도는 오직 전하의 마음 하나 뿐입니다.

당 문종(唐文宗)이 말하기를, "하북(河北)의 적을 제거하기는 쉽지만 조정의 붕당을 제거하기는 어렵다."[21]라고 하였습니다. 어리석은 신의 생각으로 이 두 가지는 모두 쉽지만 군주의 사사로운 뜻을 제거하기는 어렵습니다. 전하와 같이 영민하신 분이 통렬히 반성하여 지나친 혐의와 작은 은혜 따위의 여러 가지 사사로운 지모를 일절 타파하고 지극히 정대한 방도로 처신하신다면, 천리는 저절로 밝아지고 인심은 저절로 바르게 될 것입니다. 비단 화란의 싹이 영원히 사라질 뿐 아니라 탕평의 복을 진실로 볼 수 있을 것입니다. 만약 그렇지 않다면 신은 나랏일이 손쓸 수 없게 될까 걱정입니다.

오늘날 세도는 전부 사욕의 구덩이에 겉치레를 씌운 것입니다. 3백년 종묘사직이 그 위에 자리잡았으니, 아, 위태롭습니다. 하늘이 난리를 내린 이유는 우리 전하를 놀라게 하여 분발시켜서 부족한 점을 보태주고자 해서가 아니겠습니까. 위험과 근심이 모여야 선한 단서가 싹트기 쉽고, 흥망이 일단 판가름나면 좋은 기회는 붙잡기 어렵습니다. 주자가 이르기를,

> "안으로 수양하고 밖으로 물리치는 것은 비유하자면 안을 곧게 하고 밖을 바르게 하는 것과 같으니, 안이 곧지 않은데 밖이 바른 이치는 없다."[22]

21 하북(河北)의……어렵다 : 당 문종 때 조정이 이덕유(李德裕)와 이종민(李宗閔)이 당파로 갈라져 대립하자 문종이 탄식하며 한 말이다. 《資治通鑑 卷245 唐紀61》

22 안으로……없다 : 주자가 장식(張栻)에게 답한 편지에 나오는 내용이다. "저는 안

하였습니다. 깊이 바라건대, 전하께서는 엄숙하고 공경하며 삼가고 두려워하는 것을 급선무로 여기고, 음악과 여색, 재화와 이익을 지극히 경계하소서. 작은 승리를 거두었다고 갑자기 자만하는 생각을 하지 말고, 잠시 편안하다고 대비하는 계책을 조금이라도 소홀히 하지 마소서. 임금 노릇하기가 어렵다는 점을 아시고, 남이 나를 어기지 않기를 바라지 마소서. 언로를 활짝 열고 선한 이들을 널리 모아 비색한 운수를 돌리고 난리를 평정하는 바탕으로 삼으소서.

또 생각건대, 양식이 있어야 백성이 있고, 백성이 있어야 나라가 있는 법입니다. 지금 도성 백성이 헐벗고 팔도가 농사를 그만두었습니다. 양식도 없고 백성도 없으니 어떻게 나라를 다스리겠습니까. 이를 생각하면 마음이 땅에 떨어지는 것 같습니다. 위로는 수레와 복식 따위를 대폭 줄이고, 아래로는 궁가의 명분 없는 재물을 모두 담당 관사로 돌려보내며, 거친 비단과 거친 베를 몸소 입기를 한결같이 위 문공(衛文公)이 조읍(漕邑)에 있을 때처럼[23] 하여 솔선수범한다면, 민심을 공고히 하고 천명을 잇는 일대 기회가 될 것입니다. 어리석은 신이 간곡한 마음을 멈출 수 없어 이렇게 대략 덧붙여 아뢰니, 행여 밝으신 성상

으로 수양하고 밖으로 물리치는 것은 비유하자면 안을 곧게 하고 밖을 바르게 하는 것과 같다고 생각하였습니다. 안을 곧게 하지 않고서 밖이 바르기를 바라는 것도 안 되고, 오늘은 안을 곧게 하고 내일 밖을 바르게 하는 이치도 없습니다.〔熹嘗以爲內修外攘, 譬如直內方外, 不直內而求外之方固不可, 然亦未有今日直內而明日方外之理.〕"《晦庵集 卷25 答張敬夫》

23 거친……때처럼 : 춘추시대 위(衛)나라가 적인(狄人)의 침입으로 유민들이 황하를 건너 조읍에 자리잡고 대공(戴公)을 임금으로 삼았다. 대공이 죽은 뒤 문공(文公)이 즉위하였는데, 문공은 거친 베로 만든 옷과 거친 비단으로 만든 관을 쓰며 백성에게 검소한 모습을 보여 위나라를 부흥시켰다.《春秋左氏傳 閔公2年》

께서 허심탄회하게 통촉하시어 사람 때문에 말을 버리지 않으신다면[24] 국가에 몹시 다행한 일이겠습니다. 신은 지극히 격렬하고 두려운 마음을 견디지 못하겠습니다.

24 사람……않으신다면 : 《논어》〈위령공(衛靈公)〉의 "군자는 말을 잘 한다고 사람을 등용하지도 않고, 사람 때문에 말을 버리지도 않는다.〔君子不以言擧人, 不以人廢言〕"라는 말을 인용한 것이다. 사람이 나쁘다는 이유로 그의 옳은 말까지 버리지 않는다는 뜻이다.

좌윤을 사직하는 소[25] 경술년(1730, 영조6)

辭左尹疏 庚戌

삼가 아룁니다. 신의 죄악이 하늘에 사무쳐 갑자기 모친을 잃었으니, 이치상 죽는 것이 마땅한데 구차하게 살아남아 숨을 쉬고 있습니다. 얼마 전 수년 사이에 악독한 역적이 몰래 계교를 부려 왕실의 후사가 없어졌으니,[26] 신은 계속해서 살 생각이 없고, 매번 나라를 생각하면 한밤중에도 눈물이 흐릅니다. 대행대왕비께서 또 신민을 버리시니,[27] 부모를 잃은 듯한 애통함은 팔도의 백성이 모두 같을 것입니다. 삼가 생각건대, 성상께서는 슬픔으로 속이 타들어가고 걱정이 밖에 가득할 것입니다. 다행히 온갖 신령이 번갈아 보우하여 성상의 몸은 상하지 않았으나 신하들의 우려가 어찌 끝이 있겠습니까.

신의 상제(喪制)가 겨우 끝나자 성은이 뒤따라 내려 열흘 사이에 거듭 제수하는 명을 받았습니다. 이는 두루 덮어주시는 자애로우신 성상께서 차마 옛 신하를 버리지 못했기 때문입니다. 신은 젊어서 벼슬길에 올라 분수에 넘치는 관직을 역임하였습니다. 비록 중간에 물러나

25 좌윤을 사직하는 소 : 이 글은 1730년(영조6) 12월 18일 저자가 한성부 좌윤을 사직하며 올린 상소이다. 《承政院日記 英祖 6年 12月 18日》

26 수년……없어졌으니 : 1728년 효장세자(孝章世子)가 죽은 일을 말한다. 영조는 이해 궁인(宮人) 순정(順正) 등이 흉물(凶物)을 묻어 세자를 저주하였다는 이유로 처형하였다. 《英祖實錄 6年 5月 28日》

27 대행대왕비께서……버리시니 : 이해 6월 29일 경종의 계비(繼妃) 선의왕후(宣懿王后) 어씨(魚氏)가 세상을 떠난 일을 말한다. 《英祖實錄 6年 6月 29日》

부지런히 일하는 의리를 다하지는 못하였으나, 제수하는 글이 내려올 때마다 모자가 마주보고 하늘 같은 성상의 사사로운 은혜에 감축하였습니다. 이제는 끝났으니 누구와 함께 영화를 누리겠습니까. 가슴을 치는 애통한 심정을 다시 어찌 말하겠습니까.

그리고 생각건대, 신은 외람되게도 세 조정의 큰 은혜를 입어 봉양을 마치는 소원을 이루었습니다. 그러나 신이 실질도 없이 명예를 훔친 결과 화를 자초하여 망측한 흉언 때문에 거의 죽을 지경에 빠지는 바람에 끝내 노모를 놀라고 두렵게 하였습니다. 교외의 여막에 편안히 있지 못하고 길에서 방황하니, 마치 갈 곳 없는 곤궁한 사람과 같습니다.

병이 들었을 때는 의약으로 마음을 다하지 못하고 죽었을 때는 예법대로 장사지내지 못하여 하늘까지 닿는 덕을 영원히 저버렸으니 죽을 때까지 한으로 남게 되었습니다. 평생을 돌아보면 충성과 효도를 모두 잃었으니, 이리저리 둘러보아도 걱정스러울 뿐입니다. 이것이 어떤 사람입니까.

신이 죄를 짓고 폐인이 된 지 여러 해가 지났으니, 거취에 관한 일은 지금 논할 것이 없습니다. 게다가 슬픔과 괴로움으로 남은 목숨이 조만간 다할 것이니, 어찌 세상사에 생각이 미칠 리가 있겠습니까. 다만 우러러 아뢰지 않을 수 없는 절박한 심정이 있습니다.

지금 판윤이 된 것에 대해 수많은 사람이 손가락질합니다. 신이 사사로운 분의에 있어서 또 차마 할 수 있겠습니까. 이는 형세상 양립할 수 없다는 것을 온 나라 사람 중 누군들 모르겠습니까. 이는 단지 전하께서 일체를 선천시대(先天時代)의 의리에 부치고, 또 하나의 골동세계(汨董世界)를 꾸며내어 여기에 이른 것 뿐입니다.[28]

그러나 신이 듣기로 군신과 부자의 중대한 인륜과 의리는 천리에 근본을 두고 인심에 맺혀 있어 만고의 세월이 지나도 사라지지 않는다고 합니다. 신은 화를 입은 집안의 자제이니 처신에 각별히 주의해야 합니다. 하루라도 제자리가 아닌 곳에 있는다면 벼슬하고 벼슬하지 않고를 막론하고 이보다 더 인륜을 손상시키고 의리를 무너뜨리는 일이 없을 것입니다. 감히 마음 속으로 편안히 여길 수 있겠습니까. 무슨 이유로 죽지 않고 이 몸이 거듭 세교에 해를 끼치는지 애석하기만 합니다.

삼가 바라건대, 밝으신 성상께서는 불쌍히 여겨 살피고 속히 신의 이름을 관원 명부에서 삭제하고 재야에서 여생을 마치도록 해 주시어 태평성대에 어떤 사물도 제자리를 잃지 않도록 해 주신다면 실로 천지부모와 같은 은혜일 것입니다. 신은 눈물을 흘리며 슬피 간청하는 지극한 마음을 견디지 못하겠습니다.

28 일체를……뿐입니다 : 선천시대는 머나먼 과거를 말하고, 골동세계는 혼란한 시대를 말하는 듯하다.

대사헌을 사직하는 소[29] 신해년(1731, 영조7)

辭大司憲疏 辛亥

삼가 아룁니다. 신이 오랫동안 심한 병을 앓으며 침상에 누워 있으니 거의 이승 사람이 아닌 듯합니다. 다만 관원 명부에서 이름이 빠지지 않았기에 이조에서 예전에 역임한 자리에 잘못 의망하였습니다. 성상께서 옛신하를 다시 거두어 제수하는 글을 내리고 역미로 부르시니, 외딴 집에 영예가 진동합니다. 하지만 반성하며 두려워하고 위축되어 몸 둘 바를 모르겠습니다.

사헌부의 장관 직임은 지극히 중요하니, 법 기강의 문란과 확립, 교화의 융성과 쇠퇴가 달려 있습니다. 신은 선조 때부터 이 직임을 차지한 것이 한두 번이 아닙니다. 간혹 조정에 나아가기도 했지만 하루도 공무를 행한 적이 없습니다. 비록 평소 물러나 있었기 때문이지만 직임에 걸맞지 않다는 사실을 잘 알았기 때문이었습니다. 지금 상을 당해 남은 목숨이 아침저녁으로 위태롭고, 온갖 변고를 겪은 터라 몸은 남아 있지만 마음은 죽었습니다. 어찌 감당할 기력이 조금이라도 있겠습니까.

또 생각건대, 몇해 전 대신(臺臣)이 신이 을사년(1725, 영조1)에 올린 상소를 거론하며 질서가 없다고 배척하였습니다.[30] 신은 그가 가

29 대사헌을 사직하는 소 : 이 글은 1731년(영조7) 4월 22일 저자가 대사헌을 사직하며 올린 상소이다. 《承政院日記 英祖 7年 4月 22日》

30 몇해……배척하였습니다 : 1727년(영조3) 7월 16일 정언 김시형(金始炯)이 상소

리키는 뜻이 무엇인지 모르겠으나 시론이 들끓는다는 것은 알 수 있었습니다. 자애로운 성상께서 관대하게 비호해 주시지 않았다면 거의 화를 면하지 못했을 것입니다.

예전에 신이 아뢴 말은 부족한 점을 보충하라는 융숭한 전지에 감격하여 임금을 바로잡는 의리를 따른 것이니, 몹시 어리석고 망녕된 일입니다. 전하께서는 죄로 여기지 않으시고 좌우에 새기겠다고 하교하기까지 하셨으니,[31] 미천한 신을 칭찬하신 말씀이 성대하지 않은 것이 아니었습니다. 그러나 전하의 마음에서 나와 정사에 나타난 것을 보건대 하나도 시행된 것이 없습니다. 이는 실로 신의 충성과 신의가 평소 미덥지 않고, 또 정신이 감동시키기에 부족하여 그런 것입니다. 매번 이를 생각할 때마다 가슴을 부여잡고 부끄러워하며 구차하게 죄를 면한 것을 감히 다행으로 여기지 못합니다.

설령 신이 조정에 있으면서 공무를 행하더라도 그 논의와 식견은 단지 옛날 사람일 뿐입니다. 전하께서도 이처럼 쓸모없다는 것을 아시는데, 다시 신에게 언관의 책임을 맡기는 이유는 무엇입니까. 만약 죄를 짓고 스스로 폐인이 된 신에게 임시로 관함을 빌려주되 직무를 수행하라고 요구하지 않는다면, 국가에서 관직을 설치하고 직임을 맡기는 의도가 어디에 있겠습니까. 신은 이에 대해 반복하여 생각해 보아

하여 "이재로 말하자면 스스로 독서를 명분으로 삼아 조금 두각을 드러내었지만 그간의 상소는 말에 몹시 질서가 없습니다."라고 한 일을 가리키는 듯하다. 《承政院日記 英祖 3年 7月 16日》

31 좌우에……하셨으니 : 1725년(영조1) 8월 17일 영조가 저자의 상소에 대한 비답에 "원래의 상소는 대내에 보류해두고 좌우명으로 삼겠다."라고 한 일을 가리킨다. 《承政院日記 英祖 1年 8月 17日》

도 참으로 그 이유를 모르겠습니다.

다만 신의 병세가 날로 심해지니, 죽음과의 거리가 겨우 터럭만큼일 뿐입니다. 이 명령을 받은 뒤 위로는 사사로운 은혜가 두렵고 아래로는 직명에 부끄러워 얼음과 불이 속에서 교차하여 하나의 병을 얻은 듯합니다. 낮에는 밥을 먹지 못하고 밤에는 잠을 자지 못하니 하루아침에 죽어서 영원히 눈을 감지 못한 귀신이 될까 몹시 두렵습니다. 이에 감히 염치를 무릅쓰고 인(仁)으로 세상을 덮어주시는 성상께 애처로이 호소합니다.

삼가 바라건대, 밝으신 성상께서는 특별히 굽어살펴 속히 체직해 주소서. 그리고 다시는 언관의 자리에 의망하지 말도록 하여 신이 재야에서 마음대로 지내며 편히 조리하게 해 주신다면 죽는 날이라도 살아 있는 때와 같을 것입니다. 신은 지극히 두렵고 간절히 바라는 마음을 견디지 못하겠습니다.

대명한 뒤 함께 견책을 받기를 청하는 소[32] 임자년(1732, 영조8)

胥命後請同被罪譴疏 壬子

삼가 아룁니다. 신은 시골에 숨어 사느라 도시와는 멀리 떨어져 있어 늦게서야 비상한 성상의 하교를 들었습니다. 놀라고 두려워 감히 사가(私家)에 편안히 있을 수 없으므로 병든 몸을 들것에 싣고서 교외의 강가로 나와 감률을 기다렸습니다. 그러다가 끝내는 또 신하들의 뒤를 따라 금오문(金吾門) 밖에서 머리를 조아린 지 한 달이 넘었습니다. 어제서야 처분이 내렸는데, 신이 종전에 벼슬하지 않았다는 이유로 특별히 죄를 용서해 주셨습니다. 신은 황공하고 감격스러워 눈물과 땀이 번갈아 흐릅니다.

국상(國祥)에 나아가지 않은 것도 신이고, 즉시 대명하지 않은 것도 신입니다. 처음 연석의 하교는 비록 미천한 신을 곡진히 헤아려주셨지만, 신은 감히 다른 사람들과 다르다고 여기지 않았습니다. 지금 신하들은 벌을 받았는데 신만 모면했으니, 초심을 돌아보면 몹시 잘못된 일이며, 국가의 법으로 헤아려 보더라도 어찌 그릇된 일이 아니겠습니까.

신이 벼슬하지 않은 이유는 단지 고질병을 앓고 정세가 위축되어

32 대명한……소 : 이 글은 1732년(영조8) 9월 15일, 저자가 국상(國祥)에 불참하였다는 이유로 견책을 청하기 위해 올린 상소이다. 영조는 이달 12일 국상에 불참한 신하들을 파직하면서 저자는 예외적으로 논죄하지 말라고 하였으나, 저자는 이 상소를 올려 스스로 견책을 청하였다. 《承政院日記 英祖 8年 9月 12日·15日》

점차 폐인이 되었기 때문이니, 본디 고상하게 행동하고 용감히 물러나는 절개가 있어서가 아닙니다. 수십 년 동안 명을 어긴 죄는 또 다른 신하들에게 없는 것이니, 이치상 다른 신하들보다 먼저 감률을 받아야 마땅합니다. 그런데 죄를 은혜로 삼고 위엄을 영화로 바꾸는 것이 어찌 미천한 신의 분의로 얻을 수 있는 것이겠습니까.

아, 신들이 군주를 섬기는 것이 형편없어 신하의 절개를 스스로 다하지 못하여 지존께서 지나칠 정도로 부지런히 가르치고 꾸짖느라 말씀이 누차 평정을 잃게 만들었습니다. 신들의 죄상은 실로 너무도 속죄하기 어렵습니다. 전하께서 하교하실 적에 매번 "그저 시상(時象)[33]이 있는 줄만 알고 군부가 있는 것은 모른다."라고 하시는데, 전하는 몹시 쉽게 말씀하시지만 신하된 자가 이 하교를 듣고서 어떻게 천지 사이에 몸을 둘 수 있겠습니까. 신이 일체 감률을 받더라도 할 말이 없을 것인데, 신은 이미 격례를 넘어선 은혜를 자주 입었습니다. 이처럼 두렵고 걱정스러운 마음을 품고서 어찌 감히 어질고 밝은 성상을 스스로 멀리하겠습니까.

신이 삼가 들으니, "안으로는 부자, 밖으로는 군신이 사람의 큰 윤리이다. 부자는 은혜를 위주로 하고 군신은 의리를 위주로 한다."[34]라고 하였습니다. 섬길 적에는 직간하지 않고 숨기는 경우도 있고, 직간하며 숨기지 않는 경우도 있으며, 봉양할 적에는 방도를 가리고 방도를 가리지 않는 구별이 있습니다.[35] 그러므로 아버지에게 잘못이 있는데 세

33 시상(時象) : 본디 시대의 모습, 시국이라는 뜻인데, 종종 당론을 가리키기도 한다.

34 안으로는……한다 : 《맹자》 〈공손추 하(公孫丑下)〉에 보인다.

35 섬길……있습니다 : 《예기》 〈단궁 상(檀弓上)〉에 "어버이를 섬길 적에는 숨기고

번 간언해도 들어주지 않으면 울면서 따르니, 이는 은혜입니다. 군주에게 잘못이 있는데 세 번 간언해도 들어주지 않으면 떠나니, 이는 의리입니다.[36]

지금 국휼(國恤)과 국상(國祥)의 일로 말하자면, 선현의 처신을 이미 상소에 열거하였습니다. 자식된 자가 비록 패악무도하더라도 어찌 어버이의 상에 달려오지 않겠습니까. 또 어찌 대상(大祥)과 소상(小祥)에 참여하지 않는 일이 있겠습니까. 이를 보면 이일분수(理一分殊)[37]의 실상을 알 수 있습니다. 지금 전하께서는 자식의 도리를 신하에게 요구하시는데, 이 일만 그러한 것이 아닙니다. 이대로 간다면 장차 순종하기만 하고 어기지 않으며, 따르기만 하고 떠나지 않을 것이니, 이것이 어찌 이치에 맞겠습니까.

《논어》에 이르기를, "군신의 의리를 어찌 버릴 수 있겠는가."[38]라고 하였고, 그 아래에 또 이어서 이르기를, "군자가 벼슬하는 것은 그 의리를 행하기 위해서이다."라고 하였습니다. 정자(程子)가 또 의(義)라는 한 글자를 해석하여 이르기를, "몸을 깨끗이 하느라 인륜을 더럽히지는

직간하지 않으며 좌우에서 봉양할 적에 방도를 가리지 않는다. 부지런히 모시다가 돌아가시면 삼년 동안 슬픔을 다해 상을 치른다. 임금을 섬길 적에는 직간하고 숨기지 않으며 좌우에서 봉양할 적에 방도를 가린다. 부지런히 모시다가 돌아가시면 부모가 돌아가신 것처럼 삼년 동안 상을 치른다." 하였다.

36 아버지에게……의리입니다 : 《예기》 〈곡례 하(曲禮下)〉에 "신하의 예는 드러내놓고 간언하지 않으며, 세 번 간언해도 들어주지 않으면 달아난다. 자식이 어버이를 섬길 때는 세 번 간언해도 들어주지 않으면 눈물을 흘리며 따른다."라고 하였다.

37 이일분수(理一分殊) : 하나의 이치가 만물에 모두 내재되어 있다는 성리학의 개념이다. 《性理大全 理氣 總論》

38 군신의……있겠는가 : 《논어》 〈미자(微子)〉에 보인다.

않으나 이익을 따르느라 의리를 잊지도 않는다."라고 하였습니다. 선정신(先正臣) 이황(李滉) 또한 "나아가야 해서 나아가는 것이 공손이고, 나아가지 말아야 해서 나아가지 않는 것도 공손이다."[39]라고 하였습니다. 아, 이 도리가 아니라면 분의(分義) 두 글자는 장차 천하의 명예와 절개를 무너뜨릴 것입니다.

《대학》에 이르기를, "신하가 되어서는 경(敬)에 그친다." 하였습니다. '충(忠)'이 아니라 '경'이라고 하였으니, 그 뜻을 알 수 있습니다. 이른바 '경'이라는 것은 맹자가 이른바 '선을 말하여 사심을 막는 것'이며, '인의가 아니면 감히 아뢰지 않는 것'입니다. 이것이 중대한 충성입니다. 그런데 전하께서는 부인과 환관의 도를 요구하시고, 신하들은 또 소인의 사랑[40]으로 받듭니다. 윗사람과 아랫사람이 서로 따르며 점차 굳어지니, 공자가 이른바 '내 말을 어기는 사람이 없다.'[41]라는 데 거의 가깝습니다. 그런데 전하께서 이를 걱정하지 않고 단지 시상만 걱정하는 이유는 무엇입니까.

시상 두 글자가 신은 무슨 말인지 감히 알지 못하겠으나 아마도 전하께서 당(黨)이라는 글자를 말씀하시기 싫어하여 그 이름을 조금 바꾼 듯합니다. 시상에는 다스림과 어지러움이 있고, 좋은 것과 좋지 않은 것이 있습니다. 당에도 군자의 당이 있고 소인의 당도 있으니, 모두 뭉뚱그려 하나로 만들어서는 안 됩니다. 그런데 전하께서는 옳고 그름

39 나아가야……공손이다 : 182쪽 주2 참조.

40 소인의 사랑 : 《예기》 〈단궁 상〉에 "군자는 덕으로 남을 사랑하고 소인은 고식적으로 남을 사랑한다.〔君子之愛人也以德, 細人之愛人也以姑息〕" 하였다.

41 내……없다 : 37쪽 주19 참조.

을 묻지 않고 굽은 것과 바른 것을 나누지 않으시고 그저 시상이라는 두 글자를 쥐고 달리며 신하들로 하여금 입을 열지 못하고 몸을 움직이지 못하게 하십니다. 이는 붕당을 미워하여 제거하려는 자가 종종 남의 나라를 망치게 되는 것[42]에 가깝지 않겠습니까.

신이 또 삼가 들으니, 전하께서 개연히 제갈량(諸葛亮)의 다스림과 황조(皇朝 명나라)의 법에 뜻을 두고 조조(鼂錯)에게 조복(朝服)을 입혀 동시(東市)에서 죽인 일을 거론하기까지 하셨다고 하는데,[43] 그런 일이 있습니까.

신이 듣기로 공자가 계강자(季康子)에게 고하기를, "그대가 정사를 하면서 어찌 사람을 죽이는 방법을 쓰려 하는가. 군자의 덕은 바람이요 소인의 덕은 풀이니, 풀은 바람이 불면 반드시 눕는다."[44]라고 하였습니다. 전하는 어질고 성스러우니 신은 결코 이런 일이 없다는 것을 본디 알고 있습니다. 그러나 가령 전하께서 신들에게 몹시 불경하다는 죄를 씌운다면, 오늘날 조정의 신하 중에 전폐(殿陛)에 서서 간쟁할 자가 있겠습니까. 옛날의 군자는 임금의 잘못을 바로잡았는데 지금의 군자

42 붕당을……것 : 주자(朱子)가 유정(留正)에게 보낸 편지에 "옛날에 붕당을 미워하여 제거하려다가 남의 나라를 망하게 한 경우가 종종 있었습니다.〔朋黨之禍止於搢紳, 而古之惡朋黨而欲去之者, 往往至於亡人之國.〕"라는 내용이 보인다.《晦庵集 卷28 與留丞相書》

43 조조(鼂錯)에게……하는데 : 조조는 한(漢)나라 사람으로, 제후들의 땅을 줄여 세력을 약화시키려고 하였으나 이로 인해 오(吳), 초(楚) 칠국(七國)의 난을 초래하였다. 경제(景帝)는 난을 진정시키고자 조복을 입은 조조를 동시에서 참수하였다.《漢書 卷49 鼂錯傳》 영조는 즉위 직후 이 고사를 거론하며 이의연(李義淵)과 김일경(金一鏡)을 국문하겠다는 뜻을 밝혔다.《承政院日記 英祖 卽位年 11月 20日》

44 그대가……눕는다 :《논어》〈안연(顔淵)〉에 보인다.

는 임금의 잘못을 이루어줍니다. 전하께서는 어찌 신중히 하지 않으십니까.

신은 외람되게 은혜를 입고 용서를 받아 지금 물러났습니다. 그러나 일편단심이 또렷하여 사라지지 않아 종이를 앞에 두고 쏟아내며 말을 가리지 않았으니, 이 또한 군주를 섬기는 의리를 조금 바친 것입니다.

삼가 바라건대, 밝으신 성상께서는 신의 어리석음을 가련히 여기고 신의 충성을 살피소서. 그리고 신을 다른 신하와 같이 엄하게 감률하신다면 더없이 다행이겠습니다. 신은 지극히 두려워하며 명을 기다리는 마음을 견디지 못하겠습니다.

대사헌을 사직하는 소[45]

辭大司憲疏

삼가 아뢰니다. 신이 숨어 살며 두려워하던 중에 외람되게 사헌부의 직임에 제수되었기에 감히 사직하는 글을 올려 견책을 청하였습니다. 그런데 또 온화한 비답을 내리시어 신이 지나치게 사양한다고 하시고, 신에게 속히 올라오라고 하셨기에 더욱 두렵고 위축되어 몸둘 바를 몰랐습니다. 신은 이미 함부로 말한 죄를 저지르고 또 직분을 방기한 죄를 저질렀으니, 사직을 청하는 글에 다른 이야기를 할 겨를이 없습니다. 그런데 전하께서 관대히 용서하고 허락하지 않으셨으니, 이 간절한 마음을 품고서 어찌 감히 인(仁)으로 덮어주시는 성상을 끝까지 멀리하겠습니까.

지난 번 시골 유생의 상소[46]는 참으로 '세상일은 없는 것이 없다.'라는 말과 같습니다. 비록 밝으신 성상께서 그것이 그릇되고 허망하다며 통렬히 배척하셨으나, 신이 실질도 없이 명분만 훔치는 바람에 외람된 말이 성상의 귀를 더럽히게 만들었으니 이는 신의 죄입니다. 부끄럽고 놀랍고 두렵고 떨려 몸 둘 바를 모르겠습니다.

하늘이 만물을 낳음에 모두 인(仁)으로 대하지만 반드시 가득찬 것

45 대사헌을 사직하는 소 : 이 글은 1733년(영조9) 1월 11일, 저자가 대사헌을 사직하며 올린 상소이다. 《承政院日記 英祖 9年 1月 11日》

46 지난……상소 : 1732년(영조8) 10월 19일 충청도 유생 곽수황(郭守熀) 등이 상소하여 저자를 불러들이도록 청한 일을 말한다. 《承政院日記 英祖 8年 10月 19日》

은 줄이고 부족한 것은 보태줍니다. 아비가 자식을 사랑함에 잘 되기 바라지 않는 것은 아니지만 매번 분수를 넘어 재앙을 초래할까 두려워 합니다. 신에 대한 전하의 마음도 이와 같습니다. 신이 비록 몹시 어리석으나 어찌 감읍하지 않겠습니까. 하물며 염개(廉介)라는 두 글자가 비답과 하교에서 나왔으니,[47] 위대한 성인이 작은 선(善)도 버리지 않는 도량을 볼 수 있습니다. 다만 신이 조정에서 벼슬한 본말은 원래 볼 만한 것이 없으니, 어찌 물러나는 한 가지 일만 가리켜 말씀하신 것이겠습니까. 부끄럽고 두려운 마음은 더욱 이루 말할 수 없습니다. 그러나 신은 이를 기회로 이야기를 다하고자 합니다.

신이 물러난 것은 다른 이유가 아니라 단지 중년에 병으로 폐인이 되었고, 또 능력도 없으면서 녹봉을 훔치는 것이 부끄럽다는 점을 대략 알았기 때문입니다. 벼슬을 천직(天職)이라 하고 녹봉을 천록(天祿)이라 하니, 구차하게 그 사람을 영화롭게 만들기 위한 것이 아닙니다. 신이 비록 녹봉을 훔치려 하지는 않았으나 벼슬을 훔치는 것은 면하지 못했습니다. 조정에 있으면서 녹봉을 훔치는 것도 안 될 일인데, 재야에 있으면서 벼슬을 훔쳐서야 되겠습니까. 가령 신이 조정에 있더라도 시위소찬(尸位素餐)을 면하지 못하겠지만, 그래도 부지런히 힘을 다할 곳은 있을 것입니다. 그런데 지금 좋은 벼슬을 아무 일도 하지 않고 편안히 앉아서 얻었으니, 그 죄는 녹봉을 훔치는 것보다 더할 것입니다.

옛 사람 중에는 몸은 재야에 있지만 마음은 조정에 있어 나라를 잊지

47 염개(廉介)라는……나왔으니 : 1732년 12월 8일 영조가 신하들이 입시한 자리에서 "이재의 사람됨이 염개하다는 것을 내가 어찌 모르겠는가."라고 한 일을 말한다. 《承政院日記 英祖 8年 12月 8日》

않은 자도 있었습니다. 신 역시 대대로 벼슬한 신하이니, 어찌 홀로 이 마음이 없겠습니까. 다만 나아가고 물러나는 자취가 다르고, 말하고 침묵하는 의리가 달라 간혹 몸소 도성에 나아가는 날이면 번번이 얕은 충성을 바쳤습니다. 그러나 논의가 허술하고 어리석어 모두 취할 만한 것이 없으니 그저 묵묵히 지조를 지키며 사사로운 분의를 완성할 따름입니다. 이미 벼슬할 수도 없고 또 말할 수도 없는데 제 몸을 돌아보면 직명은 그대로 있으니, 한밤중에 생각하면 마치 깊은 골짜기에 떨어진 것 같습니다. 국가가 관직을 설치한 의도와 신하가 군주를 섬기는 의리가 어찌 이와 같을 뿐이겠습니까.

그러나 신이 스스로 폐인이 된 것이 하루이틀 일이 아니라는 것은 밝으신 성상께서도 굽어살피고 계실 것입니다. 앞서 엄한 견책을 요행히 피하고 뒤에 잘못된 칭찬을 받은 것도 물러난 일 때문이었습니다. 이와 같은데 곧장 감히 명령을 따르는 것을 공손한 태도라고 여겨 구차하게 녹봉을 훔칠 생각을 한다면, 온 세상 사람들이 신을 어떤 사람이라고 여기겠으며, 전하께서도 신을 어떠한 사람이라고 여기겠습니까. 전하께서 이와 같다는 점을 모르지 않으실 것인데, 여전히 곡진하게 수용하시며 누차 제수하는 명령을 내린 것은 단지 미천한 신을 차마 완전히 버리지 못하기 때문입니다. 덕스러운 뜻이 가득하니 신이 어찌 우러러 체득하지 않겠습니까. 다만 높고 낮은 관직이 신에게 주어질 때마다 직분을 방기하니, 신에게는 영광이지만 나라에 무슨 보탬이 되겠습니까.

예로부터 신하 중에 물러나기를 청하여 군주의 허락을 받은 자가 많습니다. 벼슬한 자도 이와 같은데, 신의 경우는 물러난 지 이미 오래입니다. 헛되이 관직으로 얽어매느니, 차라리 지조를 지키도록 허락하는 것이 낫지 않겠습니까. 이는 비록 미천한 신의 사소한 거취이지만, 성조(聖朝)에 있어서는 실질에 힘쓰고 염치를 가다듬는 데 반드시 일조가 되지 않으리라고 할 수는 없을 것입니다.

옛글에 이르기를, "오직 성인이라야 천하 사람들의 뜻을 통하게 할 수 있다."[48]라고 하였고, 또 이르기를, "군자는 남의 아름다움을 완성해 준다."[49]라고 하였습니다. 전하께서 이 몇 마디 말을 깊이 유념하신다면 신의 말이 끝나기를 기다리지 않고 시종일관 신을 옥처럼 완성시켜 주실 것입니다.

삼가 바라건대, 밝으신 성상께서는 특별히 불쌍히 여겨 살피시고 먼저 신의 현재 직임을 체직하여 신이 재야에서 자유롭게 지내면서 성은을 누리며 여생을 마치게 해 주신다면 더없이 다행이겠습니다. 신은 지극히 간절하게 기원하는 마음을 이기지 못하겠습니다.

48 오직 있다 : 《주역》 〈동인(同人)〉에 보인다.

49 군자는……완성해준다 : 《논어》 〈안연(顔淵)〉에 보인다.

대사헌을 사직하는 소[50] 갑인년(1734, 영조10)

辭大司憲疏 甲寅

삼가 아룁니다. 신은 5월 초부터 우연히 설사병에 걸려 하루 사이에도 거의 셀 수 없을 정도로 설사를 하였습니다. 이렇게 지낸 것이 거의 열흘 남짓이었는데, 갑자기 이질로 변하여 심해졌다 나아졌다 한 지 어느덧 넉 달이 되었습니다. 신은 본디 허약하고 노쇠하여 병을 앓지 않아도 사람들이 위태롭게 여겼는데, 이러한 기력으로 오랫동안 독한 병으로 고생하였으니, 죽음과의 거리가 터럭만큼 밖에 되지 않습니다. 이러한 때에 대사헌에 새로 제수하는 명령이 내릴 줄은 생각지도 못했으니, 신은 침석에 누워 정신이 혼미한 와중에도 저도 모르게 감격의 눈물이 흘렀습니다. 몸을 일으켜 옷을 입고 공경히 유지(諭旨)에 절하고자 하는 생각이 지극하지만 끝내 할 수가 없으니, 대궐을 바라보면 정신이 날아가는 듯합니다.

생각건대 신은 작년 봄에 외람되게 현재의 직임을 차지하였다가 삼가 견책을 받고 체직되었는데, 성상의 말씀이 엄중하여 신하로서 감히 들을 수 있는 것이 아니었습니다. 그 죄를 따지자면 어찌 체직에 그치겠습니까. 그런데 자애로우신 성상께서 덮어주시어 죄가 은혜로 바뀌었으니, 신의 미천한 분수에 있어서는 이미 너무도 요행이고 외람된 일이었습니다. 그런데 널리 포용해주시는 덕으로 끝내 버리지 않으시

50 대사헌을 사직하는 소 : 이 글은 1734년(영조10) 8월 9일 저자가 대사헌을 사직하며 올린 상소이다. 《承政院日記 英祖 10年 8月 9日》

고 다시 예전의 자리로 돌려놓으려 하시니, 이번이 벌써 두 번째입니다. 신처럼 형편없는 자가 밝으신 성상께 어떻게 이러한 대우를 받는지 모르겠습니다.

그간 상소를 올렸으나 번번이 승정원에서 저지당하였고, 중간에 이조에서 해직되었을 때도 병든 상황을 번거롭게 아뢰었으니, 이처럼 근심스럽고 답답한 마음을 품은 채 어찌할 줄 모르고 있었습니다. 삼가 들으니, 현(縣)과 도(道)를 통해 상소를 올리지 말라는 금령이 겨우 해제되었다고 하니, 죽기 전에 구구한 심정을 한 번 아뢰고자 합니다.

아, 신하가 되어서 당파를 만들어 위로 은미한 조짐을 막으려는 성상께 근심을 끼친다면 그 죄는 당사자를 죽이고 종족을 멸하고도 남습니다. 신이 물러난 지 이미 수십 년이 되었는데, 성품이 졸렬하고 자취가 기구하여 집안은 쇠퇴하고 몸은 고단합니다. 외딴 산에 꼼짝않고 숨어 있으면서 세상을 멀리하였으니, 큰 죄를 자초하기에는 부족한 듯합니다. 다만 나라를 걱정하고 임금을 사랑하는 일념만은 녹아없어지지 않아 왕왕 터무니없고 허술한 말을 하면서 마치 세상을 차마 잊지 못한 듯 하고 있습니다. 신은 스스로 어리석다는 것을 알고 있으나, 돌고돌아 시골 사람들의 글과 대간의 글에 누차 올라 이 지경에 이를 줄은 생각하지 못했으니, 이는 참으로 신에게 불행한 일입니다. 그러나 그 이유를 굳이 따지자면 신이 군주를 섬김이 불충하고 몸가짐이 미덥지 못한 소치가 아니겠습니까.

신은 이 하교를 들은 이래로 자나깨나 두려워 하느라 오장(五臟)이 제자리를 잃은 듯합니다. 실의한 나머지 살고 싶은 생각이 없어 두 해가 하루 같았습니다. 비록 성상의 도량이 하늘처럼 넓어 예전처럼 수용하셨으나, 심사를 아뢰지 못하였고 죄가 지극히 무겁습니다. 지금 또 질병으로 앓아누워 죽을 날이 머지 않았으니, 은혜를 저버리고 죄를 지은 귀신이 되는 것을 면하지 못할까 두렵습니다. 제 몸을 어루만지며 슬퍼하니, 다시 무슨 말을 하겠습니까. 신이 비록 혼미하여 지각이 없으나 직임을 방기하는 것이 죄가 되는 줄은 알고 있습니다. 숨이 끊어지기 전까지는 감히 헛되이 차지하고 있을 수 없어 대략 애달프게 호소하니 말에 두서가 없습니다.

삼가 바라건대, 밝으신 성상께서는 특별히 가련히 여겨 살피시고 속히 신에게 새로 제수한 직명을 해직하소서. 그리고 담당 관사에 명하여 신의 죄를 엄하게 감률하게 하여, 죽어가는 목숨이 본분을 편안히 여기도록 해 주신다면 낳아주고 길러준 은혜를 시종일관 베푸는 결과가 될 것입니다. 신은 지극히 두려운 마음을 견디지 못하겠습니다.

원자 보양관을 사직하는 소[51] 을묘년(1735, 영조11)

辭元子輔養官疏 乙卯

삼가 아룁니다. 병들어 폐인이 된 미천한 신은 황야에 숨어 살고 있으니 세상사는 전혀 알지 못합니다. 오직 원자가 날로 의젓하게 성장하고 타고난 자질이 탁월하다는 점은 중외에서 전하며 기뻐하지 않는 사람이 없습니다. 신이 다행스럽게도 잠시나마 죽지 않아서 이러한 경사를 보게 되었으니, 구구한 마음에 사랑하고 떠받드는 정성은 이루 말할 수 없을 정도입니다. 그런데 천만 뜻밖에 신을 보양관에 제수하는 유지를 특별히 내리시고 속히 올라오라고 하셨습니다. 신은 명을 받고 두려워 온몸이 떨려 참으로 몸둘 바를 모르겠습니다.

신이 삼가 듣기로 보양관을 설치한 것은 실로 선정신(先正臣) 조광조(趙光祖)의 건의에 의한 것이었습니다. 그가 말하기를, "재상 중에 현명하고 덕 있는 자를 골라 가까이하고 훈도하게 하여 덕성을 완성해야 합니다."[52]라고 하였으니, 그 선발은 지극히 신중하게 여겼습니다. 이로부터 이 직임을 차지한 사람 중에 이름난 신하와 훌륭한 선비를 낱낱이 셀 수 있습니다. 신이 어떤 사람이기에 감히 이 명에 응하겠습니까.

51 원자……소 : 이 글은 1735년(영조11) 8월 6일 저자가 원자 보양관을 사직하며 올린 상소이다. 《承政院日記 英祖 11年 8月 6日》 원자는 사도세자이다.

52 재상……합니다 : 1519년(중종14) 7월 21일 조광조가 건의한 내용이다. 《中宗實錄 14年 7月 21日》

어린이를 교육하는 방법은 미리하는 것이 중요합니다. 옛사람은 태교 이외에도 아보(阿保)[53]를 고르는 것을 우선하였으니, 고르는 방법은 반드시 관대하고 자애로우며 온화하고 공경하며 신중하여 말이 적은 자[54]를 찾는 것이었습니다. 아보 같은 미관말직조차 이와 같았는데, 더구나 성인으로 만드는 공을 요구하는 보양관의 관직은 어떻겠습니까. 신처럼 용렬하고 어리석은 자는 스스로 살펴보면 옛사람이 아보에게 요구했던 것조차 한두 가지 비슷한 점이 없습니다. 그렇다면 어찌 감히 외람되게 현명하고 덕 있는 이를 뽑는 성조(聖朝)의 선발에 응하여 사람을 알아보는 전하의 안목에 누를 끼치겠습니까.

"지난 일을 굳이 뒤늦게 혐의로 삼을 필요는 없다. 이 직임을 어찌 오래 비워둘 수 있겠는가."[55]라는 성상의 하교로 말하자면, 간곡히 위로하는 말씀이 보통 수준을 넘었으니, 신이 아무리 어리석고 완고하다지만 어찌 감격하지 않겠습니까. 다만 이 직임은 너무도 걸맞지 않아 관직을 욕되게 할 것이니, 그저 속히 태거하여 사방에서 듣는 사람들을 오래 놀라게 하지 않기를 바랄 따름입니다. 미천한 신의 거취에 관한 의리야 어찌 갑자기 아뢸 수 있겠습니까.

신은 여름 내내 독한 병을 앓아 목숨이 실낱 같으니 몇 줄의 글도 제 힘으로 지을 수 없습니다. 여러 날 위축되어 엎드려 있다가 이제야 비로소 호소합니다. 삼가 바라건대, 자애로우신 성상께서는 미천한

53 아보(阿保) : 귀인의 자제를 양육하는 보모를 말한다.

54 관대하고……자 : 《예기》 〈내칙(內則)〉에 보인다.

55 지난……있겠는가 : 앞서 저자에게 내린 별유(別諭)에 나오는 내용이다. 《承政院日記 英祖 11年 7月 26日》

신의 진심을 굽어살펴 내리신 명령을 즉시 거두어들이고 감당할 만한 사람으로 바꾸어 제수하소서. 그렇게 하여 공적인 체모를 더욱 무겁게 하고 사적인 분의를 편안하게 해 주신다면 더없이 다행이겠습니다. 신은 지극히 두렵고 간절히 바라는 마음을 견디지 못하겠습니다.

원자 보양관을 사직하는 소[56] 두 번째 소

辭元子輔養官疏 再疏

삼가 아룁니다. 신은 외람되게 분수에 맞지 않는 직임을 차지하여 염치 없이 나가기 어려운 사정을 감히 아뢰었습니다. 해와 달처럼 밝으신 성상께서는 빠뜨리는 것 없이 통촉하시니, 오래 기다릴 것 없이 체직해주시리라 생각하였습니다. 그런데 비답을 받아보니 생각과 크게 달랐습니다. 간곡하게 위로하시는 말씀이 갈수록 융숭해지니, 미천한 신의 분수로 감당할 바가 아닌지라 한편으로 황공하고 한편으로 감격하여 몸둘 바를 모르겠습니다.

"적막한 지 이미 오래되었는데 보양관의 관직을 다시 설치하는 것이 어찌 이리 늦었는가."[57]라는 하교로 말하자면, 받들어 읽은 뒤로 한편으로는 슬프고 한편으로는 기뻐서 거의 마음을 가눌 수가 없었습니다. 그러나 신의 어리석은 소견으로는 관직을 설치하는 것이 급한 것이 아니라 적임자를 얻기가 어렵습니다. 〈주관(周官)〉에 이르기를, "관직의 인원을 반드시 채울 필요는 없으니, 적임자가 있어야 한다."라고 하였습니다. 혹시 전하께서 이 점을 깊이 생각하지 않으신 것입니까.

옛적에 이 관직을 설치한 이유는 비단 덕성을 훈도하기 위해서만이

56 원자……소 : 이 글은 1735년(영조11) 8월 23일 저자가 원자 보양관을 사직하며 올린 상소이다. 《承政院日記 英祖 11年 8月 23日》

57 적막한……늦었는가 : 앞의 상소에 대한 비답에 보인다. 《承政院日記 英祖 11年 8月 6日》

아니라 강학하는 일이 있기 때문인데, 지금은 하는 일 없이 때때로 우러러 보기만 할 뿐입니다. 어린 나이에는 타고난 마음이 진실하고 별다른 외부의 유혹이 없어 지각이 생기는 초기에 배양하고 말없는 가운데 감통하니, 여기에는 이러한 이치가 있습니다. 다만 그 일은 미묘하니, 진실한 마음이 안에 쌓이고 덕의 광채가 밖으로 드러나는 자가 아니라면 여기에 관여할 수 없습니다. 그런데 전하께서는 조금도 신중히 하지 않으시고 신처럼 어리석은 이에게 맡기시니, 보양관이라는 이름만 있고 실질이 없을까 걱정입니다. 성조(聖朝)의 일찍 가르치는 방도가 어찌 이처럼 소홀하겠습니까.

그러나 이것은 직무에 대해 말한 것뿐이고, 신의 구구한 거취의 의리로 말하자면 실로 구차해서는 안 됩니다. 신이 물러난 지 이제 이십여 년이 되는데, 나라 사람들은 모두 신이 이미 물러났다고 알고 있습니다. 지금 노쇠한 나이가 되어 평소 지키던 지조를 잃고 새로운 영예를 탐내어 나아가서는 하는 일이 없고 물러나서는 근거할 것이 없다면 비단 신의 마음에 스스로 부끄러울 뿐만 아니라 전하께서도 신을 어떠한 사람이라 여기시겠습니까.

저군(儲君)을 보도(輔導)하는 방법은 덕 있는 이를 가까이하고 바르지 않은 것을 보여주지 않는 것 뿐입니다. 지금 신의 염의(廉義)라는 큰 법도가 이처럼 손상되었으니, 몹시 바르지 않은 것입니다. 쫓아내기에 겨를이 없어야 하거늘 어찌 하루라도 곁에서 가까이하도록 하겠습니까. 신이 함부로 나아갈 수 없다는 점은 여기서 더욱 분명해집니다.

전하께서는 이미 신이 나아갈 수 없다는 사실을 알면서도 여전히 여러 날 헛되이 얽매어 두고 있습니다. 필경에는 신에게 엄한 벌을 내리더라도 나랏일에 무슨 도움이 되겠습니까. 일찌감치 변통하여 성상께서는 남의 뜻을 굽히지 않는 덕으로 삼고 미천한 신에게는 오랫동안 직무를 방기한 죄를 면하게 해 주시는 것이 낫습니다. 공적으로나 사적으로나 모두 편하고 알맞지 않겠습니까.

삼가 바라건대, 밝으신 성상께서는 사리를 깊이 생각하고 진심을 자세히 살펴 속히 청을 윤허하고 적임자에게 다시 제수하신다면 천만 다행이겠습니다. 신은 지극히 두려워하며 명을 기다리는 마음을 견디지 못하겠습니다.

원자 보양관을 사직하는 소[58] 세 번째 소

辭元子輔養官疏 三疏

삼가 아룁니다. 신이 오랫동안 소명을 어기고 거듭 번거롭게 상소하였으니, 그 죄가 법에 비추어 용서받을 수 없다는 것을 잘 알고 있습니다. 그런데 성상의 도량이 하늘처럼 넓어 주벌을 내리지 않으시고 비답을 내려 간곡한 말씀으로 어리석은 신을 가르쳐 주시고, 너무 지나치게 사양하지 말라고 요구하셨습니다. 신은 이에 두렵고 감격스러워 눈물과 땀이 쏟아지듯 합니다.

아, 신이 조정에서 벼슬한 본말은 이미 성상의 밝으신 안목으로 통촉하고 계실 것입니다. 과거를 보았던 것은 녹봉을 받는 벼슬에 뜻을 두었기 때문인데, 불행히 죄를 짓고 병에 걸려 분의에 따라 스스로 폐인이 되어 점차 이 지경에 이르렀을 뿐입니다. 신이 비록 어리석으나 어찌 감히 함부로 산림의 고상한 선비에게 견주겠습니까.

그러나 삼가 들으니, 주자(朱子)는 "사대부가 사양하고 받고 나아가고 물러나는 것은 비단 그 자신만의 일이 아니다. 그 처신의 잘잘못은 풍속의 성쇠와 관련이 있다."라고 하였습니다. 신이 거취를 감히 구차하게 할 수 없는 이유는 실로 유래가 있습니다. 가령 신이 한번 나아가 국가에 터럭만큼이라도 이익이 된다면 구구한 거취야 어찌 돌아볼 것이 있겠습니까. 그러나 신은 그렇게 할 수 없다는 것을 알고 있으니,

58 원자……소 : 이 글은 1735년(영조11) 9월 9일 저자가 원자 보양관을 사직하며 올린 상소이다. 《承政院日記 英祖 11年 9月 9日》

그저 '퇴(退)' 한 글자를 지키며 보답할 수 없는 은혜에 보답하고자 합니다.[59] 또렷한 이 마음은 하늘의 태양을 두고 맹세할 수 있습니다.

물러난 이후로 높고 낮은 관직에 제수될 때마다 일절 사직하면서 얼마나 많은 글을 올렸으며 얼마나 많은 세월이 흘렀습니까. 다만 지금 맡은 직임은 책임이 중요하고 위상이 높기가 다른 관직과 비교해 어떻습니까. 그런데 끝에 가서 염치를 무릅쓰고 받는다면 어찌 이와 같은 도리가 있겠습니까. 신하의 몸가짐은 출처가 중요하니, 이를 자세히 살피지 못하면 그 몸은 이미 바르지 않은 것입니다. 신은 감히 바르지 않은 몸으로 나아갈 수 없으니, 비단 풍속의 성쇠 때문만이 아니라 위로 정도(正道)로 기르는 방도에 누를 끼칠까 염려해서입니다. 전하께서 한번 이를 생각해보신다면 신의 말이 지나치다고 여기지 않으실 것입니다.

더구나 신이 죽을 병에 걸려 누추한 모습을 비록 감히 낱낱이 아뢸 수는 없으나 당장 위완(胃脘)의 증세가 더욱 위독합니다. 굳은 가래가 배에 가득하여 수시로 오르내리고, 하루 사이에도 여러 차례 기절합니다. 침석을 뒹굴며 숨이 끊어질 듯하니, 비록 억지로 일어나 명을 따르려 해도 방법이 없습니다. 여러 해 주제 넘게 나라를 근심하던 끝에 아름다운 기회를 만났으니, 한 번 원자의 모습을 보려는 소원이 어찌 홀로 없겠습니까. 그러나 정세와 병세가 모두 심각하여 직분을

59 보답할……합니다 : 주자가 말하기를, "때를 만나지 못하면 제 몸을 선하게 하여 천하에 대의를 밝혀 천하의 학자들로 하여금 우리 도가 바르다는 것을 알고 지키게 하여 윗사람이 부리기를 기다려야 합니다. 이야말로 갚을 수 없는 은혜를 갚는 방법입니다. 어찌 꼭 나아가 세상을 다스려야 하겠습니까."라고 하였다. 《晦庵集 卷36 答陳同甫》

다할 수 없으니, 제 몸을 쓰다듬으며 탄식합니다. 다시 무슨 말을 하겠습니까.

삼가 들으니, 인원을 갖추어 상견례(相見禮)를 거행한다는 명이 있어 두 신하가 이미 모였다고 합니다. 행여 신 한 사람이 버티느라 성대한 의식이 지체된다면 나라의 체모가 크게 손상되지 않겠습니까. 누차 번거롭게 해 드리는 것이 두려운 줄 모르지 않으나, 또 감히 다급한 목소리로 아뢰지 않을 수 없으니, 변통해 주시기를 바랍니다. 삼가 바라건대, 천지 부모와 같이 사애로우신 성상께서는 슬프고 간절한 마음을 굽어살피고 즉시 체직을 허락하여 공적으로나 사적으로나 다행스럽게 해 주소서.

신이 상소를 지어 올리려는 차에 삼가 거행조건을 보았는데, 연석에서 재촉하는 하교가 있었고, 담당 관사에서도 이미 길일을 잡았다고 합니다. 신의 진심은 앞에서 이미 다 아뢰었으니, 실로 터럭만큼도 움직일 형편이 아닙니다. 은혜를 저버리고 명령을 어겼으니 죽어도 남은 책임이 있습니다. 그저 주벌이 내리기를 삼가 기다릴 뿐입니다.

또 삼가 들으니, 얼마 전 성조(聖祖)의 영정을 옮겨 봉안할 때 지방에 있으면서 배종(陪從)에 참여하지 않은 신하들은 모두 의금부로 잡혀가 처벌을 받았다고 합니다.[60] 그런데 신이 외람되게도 자급 때문에 문비(問備)[61]하는 대상에 들어갔으니, 두렵고 떨려 더욱 몸둘 바를 모

60 얼마……합니다 : 이해 8월 27일, 영희전(永禧殿)에 봉안된 세조의 영정을 경덕궁(慶德宮) 광명전(光明殿)으로 옮겨 봉안하고 모사하였는데, 영조는 이때 배종하지 않은 신하들을 품계에 따라 파직 또는 추고하였다. 《英祖實錄 11年 8月 27日》

61 문비(問備) : 죄를 저지른 관원을 서면으로 심문하는 일을 말한다.

르겠습니다. 저지른 죄가 쌓여 요행히 면할 수 없으니, 모두 담당 관사로 하여금 엄하게 감처하게 하여 나라의 법을 거행하고 미천한 신의 분의를 편안하게 해 주시는 것이 더없이 큰 소원입니다. 신은 지극히 두려워하며 석고대죄하는 마음을 견디지 못하겠습니다.

동궁의 책봉례를 거행할 때 광주로 나아가 이조 참판을 사직하는 소[62] 병진년(1736, 영조12)

東宮冊禮時進詣廣州辭吏曹參判疏 丙辰

삼가 아룁니다. 원자의 호칭이 정해져 곧 책봉을 받을 것이니, 종묘사직의 억만년 끝없는 복이 실로 여기에 바탕을 두고 있습니다. 살아있는 사람이라면 누군들 기뻐 춤추지 않겠습니까. 신은 지난 가을 외람되게 보양관의 직임에 임명되었으나 분수와 능력을 헤아리니 너무도 감당하기 어려워 두 번 세 번 번거롭게 아뢰며 그칠 줄을 몰랐습니다. 결국 아랫사람을 제몸처럼 여기시는 어지신 성상께서 각별히 신의 뜻을 따라주셨습니다. 성내지 않는 하교가 엄숙하고 따스하니, 황공한 가운데 하늘처럼 떠받들고 있습니다. 생각건대, 신은 고질병에 걸려 2,3년 전부터 계속 침상에 누워 있었습니다. 겨울 내내 조섭하여 살길을 찾았으니 머리끝부터 발끝까지 어느 것인들 성상의 조화(造化)에 힘입은 것이 아니겠습니까.

신의 선조를 모신 사당이 영남에 있어 항상 죽기 전에 영정을 한번 보고 사사로운 마음을 위로하고자 하였습니다. 마침 날씨가 따뜻해지고 또 직임이 없는 때를 만났기에 틈을 타서 왕래하고자 근력을 헤아리지 않고 경솔히 길에 올랐습니다. 그러다가 2월 10일 이후 상주(尙州)에 도착하였는데 심한 감기에 걸리자 전부터 앓던 여러 증상이 몸이

62 동궁의……소 : 이 글은 1736년(영조12) 3월 17일 저자가 이조 참판을 사직하며 올린 상소이다. 《承政院日記 英祖 12年 3月 17日》

허한 틈을 타고 모두 발작하여 거의 스무날 동안 사람과 귀신의 경계를 넘나들었습니다. 중간에 형조에 제수하는 전지가 내렸으니 명을 들은 즉시 돌아와야 마땅하였으나 여관에 뻣뻣이 누워 있느라 움직일 방법이 없어 묵묵히 헛되이 직임을 차지하여 그저 죄만 더하였습니다.

삼가 생각건대, 책봉할 날이 머지 않았는데 신이 예전에 궁료의 반열에 끼어 있었으니 비록 한번 나아가 뵙지는 못하더라도 구구하게 애모하는 정성은 남보다 갑절이나 됩니다. 목숨이 끊어지기 전에 반드시 서울 가까운 곳에 나아가 엎드려 예식을 거행했다는 소식을 들을 생각이었습니다. 병이 조금 낫기를 기다려 들것에 실린 채 한 걸음씩 움직여 돌아왔는데, 하루 길에 오를 때마다 병이 더욱 심해지니 또 날짜를 허비하게 되었습니다. 오늘 비로소 광주(廣州) 경계에 도착하여 촌가에 투숙하니 숨이 끊어지려 합니다. 신은 이미 조정에서 하례하는 반열에 나아갈 길이 없으니, 그저 시골 아낙과 촌로들과 함께 서로 길에서 손뼉을 칠 뿐입니다. 예식에 빠지고 직분을 버린 죄로 말하자면 이루 속죄할 수 없을 것입니다.

여기 온 뒤에 또 삼가 들으니, 엊그제 정사에서 이조 참판으로 옮겨 제수되었다고 합니다. 신의 죄가 이미 큰데 성상의 은혜는 갈수록 융숭해지니, 감격하고 두려운 마음에 몸둘 바를 모르겠습니다. 신은 지금 견책을 청하기에 급급하여 함부로 글을 올렸으나 병중이라 정신이 혼미하여 말이 두서가 없으니, 나아가고 물러나며 사양하고 받는 의리는 감히 논할 수 없습니다.

삼가 바라건대, 자애로우신 성상께서는 특별히 굽어 살펴 먼저 신의 직명을 삭직하고 신이 저지른 죄를 엄하게 감률하여 신하들의 절개를 가다듬고 미천한 신의 분의를 편안하게 해 주신다면 천만다행이겠습니다. 신은 지극히 두려워하며 석고대죄하는 마음을 견디지 못하겠습니다.

판윤을 사직하는 소[63] 기미년(1739, 영조15)

辭判尹疏 己未

새로 제수된 자헌대부 한성부 판윤 신 이재는 참으로 황공하여 머리를 조아리며 삼가 백 번 절하고 주상 전하께 아뢰니다. 신은 외딴 산속에 숨어 살면서 질병을 앓느라 몸이 상하여 다시 이 세상에 나갈 생각이 없어진 지 오래입니다. 얼마 전 이달 6일의 교지를 삼가 받았는데 신을 자헌대부로 삼았고, 며칠 지나지 않아 또 신을 한성부 판윤에 제수하였습니다. 신은 융숭한 은혜를 떠받들고 미천한 신의 분의를 돌아보니, 두렵고 떨려 몸둘 바를 모르겠습니다. 삼가 들으니, 성상께서 갑자기 너무도 범상치 않은 하교[64]를 내려 온 나라가 진동하고 온 조정 관원들이 힘써 청하였다고 합니다. 다행히 며칠 지나지 않아 명을 거두셨으니, 이는 참으로 종묘사직의 끝없는 복입니다.

아, "나는 임금 노릇하는 것이 즐겁지 않고 오직 내 말을 어기지 않는 것이 즐겁다."라는 말에 대해서 공자는 한 마디 말로 나라를 잃을 것이라 하였습니다.[65] 말도 오히려 이와 같은데 전하의 이번 조처는 어떠하겠습니까. 잘못을 저지르고서 속히 고쳤으니 비록 잘못이 없는

63 판윤을 사직하는 소 : 이 글은 1739년(영조15) 1월 30일 저자가 한성부 판윤을 사직하며 올린 상소이다. 《承政院日記 英祖 15年 1月 30日》

64 너무도……하교 : 원자에게 선위(禪位)하겠다는 하교를 말한다. 《英祖實錄 15年 1月 11日》

65 나는……하였습니다 : 37쪽 주19 참조.

데로 돌아갔지만, 한번의 잘못된 조처로 나라의 형세와 백성의 마음이 또 수십에서 백 길 아래로 떨어졌다는 것을 전혀 모르시니, 전하께서는 어찌 이처럼 자중하지 않으십니까. 신은 경하하며 손뼉을 치는 와중에도 감히 나라 걱정하는 마음을 조금도 놓지 못했습니다. 미천한 신이 관직을 사양하고 받는 일은 논할 겨를이 없기에 입을 다물고 머뭇거리다가 금세 열흘이 지났습니다. 신이 받은 자급을 생각해보니 끝내 받을 만한 의리를 찾을 수 없고, 이미 받을 만한 의리가 없으니 또 염치를 무릅쓰고 한번 아뢰지 않을 수 없습니다.

신이 삼가 근래의 정목(政目)을 보니 어떤 사람에게 지금 어떤 자급을 내리면 대체로 공로를 중시하기 때문이라 하거나 나이를 중시하기 때문이라고 합니다. 그러나 신은 이 두 가지 중에 하나도 해당하지 않습니다. 간혹 오래 관직에 있었다고 논하는 자가 있는데, 이른바 오래 관직에 있었다는 말은 반드시 내직에 있으면 밤낮으로 분주하고 외직에 있으면 사방에서 힘을 쓰는 것입니다. 이 또한 모두 공로를 중시하는 데 해당하지만, 신은 여기에 대해서 한 가지도 해당하지 않습니다. 그렇다면 장차 무슨 이유로 받겠습니까.

신은 명을 어기고 재야에 있는 일개 신하입니다. 주벌을 피할 수 있었던 것은 실로 여러 조정이 뜻을 굽혀 따라주신 큰 덕입니다. 평생의 자취를 살펴보면 한 번도 보답한 적이 없는데 좋은 관직을 조용히 사양하다가 편안히 앉아서 얻었으니 이는 참으로 신이 저지른 큰 죄입니다. 오랫동안 죽지 않고 온갖 변란을 겪다가 끝내 판서의 높은 직질을 외람되게 차지하였으니 평소의 마음과 어긋나고 나라의 은혜를 거듭 저버린 것입니다. 제 몸을 어루만지며 부끄러워하고 슬퍼하니, 더 이상 무슨 말을 하겠습니까.

성상의 하교에 "그것이 겉치레라는 것을 알고서 하지 않았다."[66]라고 하였으니, 이것이 진실하고 적당한 도리입니다. 여기에 대해 깊이 유념하신다면 아침이 다 지나기도 전에 관복을 세 번 빼앗는 은혜[67]를 오래지 않아 베푸실 것입니다. 이것이 신이 머리를 치켜들고 호소하기를 그만둘 수 없는 까닭입니다.

신이 살고 있는 곳이 외지고 멀어서 두 장의 비망기가 동시에 전해졌습니다. 미처 도성으로 나아가 임금을 바로잡는 정성을 바치지 못하여 분의가 모두 어그러졌으니 어떻게 속죄하겠습니까. 또 삼가 들으니, 바야흐로 친경(親耕)하는 성대한 의식이 있을 것이라 하는데, 속거(屬車)[68]의 먼지를 바라볼 길이 없습니다. 오랫동안 직함을 빌리고 있느라 한갓 나랏일에 방해가 되니, 어디를 간들 신이 죄를 쌓는 단서가 아니겠습니까.

삼가 바라건대, 자애로우신 성상께서는 신에게 새로 제수한 자급을 즉시 거두어들여 신이 평소의 분의를 온전히 지키고 여생을 보내도록 해 주신다면 실로 천지가 낳아주고 길러주는 은혜와 같을 것입니다. 신은 지극히 두려워하며 간절히 바라는 마음을 견디지 못하겠습니다.

66 그것이……않았다 : 이달 5일 송인명(宋寅明)이 저자에게 가자(加資)하기를 청하자, 영조는 "이재는 필시 오지 않을 것이니 가자는 겉치레이다. 그러므로 하지 않았다." 라고 하였다. 《承政院日記 英祖 15年 1月 5日》

67 아침이……은혜 : 속히 관직에서 체직한다는 말이다. 《주역》 〈송괘(訟掛) 상구(上九)〉에 "혹 관복을 하사받더라도 아침이 다 지나기 전에 세 번 빼앗길 것이다.〔或錫之鞶帶, 終朝三褫之.〕" 하였다.

68 속거(屬車) : 어가를 따르는 수레를 말하는데, 곧 임금을 의미한다.

본직과 겸대한 관직을 사직하는 소[69] 계해년(1743, 영조19)

辭本兼諸職疏 癸亥

삼가 아룁니다. 신은 몇 달 전에 외람되게 죄를 인정하는 글을 올리고 아울러 병을 앓는 실상을 아뢰며 체직되기를 기대하였습니다. 그런데 성상의 도량이 넓어 윤허하지 않으시고 또 올라와 공무를 행하라고 하셨습니나. 신은 침상에 몸져 누워 명을 받들 길이 없으니, 단지 다시 호소하는 방법 밖에 없으나 번거롭게 해 드리는 것이 두려워 지금까지 침묵하고 있었습니다.

의정부의 서벽(西壁)이 비록 한가로운 자리라고 하나 신이 병을 조리하는 곳이 아니기에 거듭 명을 어기고 밤낮으로 두려워하고 있었습니다. 얼마 전 이달 22일 승정원에서 성첩(成貼)한 유지(有旨)를 삼가 받았는데, 신을 세자 좌부빈객으로 삼고 신에게 속히 역마를 타고 올라오라는 내용이었습니다. 신은 더욱 감격하고 황공하여 거의 몸둘 바를 모를 지경입니다.

신은 이 직임이 비었을 때 외람되게 차지한 적이 여러 번이었습니다. 가령 신이 조정에서 벼슬하고 있었다면 걸맞지 않다는 사실을 알더라도 남들을 따라 명을 받들어 죄를 짓지 않았을 것입니다. 그런데 이번에 제수하는 명은 실로 천거하는 말에서 말미암았고, 빈 자리가 나기를 기다려 차임하였으니 특별한 은혜에서 나온 것입니다. 이것이 어찌

69 본직과……소 : 이 글은 1743년(영조19) 5월 5일 저자가 우참찬 및 좌부빈객을 사직하며 올린 상소이다. 《承政院日記 英祖 19年 5月 5日》

미천한 신의 분수에 있어서 감히 감당할 수 있는 것이겠습니까.

신은 나라에 도움이 될 만한 별다른 재주가 없습니다. 단지 수십 년 동안 칩거하였기 때문에 추하고 졸렬한 실상이 전부 드러나지 않아 모르는 자가 혹시 조금이라도 장점이 있을까 하여 차례대로 추천하다가 여기에 이른 것입니다. 지난번 조정에 나온 현명한 선비는 바로 신의 친구이니 신을 모르는 사이가 아닌데도 신 때문에 전하를 속이는 결과를 면하지 못했으니 다른 사람이야 말해 무엇하겠습니까.

신은 작년 보양관으로 부르는 명을 받고서도 나아가지 못했으니, 비록 그럴 만한 이유가 있었지만 분의를 무너뜨려 용서받기 어려운 죄입니다. 성상의 말씀을 기다리지 않더라도 신은 반성하기에 겨를이 없습니다.

요사이 삼가 들으니 동궁 저하의 타고난 자질이 뛰어나고 덕성이 깊어 자주 서연(書筵)에 나와 바야흐로 날마다 발전할 가망이 있다고 합니다. 신은 세 조정을 섬긴 옛신하로서 죽기 전에 한번 동궁의 모습을 보고자 하니, 이 마음은 잊혀지지 않고 가슴 속에 맺혀 있습니다. 어찌 이번에 새로 제수한 일을 계기로 이전의 죄를 조금이나마 속죄하고자 하지 않겠습니까.

그러나 3월 보름 이후로 갑자기 병이 재발하여 왼쪽 몸을 전혀 쓸 수가 없습니다. 탕약을 마시기도 하고 뜸을 놓기도 하며 여러 가지 방법을 시험해 보았으나 지금까지 조금도 줄어들 기미가 없습니다. 침상에서 움직이는 것도 남이 부축해주지 않으면 할 수 없고, 입이 비뚤어지고 눈이 기울어져 보는 사람마다 해괴하게 여깁니다. 말이 잘 나오지 않아 옆에 있는 사람도 알아들을 수가 없고, 원기가 소진되어 조만간 죽을 우려가 있습니다. 처음에는 신이 스스로 폐인이 되었지만 끝내는 하늘이 또 버렸으니, 운명이 다한 것입니다. 신 또한 어찌하겠습니까. 하늘을 바라보며 슬피 눈물을 흘릴 뿐입니다.

지금 날씨가 따뜻해져 서연을 잇달아 열고 있으니, 이러한 때 빈료의 인원을 갖추지 않을 수 없습니다. 그러나 신이 외람되게 차지하고부터는 이미 직무를 방기하는 폐를 끼쳐 죄 위에 죄가 더해졌으니 어디에서 용납받을 수 있겠습니까.

삼가 바라건대, 천지 부모처럼 자애로우신 성상께서는 특별히 굽어살펴 신의 본직과 겸직을 제식하고, 신이 그간 명을 어긴 죄를 감률하여 신하의 절개를 가다듬고 미천한 신의 분수를 편안하게 해 주신다면 더없이 다행이겠습니다. 신은 지극히 두려워하며 석고대죄하는 마음을 견디지 못하겠습니다.

별유를 받은 뒤에 올린 소[70]

別諭後疏

삼가 아룁니다. 신은 비록 산질(散秩)이지만 직분은 빈료(賓僚)입니다. 이치상 연달아 글을 올려 사면을 청하여 직임을 방기하지 않아야 하지만, 번거롭게 해 드리는 것이 두려워 지금까지 침묵하고 있었습니다. 그런데 천만 뜻밖에 삼가 이달 6일 승정원이 성첩한 유지를 받았는데, 신으로 하여금 원자를 지도하게 하고, 병이 낫기를 기다려 길에 오르라는 내용이었습니다. 은혜로운 말씀이 지극히 융숭하니, 신의 본분에 있어서는 실로 외람됩니다. 신은 병석에 누워 앓고 있으나 정신이 완전히 어두워지지는 않았습니다. 반복하여 엄숙히 읽어보니 저도 모르게 눈물이 흘러내렸습니다.

삼가 성상의 별유를 읽으니, "수많은 일 가운데 나의 원자를 지도하는 것보다 중요한 것이 없다."라고 하였고, 또 "원자를 지도하는 것은 경학에 불과하다."라고 하였습니다.[71] 아, 전하의 이 하교는 참으로 급선무를 안다고 하겠습니다. 다만 이와 같으므로 반드시 참으로 경학에 뛰어난 선비를 얻어야 보좌하여 성취시키는 성과를 요구할 수 있습니다. 신으로 말하자면 수십 년 동안 재야에 숨어 지냈는데, 독서하였다

70 별유를……소 : 이 글은 1743년(영조19) 9월 15일 저자가 좌부빈객을 사직하며 올린 상소이다. 《承政院日記 英祖 19年 9月 15日》

71 삼가……하였습니다 : 별유의 내용은 이달 5일 영조가 저자에게 내린 전교에 보인다. 《承政院日記 英祖 19年 9月 5日》

는 이름은 있으나 독서한 실상이 없으니, 그저 일개 지리멸렬한 사람일 뿐입니다. 성상께서 이렇게 잘못 아실 줄이야 생각이나 했겠습니까.

선비들이 상소하여 불러들이기를 청한 일[72]로 말하자면, 본디 신과 같은 무리에게 시행할 일이 아닙니다. 그런데 지금 갑자기 이런 일이 생겼으니, 이 또한 변괴입니다. 지난날 성상의 비답은 관대하게 용서하는 뜻에서 나왔는데, 이번에 "경을 위해 배척하였다."[73]라는 하교 역시 부끄럽고 위축되어 감히 편안히 있을 수 없는 신의 마음을 헤아린 것입니다. 신가 생각건대, 해와 달처럼 밝게 비추시는 성상께서 아무리 어두운 곳인들 통촉하지 못하실 리가 있겠습니까. 신은 이에 더욱 지극히 황공하고 감격스러운 마음을 견디지 못하겠습니다.

예전에 보양관의 직임에 나오지 않은 일로 말하자면 신은 반성하기에 겨를이 없으니, 어찌 감히 뒤늦게 실정을 아뢰겠습니까. 이 직임을 맡은 이래 참으로 한번 성상을 가까이서 뵙고 지난날의 잘못을 속죄하려 하였으니, 이렇게 도저히 억지로 일어나기 어려운 병을 앓지 않았다면 몇 달 사이에 이 소원을 이미 이루었을 것입니다.

"정성이 얕아 들은 체 만 체한다."라는 성상의 하교로 말하자면, 어찌 미천한 신이 감히 들을 수 있는 것이겠습니까. 다만 신이 앓고 있는 병은 일시적으로 앓는 가벼운 병에 비할 바가 아닙니다. 반신불수가 되어 남의 도움이 있어야 움직이는데, 의원의 말에 따르면 재발하는

72 선비들이……일 : 이해 8월 9일 경상도 유생 성헌주(成憲柱) 등이 상소하여 저자를 불러들일 것을 청한 일을 말한다. 《承政院日記 英祖 19年 8月 9日》

73 경을 위해 배척하였다 : 이달 5일 영조가 내린 전교의 "근래 선비들의 상소는 겉치레에 불과하니 경을 위해 배척하였다."라는 내용을 말한다. 《承政院日記 英祖 19年 9月 5日》

것을 가장 조심해야 한다고 하기에 날씨가 언뜻 추워지자 이미 깊숙이 칩거하였습니다. 병이 낫기를 조금 기다려야 거취를 의논할 수 있으나, 이 역시 가까운 시일 내에 기대할 수 있는 것이 아닙니다. 가만히 있으면서 은혜로운 명령을 어겼으니, 신하의 분의가 모두 무너졌습니다. 하늘의 영령에 힘입어 요행히 죽지 않고 만에 하나 걸어서 전폐(殿陛)를 오르내릴 수 있고, 강연에 참여하여 이야기할 수 있다면 어찌 한번 나아가 명을 받드는 날이 없겠습니까. 다만 실상도 없이 이름만 훔치고 분수에 넘는 총애를 훔치며 박복한 주제에 어려운 직임을 맡았다가 죽음을 재촉할까 두려울 뿐입니다.

삼가 들으니, 성상께서 자전의 뜻을 유념하고 신하들의 청을 힘써 따라서 내진연(內進宴)과 외진연(外進宴)을 조만간 거행할 것이라고 합니다.[74] 어제 저녁 미천한 신에게도 소명이 내렸으나 병세가 이와 같으니, 비록 들것에 실려 서울에 들어가고자 하더라도 방법이 없습니다. 신은 선조의 옛신하로서 홀로 수운(需雲)[75]의 은택을 멀리하고, 숭호(嵩呼)[76]의 의식에도 빠졌습니다. 멀리서 한맺힌 마음 어찌 끝이 있겠습니까. 이에 감히 염치를 무릅쓰고 호소하며 명을 어긴 벌을 청합니다.

74 성상께서……합니다 : 내진연은 대비(大妃) 및 왕비(王妃)를 위한 여성의 연회이며, 외진연은 문무백관이 참석하는 남성의 연회이다. 이때 영조의 50세 탄신일을 기념하는 연회가 열렸다. 《英祖實錄 19年 9月 13日》

75 수운(需雲) : 《주역》 〈수괘(需卦)〉 상전(象傳)에 "구름이 하늘로 올라감이 수(需)이니, 군자가 보고서 음식을 먹고 즐긴다."라고 하였다. 군신의 연회를 의미한다.

76 숭호(嵩呼) : 한 무제(漢武帝)가 숭산(嵩山)에 오르자 세 차례 만세를 외치는 소리가 들렸다는 데서 나온 말로, 군주의 장수를 축원하는 것을 말한다. 《漢書 卷6 武帝紀》

삼가 바라건대, 자애로우신 성상께서는 신의 작질을 삭직하고, 신의 죄를 다스려 사사로운 분의를 편안하게 해 주시고 나라의 기강을 진작하신다면 더없이 다행이겠습니다.

소명에 나아가지 않고 견책을 청하는 소[77] 갑자년(1744, 영조20)

不赴召命請譴疏 甲子

삼가 아룁니다. 신은 예전에 위독한 병을 앓고 있는 실상을 감히 아뢰고 예식에 나오지 않은 벌을 받고자 하였습니다. 그런데 성상의 비답을 받으니 타이르고 권면하는 말씀이 간곡하고 엄숙한 데다 따스하기가 보통 수준을 훨씬 넘었으니, 미천한 신의 분수로 감당할 수 있는 것이 아니었습니다. 신이 공경히 머리를 조아리며 엄숙히 읽으니, 감격스럽고 황공하여 저도 모르게 땀과 눈물이 번갈아 흘러내렸습니다. 신하가 되어 이러한 하교를 받았는데 여전히 편안하게 있으면서 은명을 공손히 받들 생각을 하지 않는 것은 분의상 감히 할 수 있는 일이 전혀 아닙니다.

마침내 날이 따뜻해지기를 조금 기다려 제힘으로 나아가 온화하고 위엄있는 성상의 모습을 우러러보아 사랑하고 떠받드는 정성을 조금이나마 펴고자 하였으니, 그렇게 된다면 내일 죽어 골짜기에 뒹굴더라도 여한이 없을 것입니다. 그러므로 우선 상소를 올려 호소하기를 멈추고 연달아 의약을 시험하여 더욱 마음을 써서 치료한 지 이제 수 개월이 되려 합니다.

그러나 병의 근원이 이미 고질이 되어 한 치 앞으로 나아가면 한

77 소명에……소 : 이 글은 1744년(영조20) 3월 21일 저자가 좌빈객을 사직하며 올린 상소이다. 《承政院日記 英祖 20年 3月 21日》

자 뒤로 물러나는 격입니다. 설사병은 비록 조금 나았지만 왼쪽 손발을 아직도 움직일 수 없고, 앉고 눕고 몸을 돌리는 것도 남이 부축해주지 않으면 할 수 없습니다. 말이 어눌하여 집안 사람도 종종 알아듣지 못하는 경우가 많습니다. 이는 실로 하늘이 버린 것이니 신도 어찌할 수 없습니다. 비록 들것에 실어 도성문 밖으로 나아가 엎드리게 하더라도 출입하고 오르내리며 종종걸음치고 절하고 무릎 꿇는 것은 할 수 없는 형편입니다. 그리고 피로에 시달린 나머지 살아서 갔다가 죽어서 돌아오는 것을 면할 수 있을지도 장담할 수 없습니다. 북쪽을 바라보고 그리워하며 그저 슬퍼하고 한스러워할 뿐이니, 더 이상 무슨 말을 하겠습니까.

생각건대, 신은 본디 대대로 벼슬한 집안 사람으로 젊어서 과거에 응시하여 벼슬을 얻고자 하였습니다. 평생 추구한 것은 평범하게 녹봉을 받으며 벼슬하는 것에 불과하였으니, 어찌 감히 고고한 체하며 외람되게 산림을 빙자하겠습니까. 다만 사사로운 정리에 쫓긴 나머지 처음에는 가서 일하는 의리에 어두웠다가 거듭 선조께 엄한 견책을 받았으며, 끝내는 또 화를 당한 나머지 마침내 태평성대에 스스로 폐인이 되어 영락하여 은둔하니 죄가 산처럼 쌓였습니다.

매번 세 조정으로부터 받은 은혜를 생각하면 하늘처럼 끝이 없는데 먼지만큼도 보답하지 못한 채 허약한 몸이 먼저 노쇠해졌습니다. 남은 인생에는 신하의 분의를 조금이나마 채울 수가 없을 듯합니다.

궁료는 엄격히 선발하는 자리인데, 어찌 신이 감당할 수 있겠습니까. 더구나 지도하는 무거운 책임에 어찌 신을 거론할 수 있겠습니까. 그저 한번 서연에 입시하여 동궁의 목소리를 듣고자 하는 또렷한 마음은 단청처럼 반짝입니다.

작년의 상소에서도 병이 조금 나으면 나아가 명을 받들겠다는 뜻을 아뢰었는데, 성상께서도 혹시 기억하고 계실지 모르겠습니다. 얼마 전 비답에서 "어찌 멀리하는가."[78]라는 하교는 신이 병을 앓고 있는 실상을 자세히 통촉하지 못한 데서 나온 듯합니다. 이것은 신이 형편없어 정성과 신의가 성상에게 믿음을 받지 못하였기 때문입니다. 만약 요행히 하늘의 영령에 힘입어 오랜 세월이 흘러 신의 병세가 조금 나아져서 남의 도움을 받지 않고도 움직일 수 있고 말소리가 분변하기 어려운 지경에 이르지 않는다면, 신은 다급히 달려가 명을 받들고 미천한 정성을 조금이나마 펼 것입니다. 그러나 병이 빨리 나을지 늦게 나을지는 예측하기 어렵고, 눈앞의 명을 어긴 죄는 더욱 두렵습니다. 이에 부득불 석고대죄하며 글을 올리고 삼가 벌을 청하니, 신의 죄는 여기에 이르러 더욱 무거워졌습니다.

삼가 바라건대, 천지 부모처럼 자애로우신 성상께서는 신의 말이 거짓에서 나온 것이 아니라는 점을 헤아리고 이 직임을 오래 비워둘 수 없다는 점을 유념하여 속히 신을 삭직하라고 명하소서. 그리고 담당 관사를 신칙하여 신의 죄를 엄하게 감률하여 무너진 기강을 진작시키고 미천한 신의 분의를 편안하게 해 주신다면 공적으로나 사적으로나 몹시 다행일 것입니다. 신은 지극히 두려워하며 간절히 바라는 마음을 견디지 못하겠습니다.

78 어찌 멀리하는가 : 이해 1월 23일 저자의 상소에 대한 비답에 "경은 지난날의 신하로서 박덕한 나에게는 벼슬하지 않으려 하지만 어찌 원자를 멀리하는가."라고 한 말을 가리킨다. 《承政院日記 英祖 20年 1月 23日》

별유를 받은 뒤 사면하는 소[79] 병인년(1746, 영조22)

別諭後辭免疏 丙寅

삼가 아룁니다. 삼양(三陽)이 돌아오고 나라에 경사가 겹쳐 전하께서 백관을 거느리고 동조(東朝)께 진하하였으니,[80] 이는 실로 역사에 드문 일입니다. 신민이라면 누군들 감히 기뻐하며 달려오지 않겠습니까. 신은 선주의 옛신하로서 외딴 산에 병들어 숨어 조정의 반열에서 멀리 떨어져 있으면서 대궐을 그리워하며 그저 두려운 마음으로 날마다 벌이 내리기를 기다리고 있었습니다. 천만 뜻밖에 홀연 별유를 받았는데 말씀이 융숭하여 마치 산림의 덕 있는 선비에게 베푸는 것 같았습니다. 신은 참으로 놀라고 황공하여 몸둘 바를 모르겠습니다.

아, 신은 본디 세상을 멀리 떠난 부류도 아니고 과재(果哉)[81]의 마음도 없습니다. 생각건대 조정을 떠난지 지금 이미 19년이 되었습니다. 주인을 그리워하는 정성은 개나 말도 그러하니, 재야에서 밥 한 번

79 별유를……소 : 이 글은 1746년(영조22) 2월 3일 저자가 우빈객을 사직하며 올린 상소이다. 《承政院日記 英祖 22年 2月 3日》

80 삼양(三陽)이……진하하였으니 : 삼양은 정월을 말한다. 참고로 동지는 일양(一陽), 섣달은 이양(二陽)이다. 이해 설날 영조가 세자와 백관을 거느리고 대왕대비전에게 진하(進賀)하였다. 《英祖實錄 22年 1月 1日》

81 과재(果哉) : 공자가 위(衛)나라에서 경쇠를 두들기자 삼태기를 메고 지나가던 사람이 "알아주지 않으면 그만두어야 한다."라고 하였다. 공자는 "과감하구나, 어려울 것이 없겠구나.〔果哉, 末之難矣.〕"라고 하였다. 《論語 憲問》 과감히 세상을 잊는다는 뜻이다.

먹을 때조차 감히 잊었겠습니까. 나아가 성상을 뵙고 물러나 죽는 것이 신의 인정과 예의상 당연한 일입니다.

삼가 생각건대, 춘궁 저하의 나이가 점차 많아지고 학문이 날로 진보하니, 구구하게 목을 빼고 기대하는 정성이야 어찌 남만 못하겠습니까. 다만 보양관부터 빈료에 이르기까지 그간 잘못된 은혜가 거듭 내렸으나 한 번도 명을 따르지 않아 그저 죄만 쌓였습니다. 신이 앓고 있는 풍비(風痺)의 병이 여러 해 지나면서 고질이 되어 침상에서 움직일 때도 남의 부축이 필요합니다. 바야흐로 봄이라 날씨가 따뜻해지고 칩거했던 만물이 소생하는데도 문 밖 한 걸음의 땅도 엿볼 수가 없습니다. 또 말을 더듬는 증상이 있어 거의 벙어리와 같아, 붓으로 바닥에 글씨를 써서 겨우 의사를 전달합니다. 신은 몇 년 전 상소에서 "걸어서 전폐를 오르내릴 수 있고 강연에 참여하여 이야기할 수 있다면 어찌 감히 한 번 나아가지 않겠습니까."[82]라고 하였습니다. 더욱 유념하여 조리하면 조만간 효험을 거두리라고 함부로 생각한 것입니다. 그런데 점차 이 지경이 될 줄 처음에 생각이나 했겠습니까.

신은 함부로 말을 하였다가 지금까지 실행에 옮기지 못하고 있습니다. 평소 마음 속으로 헤아리던 것은 벼슬할 수 있는가, 아직 벼슬하면 안 되는가였는데, 지금은 논할 만한 것이 없습니다. 비록 죽기 전에 이 소원을 한번 이루고자 하여도 할 수 없습니다. 운명이 다하였으니 눈물을 흘릴 뿐 다시 무슨 말을 하겠습니까. 신은 이미 몸을 일으켜

82 걸어서……않겠습니까 : 앞의 상소에서 "남의 도움을 받지 않고도 움직일 수 있고 말소리가 분변하기 어려운 지경에 이르지 않는다면, 신은 다급히 달려가 명을 받들고 미천한 정성을 조금이나마 펼 것입니다."라고 한 말을 가리킨다.

명을 받들 길이 없고, 또 감히 융숭한 교지를 욕되게 하여 죄를 보탤 수도 없습니다. 이에 감히 하늘 같은 성상께 서글프고 간절하게 대략 아룁니다.

삼가 바라건대, 자애로우신 성상께서는 속히 별유를 거두어들이고, 신이 은혜를 저버리고 의리를 멸시한 죄를 감률하라고 명하여 기강을 엄하게 하신다면 더없이 다행이겠습니다. 신은 지극히 두려워하며 명을 기다리는 마음을 견디지 못하겠습니다.

계啓

헌납으로 있을 때 엄한 비답을 받고 피혐하는 계사[83]

기축년(1709, 숙종35)

獻納時因嚴批避嫌啓 己丑

신은 나이가 젊으며 광망하고 어리석어 스스로를 헤아리지 못하고서 사간원의 직임을 맡고 있으니 말을 하지 않는 것이 잘못이라고 함부로 생각한 끝에 감히 쓸데없는 이야기를 아뢰어 하루의 책임을 다하고자 하였습니다. 그런데 삼가 성상의 비답을 받아보니 말씀이 지극히 준엄하였습니다. 신은 두렵고 떨려 곧장 땅을 뚫고 들어가고 싶었지만 그렇게 할 수 없었습니다.

아, 붕당의 우환은 실로 위에 있는 사람이 몹시 증오할 일입니다. 신이 비록 어리석으나 어찌 전하의 마음도 반드시 이와 같다는 점을 모르겠습니까. 그러나 신이 삼가 보건대, 전하께서는 등용하고 버리고 나아가게 하고 물러나게 하는 사이에 일시적으로 좋아하고 싫어하는 사사로운 뜻을 따르는 경우가 많습니다. 등용하고 싶을 때는 한결같은

83 헌납으로……계사 : 이 글은 1709년(숙종35) 6월 21일 저자가 헌납으로 재직시 올린 계사이다. 《承政院日記 肅宗 35年 6月 21日》

마음으로 추켜세우느라 한쪽 의견만 듣고 자기 뜻대로 하면 안 된다는 경계를 돌아볼 겨를이 없습니다. 그리고 염증이 나서 박대할 때는 곡직과 공사의 구별을 따지지 않고 그저 일절 당동벌이(黨同伐異) 탓으로 돌리십니다. 한번 추켜세우고 한번 억누르는 사이에 논의가 어그러지고 과격하기가 이미 날이 갈수록 심해지고 있습니다.

존귀한 군주가 나라를 다스릴 적에는 마치 천지가 사사로이 은혜를 베풀지 않는 것처럼 해야 하니, 조정의 신료들에 대해서 어찌 친근하고 소원하고 사랑하고 미워하는 구분을 둘 수 있겠습니까. 그런데 조치하는 사이에 마치 물결을 일으켜 파란을 돕고, 바람을 따라 불을 놓는 것처럼 몸소 좌지우지하는 결과를 면치 못하였으니, 이것이 신이 개탄스럽게 여기는 까닭입니다.

구구한 신의 뜻은 그저 전하께서 편벽되거나 기울지 않고서 표준을 세워 다스리기를 바란 것 뿐입니다. 그런데 전하께서는 '몹시 성내는 말투이다.'[84]라고 꾸짖기까지 하셨으니, 이는 전하께서 '당(黨)'이라는 한 글자를 먼저 마음에 두셨기에 마음을 비우고 말을 들어주지 못하기 때문입니다. 신은 이에 대해 천지와 같이 위대한 성상께 유감이 없을 수 없습니다. 가리키는 뜻이 범상치 않다는 하교로 말하자면 더욱 두려워 몸둘 바를 모르겠습니다.

아, 오늘날 조정 신하가 어진 사람인지 어리석은 사람인지, 선한 사람인지 악한 사람인지는 본디 전하의 감식안을 피할 수 없습니다. 그런데 전하께서는 원만한 사람을 좋아하고 모난 사람을 싫어하며,

84 몹시 성내는 말투이다 . 저사가 이 세사에 앞서 올린 상소에 대한 숙종의 비답에 나오는 내용이다. 《肅宗實錄 35年 6月 19日》

나약한 사람을 기뻐하고 강직한 사람을 괴로워 하십니다. 선발할 때는 대부분 나약하고 유연한 사람을 골라 등용하여 자기 일을 방해하지 못하고 자기 뜻을 거스르지 못하게 하십니다. 이러니 강직한 사람은 날마다 줄어들고 용렬한 사람은 날마다 가까워지는 것이 당연한 형세입니다. 이 때문에 신하들은 전하께서 묵묵히 있는 것을 좋아한다는 점을 알고 순종하여 말하지 않으면서 관대하고 화평한 논의라고 핑계를 댑니다. 그리고 전하께서 벼슬과 녹봉으로 신하를 부린다는 것을 알고 구차하게 녹봉과 지위를 보존하려고 속박당하고 내몰리는 것을 달게 여깁니다. 이는 잃을 것을 걱정하는 마음으로 인해 본성을 망각했기 때문이지만, 또한 전하께서 올바르게 이끌지 않았기 때문이 아니겠습니까.

또 언로가 통하느냐 막히느냐에 국가의 흥망이 달려 있습니다. 지금 전하께서 겉으로는 간언을 받아들이는 듯하지만 속으로는 강직한 말을 용납하지 않으시니, 그간 말을 했다가 견책을 받은 자가 부지기수입니다. 이 때문에 조정에서는 날카로운 기세가 사라지고 풍채가 삭막해져 다시는 귀에 거슬리는 말을 들을 수 없게 되었습니다. 신은 간언을 용납한 성조(聖祖)의 덕에 대해 실로 감탄하고 존경하여 마지 않을 수 없는 점이 있습니다. 삼가 선대의 공렬을 따르기를 전하께 간절히 바랍니다.

이동언(李東彦)으로 말하자면, 평소 과감히 말한다는 명성이 있습니다. 그에게 죄가 있는지 없는지는 전하께서 담당 관사에 맡기셔야 마땅합니다. 그런데 지레 엄한 하교를 내리고 특별히 처형하라고 하셨습니다.[85] 이 때문에 신하들은 그 하교가 행여 평소 간언을 미워하는 마음에서 나온 것이 아닌가 함부로 의심하고 있습니다. 만에 하나 이와 비슷한 점이 있다면 성조께서 최현(崔晛)에게 내린 처분[86]에 부끄러운 듯합니다. 그러므로 감히 이를 말씀드립니다. 허심탄회하게 받아들이는 도량을 더욱 넓히시기를 삼가 바랍니다. 그 사이에 어찌 터럭만큼이라도 다른 뜻이 있겠습니까.

신은 어리석은 마음이 북받쳐 말을 가릴 겨를이 없었기에 신하로서 감히 들을 수 없는 하교를 받았습니다. 장차 무슨 면목으로 다시 간쟁하는 반열에 참여하겠습니까. 그리고 신은 판윤 조상우(趙相愚)의 상소에 대해 더욱 편안히 있기 어려운 점이 있습니다. 그가 이른바 '한두 신하가 외직으로 보임된 것은 전형(銓衡)의 체모에 어긋납니다.'라고 한 말은 본디 논할 것도 없습니다. 만약 야사에서 '연석의 신하가 왕자를 위해 죽은 공주의 집을 사도록 청하자[87] 논사(論思)하는 신하가 아첨한다고 배척하였다. 전관(銓官)은 그가 자신을 논죄했다고 성을 내어 청요직에 오르는 길을 막았다.'라고 한다면, 신은 후세 사람들이 오늘날의 조정을 어떻다고 할지 모르겠습니다. 이는 필시 마음과 눈이 공평한 자가 있다면 분변할 수 있을 것입니다. 신은 소명이 내렸기에 억지로 나아왔으나 이러한 정세로는 결코 하루도 언관의 직임을 맡을 수 없습니다. 신의 직임을 체직하라고 명하소서.

85 지레……하셨습니다 : 38쪽 주21 참조.

86 성조께서……처분 : 1627년(인조5) 최현이 이인거(李仁居)의 모반에 연루되자 양사(兩司)에서 처형하기를 청하였는데, 인조는 착오로 저지른 일이라며 회령(會寧)에 유배하였다가 곧 석방하였다. 《仁祖實錄 5年 10月 5日》《訒齋集 年譜》

87 연석의……청하자 : 당시 왕자의 저택을 구입하려는 논의가 있었는데, 조상우가 명안공주(明安公主)의 집이 복가(福家)라서 사는 것이 좋겠다고 숙종에게 권유하였다. 《肅宗實錄 35年 2月 21日》

동부승지로 있을 때 이의를 제기한 계사[88] 병신년(1716, 숙종42)

同副承旨時覆逆啓 丙申

신이 방금 삼가 사간원의 처치에 대해 내린 비답을 보니, 말씀이 지극히 준엄하였습니다. 심지어 정언 조상건(趙尙健)을 우선 체차하라는 명까지 내리셨으니, 신은 지극히 경악스럽고 한탄스러운 마음을 견디지 못하겠습니다.

조상건이 상소를 올려 피혐하면서 논한 말은 실로 사림의 중대한 시비이니, 몇해 전 두 정승이 연석에서 아뢴 뒤로 이미 정론이 되었습니다. 그런데 세도가 변하고 의리가 어두워져 이해에 관한 이야기가 성행하고 강직한 풍도가 사라져 한 사람도 시비를 통렬히 말하는 자가 없으니, 식자들이 우려하고 한탄한 지 이미 오래입니다. 조상건이 능히 근원을 갈라 깨뜨렸는데 말뜻이 엄정하여 근래의 머뭇거리는 습속을 일신하였으니, 참으로 과감히 간언한 옛사람의 풍모가 있습니다. 전하께서 근원으로 거슬러 올라가 궁구하시고 공평한 마음으로 살피신다면

88 동부승지로……계사 : 이 글은 1716년(숙종42) 2월 5일 저자가 동부승지로 있으면서 올린 계사이다.《承政院日記 英祖 22年 2月 3日》 1715년 11월, 숙종은 유계(兪棨)가 편찬한《가례원류(家禮源流)》에 실려 있는 정호(鄭澔)의 발문에 윤증(尹拯)을 비난하는 내용이 있다는 이유로 정호를 파직하였다. 이듬해 1월《가례원류》의 서문을 지은 권상하(權尙夏) 역시 상소하여 자신을 처벌해 달라고 하였는데, 2월 3일 조상건이 또 상소하여 권상하를 편들었다. 숙종이 조상건을 체차하라고 명하자 저자가 이 계사를 올린 것이다.《肅宗實錄 41年 11月 5日, 42年 1月 25日, 2月 3日·4日》

경위(涇渭)를 분명히 구별할 수 있을 것입니다.

《가례원류(家禮源流)》의 일로 말하자면 지난번 유현의 상소에서 남김없이 변석하였으니, 옳은지 그른지는 이미 성상의 감식안을 벗어나지 못할 것입니다. 이 몇 가지 일은 조상건 한 사람의 말이 아니라 사림의 공론입니다. 그런데 엊그제 상소에 대한 비답에서 지나치게 꺾으셨으니, 위대한 성인이 직언을 용납하는 도량에 어긋납니다. 대각의 처치는 실로 공론을 따른 것인데 특별히 체직하라는 명이 갑자기 뜻밖에 내렸으니, 이것이 어찌 평소 받으신 성상께 기대하던 일이겠습니까.

아, 공론이 정해지기까지는 오랜 세월을 기다릴 필요가 없으니, 군주의 위엄으로도 일시적으로 굳게 정할 수 없습니다. 지금 전하께서는 좋아하고 싫어하는 마음이 정도를 잃었으며, 추켜세우고 억누르는 것이 지나치게 치우쳤습니다. 말한 사람을 꾸짖어 물리치면서도 조금도 돌아보지 않으시니, 시비가 전도된 것이 이보다 심한 경우는 없습니다. 성상의 덕에 누가 되고 세도에 해가 되는 것이 어떠하겠습니까. 신은 성상과 가까운 자리에 있으면서 비정상적으로 잘못된 군주의 행동을 목도하였으니, 걱정하고 개탄하는 마음을 견디지 못하여 감히 간략한 몇 마디 말로 작환(繳還)[89]하는 정성을 바칩니다. 바라건대 세 번 생각하여 정언 조상경을 특별히 체직하라는 명을 도로 거두어 들이소서.

89 작환(繳還) : 임금의 명을 받들지 않고 반려하는 것을 말한다.

도암집

제8권

서계 書啓

강의 講義

서계 書啓

무자년(1708, 숙종34) 평안도 암행어사 시절

신이 삼가 봉서(封書)를 받드니 인재를 찾으라는 명이 있었습니다. 도 전역을 두루 다니며 널리 인재를 수소문했지만 견문이 고루하여, 멀리 있는 사람도 잊지 않는 성상의 뜻에 부응하지 못했기에 황공한 마음을 이길 수 없습니다. 삼가 생각건대, 인재는 말하기가 어렵습니다. 인재가 없다고 한다면 실로 도 전역을 무함하는 두려움이 있게 되고, 인재가 있다고 한다면 명성에 걸맞은 자를 찾기가 매우 어렵습니다. 초야의 사이에 어찌 걸출한 선비가 없겠습니까마는 인재를 알아보는 식견이 없는지라 감별하여 발탁하기 쉽지 않습니다. 오직 그 가운데 인망이 평소에 드러난 자를 취하여 비록 한 사람을 등용하더라도 도 전역의 민심을 수습할 수 있을 것입니다. 그러므로 공변된 논의를 살피고 채택하여 감히 밝은 명에 응합니다.-이하는 인재(人才)에 대한 별단(別單)이다.-

평양(平壤)의 유학 황순승(黃順承)[1]은 평안도의 명문가 출신으로 젊

1 황순승(黃順承) : 본관은 제안(齊安), 다른 이름은 황고집(黃固執), 자는 득운(得運), 호는 집암(執菴)이다. 어버이를 섬길 때에는 똥을 맛보고 손가락을 잘라 피를 흘려 넣어드릴 정도로 효성을 다하였다. 행의로 천거되어 경릉 참봉(敬陵參奉)에 제수되었으며, 사도서 직장과 전생서 직장에 이르렀다.

어서부터 품행이 일컬어져 도 전역에 명성이 났는데, 평소 예법으로 스스로 단속하여 내외를 엄숙하게 구분하였습니다. 부모를 지극한 효성으로 섬겼으니 살아계실 때는 맛난 음식으로 봉양하는 것을 극진히 하였고, 돌아가셨을 때는 제사의 예절을 다하였습니다. 제사 때 필요한 제물은 반드시 몸소 시장에 가서 구입하며 재계하고 정성을 다해 한결같이 옛 예법을 따랐으니 실로 남들보다 뛰어난 지극한 행실이 있습니다. 집이 본래 가난하였지만 터럭만큼도 의리가 아닌 일을 하지 않았습니다. 온 마을 사람들이 공경하고 중시하여 혹자가 '황고집(黃固執)'이라고 일컫자 마을의 부녀자와 아이들까지 모두 '황고집'이라고 일컬으니, 황생(黃生)의 남다른 조행을 또한 알 수 있습니다. 관서 지방을 보건대 재화가 몰려드는 고을로 풍속이 혼탁하니 그 시속에서 벗어나는 인물이 드뭅니다. 그러하니 이처럼 품행이 밝게 드러난 인물은 마땅히 장려하여 발탁하여 사람들을 격동시키는 계기로 삼아야 할 것입니다. 다만 듣건대 지금은 모친상을 당했다고 하니 탈상을 기다렸다가 속히 명하여 녹용하십시오.

강계(江界) 전 첨사 전종영(田種英)[2]은 됨됨이가 침착하고 삼가며 지혜가 있습니다. 또 집안에서 훌륭한 행실이 있어 마을 사람들에게 중망

2 전종영(田種英) : 유능한 무관이었으나 문자를 해득하지 못하였다. 창주 첨사(昌洲僉使)가 되었으나 학문을 알지 못한 탓으로 병영의 중요한 장보(狀報) 등을 군관에게 맡겨야만 하였다. 때마침 저자가 어사로 그곳을 순회하다가 그러한 사실을 전해듣고 그를 불러본 바, 풍의(風儀)도 늠름하고 담론도 훌륭한 데 깊이 감탄하여 조정에 추천, 벽동 군수로 영전되었다. 그러나 그를 시기하는 자들이 모함하여 대간의 탄핵을 받아 파직되었다가 그것이 모함이었음이 드러나 다시 벽동 군수에 복직되었다.

을 받아 강변(江邊) 무사들의 종주가 되었습니다. 신이 암행어사로 강변에 왔을 때 인재를 물어보면 곧 종영을 추천하였습니다. 또 말하길, "작년에 종영이 순천 군수(順川郡守)가 되자 대신(臺臣)이 미천하다고 탄핵하였습니다. 종영은 수령 자리도 버티지 못했으니 누가 다시 쓰려고 하겠습니까."라고 하였습니다. 대체로 보건대 일곱 개의 고을 가운데 오직 의주(義州)에만 한 번 수령을 지낸 자가 있고 나머지 고을에선 모두 변장(邊將)이 무사가 오를 수 있는 최고직인데, 이마저도 매우 드뭅니다. 종영이 군수에 제수된 이후로 모두 고무되어 보고 들었는데 갑자기 탄핵을 받아 모두들 실망했으니, 공론을 세세히 가려보아도 대체로 모두 그러하였습니다. 신은 종영이 어떠한 사람인지 알지 못하여 재차 본부(本府)를 지나갈 때 불러와 만나보았습니다. 그 사람은 풍채가 좋고 지식도 풍부하여 함께 변방의 일을 논하였는데, 옛일을 끌어다 지금의 상황에 증명하여 들어볼 만한 말이 많았습니다. 명성을 허투루 얻은 것이 아니었으니 강변의 교초(翹楚)[3]라 일컬을 만합니다. 다만 연로하여 장차 제 집에서 보잘 것 없이 죽게 될 것이 안타깝습니다. 마땅히 그가 죽기 전에 한 고을을 맡겨야만 하니, 그렇게 하면 비록 이 한 사람만 등용하더라도 민심을 크게 위로할 수 있을 것이니, 명성도 없이 선발된 자들에 비우에 비하면 그 효과가 현격할 것입니다. 평안도의 무사들은 모두 체격이 좋고 무예가 뛰어난데, 그 중에서도 뛰어난 자인만큼 얻기가 어렵습니다. 신이 유독 종영을 추천하는 이유는 인망이 그에게 있어서입니다. 마땅히 우선적으로 거두어

3 교초(翹楚) : 뛰어난 인재를 가리킨다. 《시경》 〈한광(漢廣)〉의 "삐죽 솟은 잡목 중에서, 특별히 가시나무를 벤다.〔翹翹錯薪, 言刈其楚.〕"라는 말에서 나온 것이다.

야하니 전조(銓曹)에 명하여 즉시 녹용하기를 바랍니다.

신은 삼가 "백성의 어려움과 고통, 아직 없애지 못한 누적된 폐단을 별도로 상세하게 살펴 아뢰라."라는 성상의 뜻을 받들어 감히 얕은 견해로 도내의 폐단 가운데 중대한 일들을 대략 거론하여 성명한 명에 응하니, 적절하게 변통해주시기 바랍니다.-이하는 민폐에 대한 별단이다.-

1. 신이 삼가 보건대, 평안도는 대동법(大同法)을 시행한 적이 없어서 읍마다 제도가 달랐습니다. 그 가운데 각 창고의 명칭이 다양해서 각기 '보민(補民)', '상평(常平)', '보관(補官)', '대동(大同)'이라고 다르게 칭하고, 또 '칙수(勅需)', '고마(雇馬)', '진휼(賑恤)', '무역(貿易)'이라고도 칭합니다. 많은 곳은 예닐곱이고 적은 곳도 서넛이며, 읍마다 모두 다르니 이루 다 기록할 수 없을 정도입니다. 그러나 대의를 보자면 대개 본전을 두고서 이자를 취하여 백성들의 부역을 없애기 위한 것입니다. 그런데 최근 각 읍에서 부역이 많아지는데다 세금도 한 없이 걷고 있습니다. 그 명목을 물어보면 곧 말하기를 '이는 중국 사신을 접대하는 데 필요한 돈이다.〔勅需〕', '이는 구휼에 필요한 돈이다.〔賑需〕', '이는 말을 구입하는 데 필요한 돈이다.〔雇馬〕'라고들 합니다. 특정한 창고로 편입되면 똑같은 명목으로 백성을 돕는 데 사용되어야 마땅한데, 실상인즉 대부분 이에 빙자하여 자신들을 이롭게 하는 자금으로 사용됩니다. 제멋대로 전용하고 그 안에서 교묘한 수단으로 농락하여 명목이 뒤섞여 공과 사의 구별도 없습니다. 이른바 곳간 안에 남아있다는 것도 단지 허위 장부에만 기재되어 있을 뿐 실제로는

태반이 비어 있습니다.

시험 삼아 '칙수' 곳간을 들어 말씀드리겠습니다. 칙사를 응접한다는 명목으로 이리저리 세금을 거두는데 해마다 봉류(捧留)[4]하는 양이 그 수가 얼마가 됩니까. 그런데도 사신 행차가 있으면 다시 민간에서 두루 세금을 거두어들입니다. 이른바 평상시에 이자를 취하는 자금이 과연 어디로 들어가겠으며, 또 백성의 부역을 없앤다는 의의가 또한 어디에 있습니까. 당초에 창고를 설치한 뜻이 좋지 않은 것은 아니지만 그 폐단이 이 지경에 이르게 되었습니다. 탐관오리들은 수단을 부릴 여지가 많아지고 피폐한 백성은 살갗이 벗겨지는 원망[5]이 있으니 일이 매우 어처구니없는 일입니다. 듣자하니 감영에서는 본래 일정한 제도나 단속하는 관리를 두는 법규가 없다고 하니, 각 읍에서 거리낌 없이 멋대로 시행하는 것은 사리로 볼 때 당연한 결과입니다. 비록 대동법을 속히 시행할 수는 없다고 하더라도 또한 때에 따라 폐단을 구제하는 방책이 없어서는 안 될 것입니다. 마땅히 관찰사로 하여금 각 읍의 각 창고에서 당초에 있었던 본전의 원래 수와, 해마다 징수하는 이자를 다 조사하여 가장 먼저 상세하게 파악하여, 현재 남아있는 실제 수를 알게 해야 합니다. 만약 제멋대로 용도를 바꾸어 사사로이 사용하여 이름만 걸어놓고 실상이 없는 경우에는 별도로 죄를 물어야 합니다. 이른바 각 창고에 대해서는 감영에서 제도를 정하여 명칭을 통일시키

4 봉류(捧留) : 본창(本倉)으로 이송하지 않고 현지에 거두어 보관해 두는 것을 말한다.

5 살갗이 벗겨지는 원망 : 가혹한 수탈 정책을 비유한 것이다. 한유(韓愈)의 〈운주계당시서(鄆州溪堂詩序)〉에 보인다.

고 그 수를 균일하게 해야 합니다. 지금부터는 항시적으로 걷어들이는 이자 수익과 지출의 수효를 하나하나 보고받아서 관리의 규정을 더욱 엄하게 하고 자주 창고를 돌아보아 허실을 따져, 관리들이 민간에서 이중삼중으로 세금 걷는 일을 하지 못하게 해야 합니다. 또 제멋대로 사사로이 사용하지 못하도록 한다면 수령들이 필시 두려워하고 삼가는 효과가 있을 것이며, 백성들의 부역 또한 잦고 과중하다는 원망이 없어질 것입니다. 봉서(封書)에 부역을 나간 몇몇이 나라 곡식을 몰래 훔친다 라는 조목이 있는데, 그 폐단을 따져보면 오로지 여기에서 기인하니 우선적으로 시급하게 변통하지 않아서는 안 됩니다. 이에 감히 가장 먼저 진달합니다.

1. 신이 삼가 보건대 도내 백성의 고통이 한둘이 아니었지만 관군(館軍)[6]의 피폐함이 가장 심합니다. 각종의 힘든 노역은 일일이 거론하게 어려울 정도로 많지만 그 가운데 입마(立馬)[7]의 행정은 가장 지탱하기가 어려워 이미 보존할 수 없는 지경에 이르렀으니 원망하고 호소하는 소리가 차마 들을 수 없을 정도입니다. 대개 본도(本道)는 다른 도와는 달라서 사신의 행차가 길에 이어지는데 입파(入把)[8]해야 하는 말을 모두 관군에게 요구합니다. 저 가난하고 약한 무리들은 일은 많고 힘

6 관군(館軍) : 각 지방의 중요한 길목에 공무로 여행하는 관원들의 숙박을 위해 설치한 사관(舍館)에 소속된 군졸을 말한다.

7 입마(立馬) : 각 역에 역마를 잇달아 세워 대기시키는 일을 말한다. 나라의 관마(官馬)를 쓰기도 하였으나 마전(馬田)을 경작하던 민간인이 세우기도 하였다.

8 입파(入把) : 관청의 긴급한 소용(所用)으로 말을 준비하여 두는 것으로, 파(把)는 말의 대기 또는 대기하는 말이라는 뜻이다.

은 부족하여 스스로 마련할 수 없으니 이 견디기 어려운 폐단은 예로부터 그러하였습니다. 그러므로 정승 정지화(鄭知和)가 감사로 있을 적에 별도로 보역고(補役庫)를 설치하여 말값에 보탤 계책을 세웠지만 그것으로도 대부분 부족하였습니다. 경술년(1670, 현종11) 연간에 이르러 신의 외조부 문정공(文貞公) 신 민유중(閔維重)이 후임으로 본도를 맡았을 때 계문하여 다음과 같이 변통하였습니다. 비국의 요군목(遼軍木)[9] 70동(同)을 떼어내어 해당 창고에 쌓아두고 은으로 값을 매기되, 상등은 40냥에서부터 50냥까지, 중등은 30냥에서 40냥까지, 하등은 7냥에서 10냥까지로 하여 등급에 따라 제급(題給)[10]하는 것을 분명하게 정식으로 삼으니, 역졸들은 이에 힘입어 살아갈 수 있었습니다.

이 제도가 시행된 지 10여 년이 지나자 차츰 폐지되었다가, 기사년(1689, 숙종15) 무렵에는 다시 연신(筵臣)들의 진언으로 인해 요군목 2동을 매년 두 역에 제급하라는 명령이 있었습니다. 그러나 한 해 나누어주었다가 곧 그만두고 없어졌습니다. 이 이후로 보역고는 이름만 남고 실질은 없어졌습니다. 감영에서 값을 쳐주는 것 역시 해마다 감축되어 지금은 상등이 10냥, 중등이 7냥, 하등이 3냥에 불과합니다. 이밖에 기준에 미치지 못하는 수량은 관군에서 모두 각자 마련해 내놨는데 전토를 헐값에 마구 팔아넘긴 후로는 내놓을 방도가 없습니다. 이른바

9 요군목(遼軍木) : 요군(遼軍)에게 역(役)을 면해 주는 대가로 받아들이던 삼베나 무명. 요군은 본래 북경으로 가는 사신의 행차를 호송하기 위해 요동(遼東)을 왕래하기 때문에 붙은 이름인데, 1702년(숙종28) 요군의 명칭을 순별초(巡別抄)라고 고쳤다.

10 제급(題給) : 관청에서 물건을 내줄 것을 지시하는 문서를 써서 주는 것이다.

일족은 조상의 내력이나 촌수에 관계없이 모두 뒤섞어 책임을 추궁당하고, 심지어 이웃이나 사돈 관계에 이르기까지 모두 피해를 입으니 도망치는 자들이 이어져 원망하는 소리가 하늘에까지 닿습니다.

그러나 입마 외에도 갖가지 잡역들이 모두 사람으로서 감당할 수 없는 일 아닌 것이 없습니다. 이에 거의 하루도 거르지 않고 발을 싸매고 도망을 가니, 집을 부수고 살던 곳을 떠나는 자들이 곳곳에 이어집니다. 그러므로 한 번 관정(館丁)에 충역되면 남들이 혼인을 하려 하지 않아 종신토록 아내도 얻지 못하는 경우가 있으니, 부역의 고통을 이를 통해 알 수 있습니다. 그러나 예전의 관군은 3천여 명이었으나 지금은 겨우 700명에 불과하니, 예전에 열 명이서 감당하던 부역을 지금은 한 사람이 감당해야 합니다. 감영에서 값을 쳐주는 것이 또 이에 따라 여지없이 감축되었으니, 날마다 가산을 탕진하는 지경에 이르는 것은 그 형세상 본디 그러합니다. 만약 별도로 변통하지 않는다면 사람과 말 모두 다 없어져 역로가 장차 끊기게 될까 두려우니 이 또한 작은 걱정거리가 아닙니다. 삼가 듣건대 요군목은 옛날 요동(遼東) 지역에서 입마(立馬)하던 군대입니다. 경술년에 정식이 되었을 때 이것을 떼어 준 데에는 그 의의가 있으며 정책을 시행한 것 역시 모두 지켜 시행할 만했습니다. 그러나 중간에 제도가 무너지고 깨지게 되었으니 실로 애석해할 만합니다. 지금 이 위급함을 구제할 방책으로는 본 창고를 수습하여 시급히 옛 제도를 회복하는 것 만한 일이 없습니다.

바라건대 비국에 명을 내려 경술년의 예에 따라 특별히 요군목을 지급하고 또 관찰사로 하여금 상황에 맞게 처리하여 한결같이 정식에 따라 그 값을 더 지급하게 한다면 이는 실로 죽을 병을 치료하는 명약이니 회생할 가망이 있을 것입니다. 원군(元軍)과 고공(雇工)[11]의 궐액

(闕額) 충원, 위전(位田)[12]과 복호(復戶)[13] 등의 일에 대해 각 읍에서 태만하게 거행하지 않으니 매우 놀랄 만한 일입니다. 또한 마땅히 거행하라고 신칙하여 역졸들이 지탱하고 보존할 기회로 삼게 해주시기 바랍니다.

1. 신이 삼가 보건대, 열읍 중에 적폐(積弊)가 제거되지 않은 고을이 적지 않지만 그 가운데 양덕(陽德)이 가장 심합니다. 그 폐단이 두 가지가 있으니, 하나는 속화전(續火田)의 세금이요, 또 다른 하나는 관한정(館閒丁)의 고가(雇價)입니다. 대저 본도는 여러 번 병화를 입어 갑진년(1664, 현종5)의 양안(量案)이 모두 소실되었는데, 유독 본현(本縣)의 옛 양안만은 여전히 보존되어 있습니다. 원전(元田)[14]은 총 수가 1,580여 결(結)로 해조(該曹)의 전안(田案)에 속해 있었는데, 도사(都事)가 다시 심사할 때 번번이 다른 고을의 예에 따라 가경전(加耕田)[15]을 징수하는 것이 해마다 수십 결에 이릅니다. 원전은 오랫

11 원군(元軍)의 고공(雇工) : 조선 시대에 북방의 변경이 안정되기 전에는 함경도의 거주민들이 모두 변경 수비의 임무를 지고 있었는데, 이 때문에 생업에 지장이 있게 되자, 타지에서 흘러 들어온 사람을 고공으로 정해 주어 농사일을 대신하게 하고 토착민 중에 솔정(率丁)을 정해 주어 물품을 공급하게 하였다. 뒤에 변경이 안정된 뒤에도 이러한 풍습이 그대로 남아 고공과 솔정을 노비처럼 부리고 심지어는 10세가 되기 전부터 잡아다 부리고 생사여탈권까지 쥐었다. 《顯宗改修實錄 5年 12月 30日》

12 위전(位田) : 수확을 향사(享祀) 등의 일정한 목적에 쓰기 위하여 장만한 전토(田土), 즉 위토전(位土田)의 약칭이다.

13 복호(復戶) : 충신, 효자, 열녀 등에게 호역(戶役)을 덜어 주는 것이다.

14 원전(元田) : 양전(量田)할 때에 원장(元帳)에 기록된 전답을 가리킨다.

15 가경전(加耕田) : 새로 개간하여 아직 양안(量案)에 올리지 않은 논밭을 가리킨다.

동안 지속되어 줄어든 것이 없는데 새로 거두는 결미(結米)는 해마다 늘어나 백지(白地)에 징수하니[16] 형세상 견디기 어렵습니다.

계유년(1693, 숙종19) 무렵에 어사(御史) 김몽신(金夢臣)이 계문하여 변통해서 추가로 징수할 때 5결을 넘지 못하도록 정식을 삼았으니 이전에 봉납한 것에 비하면 1/4이 감소되었습니다. 그러나 계유년 이후부터 지금까지 16년이란 오랜 시간이 흐르는 동안 그간의 허결(虛結)[17]이 천여 결이나 많아졌으니, 이후로 해마다 추가로 징수하는 것이 또 얼마가 될지 모르겠습니다. 민호는 한정이 있는데 속화전에 대한 결미는 그침이 없으니 실로 이치에 없는 일입니다. 경내의 모든 사람들이 원통해하며 모두 제대로 살아가지 못합니다.

신이 들러서 본현을 눈으로 보니 지세가 험악하여 사람이 살 곳이 못되어 수백 리 땅을 지나는 동안 인가가 드물고 짐승들이 날뛰어 다녔습니다. 병자호란과 정묘호란 이후에 연이어 흉년이 들었고, 또 수년 동안에 호랑이에게 죽임을 당한 자들이 또 4백여 집이 됩니다. 이 때문에 도망치는 자들이 줄지어 열에 아홉 집이 비었으니, 이전에 5천여 호 되던 고을이 지금은 겨우 천 호를 채울 정도입니다. 비록 민호를 가지고 원전의 총수에 비교하더라도 대부분 미치지 못하는데, 이외에 천여 결의 세금을 가까스로 남겨진 백성들에게 공연히 백징(白徵)하니 실로 왕정(王政)에 있어서 차마 할 수 없는 일입니다. 만약 때에 맞춰

16 백지(白地)에 징수하니 : 조세를 면제한 땅이나 납세 의무가 없는 사람에게 세금을 물리거나 아무 관계없는 사람에게 빚을 물리는 일을 가리킨다.

17 허결(虛結) : 경작할 전지를 가지지 못한 사람에게 경작하는 전지가 있는 것으로 만들어 전세(田稅) 또는 구실을 물리는 것을 가리킨다.

변통하지 않으면 십 년도 되지 않아 텅 빈 지역이 될 것입니다. 이전에 봉납한 속화전 결미를 비록 하나하나 탕감하기 어렵겠지만, 이후로는 매년 5결 이상 더 징수하지 못하게 하여 곤궁한 백성들이 살아갈 수 있는 지역으로 만들어 주십시오.

관한정(館閑丁)은 도내에 외진 고을 가운데 오직 영원(寧遠)에 두 개의 역참이 있고 본현(本縣)에 한 개의 역참이 있는데, 전조(前朝)에서부터 이를 두어 함경도로 통행하는 길로 삼았습니다. 그런데 영원은 임진년에 서쪽으로 몽진할 때 그 고을 사람들이 소청하여 역참을 혁파하였고, 본현은 지금도 홀로 보존되어 있습니다. 그동안 도망하거나 죽은 관군(館軍)이 30여 명에 이르는데 민호는 날로 줄어들어 충원할 방도가 없기에, 어쩔 수 없이 고세가(雇稅價) 152냥을 민간에서 거두어 매년 어천역(魚川驛)에 납부하는 것이 마침내 잘못된 규정이 되었습니다. 저 한 지역의 백성들이 부세(賦稅) 때문에 곤란을 겪고, 또 다른 고을에는 없는 부역이 있으니 실로 매우 원통하고 답답한 일입니다. 이 고을은 이미 사신들이 통행하는 길이 아니니 역참을 설치할 필요가 없습니다. 그래서 민심은 모두 영원의 사례에 의거하여 혁파하기를 바라고 있습니다만, 이에 대해서는 아직 감히 경솔하게 의논할 수 없습니다. 이른바 고가(雇價)에 필요한 세금을 징수하는 규정을 우선적으로 금단하고 단지 잔존하고 있는 관군에게 부역을 시키며, 인원이 모자라면 관군으로 하여금 점차적으로 보충하게 하는 것이 마땅할 것입니다. 본현은 궁벽한 산골의 피폐한 고을로 매우 견디기 어려운 폐단이 있으니, 모든 백성을 평등하게 대하는 성조(聖朝)의 도리상 각별히 보살펴서 은혜로운 뜻을 보이지 않을 수 없습니다.

1. 신이 삼가 보건대, 옥당의 차자에 대한 비답에 궁가의 둔전을 조사하여 혁파하라는 하교가 있었으니, 크게 경동하고 크게 변통하는 성상의 뜻을 볼 수 있어 중외에서 들은 사람들이 모두 감동하였습니다. 신이 들른 곳으로 말해보건대, 도 전역의 백성들이 모두 기쁜 마음으로 기대하는 마음이 절실하였는데, 명령이 내려온 지 반 년 사이에 관찰사는 주문(奏聞)을 지체하고 조정에서는 복계(覆啓)를 미뤄서 실제의 은혜가 미치지 못해 민심이 오랫동안 울적하니 신은 실로 개탄스럽습니다. 신이 올라올 때야 비로소 감영에서 겨우 각 고을의 궁둔을 계문했다고 들었습니다. 그 계문 속에 있는 내용이니 신이 굳이 다시 덧붙여 말하지 않겠습니다. 그러나 신이 지난번에 영변(寧邊)을 보니 백령(白嶺)과 검산(劒山) 등지에 새로 들어온 민가가 매우 많았습니다. 물어보니 이곳에 궁가의 둔전이 혁파된 이후로 흩어졌던 이들이 다시 모여 민가가 날로 늘어난다고 하였습니다. 이미 벌어진 징험이 본디 이와 같으니, 지금 조사하여 아뢴 이후에 조금이라도 허락을 아끼는 일이 있다면 우러러 바라는 백성들의 마음을 저버린 것이 또 어떠하겠습니까. 엎드려 바라건대, 조정에 신칙하여 계책을 세워 바로 올리게 하고 일체 시행하도록 허락하시어 영변의 백성들만 유독 성스런 은택을 입게 하지는 마십시오.

또 신이 삼가 살펴보니, 해변에 있는 여러 궁가의 염분(鹽盆)과 어전(漁箭)[18]은 그 폐단이 끝이 없고, 또 왕자의 궁이 있는 삼화(三和)로부

18 염분(鹽盆)과 어전(漁箭) : 염분은 바닷물을 졸여서 소금을 만들 때에 쓰는 큰 가마로, 염부(鹽釜)라고도 한다. 어전은 물고기를 잡는 장치의 한 가지로, 싸리 · 참대 · 장목 등을 강이나 바다에 날개 모양으로 둘러 꽂고, 그 가운데에 그물을 달아 두어

터 의주(義州)에 이르는 연해 일대가 모두 절수(折受)[19]되었습니다. 파견된 자들이 해세(海稅)라 칭하며 일정한 기준 없이 세금을 거두어 들이고 크고 작은 배에 대해서도 억지로 세금을 받으니 배 한 척에 대한 세금이 혹 많게는 3, 40냥에 이릅니다. 저 연해의 민가는 농사에는 힘쓰지 않고 오직 물고기 잡이를 업으로 삼고 있는데 이와 같은 침탈을 견디기 어려워 줄지어 뿔뿔이 도망쳐 버립니다. 어업의 이익은 절반이 궁차(宮差)[20]에게 들어가고, 살 곳을 잃은 원망이 위로 성스런 교화에 누를 끼치니, 이는 신이 목도하고서 개탄하는 것입니다. 백성의 고통을 긍휼히 여기는 이때에 속히 혁파하도록 명하시어 사정이 없는 성덕을 빛내고 흩어진 민심을 수습하십시오.

1. 신이 삼가 듣건대, 작년에 영둔(營屯)을 일체 혁파하라는 명이 있었는데 이번에 관찰사가 올린 장계에는 한 곳도 혁파하길 청하는 곳이 없다고 하니, 신은 불가하다고 생각합니다. 신이 염문(廉問)할 때 이러한 폐단을 충분히 알았습니다. 영둔에 소속된 자들은 민역(民役)을 면하고 민전(民田)이 둔전(屯田)에 혼입된 것이 여러 고을에서 가장 감당하기 어려운 사안입니다. 이에 대해서는 이미 조사하여 처결하라는 청이 있었지만 대개 파견된 별장(別將)이 대부분 감영의 사인(使人)으로 권세를 믿고 제멋대로 굴어 이에 빙자하여 폐단을 일으키니

고기가 들어가서 잡히도록 한 장치로 어살이라고도 한다.

19 절수(折受) : 귀족 또는 공신들이 봉록으로 토지나 결세(結稅)를 떼어 받는 것을 말한다.

20 궁차(宮差) : 궁가(宮家)에서 보낸 역원(役員)을 가리킨다.

백성들이 받은 해가 한두 가지로 그치지 않습니다.

신이 들은 바를 가지고 말씀드리면, 덕천(德川), 용천(龍川), 성천(成川) 등의 영둔이 폐단이 심합니다. 그 가운데 용천은 지극히 피폐한 고을로 직로(直路)에 처하여 남북 30리, 동서 30리 지역에 6개의 영둔이 설치되어 있으니 지탱하기 어려운 정황을 알 만합니다. 신의 생각으로는, 영둔은 관향(管餉)과 달라서 절로 공사의 구별이 있습니다. 진술한 두 개의 고을과 용천에서 조그맣게 해안에 형제처럼 배열된 곳이 바로 사적인 영둔이니, 이 가운데서 참작하고 혁파하여 성상의 뜻을 받드는 것이 온당할 듯합니다. 이외에 여러 영둔은 진실로 모두 혁파할 수 없으니, 이곳에도 또한 마땅히 별장을 파견하지 말고 모두 본관(本官)으로 하여금 관리하여 세금을 거두어들인다면 감영에 있어서도 손해될 게 없고 고을 사람에게 있어서도 다행일 것입니다. 마땅히 관찰사에 명하여 재차 헤아려 변통하도록 하십시오.

1. 신이 삼가 보건대, 칙사 행차 때의 출참(出站)은 실로 도 전역의 큰 행사인데 그 가운데 공평하지 못하다는 탄식이 많이 있습니다. 민간에서 원통함을 호소한 것으로 말씀드리면, 은산(殷山)은 도내에서 가장 피폐한 고을로 운흥관(雲興館)에서 9식정(息程)[21] 거리로 나와 기다리는데 인근의 큰 고을은 가까이에서 출참을 합니다. 덕천(德川)과 순천(順川)은 정주(定州)에서 출참을 하는데 연향을 베푸는 외에도 점심을 제공하고 대접하는 것이 다른 고을에 비하면 매우 고단합니다. 애당초 규정을 정할 때 상칙사(上勅使)와 부칙사(副勅使)는 큰

21 식정(息程) : 1식정은 30리이다.

고을에 맡기고 통관(通官)의 무리들은 작은 고을에 맡겨서 비록 크고 작은 차이가 있는 듯했지만, 상칙사와 부칙사는 원래 요구하는 것이 없고 통관의 무리들은 요구하는 것이 번다하여 외려 작은 고을이 가장 지탱하고 견디기 어렵습니다. 지금 보니, 작은 고을이 담당하는 것이 되레 큰 고을보다 무거워 삼등(三登)과 증산(甑山) 등의 고을은 모두 원통해 합니다. 마땅히 관찰사에게 재차 살피도록 명하여 과연 이 말과 같아 형세상 바꿀 수 있다면 큰 고을과 작은 고을을 구분하고 멀고 가까운 거리를 구별하며 요구하는 물자에 대해 또한 균등하게 부담시켜 고생이 편중되는 탄식이 없도록 하십시오.

1. 신이 삼가 보건대, 도내 백성들의 부역이 편중되기로는 산속 고을보다 심한 경우가 없습니다. 세금 외에 불법적인 징수가 대체로 너무 많아 일일이 진술할 수가 없습니다. 시험 삼아 생읍(栍邑)[22]으로 말해 보겠습니다. 덕천(德川)은 '부쇄마가(夫刷馬價)'[23]라는 명목으로 민호의 대소를 구분하지 않고 번번이 베 1필을 봉납하게 하여 합쳐서 30동(同)을 만듭니다. 희천(熙川)은 '공하미(公下米)'라는 명목으로 집집마다 쌀 1말을 봉납하게 하고 흉년에는 그 수량을 조금 줄여주는데 수백 섬에 이릅니다. 이중에 사사로이 사용하는 것이 대부분이고 공하

22 생읍(栍邑) : 정치의 잘잘못과 백성의 고락을 살피기 위하여, 제비를 뽑아 어사를 내어 보내던 암행 대상 고을을 말한다.

23 부쇄마가(夫刷馬價) : 신구(新舊) 수령의 영송(迎送)에 동원되는 인부와 쇄마에 대하여 지방의 저치미(儲置米)에서 지불하는 대가를 말한다. 삼남(三南)의 연읍(沿邑)에서는 돈으로 지급하였다. 《大典會通 戶典 外官供給》 쇄마는 지방에 비치하여 두었다가 관용(官用)에 제공하는 말이다.

미는 열에 서넛뿐이니 매우 어처구니없는 일입니다. 관찰사에게 명하여 하나하나 조사하여 잘못된 규정을 혁파하게 하십시오. 만약 공하미의 가격이 달리 나올 데가 없어 모두 혁파하기 어렵다면 또한 절반으로 봉납을 줄여서 백성들의 부담을 덜어주십시오. 그 나머지 세금 외에 징수하는 일은 일체 엄금하여 편중되는 폐단을 제거하십시오.

방응(坊鷹)의 같은 경우는 산속 고을에 모두 있습니다. 덕천(德川)은 으레 민간 각 동네에서 한 마리씩 납부하여 많게는 50여 마리나 됩니다. 10년 동안 그 수는 조금 줄었지만 그래도 10여 마리는 넘습니다. 다른 고을에서선 더러 반값만 치르고 강제로 징수하는 경우가 대부분이라 백성들은 돈을 모아 사서 납부하게 되어 원망하는 소리가 많습니다. 저 여러 가지로 징수하는 것들은 그래도 관아에서 지출하는 것이라 핑계 댈 수는 있지만, 이것은 원래 관아에서 지출하는 물건이 아니라 서울로 보내는 공물에 불과하니 그 민폐가 큽니다. 속히 방응을 봉납 받는 규정을 모두 혁파하여 산골 백성의 민폐 하나를 제거하십시오.

1. 신이 삼가 보건대, 철산부(鐵山府)는 보민(補民)과 보인(保人)이라는 명목이 있는데 실로 다른 고을에는 없는 잘못된 규정입니다. 성덕망(成德望)이 철산 부사로 있을 때 고을의 물력이 넉넉하지 못하다는 이유로 이것을 만들어내었습니다. 감영에 보고하지도 않고 민정(民丁)[24] 100명을 모집하여 '보관보(補官保)'라 칭하고는 해마다 쌀 1석(石)을 납부하면 완문(完文)[25]을 만들어주고 각항의 차역(差役)과 한

24 민정(民丁) : 병역에 복무하지 않고 삼베나 무명 따위를 바치는 군보(軍保)이다.

정(閒丁)[26]을 동적(同籍)에 국한하여 다른 동적까지 함부로 요구하지 말도록 하였습니다. 백성들 대부분이 여기에 귀속되길 원하여 조금이나마 형편이 되는 자들이 모두 들어갔으니, 처음에는 100명으로 제한을 두었지만 6년도 되지 않아 이미 100명을 훌쩍 넘었습니다. 거두어들인 미석(米石)은 비록 객사를 개수할 때 사용되는 자금이라 칭했지만 실제로는 사사로운 쓰임에 모두 소비하여 민간에서는 심지어 '의자고(衣資庫)'라고 칭하니, 공적인 일을 빙자하여 개인을 이롭게 하는 일이 되고 말았습니다. 더군다나 오늘날 군액(軍額)은 날로 감축되는 시기에 사사로이 백성을 모집하여 완문을 제멋대로 지급하여 도망자의 소굴로 만들어 본부(本府)의 한정(閒丁)이 매우 귀해졌습니다. 이는 매우 놀랄 만한 일이니 우선적으로 혁파하지 않으면 안 됩니다. 재차 관찰사에 명하여 자세히 감찰하여 각 고을에 이와 같은 일을 일체 금단하게 하십시오.

1. 신이 듣건대 작년에 감영(監營)에서 진휼할 소금을 사서 여러 고을에 나누어 주는데 강변(江邊)은 지역이 멀어 보내기 어렵기에 그 폐단을 없애고자 마침내 소금을 운반하는 배를 만든 일이 있다고 합니다.

25 완문(完文) : 관공 문서의 하나로 증명·허가·인가·명령 등 처분에 관하여 당해 관청이 발급하는 문서였다. 내용은 부동산에 관한 것, 조세·부역·군역에 관한 것 등이다.

26 차역(差役)과 한정(閒丁) : 차역은 국가에서 부과하는 노역을 차등 있게 하는 것이다. 송대(宋代)에서 비롯된 제도로서 백성의 빈부를 9등급으로 나누어 4등 이상에서만 공용의 인부를 징발하고, 5등 이하는 면제하였다. 한편 한정은 국가의 부역에 나가지 않는 장정을 말한다.

대개 그 뜻은 백성을 편하게 해주는 데 있었지만 도리어 민간에 폐만 끼치는 일이 되어버렸습니다. 대저 개천(价川)에서 희천(熙川)까지는 수위가 매우 낮고 물살이 또 거세어 결단코 배가 다닐 수 없는 곳이니, 당초에 깊이 생각하지 않고 건의한 것입니다. 그런데 개천과 희천 등지에선 중선(中船) 20여 척을 만드느라 노역하는 백성들 사이에 이미 원성을 초래하였습니다. 배를 완성하여 띄우는 날에 희천 관내에서 항시적으로 배를 타고 왕래하는 55명을 선발하여 승선군(乘船軍)이라 칭하니, 백성들은 운반하는 노역이 두려워 도망치는 자까지 생겼습니다. 또 더러는 각기 소금을 납부하여 배를 타는 노역을 면하기를 원하는 소장을 올리기도 했습니다. 소금을 싣고 물을 거슬러 올라갈 때에는 수위가 낮아 운행하기 어려워 여울 하나 지나가는데 걸핏하면 며칠이나 허비하니, 어쩔 수 없이 강변의 백성들을 차출하여 힘을 합쳐 위로 끌고 갑니다. 그 폐단이 또 말할 수도 없습니다.

신이 윤3월 그믐날 안주(安州)를 들렀을 때 감영의 별장(別將)이 강가에서 소금을 싣는 광경을 보았는데, 나중에 들어보니 희천에 도착하는데 첫 번째 운반한 것은 5월 10일 이전에 도착하고 두 번째 운반한 것은 보름이 지난 뒤에야 비로소 도착했다고 합니다. 그 사이의 고생과 지체된 정황은 말하지 않아도 알 만합니다. 배를 만드는 데 들어간 돈과 선격배(船格輩)[27]에 필요한 양식과 자금을 말을 세내는 비용과 비교하면 그 차이가 몇 배나 됩니다. 더군다나 이 소금을 운반하는 것은 백성을 진휼하기 위해서인데, 5월이 지나서야 도착하고 희천에서 강변까지 또 4, 5일이 더 소요됩니다. 그렇다면 운송하는 사이에 진휼

27 선격배(船格輩) : 배를 부리는 곁꾼으로, 격군(格軍)을 말한다.

하는 일이 이미 끝나버리니, 이른바 진휼할 소금을 장차 어디에 쓰겠습니까. 이해와 득실이 본래 쉽게 알 수 있건만 마침내 반드시 시행해서는 안 되는 일을 하고 말았습니다. 진휼하는 일에는 아무 도움이 없이 그저 백성들의 원망만 초래하여 끝내 계획한 일이 좋지 않게 되는 잘못을 면치 못했으니, 진실로 안타깝습니다.

듣자니 민심은 모두 영군관(營軍官) 황종서(黃宗瑞)가 건의했다고 해서 모두 황종서를 원망하고 있다고 합니다. 그런데 또 이런 길이 한 번 열렸다 하여 이후에 혹여 또 배로 운송하는 폐단이 생긴다면 강변의 백성은 형세상 지탱하고 보존하기 어려울 것이기에 모두들 이것을 걱정하고 있습니다. 이미 지난 일은 어쩔 수 없으나 앞으로의 일은 바로잡을 수 있으니, 마땅히 관찰사에게 신칙하여 희천 등지에서 배를 만들어 운송하는 일을 일체 금하여 민폐를 막으십시오.

신은 또 듣건대, 진휼할 소금을 매매할 때 값은 저렴하고 세금은 많아서 차인(差人)이 또 높고 중하게〔高重〕 봉상(捧上)하고자 1곡(斛)에 더 들어간 양이 거의 2섬이 넘었으니 포구의 백성들이 생업을 잃어서 원망하는 소리가 떠들썩했다고 합니다. 이때 소금을 매매한 감관(監官) 고효정(高孝正)을 한 차례 형추(刑推)하여 백성들의 원망을 씻어주고, 또한 감영에 분부하여 이후로 소금에 세금을 매길 때에는 차인을 엄히 신칙하여 절대 이전처럼 원망하는 폐단이 없도록 하십시오.

1. 신이 삼가 보건대, 근래 수령이 된 자들이 공무를 받들어 행하고 법령을 준수하는 의리는 잃어버리고 영예를 구하기 위해 도리를 어기는[28] 뜻만 무성합니다. 비록 이것이 제대로 다스려지지 않은 고을의

일이지만 모두들 명예를 구하는 일을 힘써 관리는 백성에게 아첨하고 백성은 관리에게 아첨하여 명분을 모두 잃어버리고 백성의 습속이 날로 방자해지는 데 이르렀습니다. 필시 고을마다 모두 그런 것은 아닐 테지만 그 풍습을 말하자면 대체로 이와 같으니 진실로 한심합니다.

신이 각 고을을 다닐 때 이르는 곳마다 백성들이 신의 말을 에워싸고 상소를 올리며 모두들 그 고을의 수령의 치적을 칭송하고 심지어는 포계(褒啓)[29]를 청하였습니다. 시험 삼아 염문(廉問)할 때 들은 것으로 이들의 말을 따져보니, 대개 진위와 허실에 차이가 있었는데 요컨대 그 본 마음은 아첨하려는 뜻에서 나온 것이 대부분이었습니다. 이에 그 풍습이 미워할 만하기에 신이 일체 엄히 배척하였습니다. 또 더러 관문 가까운 곳에 목비(木碑)가 줄지어 있는데도 금단하지 않는 경우가 있으니 이 또한 놀랄 만합니다. 도내의 풍속을 바로잡는 것은 바로 관찰사에게 달려 있으니, 마땅히 관찰사에 명하여 각 고을을 검칙하여 명예를 구하는 풍속을 통렬하게 혁파하고, 재임 중의 관리에게 포상을 청하는 백성은 적발되는대로 징치하여 상하가 서로 아첨하는 풍속을 바로잡아야 할 것입니다.

28 영예를……어기는 : 《서경》 〈대우모(大禹謨)〉에 "걱정이 없는 것을 경계하시어 법도를 잃지 마시고, 안일에 빠지지 마시고, 풍악에 음탕하지 마시고, 어진 이에게 맡겼으면 의심하지 마시고, 간사한 자를 제거하는 데 의심을 갖지 마시며, 백성의 찬양을 구하기 위해서 도리를 어기지 마십시오."라는 내용이 보인다.

29 포계(褒啓) : 관찰사 또는 어사가 수령의 선정을 표창하도록 상주하는 일을 가리킨다.

신이 삼가 성상의 뜻을 받들어 보니 변방을 튼튼히 할 정책에 각별히 자세히 살펴서 아뢰라는 것이었습니다. 신은 본래 오활한 유자로 나이도 젊고 식견도 얕아 변경의 정세와 군정(軍政)의 득실에는 더욱 어둡습니다. 그러나 망령되이 한두 가지 어리석은 견해를 바쳐 성상의 재결을 기다립니다. 피인(彼人 야인(野人))들의 침범에 대해서는 크게 변방 백성들의 근심거리가 되고 있기에 감히 바에 따라 우선 이렇게 갖추어 진달합니다.-이하는 변사(邊事)에 대한 별단이다.-

1. 신이 강변(江邊)을 암행할 때에 눈으로 보니, 피인들이 흰 장막을 크게 펼쳐 곳곳에 진을 치고 있었으며, 말을 달려 노루와 사슴을 잡느라 우거진 풀숲과 긴 숲속에 출몰하였습니다. 또 조선(槽船)을 많이 축조하여 강가에 정박해놓고 강을 따라 내려오는 것이 여러 날 이어졌습니다. 고을 노인들에게 정황을 자세히 들으니, 피인들은 인삼을 캐거나 사냥을 하러, 봄여름에 나왔다가 가을겨울에 돌아가는데 와서 머물고 있는 도망친 오랑캐 무리인 듯합니다. 근래에는 해마다 달마다 늘어나 사계절 내내 머문다고 합니다. 비록 각별히 우려할 만한 일이 있는지는 모르겠으나 국경을 침범하는 것은 실로 급박하고 절실한 근심입니다. 또 지난해 5월에는 중선(中船)을 타고 위로 거슬러 올라와 이산(理山) 파저강(波猪江)까지 이르렀다가 도로 내려갔다고 합니다. 종전에는 다만 조선(槽船)으로 왕래했는데, 중선은 지금에 처음 봅니다. 필시 양식을 운반하여 오래 머무를 계획이니 더욱 깊이 우려가 됩니다.

듣자하니, 강계(江界)는 작년 이후로 아직 소란한 일은 없으나, 위원(渭原)과 이산(理山) 등지는 그 피해를 가장 많이 입었다고 합니다.

지난번에 피인 두서너 명이 갑자기 위원 성 안으로 들이닥쳐 양식을 구걸하고 부녀자를 구했습니다. 또 말하기를, 읍내 이첨지(李僉知)의 집에서 삼승(三升 삼베)을 매매하는 일이 있어 그 값을 받아내고자 하였는데, 본군(本郡)에서 사람을 보내어 내쫓으니, 그때 관속 한 명이 붙잡혀 조선에 탔다가 가까스로 탈출했다고 합니다. 또 들으니, 피인이 자신의 개를 사사로이 이산의 진보(鎭堡) 사람에게 주었는데, 사실이 알려지자 보장(堡將)이 개의 머리를 잘라 강에 던졌습니다. 멀리서 바라보고는 크게 통곡하고 강을 건너 몹시 급하게 개의 값을 요구하자 진보의 많은 사람들이 도망가서 흩어졌다고 합니다. 소란이 발생하는 정황을 이를 미루어 알 수 있습니다. 신이 지난달 초에 다시 위원을 지날 적에, 피인이 국경 넘어 회동(檜洞)에서 오로양진(吾老梁鎭)과 대처하며 장막 여덟아홉 개를 치고 사람은 거의 100명에 달하였는데, 숲 사이에서 엿보다가 신의 종자가 채찍으로 가리키자 숲 사이로 은밀히 피하였습니다.

오로진(吾老鎭)에 이르니, 만호(萬戶)가 눈물을 흘리며 그 정황을 진술하기를, "피인들이 십여 일 전부터 특히 심하게 침범하여 곧장 진영의 집으로 들이닥쳐 문을 두드리고 부르짖으며 요구하는데, 하루에 두 세 번이나 이렇게 합니다. 본진(本鎭)의 사졸은 단지 일곱 명 뿐인데, 봉수대 하나를 두 명씩 지켜 모두 늘어서 있고, 만호 한 명이 문을 닫고 엎드려 있으니, 오래지 않아 죽임을 당할 것입니다."라고 하니, 참으로 가련합니다. 이 진보에는 이미 수하에 병졸이 한 명도 없으니, 실제로 저들을 막을 수 있는 길이 없습니다. 본군과의 거리가 10여리 밖에 안 되지만 월(越)나라 사람이 진(秦)나라 사람 야윈 것을 보듯이[30] 하여 와서 구원하지 않습니다. 그러므로 신이 군수(郡守) 노세웅(盧世

雄)을 질책하여 협력하여 그들을 내쫓게 하였습니다.

대체로 보니, 수령과 변방의 장수들은 혹 감영에서 처벌을 받을까 두려워하여 비록 적이 침범하는 우환이 있어도 일체 덮어두고 알리려고 하지 않습니다. 신이 보고 들은 것이 낭자할 뿐만이 아닌데, 조정에서는 대부분 모르고 있으니, 일이 매우 놀랄 만합니다. 작년에 벽동(碧潼)에서 붙잡힌 피인들은 가두었다가 곧바로 풀어주고 끝내 자문(咨文)을 보내는 일이 없었습니다. 이 이후로는 더욱 꺼리는 바가 없어 변경 진영에서 혹 관부로 압송하겠다고 협박을 하면 그 때마다 기만하게 말을 하며 조금도 두려워하거나 겁내는 기색이 없습니다. 촌락으로 함부로 들어와 마구 노략질을 하고 또 수십 리의 지역에 출입하니, 마치 전란을 겪은 듯이 촌락이 텅 비었습니다. 지금 농사를 짓지 못하는 근심도 이미 다 말로 할 수 없을 지경인데, 얼음이 얼고 난 뒤 다시 장애물이 없어지면 왕래하여 침략하는 것이 문지방 넘는 듯이 쉬워질 것이니, 만약 신속히 적들을 막는 조치를 하지 않는다면 강변의 민가들은 실로 버티고 보존할 가망이 없을 것입니다. 마땅히 조정에 명하여 다시 확정하여 자문을 보내어 거듭 금지하여 변방 백성을 편안히 하고 각읍의 진보에 분부를 내려 변금(邊禁)을 엄히 신칙하여 변경을 침범하지 못하게 하십시오. 그 중에 곤경을 당한 피폐한 진보는 힘을 내어 구제하시고, 국경을 침범하는 것과 관계된 일은 사실대로 바로 보고하

30 월(越)나라……보듯이 : 자신과 아무 상관없는 사람처럼 볼 것이라는 말이다. 한유(韓愈)의 〈쟁신론(爭臣論)〉에 "정치의 득실을 보는 것이 마치 월나라 사람이 진(秦)나라 사람의 비척(肥瘠)을 보는 것 같아서 마음에 기쁨이나 근심이 전혀 없다."라고 한 데서 온 말이다.

고 만일 덮어버리거나 숨기는 일이 있다면 조사관을 내보내어 논죄하여 변경의 일을 엄히 하도록 하십시오.

1. 근래 피인들이 국경을 침략하는 것이 변경의 큰 근심인데, 그 근본 원인을 따져보면 실로 국가의 기강이 헤이해지고 변금(邊禁)을 엄히 하지 못한 결과입니다. 신이 암행할 때 물정을 자세히 조사해보니, 잠상(潛商)[31]의 폐단이 하루아침 저녁의 일이 아니니 매우 놀라고 개탄할 일입니다. 저들과 우리의 경계는 강 하나를 사이에 두고 있고 있을 뿐인데 강가 일대 상하에 촌락이 흩어져 있어 얼음이 얼고 난 뒤에는 곧 한 집안 사이가 되니, 금령을 어기고 서로 왕래하는 것이 본래 어려운 일이 아닙니다. 강변(江邊)의 여러 고을 중에 그나마 강계(江界)는 인삼과 물화로 인해 장사꾼들이 오가지만 위원(渭原), 이산(理山), 벽동(碧潼) 등의 고을은 산천이 가로막혀 장사꾼들이 매우 드물어 실로 교역할 수 있는 길이 없으니, 오직 이곳의 잠상이 가장 큰 이익을 얻습니다. 백성 중에 무지한 자들은 이익이 있는 곳이라면 죽을 곳이라도 달려갑니다. 더구나 보도 듣는 자들이 많지 않은 곳에서 저들이 몇 배나 되는 이익으로 유혹하면 부화하여 응하지 않을 자가 몇이나 되겠습니까. 처음에는 한밤중에 몰래 거래하다가 마침내 백주 대낮에 버젓이 거래하는 것이 점점 굳어져 깨트릴 수 없으니, 이는 본디 이치와 형세상 필연적인 일입니다.

강변에서 요양(遼陽)과 심양(瀋陽)의 거리는 길이 멀어 비록 대군이

31 잠상(潛商) : 관청의 허가를 받지 않고 법으로 금지하는 물품을 몰래 국외에 파는 장사치를 말한다.

행군하더라도 천 리에 군량을 운반하다보면 병사들이 굶주린 기색이 있습니다. 더구나 도망쳐온 오랑캐 무리는 형세상 양식을 운반할 수 없으니, 만일 지원을 받을 수 있는 소굴이 없다면 반드시 주둔하여 오랫동안 머물 리가 없습니다. 재화를 거래한 이래로 양식에 대한 걱정이 없어 인삼을 채취하고 짐승을 잡는데서 모두 이익을 보니, 이 때문에 나오는 무리들이 해마다 달마다 증가하는 터라 몰래 장사하는 백성들 또한 계속해서 공급하기가 어렵게 되자 심지어 침략하여 소금과 장을 요구하는 폐단까지 있으니, 십수 년 이래로 이처럼 낭자한 상황인데도 단지 조정에선 알지 못하고 있을 뿐입니다.

신이 또 의주(義州)의 백성들에게 들으니, 봉성(鳳城)에 사는 사람들은 대부분 벽동(碧潼) 이상의 사람들의 이름과 인가의 다소를 알고, 어떤 이는 아무개가 편안한지 물으면서 심지어 주인이라고 칭한다 합니다. 근래에 국경을 넘는 자들은 모두 우리나라 말에 능하여 항상 서로 내통하는 흔적이 진흙탕에서 짐승이 싸운 것처럼 어지러울 뿐만이 아니었습니다. 그런데 한번 조정에서 엄금한 뒤로 우리나라 사람들은 처벌을 받을까 두려워하여 속으로는 친하면서 겉으로는 거리를 두고, 피인은 실로 양식이 부족하게 되자 익숙한 길로 어려움 없이 왕래하며 관계를 끊은 것에 성을 내어 침략을 자행하였습니다. 피차의 사정이 대체로 이와 같습니다. 국경의 일은 우리쪽 국경을 신중히 지키는데 경계가 한계가 있어 조령이 지엄합니다. 우리가 법으로 금하는 것을 한결같이 지켜 전혀 범하는 일이 없었다면 저들이 비록 방자하게 행동하더라도 결코 감히 쉽게 넘어오지 못했을 것이니, 당초에 좋지 못한 일의 발단은 그 죄가 우리나라 사람에게 있었습니다. 그런데 이 일이 있은 뒤로 조정의 논의가 대부분 저들의 법률이 해이해졌다고 비웃으면서도 우리나라의 금령이 행해지지 않는 것이 이와 같은 줄은 몰랐으니, 진실로 탄식할 만합니다. 신의 생각으로는 지금부터 변금(邊禁)을 신칙하여 영원히 잠상의 길을 막아버린다면 국경을 침범하는 폐단이 저절로 그치는 효과가 있으리라 여깁니다.

신이 듣기로 10여 년 사이에 이산(理山) 등지의 고을에 무관 출신의 수령 몇 명이 관아의 물화로 잠상을 하던 자가 있었는데, 이 이후로 간사한 백성들이 더욱 거리낌없이 문제를 일으키는 지경에 이르렀다는 소문이 자자한데 그 성명을 물으면 모두 굳게 숨긴다고 합니다. 이 일이 실로 은미한 일이지만 오랜 시일이 지나고 나면 조사하여 밝혀내기가 어렵게 됩니다. 관리된 자가 국법을 무시하고 국경을 넘어 재화를 거래했으니, 그렇다면 어찌 저 간사한 백성을 어찌 책망하겠습니까. 국가의 법령이 이에 이르니 참으로 한심합니다. 이것이 놀랄 만한 말인 듯하여 조정으로 하여금 모르도록 할 수가 없습니다.

바라건대 신이 아뢴 바로 특별히 명하여 변방의 관리를 엄히 신칙하고, 별도의 사목(事目)을 만들어 강변에 반포하여 변경의 관리들과 백성들에게 분명히 나라 법의 지엄함을 알게 하십시오. 또 관찰사에게 명을 내려 각별히 살피고 조사하도록 하여 정황이 드러나는 대로 곧장 현륙(顯戮)한다면 거의 두려워하는 마음을 갖게 될 것입니다.

1. 신이 삼가 보건대, 강계 이하 일대의 험준한 산은 하늘이 만들어 놓은 관방(關防)으로, 적유령(狄踰嶺), 우거령(牛車嶺), 구계령(九階嶺), 완항령(緩項嶺) 같은 곳은 모두 절험(絶險)의 요새입니다. 조정에서 그 사이에 진보(鎭堡)를 설치하여 각 고을이 위급할 때 물러나서 지키게 하는 논의를 하였으나 지금까지 실제로 조치한 일은 없습

니다. 국가가 비상사태에 대비하는 것이 이보다 더 어설플 수는 없으니, 신은 실로 개탄스럽습니다. 강가의 여러 고을은 강을 사이에 두고 경계를 삼는데, 피차의 지세가 높고 험하여 마치 병풍을 두른 것 같으니, 설령 예상하지 못한 경보가 있더라도 실로 편리하게 바라보며 살필 수 없습니다. 적이 골짜기 어귀에서 나와 막 변고가 있음을 깨달아도 몇 걸음 사이에 갑자기 성 아래에 다다라 우레 소리에 미처 귀를 가릴 수 없을 정도이니, 비록 지혜로운 자가 있더라도 어찌할 수가 없습니다.

각 고을의 형세는 결코 성을 지킬 수 있는 지역이 아니니, 물러나서 지키는 계책을 그만 둘 수 없습니다. 이른바 험준한 고개는 모두 백리 밖에 있으니, 평소에 조치해서 마련하여 비록 반드시 지킬 수 있는 형세가 있더라도 강한 적이 다다른 뒤에는 대중의 마음이 동요하여 중도에 뿔뿔이 흩어지는 것이 형세상 뻔한 일입니다. 더군다나 지금은 군기(軍器)와 군량을 일찍 조치해 두지 않았으니 끝내 병란이 일어나면 믿을 수 있는 것이 하나도 없어, 수령과 변방의 장수는 장차 모두 산골짜기에 엎드려 각자 도망쳐 살기를 도모할 뿐입니다. 비록 겹겹의 관문과 겹겹의 고개가 있더라도 누구에게 지키게 하겠습니까. 지금에 이른바 물러나 지킨다는 것은 공연한 말과 실제가 없는 것으로 귀결되고 말았으니, 이러면서 급한 일이 있을 때 힘을 얻고자 한다면 또한 어려울 것입니다. 의론하는 자들이 혹 강변의 각 고을을 모두 산 속의 옛 터전으로 옮겨서 험준하고 견고한 지형에 의거해 지키고자 말을 하지만, 조종조에 강가를 따라 배치한 것이 우연에서 나온 것이 아니니, 결코 가벼이 울타리를 철거하여 소홀하여 그르치는 우려를 더해서는 안 됩니다. 신의 생각으로는, 마땅히 험준한 고개 가운데 각 고을의 신지(信地)를 확정하고 그 곳에 나아가 먼저 창고를 짓고 군량을 저장하고, 부근에서 쌀을 조적(糶糴)하여 편리하게 운반하고, 고을 진영 군기의 절반을 이곳에 두어 적들에게 무기와 군량을 보태주는 근심에서 벗어나며, 관문을 설치하는 것은 천천히 논의하여 위급할 때 이에 의지해 지키는 것이 바야흐로 만전을 기하는 일이 될 것입니다. 바라건대 관찰사와 병사(兵使)로 하여금 상세히 헤아려 아뢰게 하여 신속히 강구하여 결정하여 변방을 방비하는 계책을 극진하게 하여 실효를 거두게 하십시오.

1. 근래에 조정의 의론을 보니 늘 험준한 고개를 지키고 산성을 지키는 데 힘을 쓰고 있습니다. 험준한 고개는 진실로 지켜야 할 곳이고, 산성도 진실로 지켜야 할 곳이지만 직로(直路)는 일체 잊어버린 듯이 내버려두니, 신은 완급이 그 순서를 잃은 것이라 생각됩니다. 《고려사(高麗史)》를 보니, 몽고의 침입이 항상 창주(昌州), 삭주(朔州), 의주(義州), 세 곳의 경계에 있었고, 벽동(碧潼) 이상은 대부분 병란을 입지 않았습니다. 병자호란과 정묘호란 때에도 이미 그러했던 증험이 또 다시 이와 같았으니, 그 지세의 험준함과 적의 침입 경로의 멀고 가까움은 동일하지 않은 점이 있습니다. 지금 적유령(狄踰嶺) 이하 험준한 고개의 안팎에 혹 진보(鎭堡)를 설치하고 혹 성지(城池)를 둔 것은 모두 위급한 때 물러나 지키는 계획 때문이니, 비록 반드시 지켜낼 수 있는 형세가 없더라도 그래도 전부 포기했다고는 할 수 없습니다.

의주(義州) 동쪽의 경우에는 큰 길이 숯 돌처럼 평평하여 하나도 장애요소가 없으니, 저들이 이미 우리의 허와 실을 안다면 쉬운 곳을 버려두고 험준한 곳으로 올 리가 만무합니다. 말을 달려 곧바로 들이닥치면 며칠 사이에 이미 험준한 고개의 안쪽으로 들어설 것인데, 누가 멀리 고개 길을 취하여 스스로 견고한 성 아래에 엎어지겠습니까. 연로의 산성으로, 예컨대 용골산성(龍骨山城), 운암산성(雲暗山城), 능한산성(凌漢山城), 검산산성(劒山山城) 등은 백성들이 난리를 피할 곳에 불과하고, 자모산성(慈母山城), 철옹산성(鐵甕山城)은 지세가 최고라 위급한 일이 닥쳤을 때 힘을 얻을 수 있을 듯하나 또한 직로에 있지 않으니 끝내 적의 형세를 막을 곳이 아닙니다. 혹시 변경의 경보가 발생하면 방백은 자모산성으로 적병을 피하고, 병사는 철옹산성으로 난리를 피하며 여러 고을의 수령이 적의 기세만 보고도 산성으로 피하게 될 것입니다. 대로가 활짝 열려 곧 사람이 없는 곳이 되면 한 번 호흡하는 사이에 곧장 경성으로 이를 것이니, 적로(賊虜)를 군부에 떠넘기는 것[32]에 가깝지 않겠습니까. 옛날에 적을 방어할 때는 변경을 지켰는데, 지금의 논의는 번번이 산골짜기 안에서 적병을 피하고, 국문 밖에서 적을 방어하고자 하니, 옳은 계책이 아닙니다. 신의 생각으로는 지금부터 방비하여 막을 계책을 오로지 직로에 뜻을 두고 그저 산성과 험준한 고개로 일을 삼지 않는 것이 아마도 급선무 일듯합니다.

우리나라에 삼한(三韓)이 통일을 이루지 않았을 때에 여러 나라가

32 적로(賊虜)를……것 : 후한(後漢) 광무제(光武帝)가 노(魯)에 있을 적에, 경감(耿弇)이 장보(張步)의 공격을 받고 있다는 말을 듣고 그를 구원하기 위해 직접 출동하였는데, 이에 진준(陳俊)이 경감에게 상의 군대가 도착할 때까지 잠깐 전투를 멈추고 기다리자고 건의하자, 경감이 "승여가 곧 도착할 터이니, 신자로서는 응당 소를 잡고 술을 걸러서 백관을 기다려야 할 것인데, 거꾸로 적로를 처리하는 일을 군부에게 남겨 드린단 말인가.〔乘輿且到, 臣子當擊牛釃酒以待百官, 反欲以賊虜遺君父邪?〕"라고 하고는 크게 싸워서 적을 대파한 고사가 전한다. 《後漢書 卷80 耿弇列傳》

마치 바둑판처럼 각자가 서로 공격하고 성을 쌓아 스스로 견고히 하여 작은 적을 피했습니다. 이 때문에 깊은 산과 골짜기 안에 모두 성의 터가 있습니다. 안시성(安市城)의 전투에서 승리를 거둔 뒤로 크게 성을 잘 지켰다는 명성을 얻었습니다. 그 때문에 옛날부터 지금까지 늘 산성을 지키는 것을 제일의 계책으로 여기는 것입니다. 그러나 과거의 일을 하나하나 살펴보면 평야의 성에서 승리를 거둔 것도 한 두 번이 아니니, 이는 형편과 방략이 어떠한가에 달려있는 것이지, 반드시 산성에서 싸운 뒤에 바야흐로 지킬 수 있는 것은 아닙니다. 예컨대 평양(平壤)과 안주(安州)의 형승은 실제 평야의 성 중에서는 얻기가 어려운 곳이나 형세가 얽매이고 다급해지면 버리게 되는 것을 면하지 못하니, 참으로 애석합니다. 지금 만약 오랜 세월을 두고 벽돌을 구워 돌을 모은다면 사람들을 번거롭게 하지 않고도 점차 수선할 수 있을 것입니다. 병력을 보강하고 군비를 거듭 엄하게 하여 갑자기 위급한 일이 생겼을 때에 수신(守臣)이 목숨을 바쳐 지켜낼 마음을 먹는다면 신은 반드시 지켜내지 못한다고는 장담할 수 없습니다. 이밖에 직로의 각 고을을 산성에 소속시키지 말고 그중에 험준한 몇 곳을 택하여 신지(信地)로 정해야 할 것이니, 비록 때에 맞게 성을 쌓지 못한다고 하더라도 방편을 마련하여 힘을 합쳐 막아낼 계책을 삼는다면 그나마 적의 예봉을 조금 꺾어 곧바로 경성으로 들이닥치는 위급한 사태에는 이르지 않을 것입니다. 산성으로 난리를 피하는 것과 비교하면 득실이 현격이 차이가 날 것입니다.

또 듣건대, 조정의 의론이 효성령(曉星嶺)을 파하고 가산(嘉山)을 철옹산성(鐵甕山城)으로 편입시키려고 한다고 하는데, 직로와 험준한 고개 중에 이와 같은 곳은 본래 얻기가 어렵습니다. 비록 고개를 피해 거쳐 지레 나가는 길이 있다하더라도 스스로 편의에 따라 막을 수 있으니, 결코 쉽게 철폐해서는 안 됩니다. 아울러 유념하시기 바랍니다.

1. 신이 듣건대, 견고하게 방어하는 계책은 민심을 견고하게 결속하는 것보다 먼저 하는 것이 없다고 하니, 성지와 병장기는 모두 그 다음의 문제입니다. 지금은 군역이 고르지 못한 것이 실로 한 도의 큰 폐단입니다. 평소에 거꾸로 매달린 것 같은 급함이 있으면 난리에 임해서는 토붕와해될 근심이 있으니, 신은 변경의 우려할 만한 상황이 저에 있지 않고 여기에 있을까 염려됩니다.

본도의 군병과 신포(身布)[33]는 감영은 1필을 받고, 병영은 2필을 받는 것이 고른 균역입니다. 그러나 괴롭고 수월하기가 현격히 다르면 괴로움을 피하여 수월한 데로 나아가는 것이 인지상정입니다. 이 때문에 백성들 중에 부유한 사람은 모두 각종 군관들 사이에 편입되고, 그 다음은 또 감영의 군적에 편입됩니다. 병영의 군정(軍丁)에 이르러서는 한번 첨정(簽丁)[34]을 받으면 마치 사지에 나아가는 것처럼 여깁니다. 오직 지극히 가난하고 지극히 천한 백성들만 여기에서 벗어나지 못해 떠돌다가 죽는 것이 아침이 아니면 저녁입니다. 베를 거둘 때 형세상 이웃과 친족에게 불법으로 거두지 않을 수 없는데, 그 중에 조금 형편이 나은 자는 한 집에서 내는 것이 거의 10여 필에 이릅니다. 비록 일족이라고는 하나 대부분 어떤 사람인지도 모르는데, 몇 년이

33 신포(身布) : 평민이 병역을 부담하지 않는 대신 그 대가로 나라에 바치는 포목을 말한다.

34 첨정(簽丁) : 장정을 병적에 올리는 것이다.

지나지 않아 이들도 모두 가산을 탕진합니다. 이 때문에 이름이 병영군(兵營軍)에 오르면 사람들이 혼인을 하려 하지 않으며, 부자관계도 보존할 수 없고 일가가 원수처럼 대하여 그 원성이 국가에 이르니, 어느 겨를에 윗사람을 친근히 대하고 장자를 위해 목숨을 바치는 의리를 요구하겠습니까. 각 고을은 죄를 면하는 것을 다행으로 여깁니다.

늘 세초(歲抄)[35] 때가 되면 구차하게 머릿수를 채우니 한 도의 군병이 장부상으로만 기록되어 있는데, 수신(帥臣)은 베를 거두는 것을 이익으로 여겨 백성들의 고혈을 짜서 그저 헛된 비용으로 써버리고는 군액의 허실과 민생의 질고에 이르러서는 막연히 잊어버린 채 놓아둡니다. 평상시에는 그나마 아무 일이 없기를 바랄 수 있지만 갑자기 급한 일이 생기면 할 수 있는 일이 없습니다. 군액이 텅 비고, 민심이 이미 흩어졌으니, 비록 군포가 산처럼 쌓여있다 하더라도 어디에 쓰겠습니까. 말과 생각이 여기에 이르니 저도 모르게 한심해집니다.

선배들이 군포를 영원히 개혁하고 정병(精兵)을 기르자는 의논이 있었으나, 이는 진실로 쉽게 해낼 수 없는 일입니다. 지금을 위한 계책은 오직 마땅히 신역을 고르게 하여 괴로움을 피하여 수월한 데로 나아가는 길을 끊어서, 골수를 부수고 살을 도려내는 위급한 상황을 풀어준다면 병졸을 뽑을 때에 가만히 앉아서 정예병을 얻을 것이고 이웃과 친족에게 끼치는 폐단이 절로 차츰 사라지게 될 것이니, 인심을 수습하는 것은 실제 이보다 더 나은 것이 없습니다.

의론하는 자들은 혹 병영의 용도가 부족할까 염려합니다. 신은 모르

35 세초(歲抄) : 해마다 6월과 12월에 군적을 정리하여 군역을 면제하거나 결원을 보충하는 것을 말한다.

겠으나 용도와 민심 중에 어느 것이 가볍고 어느 것이 중합니까. 비록 만 동(同)의 군포를 잃는다 하더라도 한 도의 민심을 얻는다면 그 이해와 득실은 지혜로운 자를 기다리지 않아도 알 수 있습니다. 신이 병영에 들렀을 때에 상세히 법도를 따져보니, 병영에서는 한 해에 632동 42필을 받는데, 그 중에 42동은 철옹산성에 봉류(捧留)[36]하고, 12동은 사행의 요구에 쓰며, 80동은 칙수전(勅需錢)[37]으로 바꾸어 두고, 9동은 파발을 위해 비축해 두고, 190동은 우후(虞候) 이하 장교와 병영 관리들의 옷감과 금료, 여러 장인, 청지기, 파발, 밥하는 일꾼의 품삯과 군영에서 물건을 사는 비용으로 쓰고, 300여 동은 상시 필요한 비용과 군사들의 시상 및 도성의 각 관사의 요구, 체직되어 돌아갈 때 중기(重記)[38]에 기록하기 위해 쓰인다고 합니다. 산성에 봉류하는 것은 비록 불시의 수요에 대비하기 위한 것이라 하더라도 해마다 창고에 남겨두는 것이 또한 적은 양이 아니니, 20동으로 줄이는 것이 진실로 무방합니다. 이밖에 옷감, 품삯, 바꾸는 비용, 필수 비용, 중기의 기록, 사신이나 관사의 요청 등의 일은 모두 변통하여 줄이는 도를 써서 비용을 절감한다면 공급하는 어려움에 대한 근심이 없을 것입니다. 비국(備局)의 관리하는 정장(精壯)과 양색군(兩色軍)은 대부분 2필을 내는데, 이는 변란을 대비한 비용이라 시급한 비용이 아니니, 특별히 절반을

36 봉류(捧留) : 본창(本倉)으로 이송하지 않고 현지에 거두어 보관해 두는 것을 말한다.

37 칙수전(勅需錢) : 칙사를 접대하는 비용으로 마련해둔 돈이다.

38 중기(重記) : 관가에서 전곡이나 노비 등을 출납하거나 납공(納貢)할 때 이를 기록하던 장부를 말한다.

감하도록 허락하되, 마땅히 비국부터 시작하십시오. 의주로 들여보내는 방군포(防軍布)의 경우에는 방(防)을 철폐한 뒤로는 실로 무의미하니, 절반을 감해도 더욱 해로울 것이 없는데, 무엇을 꺼려 고치지 않는 것입니까. 변통하는 조처는 조금도 느슨히 해서는 안 되니, 속히 바라건대 분명히 덕음을 내리셔서 병영 소속의 군포는 감영의 사례에 따라 1필을 들이도록 하여 군심을 결속하고 군정(軍政)을 중하게 하십시오.

1. 군역이 균등하지 못한 폐단에 대해서는 신이 이미 앞에서 상세히 아뢰었습니다. 그러나 군액(軍額)이 날마다 축소되어 한정(閒丁)을 얻기가 어려운 것은 오로지 군관의 명목이 번다한데서 기인한 것이니, 변통하지 않을 수 없을 듯합니다. 대저 감영의 군관으로 입사(立仕)라고 일컫는 자가 천여 명이고, 이외에 베를 거두는 자가 21,686명인데 대체로 1필을 냅니다. 병영은 쌀을 거두는 법규가 있는데, 목부군현(牧府郡縣)에 이르기까지 모두 그렇게 합니다. 이밖에 산성에서 성을 지키는 부류들이 역시 많은데, 산성중에도 자모산성이 더욱 심합니다. 각각 명목이 어지러워 거의 헤아리기 어려울 지경이니, 가업이 조금 넉넉해 군역을 피하려는 백성이 모여들지 않을 수 없습니다. 위에서는 베를 거두어 비용을 보태는 이로움이 있고, 아래에서는 괴로움을 피하여 수월한 데로 나아가는 길이 있어 원하는 바를 따라 번번이 소속되어 제한과 절차가 없습니다. 위에서 좋아하고 아래에서는 정도가 심하여 굳어져서 깨트릴 수가 없습니다. 수령이 세초할 때에 군정 한 명을 얻으면 그는 즉시 군관첩(軍官帖)을 납부하니, 영부(營府)가 아니면 산성입니다. 한 장의 첩문이 없는 집이 없는데, 오직 빈천하여 죽음에 다다른 백성들은 손에 지닌 것이 없어 부득이 이런 부류로 충원하지

않을 수가 없습니다. 도망하는 자들이 이어져 남아있는 자가 거의 없으면 또 이웃과 친족, 죽은 자에 이르기까지 침탈이 미치니, 참혹한 일이 이보다 심한 것이 없습니다. 백성을 똑같이 사랑하는 조정의 도리에 있어 어찌 한 도의 백성들을 몰아서 범죄자의 소굴로 들어가게 하고, 궁핍한 백성들로 하여금 군역에 곤궁을 겪게 하고서도 구휼하지 않는단 말입니까.

의론하는 자들은 혹 "이 부류들이 비록 군관이라 이름 하지만 평상시에는 베만 거두고 난리 때에 조용한다면 군졸과 무엇이 다를 것이 있는가."라고 하는데, 이는 역시 그렇지 않습니다. 신이 암행할 때에 민가에 투숙하였는데 태반이 군관이었으나 군영의 문에 발을 들인 적이 없고 손으로는 활과 화살도 잡은 적도 없으면서, 첩문에 의지하여 여유롭게 지내는 자들이 열에 아홉이었습니다. 얼핏 들으니 작년에 감영에서 군대를 편성하는 일이 있었을 때, 저 입사(立仕)라는 무리들은 그래도 순번을 돌며 활을 쏘는 훈련이 있었는데 전향(轉餉)이니 운향(運餉)이라고 칭하는 자들은 평소에 다만 베를 거두는 일만 관장하느라 조련이 무슨 일인지도 몰랐다고 합니다. 이와 같은데도 군대를 편성했다고 한다면 위급한 일이 발생했을 때 힘을 얻고자 해도 또한 엉성하지 않습니까.

한 도의 군정의 액수가 그저 장부상에 기록되어 있어 수만의 정예병이 자기 집에 편히 누워 있는데, 방백으로부터 수령에 이르기까지 그저 일시적인 필요 경비에만 급급하여 그 폐단을 알면서도 고치지 않으니, 참으로 개탄할 일입니다. 마땅히 방백으로 하여금 베를 거두는 부류를 모두 모아 무예를 익히게 하되 조금이라도 군관의 모양새를 갖춘 이는 그대로 군관에 소속시켜 항시 조련하여 수하의 친위병으로 삼게 해야 합니다. 그 중에 단지 군역을 피해 소속된 자들은 모두 조사하여 태거(汰去)한다면 이는 일시에 모두 조사해서 태거시키는 것과는 차이가 있으니 필시 감히 원망하지 못할 것입니다. 마땅히 각 고을로 하여금 일체를 거행하게 하시고, 이후로 각종 군관의 부류들을 각각 그 수를 정하여 만일 정원 이외에 사사로이 모집된 자가 있다면 적발하고 논죄하여 엄히 금하게 하십시오. 그렇게 하면 천 명이 넘는 정예병을 가만히 앉아서 얻을 수 있고, 이웃과 친족, 죽은 이에게까지 징수하는 폐단은 없애려하지 않아도 절로 없어질 것입니다. 마땅히 묘당에 명하여 계책을 세워 즉시 변통하게 하십시오.

또 신은 민간에서 서너 살 된 아이들이 모두 감영의 군관첩을 가지고 있는 것을 보았습니다. 또 태중에 있는 아이의 경우 이름을 빌려 군관첩을 낸다는 말이 있어 감영에 물으니, 과연 아군관(兒軍官)이 천여 명이었고, 열 살 이상은 베를 거둔다고 하였습니다. 저들이 비록 약한 아이라 하더라도 훗날의 정장(精壯)이 아님이 없는데 포대기도 벗어나기 전에 군역을 피할 길을 얻었습니다. 폐단이 이 지경에 이르렀으니, 어찌 한심하지 않겠습니까. 여러 명목 중에 아군관이라는 명칭은 더욱 어처구니가 없습니다. 우선 일체 조사하여 태거하고 여러 고을에 맡겨 이들이 장성하기를 기다려 부족한 수에 충원하도록 하고, 이후로는 약한 아이를 모집하는 법규를 영원히 혁파하여 그 폐단을 막으십시오.

1. 신이 삼가 보건대, 군정(軍政)의 허술함이 본도보다 심한 곳이 없습니다. 군액의 총수는 몇 만일 뿐이 아닌데, 수신은 오직 베를 거두는 것을 임무로 여겨, 군사 조련하는 일은 도외시 하고 있습니다. 군사들은 전쟁이 무엇인지도 살피지 못하여 활을 잡고 화살을 쏘는 일을 도무

지 알지 못합니다. 진보의 군졸에 이르러서는 잡역에만 동원되어 대오의 모양새가 없으니, 비록 무기가 있다한들 장차 어디에 쓰겠습니까. 만일 다급한 상황이 발생하면 이른바 시장 사람들을 내몰아 전쟁을 하는[39] 격이니, 얼마 지나지 않아 장수를 적에게 주게 되지[40] 않겠습니까. 병사(兵使)가 순시하는 것이 일 년에 한 번을 넘지 않는데 흉년이 들면 바로 정지하니, 변방을 방비하는 도에 있어서는 포기하도록 두어서는 안 됩니다. 마땅히 각 고을과 각 진영으로 하여금 관리하는 군졸들에게 항상 군사훈련을 시키되 농사가 한가한 때에 맞추어 한 달에 한 차례로 하는 것을 정식규정으로 만들어 좌작진퇴(坐作進退)[41]를 가르치게 해야 합니다. 만일 방영(防營) 등에서 입번(立番)하는 군사가

39 시장……하는 : 한신(韓信)의 여러 장수들이 "병법에 오른쪽과 뒤에는 산과 구릉을 두고 앞과 왼쪽에는 수택을 두라 하였는데, 지금 장군이 신들로 하여금 배수진을 치게 하여 승리함을 어찌된 것입니까?"라고 묻자, 대답하기를, "이는 병법에 나와 있는데 다만 제군들이 살피지 못하였을 뿐이다. 병법에 사지에 빠진 뒤에 살고 망할 땅에 놓인 뒤에 보존된다라고 말하지 않았는가. 또 내가 평소에 어루만져 복종하게 한 군사와 군관을 얻은 것이 아니니, 이는 이른바 시장 사람들을 몰아서 싸운다는 것이다. 이들에게 살 땅을 주면 모두 달아날 것이니, 어떻게 쓰겠는가." 하였다.《通鑑節要 卷4 漢太祖高皇帝》

40 장수를……되지 : 조조(晁錯)의 〈언병사서(言兵事書)〉에 "병장기가 날카롭지 않으면 군졸을 적에게 주게 되고, 군졸을 이용할 수 없으면 장수를 적에게 주게 되고, 장수가 병법을 알지 못하면 임금을 적에게 주게 되고, 임금이 장군을 가려뽑지 않으면 나라를 적에게 주게 되니, 이 네 가지가 병법의 지극한 요체이다."라고 한 데서 나온 말이다.

41 좌작진퇴(坐作進退) : 군사가 훈련을 받을 때 일체의 행동 지시에 대한 동작을 말함. 좌(坐)는 앉는 동작, 작(作)은 일어서는 동작, 진(進)은 앞으로 나아가는 동작, 퇴(退)는 뒤로 물러가는 동작을 말한다.

교체될 때에 그 때마다 모두 양번을 합하여 조련하는 것을 상규로 정하고, 병사가 순시할 때에 그 잘하는지에 대한 여부를 시험하여 상벌을 내린다면 올바로 신칙하는 효과를 거둘 것입니다. 속히 명하여 거행하도록 신칙하십시오.

1. 군기(軍器)가 미비된 것에 대해서는 신이 이미 별단에서 하나하나 아뢰었습니다. 그러나 한 도의 군기가 대체로 모양새가 없어 강변(江邊)의 경우에는 폐사군(廢四郡)[42]의 옛 병장기가 대부분이고, 다른 고을에 구비된 것도 대부분 몇 백 년이 지난 것이니, 무기가 손상되고 파손된 것은 형세상 당연합니다. 그 중에 화약과 도침(搗砧)은 소요되는 공력이 많은데, 피폐한 군읍이 연이어 흉년을 만나 또 물력이 모자라다보니 실로 보수할 길이 없어 그대로 버려두어 점점 무용지물이 되고 있으니, 혹여 급한 경보라도 있게 되면 장차 어디에 쓰겠습니까. 별도로 변통하는 도가 없어서는 안 됩니다.

신이 삼가 보건대, 각 고을의 월과목(月課木)을 으레 감영에 바치는데 풍년에는 129동 44필의 정해진 수량에 맞춰 수봉하고 흉년에는 절반으로 감해줍니다. 대읍, 중읍, 소읍, 잔읍을 구분하여 그 납입량의 많고 적음에 따라 조총과 탄약을 나누어 주는데 각각 정해진 규칙이 있습니다. 그런데 이른바 가목(價木)이 군기(軍器)에 쓰이는 것은 겨

42 폐사군(廢四郡) : 세종 때 서북 방면의 여진족을 막기 위해 설치하였던 국방의 요지로, 여연(閭延)・자성(慈城)・무창(茂昌)・우예(虞芮)를 말한다. 유지가 어렵다는 이유로 1455년(단종3)에 우예, 무창, 여연의 3개 군이 폐지되고, 1459년(세조5) 자성군마저 폐지되어 이후 폐사군으로 불렸다.

우 오 분의 일이고 그 나머지는 모두 말을 세내는 값으로 쓰입니다. 신이 점검할 때에 각 고을에서 새로 받아온 조총과 화약을 보니 품질이 그다지 좋지 않고 크기도 오래된 물건만 못했으니, 이는 감영에서 사람들이 방납(防納)[43]하는 것을 허락한 데서 기인한 것이니, 구차하게 그 수를 채우는 폐단은 일이 매우 마땅하지 않습니다. 신의 생각으로는 큰 고을인 의주(義州), 강계(江界), 영변(寧邊), 평양(平壤)을 제외하고는 일 년분의 월과(月課)를 모두 해당 고을에 떼어 주어 옛 기물을 보수하게 하고, 그중에 미비된 것은 역량에 따라 더 만들게 하되, 비용을 써서 개조한 수량을 영문(營門)에 보고하게 하여 순시할 때에 일일이 점검한다면 수령이 감히 다른 곳에 함부로 쓰지 못하고 그 형세가 장차 마음을 다해 수리하여, 한 도의 병기가 얼마 지나지 않아 확연히 달라질 것이니, 감영에서 나누어주는 약간의 조총과 화약과 비교한다면 같은 수준에서 논할 수가 없을 것입니다. 명하여 시행하시기 바랍니다.

1. 신이 삼가 보건대, 강변(江邊)의 여러 고을 가운데 강계(江界)와 창성(昌城)이 가장 중요한 지역이니 조정에서 좌우에 방영(防營)을 설치한 것은 실로 사리에 합당합니다. 강계의 산천은 험준하여 적들이 우회하여 지나니, 만약 병자호란과 정묘호란 때처럼 갑자기 쳐들어오면 필시 우선적으로 공격을 받는 지역은 아닐 것입니다. 그러나 저쪽

43 방납(防納) : 지방 관아의 상납 공물에 대해 중앙 각 관사의 서리 등이 여러 가지 구실을 달아 점퇴(點退)한 다음, 그 공납 의무의 대행을 통해 이익을 취하는 행위를 가리킨다.

땅인 저곳의 이른바 노성(老城)의 건주위(建州衛)는 강계와의 거리가 제법 가깝고 금(金)나라 황제의 묘와 황제의 성이 모두 만포(滿浦)가 바라보이는 곳에 있으니, 황조(皇朝)에서 항상 철령위(鐵嶺衛)를 세우고자 한 것이 바로 강변의 땅입니다. 저 백년 동안 국운이 없는 나라[44]가 소굴로 돌아간 것은 단지 얼마 전의 일이니, 신은 이때에 적유령(狄踰嶺) 이외 지역이 끝내 우리의 소유가 되지 못할까 두렵습니다.

창성과 같은 경우는 실로 적의 칼날이 처음으로 들어오는 곳입니다. 병자호란과 정묘호란 때 이 지역이 어육(魚肉)이 되었으니 이는 이미 분명하게 증명된 일입니다. 두 지역에 적이 쳐들어오는 것이 완급과 선후의 차이가 있는 듯하지만 모두 요충지이니, 주무(綢繆)의 계책[45]을 조금도 느슨하게 해서는 안 됩니다. 더군다나 강변은 병영과의 거리가 매우 멀어 급박한 명령이 형세상 미치지 못합니다. 좌우에서 억누르고 제압하는 형세는 오직 방영에 있는데 옮긴 뒤로 조정의 의논이 분분하여 군제(軍制)와 방수(防守)의 신지(信地)가 아직도 확정되지 않았습니다. 평상시에 통제하지 않는다면 전란이 닥쳤을 때 무슨 수로 힘을 내겠습니까. 마땅히 좌우의 방어사로 하여금 강구하고 정하여 계품하도록 해야 합니다. 또 강을 따라 봉화가 상하로 이어지는데 병영에서는

44 백년……나라 : 오랑캐 족속을 가리킨다. 중국 민간에 전해지는 《소병가(燒餠歌)》라는 예언서에 나오는 말이다. 명 태조(明太祖) 주원장(朱元璋)이 국사(國師)인 유기(劉基)와 미래의 일에 대한 이야기를 나누다가, 명나라가 망한 뒤에 호인이 지배하는 세상이 올 것이라는 말을 듣고서 "예로부터 호인은 100년 동안의 국운(國運)도 없다고 하는데, 이 나라는 끝내 200여 년의 운세를 누린단 말인가.〔自古胡人無百年之國運, 乃此竟有二百餘年之運耶?〕"라고 반문했다는 내용이 실려 있다.

45 주무(綢繆)의 계책 : 41쪽 주24 참조.

항상 가까이 있는 곳만 적간(摘奸)하고 천 리 밖은 대부분 소홀하니, 방영으로 하여금 소속된 읍진(邑鎭)으로 가서 수시로 적간하여 엄히 신칙하게 하고, 흉년으로 순시(巡視)를 중지한 때에도 방영으로 하여금 영장(營將)에 예에 따라 관하의 군읍을 순시하게 한다면, 먼 지역을 오고가는 폐단이 없어지게 될뿐더러 또 군비가 소홀한 근심이 없어지게 됩니다. 강계와 같은 경우는 본부의 창고가 만포의 고산성(高山城) 안에 있으니, 겨울과 봄에 으레 창고를 순시하는 길에 그대로 여러 진영의 군기를 점검하고 각처의 파수를 조사한다면, 곧 순시해서 시찰하는 것처럼 일이 매우 편리할 것이니, 아울러 정식으로 삼아 신칙하십시오. 창성(昌城)을 이읍(移邑)하는 일은 근년에 어사의 진달로 인해 우선 중지되었습니다. 두 가지 경우의 이해와 득실을 이미 서계(書啓)에서 모두 말하였으니, 가부를 헤아리는 것은 오직 조정의 일인데 수년 동안 아직도 시비가 정해지지 않아 민심이 의혹되어 안정되지 못하고 있습니다. 국체(國體)에 있어서도 줄곧 인습해서는 안 됩니다. 만약 재차 신중히 살피고자 한다면, 마땅히 관찰사로 하여금 가을 순시 때 자세히 살펴서 보고하게 하시어 하나를 정하여 분부할 근거로 삼으십시오.

1. 강변(江邊)에 진(鎭)과 보(堡)를 설치한 것은 파수(把守)를 엄중하게 하고 위급한 상황을 알리기 위한 곳으로 약간의 사졸이 모두 각각의 관청에 배속되어 있습니다. 만포(滿浦)를 시험삼아 말해보면, 강줄기의 맨 처음에 위치해 있어 최고의 요해처로 일컬어지는데 방영(防營)을 옮긴 이후 체모가 점점 낮아져 한 사람의 수하 친병(親兵)도 없습니다. 중요한 진영이 이와 같으니 다른 곳은 말해 무엇 하겠습니까. 예전

병란이 일어났을 때 변장(邊將) 한 사람만 있어 인신(印信)을 지니고서 바위 구멍 속으로 달아났는데, 변방의 사람들이 지금까지도 전하여 비웃습니다. 설사 병난이 또 일어난다고 해도 이처럼 되고 말 것입니다. 조정에서는 매번 험준한 산을 방비하는 일에 논하면서 반드시 "모 지역은 모 진(鎭)에서 지키고, 모 처는 모 보(堡)에서 지키되, 각기 신지(信地)를 정하여 급박한 상황이 닥치면 물러나 수비하라."라고 말합니다. 그런데 이른바 첨사(僉使)와 만호(萬戶)는 모두 군사가 없는 장수이니 비록 험준한 곳에 있은들 누구와 함께 수비하겠습니까. 모든 일에서 실행이 없는 공허한 말이 대체로 이와 같으니 한탄하지 않겠습니까. 더군다나 그 사졸은 명령은 진장(鎭將)에게 받는데 이름은 본관에 배속되어 있으니 이탈하고 분열되어 한 마음이 되지 못합니다. 난리를 당해 분주할 때 전혀 통제할 수 없어, 중도에 도망쳐 흩어지는 형국이 반드시 생기게 될 것이니 여기에서도 저기에서도 모두 유익함이 없습니다. 신의 생각으로는 진과 보의 사졸은 본읍에 배속하지 말고 한꺼번에 떼어서 주고, 첨만호(僉萬戶)에게 천파총초관(千把摠哨官)의 관명을 겸하게 하여 방영에 배속시켜 통제를 받도록 해야 합니다. 평상시에는 감독 하에 부대를 만들어 항상 훈련하고, 위급한 때에는 배속된 곳으로 가서 협력하며 함께 지킨다면, 상하가 관속 되어 조금이나마 변장의 모양새를 지니어 위급할 때 힘을 얻을 수 있을 것이니 아울러 시행하십시오.

1. 강변(江邊)의 진과 보 가운데 강계(江界)의 종포(從浦), 위원(渭原)의 오로량(吾老梁), 창성(昌城)의 갑암(甲巖)이 가장 심하게 피폐합니다. 통솔하는 사졸이 불과 6, 7명이고 더러는 3, 4명인 경우도

있습니다. 봉수대의 파수(把守)는 교대할 사람이 없어 군졸이 입번(立番)하면 사계절 내내 머무르니, 실로 사람으로서 견딜수 있는 일이 아니기에 원통함을 호소하는 소리를 차마 들을 수 없을 지경입니다. 변방의 장수가 된 자는 밥 짓는 것과 풀 베는 것을 몸소 하고 있어 전혀 관리다운 모습이 없으니 진실로 안타깝습니다. 병영에 명하여 속히 폐단을 구제할 대책을 강구하게 하고 진의 군졸을 떼어주어 모양새를 갖추게 하십시오. 이외에 여러 진도 모두 피폐하니 각별히 돌아보고 구제하는 일이 꼭 있어야 하겠습니다. 진과 보 근처의 공터에 변장이 백성을 모아 경작하는 것을 허락하고 새로 들어온 사람에게는 군역을 부과하지 말아 편히 살도록 하며 징수한 화전세(火田稅)로 필요한 용도에 보태게 한다면 믿고 의지하는 유익함이 있을 것입니다.

1. 강계(江界)의 추파진(楸坡鎭)에는 세 곳의 봉수대가 있는데, 그 가운데 석용봉(石茸烽)은 바로 사군(四郡)과 호응하는 곳입니다. 사군이 폐기된 이후로 호응할 수 있는 곳이 없는데 지금까지 남아있으니 진실로 무의미한 일입니다. 잔폐된 진보의 사졸이 매우 적어서 봉수대의 파수(把守)는 입번(立番)할 인원을 갖출 수가 없으니, 이처럼 무용한 곳은 속히 파기하여 조금이라도 변통하는 방도가 있도록 해야 합니다.

1. 강변(江邊) 변장은 내륙과 달리 단지 월급만으로 살아가는데 근래 흉년으로 인해 월급이 삭감되어 스스로 살아갈 수가 없어 간간이 굶주리는 걱정이 있습니다. 변방을 수비하며 성 위에 올라 적을 막는 것은 임무가 가장 고생스럽고, 불행히 변란이 생기면 먼저 적의 침입을 받

으니 항상 더욱 마땅히 우대하여 구제해 주어야 합니다. 더군다나 수년 동안 부지런히 일한 부류만이 겨우 한 자리를 얻어 천 리 떨어진 변새에서 갖은 고초를 겪고 있습니다. 평년의 봉급도 원래부터 적은데 봉급이 삭감된 이후로는 더욱 입에 풀칠할 방법이 없으니 진실로 안타깝습니다. 더군다나 이번에 삭감된 것이 몇 말에 불과하지만 반드시 굶주린 백성들의 입 속으로 모두 들어간 것은 아닐 것입니다. 들어오는 것은 적고 줄어든 것은 많으니 대체(大體)가 맞지 않을 듯합니다. 옛날대로 회복하도록 속히 명하시어 지금 이후로 강변의 변장은 비록 흉년을 만나더라도 봉급을 삭감하지 말도록 정식으로 시행하여 특별히 긍휼히 여기시는 뜻을 보이십시오.

1. 강을 따라 파수하는 군졸의 일이 가장 고생스러운데 그 가운데서도 강계(江界)가 가장 심합니다. 다른 고을은 인가 근처에서 파수하기에 아침에 갔다가 저녁에 돌아오니 양식을 싸서 멀리 나가는 병폐가 없습니다. 그런데 본부(本府)의 백성은 천 리 밖 사람이 살지 않는 폐사군(廢四郡)에 들어가 파수하니, 농사철에 양식을 지고 가서 승냥이, 범과 이웃하며 밤낮으로 강을 순찰합니다. 4월에 들어가 9월에 돌아오는데 매년 이와 같이 합니다. 가지고 가는 양식과 비용은 여기저기서 빌리는데 빚에 시달려 심지어 집안이 망하고 몸을 파는 경우도 있습니다. 나이가 10세가 되면 바로 이 일에 끌려가서 죽기 전까지 내내 면할 수 없습니다. 이는 실로 다른 고을에는 없는 고역이니 진실로 슬퍼하고 가엾게 여길 만합니다. 고(故) 참판 이세재(李世載)가 감사로 있을 때 계문하여 변통해서, 영(嶺) 안팎을 막론하고 들어가 파수하는 장졸들의 봉급을 환자〔還上〕로 사람마다 6말씩 분급하고 이자 없이 봉납

하게 하였으니, 매우 큰 은혜입니다. 다만 그 가운데 가난하고 피폐된 백성이 연달아 흉년을 만나 상환할 방도가 없어 도망쳐 흩어지는 폐단이 많이 생기니 특별히 긍휼히 여기지 않을 수 없습니다. 지금 이후로 폐사군에 들어가 파수하는 강계부의 군졸들은 진휼을 설시할 때 굶주린 백성들에게 주는 건량미(乾糧米)의 예에 따라 공급하는 환상을 특별히 무상으로 지급한다면, 크게 변방의 백성을 위로하고 기쁘게 하는 방도가 될 것입니다.

1. 강변(江邊)의 여러 고을과 진과 보에 대부분 조선(槽船)[46]을 두었는데, 마상선(馬尙船)이라 일컫습니다. 수령과 변장이 간혹 사람을 시켜 강에서 물고기를 잡는데 군졸과 백성들에게 폐를 끼치는 일이 많습니다. 간악한 백성들이 또 더러 몰래 강을 건너가 국경을 범하는 근심이 있으니 매우 놀라운 일로 통렬히 금지시키지 않을 수 없습니다. 위원(渭原)의 삼강(三江)을 건너는 곳은 비록 큰 수로가 아니지만 또한 전혀 없어서는 안 되니 한 척만을 두도록 허락하되, 관에서 봉하여 육지에 두었다가 공무로 건너는 외에는 감히 사적으로 사용하지 못하게 합니다. 이외 각 고을과 각 진에는 일체 금지시켜 두지 못하게 해야 합니다. 만약 이전처럼 물고기 잡는 폐단이 생기거든 발각되는 족족 엄중하게 다스린다면 실로 변방의 금령을 엄하게 펴는 하나의 단서가 될 것이니, 속히 신칙하라고 명하소서.

46 조선(槽船) : 본래 명칭은 농토선(農土船)인데, 강과 바다가 합치는 곳에 왕래하는 것이다.

1. 의주(義州)는 나라의 목구멍으로 원래 웅부(雄府)라 일컬어졌으니, 재화가 넉넉하고 인물이 풍부합니다. 불행하게도 변란이 생기면 가장 먼저 적의 침입을 받으니 서쪽 지방의 최고의 요충지입니다. 그런데 성지(城池)가 무너지고 군무(軍務)는 거행되지 않으니 변방을 수비하는 일이 진실로 한심합니다. 이 주(州)를 다스리는 자는 실로 백성을 기르고 변방을 방어하는 권리를 겸하니 그 책임이 지극히 중대합니다. 그런데 근대 조정에서는 대부분 적임자를 가리지 않고 번번이 시종신이 승진하는 자리로 만들어 버렸습니다. 평상시에 부질없이 자리만 차지하고 있으면서 오히려 아무 일이 없기를 바라니 만약 적들이 쳐들어오면 장차 어찌하겠습니까. 마땅히 지금부터는 특별히 신중히 하여 문관 가운데 재주와 기량이 남에게 칭송받는 사람을 자급을 따지지 않고 각별하게 가려서 보내고, 간혹 일찍이 장수의 직임을 거친 무관으로 지위와 명망, 청렴하다는 소문이 있는 자를 차출하여 보낸다면 군정을 닦고 거행하는 방도에 보탬이 될 것입니다.

또 본부(本府)의 백마산성(白馬山城)은 멀지 않은 곳의 대로에 있는데 산세가 험준하고 시야가 멀리까지 확 트여 있어 북방의 황야가 바로 보입니다. 또 강을 따라 봉수대가 연이어 있고 경내는 험준하여 이 산성을 넘을 수가 없습니다. 비록 반드시 오랫동안 지켜 힘을 얻을 곳은 아니지만 그래도 백성들이 전란을 피할 곳으로는 충분합니다. 고(故) 병사(兵使) 임경업(林慶業)이 처음으로 축성할[47] 때 그 뜻이 우연이 아니었는데, 조정에서 법규에 얽매어 전혀 보수하지 않아 훼

47 처음으로 축성할 : 1633년(인조11) 임경업이 백마산성에 웅거하면서 성을 수축하고 방비를 튼튼히 하여 병자호란 때 청나라 군대와 싸웠다.

손된 채로 방치해 버리니 진실로 안타깝습니다. 신이 지나는 길에 들어가 자세히 살펴보니, 옛날에 만든 성첩이 아직도 많이 보존되어 있고, 성 안에는 또 돌이 많으니 급박한 때에 보수하여 축조하기에 또한 절로 어렵지 않을 것입니다. 마땅히 본부(本府)의 무사들 가운데 근실하고 일에 밝은 자를 가려서 정식으로 별장(別將)으로 삼아 우선 수목을 수호하게 하고 돌을 더욱 모아 점차적으로 보수하는 계책으로 삼아야 할 것입니다. 민심 또한 모두 이와 같으니, 속히 시행하라고 명하십시오.

1. 지난 해 변방 수령이 상소하여 청한 것으로 인해 강변(江邊)의 일곱 고을에 재주를 시험하라는 명이 있었습니다. 실로 변방의 백성들을 고무시키는 일인데 갑자기 흉년으로 인해 정지되어 민심이 모두 실망하고 있습니다. 조정에서 이미 시행을 허락한 이후에 지체하여 그 희망을 저버려서는 안 됩니다. 특별히 가을과 겨울에 시행하여 문무(文武)의 인재를 시험하여 뽑도록 명하시어 변방의 민심을 위로하십시오.

강의 講義

경연에서의 대화를 아울러 기록함[48]

을사년(1725년, 영조1) 8월 28일, 주강(晝講)하는 자리에 입시하였다. 상이 《맹자》 곡속장(觳觫章)의 "억왕흥갑병 위사신(抑王興甲兵危士臣)" 이하를 강하고서 새로 배울 대목을 읽은 뒤에 시강관 김용경(金龍慶)이 아뢰기를,

"위의 장에서 이미 '마음이 유독 심하다〔心爲甚〕'로 발단을 삼았습니다. 그래서 이 장에서 또 '마음에 통쾌하시겠습니까?〔快於心〕'라고 물은 것입니다. 대개 제(齊)나라 왕이 물건을 아끼는 마음은 있으나 백성을 사랑하는 마음이 없었기 때문에 맹자의 질문이 이와 같았던 것입니다."

하였다. 동지경연사 이재(李縡)가 아뢰기를,

"만약 제나라 선왕(宣王)을 두고서 백성을 사랑하는 마음이 전혀 없다고 한다면 지나칠 것입니다. 다만 물건을 아끼는 마음은 무겁고 오래가지만 백성을 사랑하는 마음은 가볍고 짧았던 것뿐입니다. 그래서 맹자의 말이 이와 같았으니, 왕으로 하여금 헤아릴 수 있게 하고자 한 것입니다."

하니, 상이 이르기를,

48 경연에서의……기록함 : 1725년(영조1) 8월 28일 시민당(時敏堂)에서 주강(晝講)하는 자리에 저자가 입시하였다.

"그 말이 좋다."

하였다. 검토관 권적(權適)이 아뢰기를,

"《맹자》 한 편은 모두 인욕(人欲)을 막고 천리(天理)를 보존하는 것이니, 군주는 반드시 인욕을 막고 천리를 보존하기에 힘써야만 옳습니다. 그렇지만 제나라 선왕은 토지를 넓히고 진(秦)나라와 초(楚)나라의 조공을 받는 것에 힘쓸 줄만 알고, 병사를 일으켜 군사와 신하들을 위태롭게 하는 것은 알지 못했습니다. 그래서 맹자의 말이 이와 같았습니다."

하니, 상이 이르기를,

"그 말이 절실하다."

하였다. 이재가 아뢰기를,

"병사를 일으켜 군사와 신하들을 위태롭게 하는 것은 실로 사람의 마음에 통쾌한 것이 아닙니다. 선왕이 이미 벌벌 떠는 소에 대해서 차마 하지 못하는 마음이 있었으니, 어찌 유독 이런 마음이 없겠습니까. 다만 사욕으로 꽁꽁 가려져서 깨닫지 못한 것일 뿐입니다. 그래서 맹자가 이런 말을 하여 본연의 어진 마음을 감발시키려고 한 것입니다. 그 지성으로 깨우쳐 인도하는 뜻을 천년이 지난 뒤에도 상상할 수 있습니다."

하니, 상이 이르기를,

"그 말이 좋다."

하였다. 이재가 아뢰기를,

"선왕이 벌벌 떠는 소를 보고 차마 죽이지 못한 것은 본래 마음에 가득 찬 어진 마음인데, 양으로 소를 대신하라고 한 데 이르러서는 백성의 말에 스스로 해명하지 못했으니, 이런 마음이 이미 어둡고 가려진 것입니다. 맹자가 인술(仁術)에 대해 진달한 이후에야 내 마음에 감동하는 바가 있다라고 하였으니 이것은 본심이 다시 발현된 것입니다. 그러나 이런 마음이 왕도에 부합되는 까닭은 까마득히 살피지 못했던 것입니다. 맹자가 또 저울질을 하고 자로 재 보아야 한다는 말로써 왕이 헤아려 보기를 청했으니[49] 그렇다면 분명하게 깨우치는 단서가 있을 듯한데, 웃기만 하고 말하지 않았으니,[50] 이는 크게 하고자 하는 바가 스스로도 부끄러운 일인 줄 알아 말하고 싶지 않았던 것이니, 이것은 또한 사심입니다. '내가 어두우니 나를 밝게 가르쳐 주시오.'라고 말한 대목[51]에 이르러서는 양심이 다시 발현되기는 하였으나 끝내 확충시켜서 왕도 정치를 행하지 못하였습니다. 이 한 편 가운데에서 선왕의 마음이 어둡고 밝은 곳을 드나드는 것을 분명하게 볼 수 있습니다. 무릇 인(仁)은 인(人)입니다. 어느 인군인들 백성을 사랑하는 마음이 없겠습니까. 다만 체험하지 못하는 것이 걱정입니다. 이와 같은 장은 그저 문자로만 읽지 마시고 하나하나 자신의 마음에 돌이켜 항상 '나에게 이 마음이 있지만 선왕과 같이 꽁꽁 가려지지 않았는가?'라고 생각하십시오. 맹자가

49 맹자가……청했으니 : "저울질을 한 뒤에야 경중을 알며, 재어본 뒤에야 장단을 알 수 있습니다. 사물이 다 그러하거니와 그 중에도 마음이 유독 심하니, 왕은 청컨대 이것을 헤아리소서."라고 한 말을 가리킨다. 《孟子 梁惠王上》

50 웃기만……않았으니 : 맹자가 "왕께서 크게 하고자 하시는 바를 얻어 들을 수 있겠습니까?"라고 하자, 왕이 웃으면서 말하지 않은 부분을 가리킨다. 《孟子·梁惠王上》

51 내가……대목 : 선왕이 이르길, "나는 어두워서 여기에 나아갈 수 없으니, 원컨대 부자(夫子)께서는 나의 뜻을 도와서 밝게 나를 가르쳐 주소서. 내 비록 불민하오나 한 번 시험해 보겠습니다."라고 한 것을 가리킨다. 《孟子 梁惠王上》

선왕에게만 고한 말로 간주하지 말고 항상 맹자에게 직접 듣는 듯이 반드시 살피고 알아서 확충하기를 힘쓴다면, 백성을 보존하고 왕도 정치를 행할 수 있을 것이니, 또한 《맹자》를 잘 읽은 것이라 할 수 있습니다."

하니, 상이 이르기를,

"그 말이 가장 최선이니, 각별히 유념하겠다."

하였다. 이재가 아뢰기를,

"'풍년에는 종신토록 배부르다〔樂歲終身飽〕'에서의 세(歲) 자는 선정신(先正臣) 이황(李滉)이 1년을 가리키는 것이 아니라 마땅히 활간(活看)[52]해야 한다[53]라고 했습니다. 이에 대해서는 선유(先儒)의 정론이 있기에 감히 진달합니다."

하니, 상이 이르기를,

"그렇다."

하였다. 이재가 아뢰기를,

"백성은 식량을 하늘로 삼으니,[54] 식량이 없으면 어찌 살아갈 수 있겠

52 활간(活看) : 글을 볼 때에 글자나 글귀에 얽매이지 않고 전체의 뜻을 널리 보아 본의를 파악함을 가리킨다.

53 선정신(先正臣)……한다 : 이와 관련하여 김장생(金長生)이 "퇴계(退溪)가 말하기를, '풍년이란 1년만을 말한 것이 아니다. 백성이 한 세상을 사는 가운데 풍년을 만나면 모두 배부르고 즐거움을 얻는다. 이것이 종신토록 배부른 것이다.' 하였다." 라는 말이 보인다. 《沙溪全書 卷12 經書辨疑》《孟子 梁惠王上》

54 백성은……삼으니 : 《사기(史記)》 권97 〈역생육가열전(酈生陸賈列傳)〉에 "천자는 백성을 하늘로 삼고 백성은 식량을 하늘로 삼는다.〔王者以民人爲天, 而民人以食爲天.〕"라고 한 데서 나온 말이다.

습니까. 신은 오랫동안 향리에 있으면서 민정(民情)을 익히 보아 왔습니다. 민정은 풍년을 만나면 선량해지고 흉년을 만나면 흉악해지니, 맹자의 말이 과연 그러합니다. 여기 상하 두 장(章)은 하나는 태평성세의 기상이고, 하나는 쇠란한 상황입니다. 지금 전하의 백성은 배가 부르다고 해야 합니까, 괴롭다고 해야 합니까, 죽어 간다고 해야 합니까, 죽음을 면했다고 해야 합니까. 전하께서 가엾고 측은하게 여기는 뜻은 매번 윤음 사이에서 넘쳐 흐르니, 제나라 선왕이 소 한 마리에게 차마 하지 못하는 것에 비한다면 현격한 차이가 납니다. 그런데 아직 한 가지 선정도 행하지 못하여 백성이 그 혜택을 받지 못하는 것은 어째서겠습니까? 선왕이 이런 어진 마음을 갖고도 확충하지 못한 것은, 그가 크게 하고자 했던 것이 본디 토지를 넓히고 진나라와 초나라의 조공을 받는 데 있었기 때문에 그런 것입니다. 신이 감히 알 수 없습니다만, 하시는 일은 어떤 것입니까?"

하니, 상이 이르기를,

"이른바 사욕이라는 것이 어찌 반드시 제나라 선왕과 같이 병사를 일으켜 군사와 신하들을 위태롭게 하는 것 뿐이겠는가. 무릇 한 개인의 사사로운 뜻이 있으면 모두 욕망이다. 나는 평소 공부가 부족한데 어떻게 감히 확충하는 도리를 바라겠는가. 평상시에 행하는 일이 모두 사사로운 뜻을 벗어나지 못하였으니, 지금 이 말을 듣고 맹렬히 반성하지 않을 수 있겠는가."

하자, 이재가 아뢰기를,

"확충하는 근본은 모두 전하의 한 마음에 달려 있으니, 어찌 먼저 위축되어 스스로 한계를 정해서야 되겠습니까."

하니, 상이 이르기를,

"나는 위축되어 스스로 한계를 정하려는 게 아니라 확충하기 전에는 모두 사욕이기에 이처럼 말했을 뿐이다."

하자, 이재가 아뢰기를,

"일분(一分)의 인욕(人欲)을 이기면 일분의 천리(天理)를 확충할 수 있으니, 비유하자면, 음(陰)이 사라지면 양(陽)이 자라나는 것과 같습니다. 전하께서는 한 생각이 싹트는 곳에서 공사(公私)를 살펴서 그것이 인욕이라는 것을 안다면 반드시 막고 끊으십시오. 그렇게 하면 저 본연의 어진 마음이 저절로 샘물이 솟고 불이 타오를 것[55]이니 이것을 가지고 미루어 나간다면 온 나라를 보존할 수 있습니다. 주자(朱子)의 집주(集註)에서 말한 '살피고 알아서 확충한다〔察識擴充〕' 라는 네 글자[56]가 가장 힘이 있으니, 전하께서는 이것에 나아가 체험하고 힘써 행하시어 후세 사람들로 하여금 오늘날 제 선왕을 한탄한 것처럼 하지 마십시오."

하니, 상이 이르기를,

"진달한 바가 매우 좋으니, 두려워하여 유념하지 않겠는가."

하였다. 권적이 아뢰기를,

55 저……것 : 《맹자》 〈공손추 상(公孫丑上)〉에 "무릇 나에게 있는 사단(四端)을 알아서 확충하여 나가면 불이 처음 타오르는 것 같고 샘물이 처음 솟는 것 같아, 확충하면 사해를 보존하고 확충하지 못하면 부모를 섬기기에도 부족하다."라고 한 데서 나온 말이다.

56 주자(朱子)의……글자 : 주자가 주에서 이르기를 "왕은 소가 벌벌 떠는 것을 보고 차마 죽이지 못하였으니 이것이 이른바 '측은히 여기는 마음이 인의 실마리'라는 것이다. 이것을 확충한다면 사해(四海)를 보전할 수 있으므로 맹자께서 왕이 이에 대해 살펴 알아서 확충해서 정사에 미루어 나아가게 하고자 한 것이다." 하였다. 《孟子集註 梁惠王上》

"정사를 펴고 인을 베푸는 것은 왕도 정치의 급선무입니다. 그래서 숙묘조(肅廟朝) 때 또한 노인을 우대한 전례가 있습니다. 이번에 능에 행차하실 때 본주(本州)의 노인을 선별하여 음식물을 하사하신 것은 잘한 일입니다."

하였다. 이재가 아뢰기를,

"유신(儒臣)의 말이 본디 일리가 있지만 근래에 은택을 베풂이 부족하지 않습니다. 노인을 우대해 주는 은전을 양주(楊州)의 백성에게만 베푼 것은 구구한 작은 은혜일 뿐이니, 어찌하여 사람들에게 넓지 못한 마음을 보여주셨습니까. 지금 전하께서 정사를 펴고 인을 베푸시어 백성의 떳떳한 생업을 제정하여 사람마다 각각 노인을 봉양할 줄 알게 하신다면, 이야말로 왕자(王者)의 널리 은혜를 베푸는 정사가 될 것입니다."

하니, 상이 이르기를,

"선조(先朝)께서 온천에 행차하실 때 베푼 은전은 실로 일반적인 격식 이외의 일이었다. 어제 능에 행차하면서 양주 백성을 불러 위문한 것은 이곳이 12개 능을 봉안한 지역이라 부역이 필시 많을 것이기에 백성의 폐단을 알고 싶어서 불러서 위문한 것이다. 노인을 우대하는 은전을 특별히 베풀어 준 데에 이르러선 단지 사람들에게 넓지 못한 마음만 보이기에 알맞다. 양주 백성들은 마침 내가 보고서 알았지만 이외에 긍휼히 여길 만한 사람이 얼마나 있는지 알지 못한다. 널리 베풀고 많은 사람을 구제하는 것은 요(堯)임금과 순(舜)임금도 오히려 부족하게 여긴 일[57]이긴 하나 능에 행차할 때 본 것을 가지고

57 널리……일 : 《논어》 〈옹야(雍也)〉에, 자공(子貢)이 "만일 백성에게 은혜를 널리

단지 상전(賞典)을 베푼 것은 편협한 일인 듯하다. 재신의 말이 매우 좋으니 이것도 맹렬히 반성할 지점이다."

하였다. 이재가 아뢰기를,

"맹자의 말은 구절구절이 모두 절실합니다. 오묘(五畝)의 집터에 뽕나무를 심고 백묘의 밭에서 농사지으며 닭, 돼지, 개, 큰 돼지 등을 기르는[58] 등의 일이 대수롭지 않은 일 같은데 제(齊)나라와 양(梁)나라의 임금을 위해 각각 말한 것은 대개 실정(實政)이기 때문입니다. 상서(庠序)의 가르침은 《논어》의 백성이 많아지면 부유하게 하고 부유해지면 가르치는 것[59]과 뜻이 같습니다. 무릇 가르치지 않으면 비록 떳떳한 생업이 있더라도 반드시 노인을 공양하지는 못할 것이니, 결어(結語)에서 단지 비단옷 입고, 고기 먹고, 굶주리지 않고,

베풀어 많은 사람을 구제한다면 어떻겠습니까? 인(仁)하다고 할 만합니까?"라고 묻자, 공자가 "어찌 인을 일삼는 데 그치겠는가. 반드시 성인일 것이다. 요순도 오히려 부족하게 여기셨을 것이다."라고 대답하였다.

58 오묘(畝)의……기르는 : 《맹자》 〈양혜왕 상〉에 이르기를 "오묘(畝)의 집터에 뽕나무를 심는다면 50세 된 자가 비단옷을 입을 수 있으며, 닭과 돼지와 개를 큰 돼지를 기름에 새끼칠 때를 잃지 않게 한다면 70세 된 자가 고기를 먹을 수 있으며, 백묘(百畝)의 토지에 농사철을 빼앗지 않는다면 여덟 식구의 집안이 굶주림이 없을 수 있으며, 상서(庠序)의 가르침을 삼가서 효제(孝悌)의 의리로써 거듭한다면 머리가 반백이 된 자가 도로에서 짐을 지거나 이지 않을 것이니, 늙은 자가 비단옷을 입고 고기를 먹으며, 백성이 굶주리지 않고 춥지 않게 하고, 이렇게 하고서도 왕노릇 하지 못하는 자는 있지 않습니다."라고 한 데서 나온 말이다. 《孟子 梁惠王上》

59 논어의……것 : 공자가 위(衛)나라에 갈 때 "번성하도다."라고 하니, 염유(冉有)가 "이미 번성하거든 또 무엇을 더해야 합니까?"라고 하였다. 공자가 말하기를 "부(富)하게 하라."라고 하니, 염유가 "이미 부하거든 또 무엇을 더해야 합니까?"라고 하자, 공자가 말하기를 "가르치라." 하였다. 《論語 子路》

춥지 않다는 것만을 말하고 효제(孝悌)의 뜻을 언급하지 않은 것은 그 속에 뜻이 포함되어 있기 때문입니다."

하니, 상이 이르기를,

"그 말이 좋다."

하였다. 이재가 아뢰기를,

"임금은 마땅히 패도 정치를 버리고 왕도 정치를 행해야 합니다. 왕도 정치와 패도 정치의 구분은 반드시 그 일과 행동을 보지 않아도 다만 한 생각이 일어나는 사이에 그것이 공변된 것이면 왕도 정치이고 사욕이면 패도 정치입니다. 천지는 만물을 생장시키는 것으로 마음을 삼으니 사람은 모두 이 생장하는 도리를 갖추고 있어 저절로 측은히 여기고 자애롭게 여기는 마음이 있습니다. 그러나 확충하지 못하면 바로 이 마음을 잃게 됩니다. 전하의 차마 하지 못하는 마음이 종종 발현되지만 끝내 확충한 실효를 볼 수 없으니, 이러한 마음을 갖고서 공리(功利)인 사욕에 마음을 빼앗긴 자가 어찌 제나라 왕 한 사람뿐이겠습니까. 《맹자》 한 책은 인욕을 막고 천리를 보존하는 것을 주장하는데 왕도 정치와 패도 정치의 구분에 더욱 엄격합니다. 주자가 '이 어른을 저버릴까 두렵다.'[60]라고 했는데, 이 어른은 바로 맹자입니다. 전하께서 반드시 주자의 말을 가슴에 새겨 마음을 보존하고 성찰하신다면 매우 다행이겠습니다."

하니, 상이 이르기를,

60 이……두렵다 : 주자의 〈답임택지서(答林擇之書)〉에 "예전에 선생이 자세히 말씀해 주셨는데, 그 당시에는 뜻을 이해하지 못했고 그 후로는 깊이 생각하지 않아 놓치고 지나게 되었으니, 이 어른을 저버릴까 두렵다." 하였다.

"그 말이 매우 좋으니, 마땅히 깊이 유념하겠다."

하였다. 이재가 아뢰기를,

"전하께서 강을 마친 후에 복습하는 공부를 어떻게 하시는지 감히 알 수 없으나, 진강하는 행수(行數)가 많은 듯합니다. 조금씩 읽어 나가면서 그 의미를 자세히 완미하여 체득하는 것 만한 게 없습니다."

하니, 상이 이르기를,

"일찍이 선조 때 곡속장을 두 부분으로 나누어 진강한 적이 있기 때문에 지금도 이것에 의거해서 한 것이다."

하였다. 이재가 아뢰기를,

"전하께서 이전부터 강하신 것이 무슨 책인지 알지 못하지만 다만 이미 《논어》를 강하였다는 것은 들었습니다. 독서의 차례는 반드시 먼저 《논어》를 읽고 그 다음에 《맹자》를 읽어야 저절로 순서에 따라 정밀해지는 효과가 있으며, 독서하는 방법은 복습한 후에 의문나는 것을 따라 강론하여야 진전이 있는 것을 깨닫게 되니, 대강 한 번 읽고 그쳐서는 안 됩니다. 더군다나 이 곡속장과 호연장(浩然章)은 의미가 무궁하니 더욱 강하는 행수를 줄여서 익숙하게 강론해야만 합니다."

하니, 상이 이르기를,

"경서(經書)는 사서(史書)를 보는 것과 달리 많이 볼 필요가 없고 다만 익숙하게 보아야 한다. 이것이 어찌 호씨(胡氏)[61]의 주에서 말

61 호씨(胡氏) : 원(元)나라 호병문(胡炳文, 1250~1333)을 가리킨다. 주자학에 정통하여 벼슬에 나아가지 않고 《역본의통석(易本義通釋)》, 《서집해(書集解)》, 《춘추집해(春秋集解)》, 《예서찬술(禮書纂述)》, 《사서통(四書通)》 등의 저서를 남겼다.

한 것이 아니겠는가. 복습한 후에 강론하라는 말은 더욱 좋다."
하였다. 참찬관 홍현보(洪鉉輔)가 아뢰기를,

"이후로는 30행으로 정하면 좋을 듯합니다."

하니, 상이 이르기를,

"승지의 말이 좋다."

하였다. 이재가 아뢰기를,

"경전(經傳)의 주석은 바로 주자가 일생 동안 공력을 들인 것이라 절로 무한한 의미가 있습니다. 《맹자》의 주석에 대해 사람들이 《논어》와 《대학》의 주석만 못하다고 여기는데, 실은 우열을 가릴 수 없습니다. 만약 여기에 대해 잠심해서 익숙하게 완미한다면 주자의 주석으로 인해 맹자의 마음을 알 수 있을 것입니다."

하니, 상이 이르기를,

"그렇다."

하였다.

상이 이르기를,

"이조 참판은 나오라."

하니, 이재가 앞으로 나아가 엎드렸다. 상이 이르기를,

"경자년(1720, 숙종46) 겨울 인산(因山) 때 명릉(明陵)[62]에서 경을 보았다. 그런데 세월이 얼마나 흘렀기에 경의 수염과 머리털이 이미 하얗게 되었으니, 나도 모르게 슬퍼진다. 경의 숙부 일[63]은 지금에

62 명릉(明陵) : 숙종과 그의 계비인 인현왕후(仁顯王后)의 능이다. 후에 숙종의 둘째 계비인 인원왕후(仁元王后)도 이곳에 안장되었다.

63 경의 숙부 일 : 저자의 숙부 이만성(李晩成, 1659~1722)을 말한다. 신임옥사에

와서 생각해 보아도 마음이 슬프고 아픈데, 지금 또 경을 보니 더욱 서글퍼진다."

하자, 이재가 아뢰기를,

"신은 숙묘조 병신년(1716, 숙종42) 연간에 승지로서 대행조(大行朝 경종(景宗))에 입대하였고, 산릉도감 당상(山陵都監堂上)으로 한 번 궁궐에 나와 숙배하였습니다. 신축년(1721, 경종1) 연상(練祥) 때 또 조정에 나아와 전직(銓職)[64]에서 물러나 군직(軍職)으로 내반(內班)[65]에 참여하기를 청했으나 정성이 부족해서 윤허를 얻지 못해 마침내 궐외에서 곡하고 물러나 고향으로 돌아갔으니, 끝내 한 번도 선왕을 가까이에서 모시지 못하였습니다. 지금 화(禍)를 받아 떠돌아다니다[66] 다시 전폐(殿陛)에 올라 지나간 옛일을 돌이켜 생각하니 저도 모르게 감격의 눈물이 쏟아집니다.

신의 숙부가 원통함을 품은 채 황천에 간 지 오래되었는데, 지난번 성상께서 굽어 살펴 주신 덕택에 단서(丹書)[67]의 죄명을 씻게 되

연루되어 전라도 부안(扶安)에 유배되었다가, 다시 서울로 불려 와서 국문을 받다가 64세의 나이로 옥사하였다. 1724년에 영조가 즉위하자 복관되었다.

64 전직(銓職) : 이조와 병조의 직임을 말한다. 저자는 1721년(경종1) 이조 참판, 예조 참판, 도승지가 되었으나 모두 사직한 바 있다.

65 내반(內班) : 궁궐에서 행하는 각종 상례나 제례 때에 주로 시종신(侍從臣) 등이 참여하는 반열을 말한다. 대신을 비롯한 조정의 신하들은 일반적으로 외반(外班)에, 그리고 기타 산직(散職)에 있거나 죄가 있는 신하들은 산반(散班)에 참례하였다.

66 화(禍)를 받아 떠돌아다니다 : 저자는 1721년(경종1)에 이진유(李眞儒)의 논척을 받고 삭출되었고, 이듬해 가솔을 이끌고 인제(麟蹄)로 들어갔다.

67 단서(丹書) : 죄인의 범죄 사실을 붉은 글씨로 기록한 문서이다. 《춘추좌씨전》 양공(襄公) 23년에 "당초에 비표는 죄를 범해 관노가 된 자로 그 죄상이 단서에 실려

어 슬픔과 영광이 모두 이르니 온 집안이 송축하며 어찌할 바를 몰랐습니다. 보잘것없는 미천한 신에 대해서도 오랜 세월이 지난 후에도 기억해 주시고 쇠하고 백발이 된 것을 가엾게 여겨 간곡하게 은덕을 베푸셨으니, 미천한 분의를 헤아려 보건대 실로 복이 지나쳐서 두렵기만 하니 황공하고 감격하여 더욱더 진달할 바를 모르겠습니다."

하였다. 상이 이르기를,

"지난번 경이 인혐한 것은 지나치다. 경의 학술이 고명한 것을 내가 이미 알면서도 일찍 부르지 못한 것은 모두 나의 정성이 부족해서인데, 지금 다행히 경을 초빙하였다. 경은 이미 출사하여 임금을 섬기는 사람으로 산림에 고고하게 거처하는 선비와는 다르니, 어찌 멀리 떠나서야 되겠는가. 내가 반드시 경을 만류할 것이니, 경은 경연에 출입하면서 나의 부족한 부분을 보좌할지어다."

하니, 이재가 아뢰기를,

"신은 쌓인 허물이 많습니다. 신하가 임금을 섬길 적에는 평이하고 힘든 일, 쉽고 어려운 일을 의리상 가려서는 안 됩니다. 몇 년 전에 임명되었던 균전사(均田使)의 직임[68]은 한 때의 왕역(往役)에 지나지 않는데, 신이 죽음을 무릅쓰고 힘써 피하여 스스로 견책을 불러들인 것은 신이 이미 스스로 잘 알고 있습니다. 신이 사정으로 공적인 일을 폐한 것이 결코 이 한 가지뿐이 아닙니다. 이와 같은 몸으로 헛되이 영예로운 녹봉에 얽매여 자신에게 편리한 것만 교묘하게 차

있다."라고 한 데서 나온 말이다.

68 몇……직임 : 1719년(숙종45) 7월 저자는 경상도 균전사(慶尙道均田使)로 임명되었으나 어버이의 병을 핑계로 명을 받들지 않아 파직되었다.

지하는 것은 또 신이 몹시 부끄러워하는 바입니다. 마땅히 한평생 벼슬에서 물러나 폐인이 되어 신하로서의 분의를 알지 못하는 자들의 경계가 되어야 할 것입니다.

또 신의 어미가 55세가 되었을 때 신이 어미를 끝까지 봉양하고 싶다고 외람되이 숙묘께 청하였더니, '너의 정리를 내가 매우 가련하게 여긴다'는 하교를 내려 주셨습니다. 지금은 어미의 나이가 이미 일흔이 되었으니 신이 조정에서 벼슬살이를 하더라도 또한 마땅히 물러가서 봉양하기를 청해야 할 것인데, 더군다나 이미 물러나 있던 자가 다시 나와서야 되겠습니까. 신의 처지로 어찌 감히 경연관으로 자처하겠습니까마는 한번 성상을 뵙기 위해 염치를 무릅쓰고 들어온 것입니다. 지금은 소원을 이루었으니, 비록 물러나 언덕이나 구렁에 쓰러져 죽더라도 또한 유감이 없을 것입니다."

하니, 상이 이르기를,

"선조 때 비록 한때 경책하셨으나 이것은 경의 사정을 미처 통촉하지 못하고 하신 일에 불과하니 어찌 이것으로 혐의를 삼아서야 되겠는가. 또 옛사람이 말하기를 '충신을 구할 때는 반드시 효자의 가문에서 구하라.'[69]라고 하였다. 경의 심사를 비록 선조 때 미처 드러내 밝히지는 못했으나 지금에 이르러 정성을 다하여 나를 보필한다면 저절로 드러내어 밝히는 길이 될 것이다. 내가 비록 정성이 부족하지

69 충신을……구하라 : 《후한서(後漢書)》 권26 〈위표열전(韋彪列傳)〉에 "위표가 공거(貢擧)에 대해 의견을 올리면서 '나라에서는 어진 이를 선발하는 데 힘쓰고 어진 것은 효행이 으뜸이다.'라고 하였다. 공자가 이르기를 '어버이를 효도로 섬기기 때문에 충성을 임금에게 옮길 수 있나니, 그러므로 충신은 반드시 효자의 가문에서 구하는 것이다.〔事親孝故忠可移於君, 是以求忠臣必於孝子之門.〕' 하였다." 하였다.

만 끝내 어찌 경을 내버려 두겠는가."

하자, 이재가 아뢰기를,

"성상의 하교가 이와 같이 정성스럽고 간절하니 더욱 감읍하는 바입니다. 신이 비록 보잘 것 없지만 어찌 감히 선조께서 노하지 않는 가르침[70]을 스스로 저버리겠습니까. 신의 죄는 신이 실로 스스로 잘 아는 만큼 성상께서 비록 곡진하게 용서해 주시고자 해도 신의 의리상 마땅히 스스로 폐인으로 처신해야 하니, 은혜로운 유지를 저버려 더욱 죽을죄만 더하게 되었습니다."

하니, 상이 이르기를,

"경이 인혐하는 것은 끝내 지나치다."

하였다. 이재가 아뢰기를,

"신이 지난번 올린 한 통의 상소는 말이 사리에 어둡고 우매하여 성상의 마음에 들기에 부족했는데, 성상의 도량으로 너그럽게 용서하시고 지나치게 칭찬하시어, 심지어 좌우명으로 삼겠다는 하교까지 내리셨으니,[71] 미천한 신의 영광일 뿐만 아닙니다. 천근한 말을 살피는 대성인의 덕[72]을 누군들 우러러 감탄하지 않겠습니까. 신이

70 노하지 않는 가르침 : 《시경》 〈반수(泮水)〉에 "얼굴빛을 화락하게 하고 웃으시니, 노한 것이 아니라 가르친 것이다.〔載色載笑, 匪怒伊教.〕"라고 한 데서 나온 말이다.

71 좌우명으로……내리셨으니 : 저자가 상소하여 "토적(討賊)의 의리를 펴며, 형벌하고 시상하는 것을 한결같이 하늘의 법칙에 따르고, 선비를 작록으로 얽매지 말고, 왕자(王者)는 사재(私財)가 없어야 한다." 라는 등의 말을 하였는데, 영조가 의리를 명백히 분변한 것이 매우 상세하고 착실하므로 원래의 상소는 가지고 있으면서 좌우명으로 삼겠다고 하였다. 《英祖實錄 1年 8月 16日》

72 천근한……덕 : 《중용장구》 제6장에 공자가 순임금의 덕을 일컬어 "순임금은 묻기

이미 입시하여 성상을 뵙고 나니 어리석은 마음이 갑절이나 격동합니다. 청컨대 미처 다 말하지 못한 소회를 말하겠습니다.

신이 삼가 삼대(三代)의 시대를 살펴보건대, 임금 중에 도가 있는 이는 많고 무도한 이는 적었습니다. 이는 다름이 아니라 그 시대의 군신 상하가 서로 권면하고 경계한 것이 하늘을 두려워하고 하늘을 공경하는 것을 벗어나지 않아서였습니다. 평범한 말에서도 걸핏하면 반드시 하늘을 일컬어서 아침저녁으로 다만 하늘이 길이 눈앞에 있는 것처럼 보아서, 일동일정(一動一靜)과 일언일사(一言一事)에 이르기까지 항상 빛나게 하늘이 임해 있는 것처럼 하면 그릇되거나 편벽된 마음이 감히 저절로 싹트지 못하고 경외하는 생각이 감히 저절로 없어지지 않았습니다. 《서경》에서는 '상제께서 그대를 내려다보고 계신다.', '이 하늘의 밝은 명을 돌아본다.'[73] 하였고, 《시경》에서는 '드높이 위에 있어 살피지 못할 것이라고 말하지 말라. 천명이 밝다.'[74] 하였고, 또 이르기를 '하늘은 지극히 밝아서 네가 가는 것을 다며, 하늘은 지극히 밝아서 네가 멋대로 노는 걸 본다.'[75] 하였

를 좋아하고 천근한 말을 살피기를 좋아하고, 남의 악을 감춰 주고 선한 일은 드러냈다.〔舜好問而好察邇言, 隱惡而揚善.〕" 하였다.

73 상제께서……돌아본다 : '상제께서 그대를 내려다보고 계신다.'라는 구절은 《시경》 〈대명(大明)〉에 "상제께서 그대에게 임하셨으니 그대의 마음에 의심하지 말라.〔上帝臨汝, 毋貳爾心.〕" 라는 내용인데, 《서경》에는 〈다사(多士)〉의 주에 나와 있다. '이 하늘의 밝은 명을 돌아본다.' 라는 구절은 《서경》 〈태갑(太甲)〉에 보인다.

74 드높이……밝다 : 《시경》 〈경지(敬之)〉에 "공경하고 공경하라. 하늘의 도가 밝아 천명을 보전하기 쉽지 않으니, 드높이 위에 있어 살피지 못할 것이라고 말하지 말라. 오르내리면서 우리의 일을 살피고, 매일 감시하고 계신다.〔敬之敬之. 天維顯思, 命不易哉, 無曰高高在上. 陟降厥士, 日監在茲.〕" 하였다.

으니, 모두 이 뜻입니다. 후세의 무도한 임금은 이 도리가 있음을 알지 못하여 하늘을 업신여기지 않는 이가 거의 드물었으니, 하늘을 업신여기고서도 나라가 망하지 않은 경우가 있겠습니까.

무릇 임금은 하늘이니, 전하께서는 동방의 하늘입니다. 하늘이 하늘이 되는 이유는 단지 지극히 공정하여 사사로움이 없고 지극히 성실하여 거짓이 없어서입니다. 임금이 이미 하늘을 이어 법칙을 세웠으니 모든 사물이 각각 하나의 천리를 갖지 않음이 없습니다. 만 가지 변화에 대응하는 방도는 지극히 공정하게 하여 사물이 이르면 순응하는[76] 데 불과하니, 그 사이에 터럭만큼의 사사로운 지혜도 용납할 수 없습니다. 전하께서는 반드시 한번 생각하는 사이에 무엇이 공변되고 무엇이 사사로우며 무엇이 진실되고 무엇이 거짓인지 묵묵히 살펴서, 하늘과 같지 않은 것은 버리고 하늘과 같은 것만 남기신다면 이 또한 하늘인 것입니다.

하늘은 이치로서 말한다면 도(道)이고 사람에게 명한 것으로 말한다면 성(性)입니다. 그 기(氣)는 또한 호연하여 하늘과 땅 사이에 가득 차 있습니다. 《중용》에서 신(神)을 설명하기를 '마치 위에 있는 듯하기도 하고 좌우에 있는 듯하기도 하다.'[77] 고 하면서 단지 '성(誠)

75 하늘은……본다 : 《시경》 〈판(板)〉에 "하늘의 노여움을 공경하여 감히 편히 놀지 말며, 하늘의 변하는 모습을 공경하여 멋대로 내닫지 말지어다. 하늘은 지극히 밝아서 네 가는 곳을 다 보시며, 하늘은 지극히 밝아서 네 멋대로 노는 걸 본다.〔敬天之怒, 無敢戲豫, 敬天之渝, 無敢馳驅. 昊天曰明, 及爾出王, 昊天曰旦, 及爾游衍.〕" 하였다.

76 지극히……순응하는 : 《근사록(近思錄》 권2 〈위학(爲學)〉에 나오는 내용이다.

77 마치……하다 : 《중용장구》 제16장에, 공자(孔子)가 이르기를 "귀신의 덕이 성대하다.……천하 사람들로 하여금 깨끗이 재계하고 의복을 성대히 입고 제사를 받들게

을 가릴 수 없는 것이 이와 같다.'[78]라고만 하였으니, 대개 하늘과 사람의 이치와 기는 한가지이기 때문입니다. 이 때문에 중화(中和)의 공이 천지가 자리를 편안히 하고 만물을 육성하는 영역까지 이를 수 있는 것[79]입니다.

전하께서 참으로 하늘을 본받아 마음을 보존한다면 생각이 자연스레 넓게 될 것입니다. 세밀하게 하는 공부에 대해 말한다면 또한 두려운 마음으로 조심하고 혼자 있을 때 삼가서 중화의 지극한 공에 이르게 해야 합니다. 무릇 필부라도 중화를 지극히 하면 오히려 한 집안에 천지가 자리 잡히고 만물이 길러지는 징험을 하게 할 수 있는데, 유독 임금이 그렇게 하지 못하겠습니까. 천지가 자리 잡히고 만물이 길러지는 성대함은 족히 요순(堯舜)과 더불어 그 아름다움을 짝할 만하니, 우리 동방 억만창생이 거의 삼대의 정치를 다시 볼 수 있을 것이니, 어찌 아름답지 않겠습니까. 장자(張子)가 이르기를 '천지를 위하여 마음을 정립한다.'[80]라고 하였고, 정자(程子)는 '천덕

하면, 신명이 충만하여 마치 위에 있는 듯하기도 하고 좌우에 있는 듯하기도 하다.〔鬼神之爲德, 其盛矣乎!……使天下之人齊明盛服, 以承祭祀, 洋洋乎如在其上, 如在其左右.〕" 하였다.

78 성(誠)을……같다 : 《중용장구》 제16장에 "'신이 이르는 것도 예측할 수 없는데, 하물며 신을 싫어할 수 있겠는가.' 하였으니, 은미한 것일수록 드러나 성을 가릴 수 없는 것이 이와 같다.〔神之格思, 不可度思, 矧可射思? 夫微之顯, 誠之不可掩, 如此夫!〕" 하였다.

79 중화(中和)의……것 : 《근사록》 〈위학(爲學)〉에 "중은 성의 체이고 화는 성의 용이다. 중화를 지극히 하면 천지가 자리를 편안히 하고 만물이 길러지는 경지에 이르니, 실제는 천명의 본원에 근원한다.〔中者性之體, 和者性之用. 致中和, 至於天地位萬物育, 實則原於天命之本然.〕" 하였다.

과 왕도는 그 요점이 다만 혼자 있을 때를 삼가는 데 있다.'[81] 하였으니, 오직 전하께서는 힘쓰고 힘쓰소서."

하니, 상이 이르기를,

"그 말을 마땅히 유념하여 잊지 않아야겠다."

하였다. 이재가 아뢰기를,

"임금의 일신이야말로 종사(宗社)와 신민(臣民)이 의탁하는 바이니 어찌 소중하지 않겠습니까. 현재 세자를 일찍 세워 민심을 크게 안정시켰으나, 국세는 끝내 고단합니다. 전하께서는 위로는 종사를 위하고 아래로는 신민을 위해서 감히 스스로 몸을 가볍게 하지 말아야 합니다. 삼가 들으니, 즉위하신 이래로 새벽부터 밤까지 부지런히 하여 정사가 하나도 막힘이 없으시니, 그 걱정과 성실함이 지극하다고 할 만합니다. 그러나 문왕(文王)이 밥 먹을 겨를도 없었던 것은 대개 은혜를 베풀어 소생하게 하고 백성을 품어 보호하여 만민을 모두 교화시키는 데 급해서였지,[82] 어찌 문서 따위의 지엽적인 것에

80 천지를……정립한다 : 《근사록》 〈위학(爲學)〉에 장재(張載)가 이르기를 "천지를 위하여 마음을 정립하고 생민을 위하여 도를 정립하며, 옛 성인을 위하여 끊어진 학문을 잇고 만세를 위하여 태평시대를 열어야 한다.〔爲天地立心, 爲生民立道, 爲去聖繼絶學, 爲萬世開太平.〕" 하였다.

81 천덕과……있다 : 《심경부주(心經附註)》 서(序)에 "배우는 자가 어디에 힘을 쓴 뒤에야 사람이라는 이름에 욕됨이 없겠는가?……천덕과 왕도는 그 요점이 다만 혼자 있을 때를 삼가는 데 있다.〔學者宜何所用而後, 無忝于人之名哉?……天德王道 其要只在謹獨〕" 하였다.

82 문왕(文王)이…… 급해서였지 : 《서경》 〈무일(無逸)〉에 "아름답게 부드럽고 공손하시어 백성을 보호하고 홀아비와 과부에게 은혜를 베풀어 소생하게 하되, 아침부터 해가 중천에 이르러 기울 때까지 밥 먹을 겨를도 없이 노력하여 만민을 모두 화합하게

구구하게 매달려 고생하겠습니까. 성인께서 삼간 것은 질병으로 심지어 재계와 전쟁 아래에 배열하기까지 하였으니[83] 그 뜻이 깊고 절실합니다. 질병을 삼가는 방법은 오직 마땅히 마음을 맑게 하고 욕심을 적게 하는 것을 근본으로 삼아야 합니다. 주자가 이르기를 '오늘날 첫 번째로 해야 할 일은 임금에게 몸과 마음을 수습하고 정신을 보존하고 아껴야 할 것을 권면하는 일이다.'[84]라고 하였으니, 전하께서는 경계하고 경계하소서."

하니, 상이 이르기를,

"그 말이 매우 좋으니, 각별히 유의하겠다."

하였다. 이재가 아뢰기를,

"선정신 송시열(宋時烈)이 효묘(孝廟) 즉위 초에 경계를 아뢰기를 '전하께서 거상(居喪)하는 예가 명백하고 순수하여 조금도 하자가 없다면 총명이 날로 더해지고 지기가 날로 굳건해져서 학문에 나아가는 데 크게 도움이 될 것입니다.'[85]라고 하고, 또 '방에 있을 적에 살펴보아도 옥루(屋漏)에 부끄러움이 없게 한다.'[86] 라는 시를 인용

하셨다.〔徽柔懿恭, 懷保小民, 惠鮮鰥寡, 自朝至于日中昃, 不遑暇食, 用咸化萬民.〕" 하였다.

83 성인께서……하였으니 : 《논어》 〈술이(述而)〉에 "부자께서 삼간 바는 재계, 전쟁, 질병이었다." 하였다.

84 오늘날……일이다 : 《회암집(晦菴集)》 권29 〈여조상서서(與趙尙書書)〉에 "오늘날 첫 번째로 해야 할 일은 임금에게 몸과 마음을 수습하고 정신을 보존하고 아끼면서 항상 천하의 일을 염두에 두도록 권면하는 일이니, 그런 뒤에야 치도를 강론하며 점차로 개혁해 나갈 수 있을 것이다." 하였다.

85 전하께서……것입니다 : 《효종실록(孝宗實錄)》 즉위년 10월 18일 송시열(宋時烈)이 양암(諒闇)의 예를 논하며 올린 상소에 보인다.

하였으니, 선정신이 아니면 이 말을 진언할 수 없을 것입니다. 신의 정성스러운 충정에 스스로 그만둘 수 없어 전하를 위하여 외운 것입니다. 간절히 바라건대 성상께서는 깊이 유의하십시오."

하니, 상이 이르기를,

"마땅히 깊이 유념하겠다."

하였다. 이재가 아뢰기를,

"신이 삼가 듣건대, 동궁의 타고난 자질이 빼어나다고 하니 이는 실로 종사의 무궁한 복입니다. 그러나 보익(輔翼)하는 방법은 어려서부터 가르치는 것보다 우선시해야 할 것이 없으니, 《소학(小學)》을 처음 가르칠 때에 또한 보모(保母)를 먼저 선택하소서. 비록 아직 나이 어리시지만 환시(宦侍)나 궁첩(宮妾)처럼 곁에 있는 자들은 반드시 근실하고 선량한 자를 선택하여 의리가 아닌 것으로 인도하지 못하게 하십시오. 밖으로는 단정하고 반듯한 선비를 선발하여 날마다 서연(書筵)에서 모시게 하여 서로 친숙해져서 영향을 받게 하시고, 전하께서도 자주 곁으로 부르십시오. 《소학》에서 논한 육적(陸績)이 귤을 품은 일과 황향(黃香)이 베개에 부채질한 일[87]은 단지

86 방에……한다 : 《시경》 〈억(抑)〉에 "네가 군자를 벗하는 것을 보니 네 얼굴을 온화하게 가지고 '어찌 허물이 없겠는가' 하고 자성하였네. 네가 네 집에 있을 때에 보니 옥루에 있을 때에도 부끄러움이 없었네."라고 하였다.

87 육적(陸績)이……일 : 《소학(小學)》 〈가언(嘉言)〉에 "육적이 6세 때에 원술(袁術)을 찾아가니, 원술이 귤(橘)을 주었다. 육적이 돌아오려고 절을 하는데 귤 3개가 품에서 떨어지므로 원술은 '육랑(陸郎)이 손님으로 와서 귤을 품고 가느냐?'라고 하니, 육적이 무릎 꿇고 대답하기를 '돌아가 어머니에게 드리려고 하였습니다.'라고 대답하니, 원술이 기특하게 여겼다."라고 하였다. 또 "황향은 마음을 다해 부모를 봉양하여 여름이면 베개에 부채질해 드리고, 겨울이면 몸으로 이불을 따뜻하게 해 드렸다."라고 하였다.

속설 같지만 만약 이 도리를 깨우치게 한다면 어린아이의 착한 마음을 감발시킬 수 있습니다. 다만 전하께서 혹 한가하실 때 한 번이라도 게으른 기색이 있거나 완상하고 즐기는 기구가 있으면 동궁께서 반드시 보고 따라 할 것이니, 우선 모름지기 표리와 동정이 순연히 한결같이 바른 데서 나온 이후에야 비로소 연익(燕翼)의 모훈(謨訓)[88]이 될 것입니다. 세종대왕(世宗大王)께서 일찍이 하교하시기를 '동궁에게 허물이 있는 것은 참으로 나에게 허물이 있는 것이다.'라고 하셨으니, 이는 참으로 조종의 밝은 교훈입니다. 더욱 유념하지 않으면 안 됩니다."

하니, 상이 이르기를,

"또 마땅히 유의하겠다."

하였다. 이재가 아뢰기를,

"신이 지난번에 삼가 전하를 뵈었을 때 시간을 아껴야 한다는 하교를 하셨는데, 대우(大禹) 이후로 이 말을 할 수 있는[89] 임금이 드뭅니다. 더군다나 전하께서는 어제 능행(陵幸)을 다녀오시고 오늘 또 경연에

88 연익(燕翼)의 모훈(謨訓) : 조상이 자손을 위해 세운 계책이나 교훈을 말한다. 《시경》 〈문왕유성(文王有聲)〉에 "후손에게 계책을 남겨 주어 공경하는 아들을 편안케 하셨다.〔詒厥孫謀, 以燕翼子.〕" 하였다.

89 대우(大禹)……있는 : 《예문유취(藝文類聚)》 권11 〈제우하후씨(帝禹夏后氏)〉에 "순이 우를 요에게 천거하니 요가 사공으로 삼고 곤을 이어 치수를 하게 하였다. 이에 몸을 수고로이 하고 힘써 일하여 직경이 한 자나 되는 벽옥도 중시하지 않고 촌음을 아꼈다."라고 하였다. 또 《진서(晉書)》 권66 〈도간열전(陶侃列傳)〉에 "대우(大禹)는 성인이었는데도 한 치의 광음을 아끼셨는데, 일반 사람에 이르러서는 마땅히 한 푼의 광음을 아껴야 한다. 어찌 편안히 놀고 마음껏 취해 살아서는 당대에 보탬이 없고 죽어서는 후세에 알려짐이 없겠는가. 이는 스스로 버리는 것이다."라고 하였다.

나아오셨으니 학문에 힘쓰는 정성이 지극하다 할 만합니다. 다만 학문하는 방도는 요체를 아는 것이 귀하고 뜻을 세우는 것이 우선입니다. 삼가 들으니 전하께서는 일찍이 학문이 늦은 것을 한탄하신다 합니다. 그런데 주자가 이르기를 '30세면 30세에서 출발점을 세우고 40세면 40세부터 출발점을 세운다.'[90]라고 했고, 또 하나의 경(敬)자로 삼가 《소학》을 보충하는 법으로 삼았으니, 이것은 전하께서 마땅히 가슴에 새겨야 할 점입니다.

무릇 천하의 일에는 이치가 있지 않은 것이 없으니, 크게는 군신과 부자 사이에, 작게는 일상의 일에, 모두 마땅히 그렇게 된 까닭과 당연히 그렇게 해야 할 바를 궁구해야 합니다. 그런데 오직 옛날의 성인만이 그 성(性)을 극진히 할 수 있어서 말한 것과 행한 것이 천하 후세의 대법(大法)이 되지 않은 것이 없습니다. 그 이치를 궁구하고자 하면서 이것에 나아가서 구하지 않는다면, 담벼락을 마주하고 서 있는 것[91]과 다를 게 없습니다. 그러므로 배움은 이치를 궁구하

90 30세면……세운다 : 《소학집주(小學集註)》 총론에서 주자가 "옛사람들은 소학에 대해 스스로 말할 때부터 가르침이 있었다. 1세에는 1세의 공부가 있어, 20세에 이르면 성현의 자질을 이미 스스로 삼분을 갖고 있으니 대학은 광채만 낼 뿐이었다. 그런데 지금은 모두 소학의 공부를 놓치고 지나쳐 버려 다시 돌아가 공부할 수 없으니, 다만 지금의 처지에 의거하여 곧바로 머물러 출발점을 정하고 공부하여야 한다. 30세에 깨달았다면 곧 30세부터 출발점을 정하고 공부를 하며 곧 나이 8, 90세에 깨달았다면 또한 마땅히 현재 처한 상황에서 공부해야 한다." 하였다.

91 담벼락을……것 : 학문하지 않으면 눈앞이 꽉 막혀 아무런 이치도 알지 못한다는 뜻이다. 공자가 아들 백어(伯魚)에게, "너는 주남(周南)과 소남(召南)을 배웠느냐? 사람으로서 주남과 소남을 배우지 않으면 마치 담장을 마주하고 선 것 같다." 한 데서 온 말이다. 《論語 陽貨》

는 것보다 더 앞서는 것이 없고, 이치를 궁구하는 것은 반드시 독서에 있다고 하는 것입니다.

독서의 요체는 반드시 먼저 태만하고 중단하는 습관과 많은 것을 탐하고 등급을 뛰어넘는 병을 제거해야 합니다. 요컨대 마음을 차분히 하여 음미하고 탐구하여 의미가 깊이 스며들면 자연히 마음과 이치가 부합하여 그만두고자 해도 그만둘 수 없을 것입니다. 두예(杜預)의 이른바 '자연스레 이치에 통하고 의문점이 스르르 얼음이 녹듯 풀리는 것이 강과 바다가 대지를 잠기게 하고 빗물이 만물을 적셔 주듯 한다.'[92] 라는 것입니다. 이와 같이 된 이후에야 독서인(讀書人)이라고 할 수 있을 것입니다. 그런데 독서와 존심(存心)이 한가지 일이라는 것을 비로소 알 수 있습니다. 임금은 한 몸에 만기(萬機)가 총집하니, 독서할 수 있는 여가가 많지 않습니다. 만약 일이 없어 정좌(靜坐)할 수 있는 때를 기다려 학문을 한다면 아마도 공부할 틈이 없을 것입니다. 반드시 허형(許衡)이 말한 '비록 천만인 가운데 있더라도 항상 자기가 존재하고 있다는 것을 알아야 한다.'[93] 라는

92 마음을……한다 : 두예(杜預)가 《춘추좌씨전》에서 좌구명(左丘明)의 행력을 기술하면서 "문사(文辭)를 풍부하게 기록해 학자들의 마음을 편안하게 하여 스스로 뜻을 찾게 하고, 대의의 정수를 기록해 학자들의 기호를 충족시켜 스스로 심오한 뜻을 탐구하게 하였다. 그러기 위해 강과 바다가 대지를 잠기게 하고 빗물이 만물을 적셔 주듯, 널리 기록하고 구체적으로 말하여 의리가 충분히 통하게 하였으니, 학자들은 의심이 스르르 얼음이 녹듯 풀리고 모든 이치가 자연스럽게 통한 뒤에야 참으로 터득하는 바가 있을 것이다." 하였다.

93 비록……한다 : 《심경부주(心經附註)》 권3 〈맹자우산지목장(孟子牛山之木章)〉에서 평상시에 경(敬)을 잡아 지키는 일에 대해 말하며 "학문하는 초기에 먼저 경을 잡아 지켜야 하니, 경하면 몸과 마음이 수련되어서 기(氣)가 거칠고 사납지 아니하여,

것과 같이 된 연후에 일이 없을 때에는 텅 빈 고요함으로 자기의 본체를 기르고, 일이 있을 때에는 밝게 살펴서 마음의 쓰임을 바르게 할 것이니, 성학(聖學)의 출발점이 여기에서 수립될 것입니다. 그렇다면 공경함에 거하고 뜻을 견지하는 것이 또 마땅히 독서의 근본이 되니, 이것은 신의 말이 아니고 주자의 가르침[94]입니다. 이른바 공경함에 거하는 것은 또한 별다른 방법이 없습니다. 신이 처음에 진달한 '상제가 그대에게 임하셨다.'라는 것 또한 이 뜻입니다. 전하께서 여기에 힘을 쓰지 않으시고 다만 주연(晝筵)에서 접견하는 것을 절문(節文)에 응하고 예수(禮數)만 갖추는 바탕으로 삼는다면, 이것은 배우기를 부지런히 한다는 이름은 얻겠지만 배우기를 부지런히 하는 실제는 없는 것입니다. 바라건대 전하께서는 힘쓰십시오."

맑은 것은 더욱 맑아져 탁한 것이 자라나지 못하고, 아름다운 것은 더욱 아름다워져 악한 것이 행해지지 못한다. 정(靜)할 때에도 경(敬)하여 항상 천지 귀신이 강림하고 있음을 생각하여 감히 조금이라도 소홀히 하지 않고……일일이 성찰해서 외물(外物)을 따라가지 않게 하여 비록 천만인 가운데 있더라도 항상 자기가 존재하고 있다는 것을 알아야 하니, 이것이 경을 잡아 지키는 대략이다."라고 하였다.

94 공경함에……가르침 : 《송원학안(宋元學案)》 권87 〈정청학안(靜淸學案) 집경로강동서원강의(集慶路江東書院講義)〉에, 정단례(程端禮)가 주자에게 들으니 "학문하는 방법은 이치를 궁구하는 것보다 앞서는 것이 없고 이치를 궁구하는 요점은 반드시 독서에 있다. 독서하는 방법은 순서에 따라 정밀하게 하는 것이 가장 귀하며, 정밀하게 하는 근본은 또 경에 거하며 뜻을 가지는 데 달려 있다. 이것은 바뀔 수 없는 이치이다."라고 하였다. 문도들이 주자가 평소에 가르쳐 준 그 요점을 모아 '순서에 따라 점차 나아가는 것〔循序漸進〕, 익숙하게 읽고 정밀하게 생각하는 것〔熟讀精思〕, 마음을 비우고 푹 젖어 드는 것〔虛心涵泳〕, 자기에게 절실하게 체험해 살피는 것〔切己體察〕, 긴절하게 힘쓰는 것〔著緊用力〕, 경에 거하며 뜻을 견지하는 것〔居敬持志〕'이라고 독서법 6조를 정하였다.

하니, 상이 이르기를,

"진달한 말이 모두 절실하니 마땅히 각별히 유의하겠다."

하였다. 이재가 아뢰기를,

"민생이 거꾸로 매달린 것같이 급한 상황임은 문의(文義)로 인하여 진달하겠습니다. 현재 팔도의 백성 중에 일정한 생업이 있는 자가 얼마나 됩니까. 산택(山澤)의 이로움은 모두 다 여러 궁가(宮家)와 각 아문(衙門)에 귀속되고, 허다한 전토는 전부 사대부의 농장이 되었습니다. 그들 중 조상 이래 서로 전해지던 기업(基業)을 보전하여 지킬 수 있는 자가 백에 한둘도 안 되는데, 어느 겨를에 위로 부모를 섬기고 아래로 처자를 기르는[95] 즐거움을 누리겠습니까. 더군다나 죽은 사람, 이웃과 친족들에게까지 징수하는 폐단은 끝이 없습니다. 살림이 결딴나고 뿔뿔이 흩어져 촌락은 텅 비고, 노인을 부축하고 어린아이 손을 잡고 울부짖는 소리가 도로에 가득합니다. 전하께서는 구중궁궐에 계시니 무슨 수로 그 정상을 다 아시겠습니까.

삼남(三南)은 나라의 근본이거늘 올해는 확연히 흉년이 되고 말았습니다. 하직한 수령의 말을 들으니, 진휼청 또한 구휼할 수 있는 곡식이 없어 다만 수령들에게 간신히 주선하게 하는데, 대신이 또 감진 어사(監賑御史)가 폐해를 일으킨다고 하여 보내지 않는다고 합니다. 어사가 본디 반드시 유익하지는 않지만 수령이 이미 주선할

95 부모를……기르는 : 《맹자》 〈양혜왕 상(梁惠王上)〉에 "현명한 군주는 백성의 생업을 제정해 주되 반드시 위로는 부모를 섬길 만하고 아래로는 처자를 기를 만하여 풍년에는 종신토록 배부르고, 흉년에는 사망에서 면하게 하나니, 그런 뒤에야 백성들을 몰아서 선(善)에 가게 합니다. 그러므로 백성들이 명령을 따르기가 쉬운 것입니다."라고 한 데서 나온 말이다.

계책이 없는 상황에 조정에서도 진휼을 감독하는 일이 없다면, 저 슬프게 울부짖으며 진휼을 기다리는 백성은 무엇에 의지해서 흩어지지 않겠습니까. 예로부터 혼란과 패망은 반드시 흉년이 들어 기근에 시달린 뒤에 생기는 것입니다. 황건적(黃巾賊)[96]이나 갈영(葛榮)[97]의 난리가 또한 감계할 만합니다. 불행하게도 부고(桴鼓 전쟁의 북소리)가 한번 울리면 팔도가 붕괴될 형세입니다. 생각이 이에 미치니 벌벌 떨리고 한심합니다. 신은 감히 알지 못하겠습니다만 성상께서는 혹 별도의 구제 대책이 있으십니까?"

하니, 상이 이르기를,

"지금 백성의 상황을 가지고 말한다면 '위태롭다〔岌嶪〕'는 두 글자로도 오히려 상황을 제대로 표현하지 못한다. 양 혜왕(梁惠王)이 곡식을 옮긴 일[98]은 단지 말단의 일인데도 오늘날에는 이 말단의 일도 할 수가 없다."

96 황건적(黃巾賊) : 후한 영제(後漢靈帝) 때인 184년, 장각(張角)이 자칭 '황천(黃天)'이라 하고 농민을 발동하여 일으킨 반란군인데, 그 수가 수십만에 이르고 모두 황건(黃巾)으로 머리를 쌌으므로 황건군 또는 황건적이라 불렀다. 난은 평정되었으나 한나라는 이 때문에 망하게 되었다.

97 갈영(葛榮) : 남북조 시대 북위(北魏) 회삭진(懷朔鎭)의 진장(鎭將)으로 반란을 일으켜 천자를 자칭하며 국호를 제(齊), 연호를 광안(廣安)이라 하였는데, 북위의 장군 이주영(爾朱榮)에게 패한 다음 피살되었다. 북위는 갈영의 난을 거치며 결국 동위(東魏)와 서위(西魏)로 분열되었다.

98 양 혜왕(梁惠王)이 곡식을 옮긴 일 : 《맹자》 〈양혜왕 상(梁惠王上)〉에, 양 혜왕이 하내(河內) 지방이 흉년이 들면 그 백성을 하동(河東) 지방으로 이주시키고 하동 지방의 곡식을 하내로 옮겨 주어 이웃 나라보다 백성을 잘 구휼한다고 하자, 맹자가 왕도정치를 행하여 백성을 기르지 못한 것은 똑같다고 하였다.

하였다. 이재가 아뢰기를,

"곡식을 옮기는 일은 본디 말단의 일인데도 할 수 없다면 장차 그들이 죽어 가는 것을 서서 바라만보고 말겠습니까. 백성에게 임금은 자식에게 있어 부모와 같으니, 맹자도 '백성의 부모 된 점이 어디에 있습니까.'[99]라고 하였습니다. 무릇 부모가 자식에게는 그들을 위해서 이로운 것은 좇고 해로운 것은 피하는 것이라면 어떠한 것이라도 할 수 있습니다. 지금 적자(赤子)가 굶주려 장차 죽게 생겨 그 곁에서 나뒹굴면서 울부짖고 있다면 그 부모의 마음이 어떠하겠습니까. 전하께서 참으로 이것으로 마음을 삼는다면, 옥식(玉食)을 드셔도 굶주려 부황이 난 그들이 생각나 절로 차마 삼키지 못할 것이며, 비단옷을 입어도 누더기 옷을 입은 백성이 생각나 절로 따뜻한 줄 알지 못할 것이니, 비록 구중궁궐 깊이 계시지만 어진 마음과 은혜로운 혜택이 절로 천리 밖 가난한 백성에게도 은연중 미덥게 될 것입니다. 신은 전하의 마음이 그렇지 못할까 걱정입니다."

하니, 상이 이르기를,

"나에게 참으로 이 마음이 있으나 백성을 구휼하는 정책을 행하지 못하고 있으니, 어떤 백성이 나를 믿겠으며, 나 또한 이런 마음이 있다고 감히 말할 수 있겠는가."

하자, 이재가 아뢰기를,

99 백성의……있습니까 : 《맹자》 〈양혜왕 상〉에, 맹자가 양 혜왕에게 이르기를 "임금의 푸줏간에는 살진 고기가 있고 마구간에는 살진 말이 있는데 백성들은 굶주린 기색이 있고 들에 굶어 죽은 시체가 있다면, 이것은 짐승을 몰아서 사람을 잡아먹게 한 것입니다.……백성의 부모가 되어 정사를 행하되 짐승을 몰아 사람을 잡아먹게 하는 것을 면치 못한다면 백성의 부모된 점이 어디에 있습니까." 하였다.

"성상의 하교가 참으로 옳습니다. 그러나 전하께서 실제 그렇게 하시려는 마음이 있으면 반드시 실질적인 정사가 있어야 하는데, 이미 실질적인 정사가 없으니 신은 전하의 마음이 부실하다는 것을 알겠습니다."

하니, 상이 이르기를,

"내 비록 이 마음이 있으나 가난한 백성에게는 은택이 미치지 못했으니 바로 당(唐)나라 덕종(德宗)의 일[100]과 같다. 백성은 크게 진작하는 일이 있으리라 생각하는데 그저 가식적인 일로 끝나 끝내 실효가 없었다. 내게 만약 실제 그렇게 하려는 마음이 있다면 단연코 크게 진작하는 일이 있어야 하는데, 매번 어떤 일을 해 보려고 하면 항상 갑론을박이 있어서 상하가 무기력하여 진작하지 못했을 뿐이다. 임금은 본디 백성의 부모요, 조정에 있는 신하 또한 백성과 같은 동포이니, 마땅히 백성을 구할 방책으로 돕고 이끌어야 할 것이다."

100 당(唐)나라 덕종(德宗)의 일 : 덕종이 주자(朱泚)의 변을 만나 제서(制書)를 내려 "짐은 구중궁궐에서 편안하게 거처하며 천하의 위태로움을 잊고, 은택은 백성에게 미치지 못하였다.……하늘이 위에서 견책을 내리는데도 짐은 깨닫지 못하고 백성이 아래에서 원망하는데도 짐은 알지 못하여 도읍(都邑)에서 변란이 일어났다.……백성이 물건을 매매할 때, 차나무나 옻나무에 대해, 소금을 전매하는 데 부과하던 세금 등을 정지한다." 하였다. 그 후에 사냥을 가서 백성 조광기(趙光奇)의 집에 들어가 "백성은 즐겁게 지내는가?"라고 물으니, "조령(詔令)에 신의가 없고 조세의 징수가 번거롭고 무거우니 무슨 즐거움이 있겠습니까. 매번 조정에서 조서를 내려 백성을 구휼한다고 하나 한갓 빈 문서일 뿐입니다. 아마 폐하는 구중궁궐에 계시기 때문에 모든 것을 알지 못할 것입니다."라고 대답하였다. 이를 두고 사마광(司馬光)은 임금의 은택이 막혀서 아래로 백성에게 도달하지 못하고 백성의 실정이 위로 임금에게 통하지 못하여, 군주가 부지런히 구휼하는데도 백성이 은혜를 받지 못하고 백성이 신음하고 원망하는데도 군주가 알지 못한다고 하였다. 《通鑑節要 卷45 唐紀 德宗下》

하자, 이재가 아뢰기를,

"전하께서는 당나라 덕종의 일로 하교하지 마십시오. 한당(漢唐) 이후에 대해서는 신은 듣고 싶지 않습니다."

하니, 상이 이르기를,

"당나라 덕종도 오히려 이와 같기 때문에 말한 것뿐이지, 덕종을 본받을 만하다고 여긴 것은 아니다."

하였다. 이재가 아뢰기를,

"소신이 전하께 바라는 것은 삼대(三代)의 정치입니다. 선왕은 차마 하지 못하는 마음이 있어서 차마 하지 못하는 정치를 하였습니다. 문왕(文王)의 마음은 백성 보기를 다친 사람 보듯 했기 때문에 그것이 정치에 드러났으니, 경작하는 자들에게는 9분의 1의 세금을 받았으며, 벼슬하는 자들에게는 대대로 녹(祿)을 주었으며, 관문과 시장에서는 세금을 징수하지 않았으며, 택량(澤梁)을 금하지 않았으며, 홀아비와 과부, 고아와 자식이 없는 늙은이, 몹쓸 병에 걸린 자들을 도와주었습니다. 지금 전하께서 문왕과 같이 정사를 펴고 인(仁)을 베풀지 못하는 것은 백성을 다친 사람 보듯 하는 마음이 없기 때문입니다. 주자(朱子)의 시에 이르기를 '만약 백성이 원래 죄가 없음을 안다면 인간다운 부모의 마음을 가져야 한다.'[101]라고 하였으니, 이 말은 더욱 통렬하게 절실합니다. 전하께서 참으로 이런 마음을 가지

101 만약……한다 : 《회암집(晦菴集)》 속집 권2 〈답채계통(答蔡季通)〉에 "내가 사계(寺溪)에서 장간(長澗)을 가는데 양촌(楊村)을 지나는 길이 눈뜨고 보기 힘들었다. 그래서 '밭둑길 어지러이 얽히어 찾을 수 없고 사상자가 낭자하니 참으로 슬프다. 만약 백성이 원래 죄가 없음을 안다면 인간다운 부모의 마음을 가져야 한다.'라고 시를 지었다." 하였다.

고 있다면 백성을 구제할 정치가 없다고 걱정하지 않으셔도 됩니다. 옛사람들은 나라에 3년 치 저축이 없으면 한심하다[102]라고 하였는데, 지금은 나라에 1년 치 저축도 없습니다. 올해 삼남은 비록 큰 흉년이지만 여러 도는 조금 풍년이 들었는데, 인심은 오히려 조석도 보전하지 못할 것처럼 허둥지둥합니다. 불행하게도 해를 이어 혹시라도 거듭 흉년을 만난다면 온 나라가 장차 곤경에 처할 것이니, 비록 망하지 않으려고한들 되겠습니까. 오늘날 시세는 거의 난리를 겪은 것 같으니, 마땅히 위 문공(衛文公)이 거친 베로 지은 옷을 입고 거친 명주로 만든 모자를 쓴 것[103]을 본보기로 삼는다면, 조금은 구제할 수 있을 것입니다.

전하께서는 어찌 편안하고 무사하다고 여기고 크게 경동(驚動)하는 일에 대해 생각하지 않아서야 되겠습니까. 전하께서 즉위하신 이후로 달리 정책을 편 것은 없고 봄부터 가을까지 나라에 큰 논의가 있었습니다. 이것은 대개 천리(天理)와 민이(民彝)에 관계된 큰일인데 성심이 가려지고 미혹된 바를 이 일에서 볼 수 있습니다. 이 때문에 신이 전에 올린 상소에서 성대히 논한 것입니다. 이 일을 만약 의리로 재량하면 한 마디 말로도 정할 수 있는데, 상하가 서로 버티어 나라의 체통을 손상시키고, 백성을 근심하고 나라를 위하는 계책을 한쪽에 내버려 두고 있으니, 어찌 개탄스럽지 않겠습니까.

102 나라에……한심하다 : 《예기》 〈왕제(王制)〉에 "나라에 9년 치 비축이 없으면 부족하다고 하고, 6년 치 비축이 없으면 급하다고 하고, 3년 치 비축이 없으면 그 나라는 나라답지 못하다고 하는 것이다. 3년을 경작하면 반드시 1년 치 양식의 비축이 있어야 하고, 9년을 경작하면 반드시 3년 치 양식의 비축이 있어야 한다."라고 하였다.

103 위 문공(衛文公)이……것 : 196쪽 주23 참조.

지금을 위한 계책은 오직 애통해하는 조서를 속히 내려 팔도의 흩어진 민심을 결속시키고, 안으로는 궁중의 복어(服御)와 기용(器用)을 통렬하게 스스로 힘써 줄이시고, 밖으로는 여러 관사의 쓸데없는 비용을 십분 절감하며, 탐장(貪贓)을 단속하고 사치하는 풍습을 혁파하는 것입니다. 또 묘당의 신하에게 명하여 속히 백성을 구제하는 실제의 정사를 강구하여, 외로운 백성으로 하여금 어린아이를 보호해 주듯이 보살펴 주는 은택을 입게 한다면 천만다행이겠습니다."

하니, 상이 이르기를,

"말한 바가 모두 좋으니, 평소에 각별히 더욱 유의하여 맹렬히 살피겠다."

하였다. 이재가 아뢰기를,

"성상께서 비록 애통해하는 교서를 내리신다 해도 만약 실제 혜택이 없다면 백성은 또한 믿지 않을 것입니다. 또한 신이 의견을 올린 것이 있습니다. 지난번 상소에 대한 비답에서 지금의 창의궁(彰義宮)은 바로 예전의 어의궁(於義宮)이라고 하교하셨는데[104] 어의궁이 바로 효묘(孝廟)의 사저입니까?"

하니, 상이 이르기를,

104 지난번……하교하셨는데 : 《승정원일기》 영조 1년 8월 17일 저자의 상소에 대한 비답에서 "내수사는 설치된 지 이미 오래되었다. 지금의 창의궁은 바로 예전의 어의궁이다."라고 하였다. 창의궁은 북부(北部) 순화방(順化坊)에 있던 영조의 잠저(潛邸)로 효장세자(孝章世子)가 태어난 곳이다. 효장세자 사후에 효장묘(孝章廟)를 창의궁 안에 두었다. 어의궁은 중부(中部) 경행방(慶幸坊)에 있던 것으로 속칭 상어의궁(上於義宮)이라 하며, 인조의 잠저이다. 용흥궁은 하어의궁이라고 하는데 동부(東部)의 숭교방(崇敎坊)에 있던 것으로 효종의 잠저이다.

"이는 인조대왕(仁祖大王)의 본궁(本宮)이다."

하자, 이재가 아뢰기를,

"성상의 비답에서 인용하신 인묘(仁廟)의 일에서 성상의 뜻이 어디에 있는지를 볼 수 있습니다. 내수사(內需司)는 그 유래가 오래되었지만 팔도의 강토가 모두 전하의 소유인데 하필이면 사궁(私宮)에 소속시킨 이후에 좋으시겠습니까. 즉위하기 전에 사시던 옛 저택은 그래도 혹 보호할 수 있겠지만, 내수사에 속한 외방의 절수처(折受處)[105]는 일체 혁파하여 덕을 베풀려는 뜻을 보이신다면 성상의 덕이 크게 빛날 것입니다."

하니, 상이 이르기를,

"그 말이 좋다. 그러나 재신(宰臣)은 이 일이 작년 겨울의 거조 중에서 나온 일임을 알지 못하는가. 당초에 설치한 뜻은 또한 생각한 바가 있어서이다. 미래의 일을 분명하게 말할 수는 없지만 이후로 또한 조금이나마 민폐를 제거하는 일이 없지는 않을 것이다."

하였다. 이재가 아뢰기를,

"신은 참으로 매우 미혹되지만 사궁(私宮)이 민폐가 된다는 것만 알지 민폐를 제거하는 것이 어떤 일인지 알지 못합니다. 인조조의 고사[106]가 본디 있으나, 특명으로 혁파한다면 어찌 크게 민심을 위로

105 절수처(折受處) : 궁실(宮室)과 왕실에서 분가하여 독립한 대군, 왕자군, 공주, 옹주가 살던 집에서 자기 몫으로 전토(田土)나 결세(結稅) 따위를 국왕에게서 떼어 받는 것을 절수라 한다.

106 인조조의 고사 : 인조 때 여러 궁가의 절수 받은 토지의 폐단에 대해 말하고 혁파할 것을 여러 번 청하였으나 윤허하지 않았다. 《仁祖實錄 3年 11月 24日, 4年 1月 4日 · 2月 13日》

하지 않겠습니까."

하니, 상이 이르기를,

"나는 단지 인조의 고사를 본받아 한 것이 아니다."

하자, 이재가 아뢰기를,

"우리 인묘(仁廟)는 중흥을 이룬 성군으로 본받을 만한 성대한 공적과 위대한 업적이 한두 가지가 아닌데, 전하께서는 하필이면 유독 이 한 가지 일을 취하십니까. 지금 만약 혁파한다면 참으로 인묘보다 더 빛날 것입니다. 그러나 신의 거슬리는 한마디 말로 어찌 성상의 마음을 감동시켜 돌리시기를 바라겠습니까. 더군다나 마음은 하고 싶지 않은데 억지로 하신다면 비록 사궁을 혁파하더라도 그 사심은 여전히 남아 있을 것이니 무슨 이익이 있겠습니까. 전하께서는 총명하고 고명하시니, 만약 팔도의 강역이 모두 왕의 땅이고 왕은 사사로운 재물이 없다는 뜻을 깊이 생각하고, 또한 재물을 모으면 백성이 흩어지고 재물을 흩으면 백성이 모인다[107] 라는 교훈을 유념하여 여기에서 환하게 깨달으신다면, 장차 신이 말씀드리지 않아도 특명을 내려 혁파할 것입니다. 다시 유의하시기 바랍니다. 신이 또 들으니 그 궁에 근래 다시 절수한 곳이 있다고 하는데, 이것이 무슨 일입니까? 어찌 성상의 덕에 손상이 있지 않겠습니까."

하니, 상이 이르기를,

"절수한 일은 원래 없다."

107 재물을……모인다 : 《대학장구》 전 10장에 "덕은 근본이요, 재물은 말단이니, 근본을 경시하고 말단을 중시하면 백성을 나투게 하여 빼앗는 것을 가르치는 것이다. 그렇기 때문에 재물을 모으면 백성이 흩어지고 재물을 흩으면 백성이 모인다." 하였다.

하자, 이재가 아뢰기를,

"만약 신이 잘못 들은 것이라면 다행입니다. 혹 그런 일이 있으면 백성이 비록 무지하나 바야흐로 울부짖고 탄식하는 상황에 그들의 세업(世業)을 빼앗아 사궁에 소속시킨다면 그 원망하는 말이 어떻겠습니까. 또한 장차 전하에 대해서 뭐라 하겠습니까."

하니, 상이 이르기를,

"그 말이 더욱 좋으니 또한 더욱 유의하겠다."

하였다. 이재가 아뢰기를,

"'하늘은 사사로이 덮어 주는 것이 없고, 땅은 사사로이 실어 주는 것이 없으며, 해와 달은 사사로이 비추어 주는 것이 없으니, 왕은 이 세 가지 사사로움이 없는 것을 받들어 만민을 위로한다.'[108] 고 한 것이 크게 공변된 도입니다. 당 태종(唐太宗)이 방상수(龐相壽)를 꾸짖어[109] 말하기를 '내가 예전에 왕이 된 것은 한 부(府)를 위하여 임금이 된 것이고, 지금에 천자가 된 것은 사해를 위해서 천자가 된 것이니, 치우치게 한 부에만 은택을 줄 수 없다.'라고 하였습니다. 신이 좀 전에 전하께 한당 이후의 일은 인용하지 마시라고 청하였는데, 태종의 말은 그나마 취할 만합니다.

108 하늘은……위로한다. : 34쪽 주18 참조.

109 당 태종(唐太宗)이……꾸짖어 : 당 태종이 진왕(秦王)으로 있을 때의 신하인 복주 자사(濮州刺史) 방상수(龐相壽)가 탐오죄에 연좌되었는데, 태종이 구신(舊臣)이라 하여 그를 복관(復官)시키려 하자, 위징(魏徵)이 간하기를 "진왕 시절의 구신들이 매우 많을 터인데, 만일 그들 모두가 은혜를 믿고 으스댄다면 선량한 사람들이 두려워할 것입니다." 하니, 태종이 그 말을 기쁘게 받아들이고 방상수를 책망하였다. 《資治通鑑 卷193 唐紀13》

신이 들으니 전하께서 예전의 시강원과 익위사에 근무하던 요속(僚屬)들에게 비호하는 뜻을 많이 보이셨다고 하는데, 이 역시 사람들에게 사사로움을 보여주는 하나의 일입니다. 또 며칠 전 액례(掖隷)의 일을 가지고 본다면, 전하께서는 근습(近習)에 대해 아마도 사적인 은혜가 없지 않으십니다. 더군다나 환관들의 화는 필시 나라를 망하게까지 하는데, 지난날 박상검(朴尙儉)의 일[110]을 한번 생각해 보면 어찌 크게 두렵지 않겠습니까. 이 길은 한 번 열어 놓으면 막기 어려우니, 나이 위엄과 총명함으로 충분히 단속할 수 있다고 생각하여 소홀히 처리하지 마시고, 반드시 근습들을 엄격히 멀리하시어 한결같이 궁금(宮禁)을 엄숙히 하고 사정(私情)이 통하는 길을 막는 것을 경계로 삼으신다면 나라에 큰 다행이겠습니다."

하니, 상이 이르기를,

"재신의 말이 이와 같으니 두려워하지 않을 수 있겠는가. 다만 춘방의 옛 요속들에 대해서는 사사롭게 대하는 뜻이 있어서가 아니라, 그 사람을 보아서 그 사람을 알기 때문에 가끔 말한 적이 있다. 내가 만약 이와 같은 마음을 갖고서 또 이와 같이 말을 한다면 또한 어찌 성실하다 하겠는가."

하였다. 이재가 아뢰기를,

110 박상검(朴尙儉)의 일 : 경종 때 환관 박상검이 왕세제 즉 영조를 시해하려고 모의하여 세제가 문안하는 길인 청휘문(淸暉門)을 폐쇄하였는데, 경종과 세제를 이간하려 한 것으로 알려져 있다. 이에 영조가 저위(儲位)를 사양하겠다고 하자, 대비인 인원왕후(仁元王后)는 언문 교지를 내려 "궁인과 환시를 율대로 처벌하고 주상과 동궁을 보호하여 우리 300년 종사(宗社)를 보호하고 선왕의 유교를 저버리지 말라." 하고, 신하들도 처벌하기를 청하여 처형되었다. 《景宗修正實錄 1年 12月 22日 · 23日》

"임금의 국량이 협소하면 큰일을 할 수 없습니다. 신은 전하께서 조그마한 은혜를 베푸는 일로써 인(仁)을 삼지 마시고, 너무 세밀하게 살피는 일로써 밝음〔明〕을 삼지 마시고, 총명을 넓게 열고 심흉을 넓혀서 광대한 경지에 이르는 것[111]으로 뜻을 삼기를 힘쓰시기 바랍니다. 신이 이전의 상소에서 마음의 크기에 대해 말하였고, 오늘 아뢰는 자리에서 다시 하늘을 본받는 것을 제일의 의리로 삼으라고 한 것은 이 때문입니다."

하니, 상이 이르기를,

"이와 같이 간곡하니 각별히 깊이 유념하겠다."

하였다. 이재가 아뢰기를,

"임금이 나라를 다스림에 반드시 어진 이를 등용하는 데 힘써야 합니다. 우리나라는 오로지 과거만 숭상하고 있는데, 과거에 합격한 사람들이 반드시 모두 어질다고는 할 수 없습니다. 암혈(巖穴)에서 독서한 선비를 조정으로 초빙한다면 치도에 어찌 크게 유익하지 않겠습니까. 한(漢)나라 때 은자(隱者)가 징벽(徵辟)되어 탄식하기를 '천 명이나 되는 후궁을 줄일 수 있겠는가. 천 필이나 되는 마구간의 말을 줄일 수 있겠는가.'라고 하며 끝내 가지 않았다[112]고 합니다.

111 넓게……것 : 《중용장구》 제27장에 "군자는 덕성을 존숭하고 학문을 연구한다. 넓고 큰 것을 끝까지 추구하면서도 정밀하고 은미한 것을 완전히 파악하고, 높고 밝은 최고의 경지를 이루면서도 중용의 길을 걷는다. 옛것을 익히면서 새것을 알고, 돈후한 자세를 견지하며 예를 숭상한다." 하였다.

112 한(漢)나라……않았다 : 《후한서(後漢書)》 권53 〈주황서강신도열전(周黃徐姜申屠列傳)〉에 "환제(桓帝) 때 안양(安陽) 사람인 위환(魏桓)은 자가 중영(仲英)이다. 환제가 여러 번 부르자 고향 사람들이 갈 것을 권유하였다. 위환이 말하기를 '녹봉을

은자도 오히려 이와 같은데 더군다나 도학(道學)으로 자중하는 선비이겠습니까. 무릇 천하의 선비로 하여금 그 조정에 서고 싶게 하는 것은 모두 임금의 정치가 어떠한가에 달려 있습니다. 선(善)을 즐기고 덕(德)을 좋아하며 정치와 교화가 맑고 밝다면 어진 이들이 장차 계속해서 이를 것입니다. 더군다나 성의와 예로써 대우한다면 어찌 이르지 않을 리가 어디에 있겠습니까.

일찍이 효묘조(孝廟朝) 때 선정신 송시열(宋時烈)과 선정신 송준길(宋浚吉)이 동시에 징소되어 왕정(王庭)을 보필하였습니다. 그러나 근래에는 유자들이 나오지 않은 것이 하나의 대체를 이루어 간혹 문밖을 나가지 않고도 앉아서 태사(台司)의 지위에 이른 경우도 있습니다. 대체적으로 어진 이를 대우하는 도리는 성의가 서로 신실한 것이 귀합니다. 특별한 예수(禮數)를 반드시 지나치게 융숭하게 할 필요가 없으며, 작질(爵秩)을 갑자기 높여서도 안 됩니다. 특별한 예수가 지나치게 융숭하면 당사자가 감당하기 어렵고, 작질이 갑자기 높아지면 나오기가 더욱 어려워집니다. 예전에 정자(程子)가 포의로 징소되어 교서랑(校書郎)에 제수되자 한 번 만나 본 이후에 관리에 임명해 줄 것을 원했으며, 그러다가 숭정전 설서(崇政殿說書)에 충원되자 또 사양하면서 말하기를 '만약 말이 시행될 수 있다면 감히 직무에 나아가지 않겠습니까.'[113]라고 하였으니, 유자의 법

구하고 등용되기를 구하는 것은 자신의 뜻을 행하려고 해서이다. 지금 천 명이나 되는 후궁을 줄일 수 있겠으며, 만 필이나 되는 마구간의 말을 줄일 수 있겠으며, 좌우의 권신들과 호강한 자들을 제거할 수 있겠는가.' 하니, 모두 대답하기를 '불가능하다.' 하였다. 위환이 마침내 탄식하기를 '가령 내가 살아서 갔다가 죽어서 돌아온다면 여러분에게 무슨 유익함이 있겠는가.' 하고는 마침내 몸을 숨기고 나아가지 않았다." 하였다.

문(法門)은 본래 이와 같습니다. 바라건대 전하께서는 모든 징벽하는 선비들에 대해 작질로 헛되이 얽매지 마시고, 특별한 예수로 지나치게 얽히지 마십시오. 성의를 쌓는 데 힘쓰고 기필코 초빙하여 그들을 경석(經席)에 출입시켜 군덕(君德)을 돕게 한다면 세도에 매우 다행일 것입니다."

하니, 상이 이르기를,

"진달한 바가 모두 좋으니 유념하지 않겠는가. 다만 옛사람의 말에 '남을 책망하는 데에는 밝다.'[114]라고 하였는데, 경이 자신은 물러나려고 하면서 오히려 반드시 암혈에서 독서하는 선비를 초빙하라고 하는 것과는 어떠한가?"

하니, 이재가 아뢰기를,

"신은 본래 과거를 통해 등용된 평범한 벼슬아치로 본디 재능이 부족하니 어찌 감히 암혈에 은거하는 현인과 비견되겠습니까. 신이 반드

113 정자(程子)가……않겠습니까 : 송(宋)나라 철종(哲宗)이 정이(程頤)를 초치하여 경사에 이르니 비서성 교서랑(祕書省校書郎)에 제수하였다. 그가 사양하면서 말하기를 "조종조에 포의를 초치했던 고사가 있으니, 입견(入見)하지 않고서는 감히 명을 받을 수 없습니다." 하였다. 이에 소대한 후 숭정전 설서로 삼으려고 하니, 또 사양하면서 경연(經筵)에 대한 세 가지 일을 논하였다. 그리고 말하기를 "만일 말이 행해질 수 있다면 감히 직무에 나아가지 않겠습니까마는 쓸 수 없을 것 같다면 사직의 청을 들어주십시오." 하였다. 《晦菴集 卷98 伊川先生年譜》

114 남을……밝다 : 범순인(范純仁)이 자제를 경계하며 말하기를 "사람이 비록 지극히 어리석더라도 남을 책망하는 데에는 밝고, 비록 총명함이 있더라도 자기를 용서하는 데에는 어둡다. 너희가 다만 항상 남을 책망하는 마음으로 자신을 꾸짖고 자신을 용서하는 마음으로 남을 용서한다면 성현의 경지에 이르지 못함을 근심하지 않을 것이다." 하였다. 《小學集註 嘉言》

시 물러나 돌아가려고 하는 것은 병들고 허물이 있는 몸이라 벼슬에 종사하는 것을 감당할 수 없어서일 뿐입니다. 다만 바라는 것은 일단의 염치와 의리를 지키는 것뿐입니다."

하였다. 이재가 또 아뢰기를,

"임금의 직무는 백성을 다스리는 것뿐만 아니라 실로 한 시대의 사도(師道)를 주관해야 합니다. 말세의 임금은 이 도리를 알 수 있는 자가 드물었습니다. 근래 선정신이 점점 멀어지고 선비의 풍습은 크게 무너져서 오직 과거 공부에만 급급하여 경학(經學)에는 깜깜하니, 이는 작은 걱정이 아닙니다. 현관(賢關 성균관(成均館))은 실로 나라의 원기(元氣)인데 전하께서 또 기를 꺾고 욕을 보이시니 300년 동안 배양한 뜻이 다했습니다. 지금부터 대비과(大比科)[115] 외에는 자주 과거를 시행하지 마십시오. 한결같이 경술(經術)로 인도한 후에야 바야흐로 원기를 심고 배양하여 한 시대를 크게 변화시킬 수 있습니다.

대사성(大司成)은 본디 합당한 사람을 엄격히 가려서 뽑고 구임(久任)시켜 그 실효를 거두게 해야 합니다. 교관(教官)의 직임은 본디 미관말직이지만 관계된 바는 매우 중대합니다. 저 어린아이들이 비록 나이 어리고 미약한 것 같지만 후일의 경상(卿相)이 모두 여기에서 나오니 정도를 함양하는 공부를 미리 보존하지 않으면 안 됩니다. 알맞은 교관을 얻은 뒤에야 경사(卿士)의 자제가 바야흐로

115 대비과(大比科) : 식년시(式年試)를 말한다. 《속대전(續大典)》에 "3년에 한 번씩 시험을 보이는 것을 대비과라 하였는데 지금은 자(子)·오(午)·묘(卯)·유(酉)년에 설행하고 식년이라 한다."라고 하였다.

나아갈 수 있으니, 전관(銓官)이 입대할 때 신칙하여 학행(學行)이 있는 사람을 각별히 골라 선발하게 하는 것이 합당할 듯합니다. 전하께서는 실로 임금과 스승의 의리를 겸비하셨기 때문에 이렇게 우러러 진달합니다."

하니, 상이 이르기를,

"내가 마땅히 유념하겠다."

하였다. 홍현보(洪鉉輔)가 아뢰기를,

"신이 재신의 말을 들으니 권면하는 뜻을 누누이 진달하고, 백성을 구제하는 데 뜻에 이르러선 더욱 간절합니다. 반드시 크게 진작하는 일이 있은 연후에 민생을 구제하여 살릴 수 있을 것인데, 어떤 계책을 써야할지 모르겠습니다."

하니, 상이 이르기를,

"재신의 말이 좋으니 깊이 유념하지 않겠는가."

하였다. 홍현보가 아뢰기를,

"들으니 찬선(贊善)[116]이 떠나려는 뜻이 있다고 하는데, 전하께서는 반드시 정성과 예로써 힘써 만류하는 것이 어떻겠습니까?"

하니, 상이 이르기를,

"지난번 찬선이 입시하였을 때에 전석(前席)에 출입하며 문의(文義)를 강론하라고 하교하고는 곧바로 찬선에 도로 제수하였기 때문에

116 찬선(贊善) : 찬선은 김간(金榦, 1646~1732)을 가리킨다. 이달 24일 진수당(進修堂)에서 인견하고 찬선의 직책을 도로 제수하였는데, 일곱 조목의 차자를 올리고 물러가려 하였다. 영조가 그의 손을 잡고 정성스럽게 힘써 만류하며 세자의 보필을 당부하니, 김간이 감히 굳이 사양하지는 못하고 우선 병세를 보아서 그 거취를 정하겠다고 대답하였다. 《英祖實錄 1年 8月 24日》

물러가려는 뜻이 있는 것이다. 이는 모두 내 성의가 신뢰를 받지 못한 소치이다. 조금 전 재신이 진달한, 작질로 얽매지 말라고 한 것이 진실로 옳은 말이다."

하였다. 홍현보가 아뢰기를,

"재신이 이 자리에 있으니 말하기가 편안치 않습니다만, 재신의 문장과 학문은 온 세상이 추앙하는 바입니다. 전하께서 반드시 정성과 예로써 힘써 만류하여 강연(講筵)에 출입하며 문의를 토론하게 하면 좋을 듯합니다. 또 사국(史局)의 역사(役事)를 맡길 만한 사람이 없으니, 지금 만약 사서를 찬수하는 직임을 일체 재신에게 위임한다면 재신이 어찌 물러가려는 뜻을 가지겠습니까."

하니, 상이 이르기를,

"5년 동안에 하늘이 무너지는 아픔을 재차 만나니[117] 심신이 어지럽고 어수선하여 깜빡 잊고 미처 말할 겨를이 없었다. 승지가 먼저 단서를 열었으니 이조 참판은 다시 나아오라. 선조(先朝)의 실록을 찬수하는 일을 아직도 끝내지 못하였다. 경이 겸대하고 있는 사국의 직임이 어찌 중요하지 않겠는가. 보통 사람으로 말하더라도 부형의 글을 반드시 차례로 엮어 문집을 이루는 것이 진실로 지극한 정이다. 더군다나 선조의 사서를 찬수하는 역사는 그 중요함이 어떠한가. 경이 만약 사서를 찬수하는 데 전념한다면 지난번 대신이 진달한 바와 같이 군직으로 경을 대우한다면 경 또한 어려울 바가 없을 것이다. 경은 어떻게 하겠는가?"

하자, 이재가 아뢰기를,

117 5년……만나니 : 1720년 숙종이 승하하고, 1724년 경종이 승하한 일을 말한다.

"미천한 신의 거취는 마치 강과 바다의 오리나 기러기 같거늘, 성상의 하교가 이와 같이 은근하고 정성스러우니 황공하고 감격스러워 몸 둘 바를 모르겠습니다. 선조의 실록의 완성을 기약할 바가 없어 본디 신하들이 함께 근심하고 안타깝게 여깁니다. 그러나 돌이켜 생각해 보건대, 신은 재주가 얕고 학문이 짧아서 결단코 감히 감당할 수 없습니다. 더군다나 신은 물러나 시골집에 은거한 것이 지금 십수 년인데, 지금 만약 스스로 선조 실록의 중대함에 의탁하여 그대로 있으면서 떠나지 않고서 영예와 녹을 탐한다면, 거취를 정함에 있어 장차 어떤 사람이 되겠습니까. 실록은 곧 중대한 일이고 오직 그 체모가 무겁기 때문에 반드시 적임자를 신중히 뽑아 편찬하는 일을 맡겨야만 후세에 증명하여 믿게 할 수 있습니다. 만약 거취에 의리가 없는 사람으로 하여금 그것을 담당하게 한다면 실록을 중요하게 여기는 뜻이 어디에 있겠습니까."

하니, 상이 이르기를,

"경의 말이 끝내 지나치다."

하자, 이재가 아뢰기를,

"신하된 분의가 비록 엄중하나 염치도 중하니, 신이 비록 중한 견책을 받을지언정 감히 무릅쓰고 담당할 수 없습니다."

하였다. 홍현보가 아뢰기를,

"재신의 말은 겸손하고 신중하게 하는 도리에서 나왔으니, 만약 성의로써 힘써 만류한다면 고사(固辭)하려는 뜻은 없을 것 같습니다."

하니, 상이 이르기를,

"만약 청현직으로 대우하는 것이라면 그래도 혹 사양할 수 있겠지만, 본직을 체차하기를 허락하고서 단지 사국의 직임을 맡기는 것인데 어찌 지나치게 사양할 수 있는가."

하자, 이재가 아뢰기를,

"본직을 신이 부질없이 맡은 지 이미 6개월이 되었으니, 만약 변통해 주신다면 참으로 다행스러운 일입니다. 그러나 실록을 편찬하는 직임에 대해서도 끝내 감당할 수 없습니다."

하였다. 홍현보가 아뢰기를,

"전하께서 지금 만약 성의와 예로써 대우하여 힘써 만류하신다면 재신이 지나치게 사양하지 않을 듯합니다."

하니, 상이 이르기를,

"승지가 지난번 홍문관에 있을 때는 항상 힘써 경계하라고 진달하였고, 지금은 승정원에 있으면서 또 이와 같이 간곡하게 하니 참으로 매우 가상하다. 각별히 유의하겠다."

하였다. 권적이 아뢰기를,

"재신은 나아가기 어렵다는 의리를 다 말하였지만, 선조의 실록이 얼마나 중대한 것입니까. 신이 또 사국의 낭청으로 일을 맡고 있어서 사국의 일을 상세히 알고 있습니다. 도청과 당상이 모두 본직을 지니고 사국의 일을 겸임하고 있기에, 사서를 찬수하는 날이 늘 적었으니, 결코 사업을 마칠 가망이 없습니다. 재신이 맡고 있는 본직을 체차하고 전적으로 사서를 찬수하는 직임만 맡긴다면 좋을 듯합니다."

하였다. 김용경이 아뢰기를,

"재신은 반드시 물러가려는 뜻이 있습니다. 그러나 숙묘조의 실록을 편찬하는 역사가 아직 10년에 이르지 않았으니, 재신이 지금 본직의 체직을 허락받고서 사국에 입직해서 전적으로 찬수한다면 몇 년 안에 역사를 마칠 수 있을 것입니다. 선묘조(宣廟朝)의 실록[118]은 계해년(1623, 인조1) 이후에 고 판서 이식(李植)에게 전적으로 맡겨 완성하였으니, 지금 옛일을 본받을 만합니다."

하니, 상이 이르기를,

"이식은 바로 호를 택당(澤堂)이라고 하는 사람인가?"

하니, 모두 아뢰기를,

"그렇습니다."

하였다. 상이 이르기를,

"실록이 바로 지금과 같이 지연된다면 어찌 편찬을 기약할 수 있겠는가."

하니, 김용경이 아뢰기를,

"만약 사국의 일을 맡긴다면 재신이 어찌 사양할 의리가 있겠습니까. 지난번 상소에 대해서 단지 문자로만 비답을 내리고 시행하지 않았기 때문에 재신이 머물려고 하지 않는 것입니다."

하니, 상이 이르기를,

"아뢴 말을 마땅히 더욱 유의하겠다."

하였다. 이재가 아뢰기를,

118 선묘조(宣廟朝)의 실록 : 《선조수정실록(宣祖修正實錄)》을 가리킨다. 《선조실록(宣祖實錄)》은 기자헌(奇自獻)과 이이첨(李爾瞻) 등 주로 북인이 주관하여 찬수하였는데, 인조반정 이후 서인이 집권하면서 개수해야 한다는 주장이 있었다. 1643년(인조21)에 사국(史局)을 설치하여 이식(李植)으로 하여금 찬수하게 하였는데, 1596년(선조29)까지만 완수하고 1647년에 이식이 졸하였다. 1657년(효종8)에 대제학 채유후(蔡裕後)가 주관하고 영돈녕부사 김육(金堉)이 감수하여 1597년 이후의 내용을 완성하였다. 《仁祖實錄 19年 2月 12日, 4月 6日》《孝宗實錄 8年 1月 3日, 9月 30日》

"소신은 다만 한번 연상(練祥)에 참가하려고 온 것인데, 지금 다행히 한번 성상을 뵙고서 물러나게 되었습니다. 한마디 말로 거취를 따지려고 하는 것이 아닙니다."

하니, 상이 이르기를,

"후일에 마땅히 하교가 있을 것이다. 한번 어전에 나온 후에 다시 거취를 정하는 것이 좋겠다."

하자, 이재가 아뢰기를,

"소신이 사대부의 염치를 지키고자 이렇게 물러나 돌이키려는 것이니 결코 그대로 머무를 수 없습니다."

하니, 상이 이르기를,

"경의 명성을 들은 지 오래이다. 일전의 상소에서 경계하고 가르쳐 주는 말을 내가 이미 가상하게 여겼는데, 지금 또 그 말을 직접 들으니 힘써 경계하는 뜻이 간절하기 그지없다. 또 앞머리에서 아뢴 말은 〈경재잠(敬齋箴)〉의 뜻과 같으니, 깊이 터득하지 않았다면 어찌 이처럼 할 수 있겠는가. 내가 결코 경을 보내기 어려우니, 경은 후일에 다시 입시하는 게 좋겠다."

하자, 이재가 아뢰기를,

"우활하고 천박한 말에 취할 만한 것이 하나도 없을 것인데, 이렇게까지 지나치게 칭찬해 주시니 황공하고 부끄러워 몸 둘 바를 모르겠습니다. 신은 이미 한 번 강연에 입시하였으니 내일 물러나 죽어서 구렁에 뒹굴더라도 여한이 없습니다. 아랫사람을 부리는 방법은 또한 마땅히 작록으로 속박해서는 안 됩니다."

하니, 상이 이르기를,

"이것은 작록으로 속박하는 것과 다르다. 경이 군직으로 자처하고자 한다면 비록 종신토록 허락하는 것도 어렵지 않다.”

하자, 이재가 아뢰기를,

“신이 감히 그대로 머물러 있을 수 없는 상황을 이미 앞에서 다 말씀 드렸으니, 황공하다는 말 밖에 다시 진달할 것이 없습니다.”

하였다. 이어 물러나갔다.

도암집

제9권

書서

지촌 이 선생 희조 에게 올리다 갑진년(1724, 경종4)

上芝村李先生 喜朝 甲辰

외진 산속에 숨어 사는 터라 세상과 소식이 끊어져 지난해 남쪽으로 귀양지를 옮기실 때에 길가에서 이별의 정을 나누지 못했으니, 이 한을 어찌 감히 잊겠습니까. 전해 듣기로, 또 수천 리 떨어진 서쪽 변방으로 배소(配所)를 옮기셨다고 하니, 혹독한 추위 속에 체후(體候)에는 아무 탈이 없으십니까. 풍토가 본래 청량(淸凉)한 곳이기는 하지만 새로운 거처의 고달픔을 알만합니다.

삼가 생각하건대 대군자께서 평생 동안 존심양성(存心養性)하던 노력을 바로 그곳에서 증험하겠지만 구구한 저의 근심은 여전히 그만둘 수가 없습니다. 시교생(侍敎生)은 외진 곳에서 노모(老母)를 봉양하며 구차하게 세월만 보내고 있습니다. 중부(仲父)의 상기(祥期)가 앞으로 다가오니,[1] 원통한 마음을 오히려 어찌 말로 다하겠습니까. 재앙을 겪은 뒤로 안부를 묻고 위로하는 벗들의 편지에는 감히 답례하지 않을 수 없었으나 여타의 편지는 모두 끊어버렸습니다. 집사(執事)께서 서쪽과 남쪽을 분주히 오가시는 동안 편지 한통 보내지 못했으니, 끝내 제 마음에 감히 편치 못한 점이 있습니다. 이에 대략이나마 안부를 여쭙는 글을 지어 신안(新安 정주(定州)) 배소로 전해지기를 바라지만

1 중부(仲父)의……다가오니 : 저자의 중부(仲父)인 이만성(李晩成, 1659~1722)을 말한다. 이만성은 1722년 신임사화에 연루되어 전라도 부안(扶安)에 정배(定配)되었다가 그해 8월, 서울로 불려 와서 국문을 받다가 옥사하였다.

언제쯤 받아 보실지 모르겠습니다. 부디 도(道)를 위해 몸을 보중하시어 멀리 있는 저의 마음을 위로해 주시기를 간절히 바랍니다.

큰 외숙 지제 민공[2]에게 올리다 기축년(1709, 숙종35)

上伯舅趾齋閔公 己丑

한낮에 심부름꾼이 돌아와 삼가 기체가 편안하시다고 하니, 매우 위로가 됩니다. 생질은 사직 상소를 올린 상태라 출입이 불편하여 다시 나아가 가르침을 받들지도 못하니, 우러러 그리운 마음이 어찌 끝이 있겠습니까. 서경(署經)을 거친 뒤로 줄곧 움츠리고만 있으니, 의리상 매우 편치가 않습니다. 근래 일중에 혐의와 구애됨이 있는 것은 진실로 논할 것이 없고, 미세한 것은 또 논의하기에 부족합니다. 가령 나아가 직무에 종사한다고 하더라도 실로 아뢸 만한 좋은 사안이 없어 입 다물고 앉아서 헛되이 자리만 차지할 것이고, 또 패초에 응해 들어갔다가 사직을 하고 돌아온다면 어찌 몹시 부끄러운 일이 아니겠습니까.

지난번에 진부한 것은 굳이 말할 필요가 없다고 하신 말씀은 진실로 그러합니다만, 근래 조정에서 진언하는 자들은 오직 남을 비방하고 공격하기만 일삼고, 임금의 잘못에 대해서는 간절하고 솔직하게 과오를 바로잡는 말을 하는 이가 없으니, 이것이 제가 개탄스러워 하는 일입니다. 진언(陳言)이 진실로 성상의 마음을 돌리게 할 가망이 없고 한 바탕 쓸데없는 말에 불과하나, 그래도 나라를 걱정하고 백성을 사랑하는 정성을 조금이나마 바쳐서 제 마음에 부끄러움이 없기에는 충분합니다. 그 때문에 다만 평소에 개탄하고 한탄하던 일을 손이 가는

2 민공(閔公) : 민진후(閔鎭厚, 1659~1720)이다. 자는 정순(靜純), 호는 시재(趾齋), 시호는 문충(文忠), 본관은 여흥(驪興)이다. 저자의 외숙이다.

대로 썼지만, 말이 번다하기만 하고 긴밀하고 절실한 내용은 빠져 있습니다.

삼가 바라건대 찬찬히 살펴보시고 통렬히 수정하고 다듬어 조목 중에 첨가할 것은 첨가하고 산삭할 것은 산삭하여 힘써 정밀하고 절실하며 명쾌해지도록 해주시는 것이 어떻겠습니까. 비답이 내린 뒤에 만일 곧바로 체차하는 일이 없다면 또 일에 따라 논열을 하게 될 것이니, 계사를 올릴 사안을 또한 헤아려 가르쳐 주시기를 삼가 바랍니다.

지제에게 올리다 경인년(1710, 숙종36)

上趾齋 庚寅

안부를 여쭌 후로 밤사이 더욱 편안하십니까. 거취에 관한 일은 다시 생각을 해보니, 들어가 사은숙배를 하는 날에 어쩔 수 없이 정사를 여쭙고 숙직을 해야 하는데, 이미 오래 머물 뜻이 없습니다. 그렇다면 하루 이틀은 얼마 안 되는 날짜에 불과하여 개인적인 분의(分義)에 별다른 영향은 없지만, 다음날 곧장 돌아가는 것보다는 못합니다. 또 정사에 참여하고 싶은 마음이 없으면서 단지 생기(省記)를 올리고 직소(直所)를 지키는 것을 직무로 삼는 것이 너무 피곤하고 괴로운 일인 줄 알아 만일 정사를 하룻밤을 지나서 연다면 더욱 때에 닥쳐 편법으로 피하는 혐의가 있게 됩니다. 그러므로 사직소를 올리고 직소에서 나와 다음날 아침에 교외로 나가려고 하는데 어떨지 모르겠습니다.

둘째 외숙 단암 민공[3]에게 올리다 갑진년(1724, 영조즉위)

上仲舅丹巖閔公 甲辰

사면령을 내리셨다는 소문을 듣고[4] 일전에 비로소 진짜 소식을 들었는데, 성상의 분부가 사람을 감격하여 흐느끼게 만드니, 감히 알지 못하겠으나 하늘이 정해지면 결국 사람을 이긴다는 것이겠지요.[5] 새로 펼치는 정사를 사람들이 바야흐로 눈을 닦고 기대하는데, 저는 아득히 세상과 동떨어져 그저 늙고 쇠약하여 지팡이에 의지하는 어른들에게 기대어 성상의 한 두 마디 덕음을 간간이 듣고 있으니, 조금이라도 좀 더 오래 살기를 함께 간절히 바랍니다.

3 민공(閔公) : 민진원(閔鎭遠, 1664~1736)을 말한다. 본관은 여흥(驪興), 자는 성유(聖猷), 호는 단암(丹巖), 세심(洗心)이다. 숙종의 비 인현왕후(仁顯王后)의 오빠이자 민진후(閔鎭厚)의 동생이다.

4 사면령을……듣고 : 민진원은 신임사화로 노론이 실각할 때 성주(星州)로 유배되었다가, 1724년 영조의 즉위와 더불어 노론이 집권하자 유배에서 풀려났는데, 이때의 일을 말한다. 《景宗實錄 1年 12月 12日》《英祖實錄 卽位年 11月 17日》

5 하늘이……것이겠지요 : 하늘이 안정되어 선한 자에게 복을 내리고 악한 자에게 재앙을 내리는 하늘의 이치가 제대로 시행됨을 말한다. 춘추 시대 초(楚)나라의 신포서(申包胥)는 "사람이 많으면 하늘을 이기고 하늘이 정해지면 사람을 이긴다.〔人衆者勝天, 天定亦能勝人〕" 하였다. 《史記 卷66 伍子胥列傳》

단암에게 올리다 을사년(1725, 영조1)

上丹巖 乙巳

제수하는 명이 내려왔으니, 거취를 어떻게 결정하시렵니까. 며칠 안으로 조정으로 나아가신다는 소식을 전해 들었습니다. 완전히 믿을 수는 없는 말이지만, 지금 나라가 텅 빈 상황이니 속히 상하의 바람에 부응하지 않을 수 없을 듯합니다. 혹여 이미 사직을 청하고 비답을 받으셨습니까. 나라의 체모가 무너지고 인심이 어그러졌으니, 알지 못하겠습니다만 세도(世道)가 결국에 어디로 수습이 되겠습니까. 공적으로나 사적으로나 염려가 되어 한밤중에도 잠을 이룰 수가 없습니다. 근래에 한 번 상소를 올려 원통한 심정을 아뢰고 싶었지만 두렵고 위축되어 감히 하지 못했으니, 우선 조정이 조금 안정될 때까지 기다리려고 합니다.

단암에게 올리다
上丹巖

열흘 전 편지 이후로는 양쪽의 소식이 아득했는데, 그저께 비로소 춘협(春峽)의 편에 삼가 듣자니, 이미 도성으로 나아가서 이조(吏曹)를 맡으셨다고 합니다. 휴척(休戚)의 의리[6]는 나라만을 생각하고 자신은 돌아보지 않는 것이니, 지금의 행차를 어찌 조금이라도 늦출 수 있겠으며, 또 어찌 일상적인 법도에 구애될 것이 있겠습니까. 지금부터 조정의 상황이 점차 두서를 갖추게 될 것입니다. 이후에 사직하는 일은 삼가 생각건대 이미 정하신 계획이 있어 마음에 여유가 있을 듯합니다. 여러 해 동안 벼슬에서 물러나 있다가 갑자기 바쁜 직책을 맡으셨으니 건강을 해치기 쉬운데다 날씨마저 차고 매서우니, 근간에 기체는 어떠신지요. 공적으로나 사적으로나 근심스럽고 염려스럽습니다.

이전 편지에서 여쭌 것은 실로 저의 급박한 사정에서 나온 것이지만, 근원적인 문제가 해결되지 못하고 여러 가지 일에 얽매여 아직 미칠 겨를이 없을 것이라 생각됩니다. 다만 이 개인적인 애통함을 끝내 감히 침묵하고 있을 수가 없어 그믐 경에 이미 상소를 현(縣)과 도(道)를 통해 부쳤으니, 성공의 여부와 이해는 굳이 말할 것이 없고, 오직 저의

6 휴척(休戚)의 의리 : 나라와 함께 기쁨과 슬픔을 함께 하는 일을 말한다. 《맹자》 〈양혜왕 하(梁惠王下)〉에 "이른바 전통이 있는 오래된 나라라는 것은 교목이 있음을 말하는 것이 아니요, 세신이 있음을 말하는 것이다.〔所謂故國者, 非謂有喬木之謂也, 有世臣之謂也.〕"라고 하였는데, 그 주에 "세신은 누대 훈구의 신하이니, 국가와 더불어 좋고 나쁨을 함께하는 자이다.〔世臣, 累世勳舊之臣, 與國同休戚者也.〕" 하였다.

의리를 다할 뿐입니다. 그러나 시의(時義)에 구애되어 감히 그 말을 다하지 못하였으니, 부끄럽고 애통함이 어찌 끝이 있겠습니까.

삼가 듣건대 성상께서 신하들을 날마다 접견하시고 학문이 날마다 성취되어 묻기를 좋아하는 정성이 안색과 말에 넘친다고 하니, 국가의 형세는 어쩔 도리가 없으나 이 일만은 믿을 만하니, 아마도 하늘이 종묘사직을 도와 그러한 것입니다. 지금 제일 중요한 일은 임금의 마음을 바로잡는 것보다 더한 것이 없으니, 수차(袖箚)는 진실로 묵묵히 큰 뜻을 헤아린 것입니다. 그러나 원기가 다소 회복된 뒤에야 약을 쓸 수 있는 법이니, 성의를 쌓는데 힘쓰고 깊이 서로 믿어 기미를 보고 잘 응대한다면 다시 마음을 돌릴 가망이 있을 것입니다. 천만 번 깊이 생각하심이 세도를 위해 다행스러운 일이니, 만에 하나라도 어긋난다면 가망이 없을 것입니다.

별지 別紙

이조(吏曹)에 오래도록 머물 뜻이 없음을 잘 알고 있으나 하루라도 머무르면 하루의 책임이 뒤따르는 법입니다. 더구나 처음 여는 정사를 사람들이 모두 눈을 비비고 기대하고 있으니, 열 가지 중에 아홉 가지가 공정하더라도 한 가지가 공정하지 못하면, 한 가지가 나머지 아홉 가지를 망치게 됩니다. 주자(朱子)가 양 승상(梁丞相)에게 답한 편지에서 말한

> "작은 것이 바르지 못하면 나의 강대(剛大)함에 해를 끼쳐 임금을 바로잡을 수가 없다."

라는 구절은 몹시 두려워 할 만합니다.

근래 이조의 관리들이 어찌 공적인 마음을 넓히려는 뜻이 없겠습니

까마는 사심에 치우치고 청탁에 빠져 공적인 체모에 미칠 겨를이 없어 세도가 마침내 이 지경에 이른 것입니다. 만일 이런 관습을 통렬하게 고친다면 비록 그 자리에 오래 있지 않더라도 시행될 조짐이 충분히 있다고 할 수 있으니, 어떻습니까.

지난해에 부안(扶安)에 가는 길에 청주(淸州)에 지나다가 인가에서 우연히 강석태(姜錫泰)라는 진사를 만났는데 감사 유후(裕後)의 아들로 무술년(1658, 효종9) 생이라고 하였습니다. 근래 고관의 집안 자제들을 살펴보니 나이만 조금 차면 곧바로 녹봉을 받고, 비록 먼 지방의 미천한 자라 하더라도 벼슬길을 구하면 얻고는 합니다. 그러나 이 사람은 청렴한 관리의 아들로 사십년 전에 소과(小科)에 합격하여 풍의와 언론이 모두 볼만한데도 낮은 벼슬자리에 한 번 의망된 적도 없이 늙도록 산속에서 궁벽하게 지내니, 이러고도 조정에 한 가닥 공론이 있다고 할 수 있겠습니까.

그의 아우 석항(錫恒)도 역시 진사로 늙으면서 행의가 있다고 하는데 이 사람은 아직 만나지 못했습니다. 우연히 만난 사람들이 이와 같으니, 이 밖에 세상에 쓰이지 못한 사람들이 또 부지기수일 것입니다. 이 사람을 만났을 때에 곧 움츠려들고 한탄하는 마음이 들었는데, 그 후 항상 마음에 잊지 못하다가 편지를 올릴 적에 문득 아뢰오니, 부디 협대(夾袋)[7]에 넣어두시고, 또 그러한 부류의 인물들을 미루어 그 나머지 사람들을 모두 등용한다면 공도(公道)가 행해질 것입니다.

신미년(1721)과 임인년(1722) 사이에 음직으로 나왔다가 관직을 버

7 협대(夾袋) : 귀중품을 넣어 두는 자그마한 전대로, 여기서는 천거하려고 마음에 둔 사람들의 이름을 기록해 두는 장부를 가리킨 것으로 보인다.

린 사람들이 실로 가상하니, 마땅히 먼저 수록하여 녹봉만 탐하여 자리만 차지하는 이들을 독려하십시오. 그중에 벼슬에 나온 기간이 차서 헛되이 버려진 자들은 더욱 불쌍히 여길 만하니, 초록하여 한 부의 문서로 만들어 차례대로 복직시킨다면 사람들의 마음을 위로할 수 있을 것입니다. 비록 외숙께서 미처 모두 등용하지 못하더라도 다시 국가를 위해 후임자에게 말해주는 것이 전 영윤(令尹)의 정사를 반드시 고해주는 뜻입니다.[8] 민생이 도탄에 빠진 상황에서 가까운 공효는 수령을 선발하는 일보다 급선무가 없으니, 결원이 생기면 반드시 그 사람이 감당할 수 있는지 아닌지 가늠한 뒤에 의망한다면 이 한 번의 생각으로 궁한 백성들에게 은혜가 미칠 것이니, 어떻습니까.

8 전……뜻입니다 : 전임자가 후임자에게 정치에 대해 일러 주는 것을 말한다. 공자(孔子)의 제자 자장(子張)이 묻기를 "영윤을 지낸 자문이 세 번이나 영윤이 되었으되 기뻐하는 기색이 없었고, 세 번이나 파면을 당했으되 불평하는 기색이 없었으며, 옛 영윤의 정사를 반드시 신임 영윤에게 고해주었다고 하니, 어떻습니까?〔令尹子文, 三仕爲令尹, 無喜色, 三已之, 無慍色, 舊令尹之政, 必以告新令尹, 何如?〕"라고 하자, 공자가 이르기를 "충성스러움이다.〔忠〕"라고 한 데서 온 말이다. 《論語 公冶長》

단암에게 올리다
上丹巖

삼가 듣건대 정승에 제수되셨다고 하니 기쁘기 그지없습니다. 다만 지금은 일이 많은 때라 오래도록 수고롭게 사직을 호소할 겨를이 없을 듯하니, 이미 사은숙배를 하셨는지요. 요사이 날씨가 화창하고 따뜻하니, 체후에 만복이 있으리라 생각됩니다. 성상께서 마음을 바꾸시어 억울하게 죽은 이들이 다 신원되었습니다. 중부(仲父)께서도 은전을 입어[9] 온 집안이 감격의 눈물을 흘리지만 이미 돌아가신 분을 어찌하겠습니까.

차자가 명백하고 간절한지라 거듭 읽으며 감탄하였습니다. 오늘날에 숙부 같은 분이 아니면 누가 다시 이런 말을 할 수 있겠습니까. 다만 그 후 등대(登對)하였을 때 성상의 말씀이 어떠하셨는지 모르겠습니다. 일을 시행하는 사이에도 믿고 바로잡는 공효가 있었습니까. 이후로는 상하의 바람이 더욱 높고 무거워질 것입니다. 도(道)로 임금을 섬기다가 불가하면 그만 두는 것[10]이 제일의 의리이니, 다시 바라건대 사사롭고 자잘한 일로 대체에 해를 끼치지 말고, 인재가 적다고 해서 벼슬자리에 아무 사람이나 등용하지 않는다면 나라를 위해 다행일 것입니다.

9 중부(仲父)께서도 은전을 입어 : 저자의 중부 이만성(李晩成)이 신원된 것을 말한다.

10 도(道)로……것 : 《논어》 〈선진(先進)〉에 "소위 대신이라고 하는 자들은 도에 입각해서 임금을 섬겨야 한다. 만약 그렇게 할 수 없을 경우에는 그만두어야 한다.〔所謂大臣者, 以道事君, 不可則止.〕" 하였다.

단암에게 올리다
上丹巖

어제야 비로소 교외로 돌아왔는데, 재앙을 당한 뒤로는 눈에 들어오는 것마다 슬픔을 일게 하니, 이 마음은 요동(遼東)의 학[11]과 논할 수 있을 것입니다. 오직 능침이 가까이 있어 바라보고 의지할 뿐입니다. 이곳으로 오고 나서는 뵙고 문안드릴 길이 없으니, 영협(嶺峽)[12]에 있는 것과 무엇이 다르겠습니까. 구구하게 더욱 그리움만 절실합니다.

삼가 듣건대 명을 기다리고 있다고 하니, 지난번에 올린 차자가 실로 절실한 충정에서 나온 것인데 오히려 믿음을 얻지 못해 이렇게 일이 잘못되고 말았습니다. 임금의 마음을 바로잡는다는 것이 제일 의리인 줄 더욱 잘 알겠으나 진실로 어찌할 수가 없으니, 근심과 원통한 마음만 듭니다.

11 요동(遼東)의 학 : 요동 사람 정영위(丁令威)가 영허산(靈虛山)에 들어가 선술(仙術)을 배우고 뒤에 학(鶴)으로 변하여 요동에 돌아와 화표주(華表柱)에 앉았다는 고사에서 유래한 말이다. 여기서는 세상이 변하여 상심한다는 뜻으로 쓰였다.

12 영협(嶺峽) : 민진원(閔鎭遠)이 유배 가있던 경북 성주(星州)를 말하는 것으로 보인다.

단암에게 올리다
上丹巖

하교를 듣고서 저도 모르게 줄줄 눈물이 뒤엉겼습니다. 오늘날 국가의 형세가 이러하고, 혼자만 고생하시는 것이 또 이러하니, 만일 조금이라도 도움이 될 만한 재주와 힘이 있다면 어찌 감히 편안히 지낼 수 있겠습니까. 다만 오활하고 졸렬하며 속이 좁고 꽉 막혀 세상에 필요한 사람이 아닌데, 벼슬길에 나아가서 헛되이 봉록만 낭비한다면 이른바 "어찌 한 지아비만 못하겠습니까."[13]라고 말한 경우와 같으니, 물러나는 것이 오히려 갚을 수 없는 큰 은혜에 보답[14]하는 길이 되는 것만 못합니다. 이 일은 심사숙고해 보았지만 결국 폐하는 것을 면하지 못하였습니다. 이처럼 큰 은혜를 입고서 어찌 한 번 사례하기를 바라지 않겠습니까마는 종전의 허물이 너무나 깊어 인산(因山)때에 가서 일

13 어찌……못하겠습니까 : 봉록을 위해 벼슬을 하지 않겠다는 말이다. 위왕(魏王)이 공빈(孔斌)이 현명하다는 말을 듣자 사자를 파견하여 황금과 비단을 받들고 가서 초빙하여 재상으로 삼으려고 하였다. 그러자 자순이 말하기를 "만일에 헛되이 나의 몸을 지배하여 복종하게 하려고 하여 많은 녹봉으로 위탁한다면, 저는 오히려 한 지아비에 지나지 않으니, 위왕께서 어찌 한 지아비만 못하겠소"〔若徒欲制服吾身, 委以重祿, 吾猶一夫耳, 魏王奚少於一夫?〕" 하였다. 《資治通鑑 周紀 5卷 赧王 56年》

14 갚을……보답 : 벼슬하지 않음으로써 임금의 은혜에 보답하는 것을 말한다. 주자가 말하기를, "때를 만나지 못하면 제 몸을 선하게 하여 천하에 대의를 밝혀 천하의 학자들로 하여금 우리 도가 바르다는 것을 알고 지키게 하여 윗사람이 부리기를 기다려야 합니다. 이야말로 갚을 수 없는 은혜를 갚는 방법입니다. 어찌 꼭 나아가 세상을 다스려야 하겠습니까." 하였다. 《晦庵集 卷36 答陳同甫》

에 종사한 것을 제외하고는 한 번도 숙배한 적이 없고, 지금은 감히 스스로 대방(大防)을 무너트릴 수 없어 성은을 져버리고 죄를 지고 있으니, 이는 과연 어떤 사람입니까.

'강굴(降屈)'이라는 말씀은 두려워 감히 듣지 못하겠으니, 공명(孔明)이 촉(蜀)을 다스릴 때도 역시 충익(忠益)을 넓히는 사람을 구했는데,[15] 제가 비록 벼슬에 나갈 수 없다고 한들 어찌 감히 스스로 막아서 기야 하겠습니까. 그러나 시국(時局)에 대해서는 귀머거리와 소경처럼 보고 들은 것이 없고 일이 시시각각 변하니, 또 아랫사람에게 도움을 구하는 성의에 우러러 답하지 못하는 것이 염려되어 오직 한밤중에도 여러 번 탄식할 뿐입니다.

15 공명(孔明)이……구했는데 : 제갈량(諸葛亮)이 승상이 되어 아랫사람들에게 말하기를, "참서(參署)란 뭇사람의 생각을 모아 충익(忠益)을 넓히는 사람이다. 만약 작은 혐의가 있는 사람을 멀리한다면 서로 반복해서 논란하여 손실을 없게 하기가 어렵다. 반복해서 논란하여 알맞게 된다면 떨어진 신을 버리고 주옥(珠玉)을 얻는 것과 같은 것이다. 그러나 사람의 마음은 안타깝게도 다 알 수가 없으나 오직 서원직(徐元直)만이 이 자리에 처하여 의혹하지 않았다. 또한 동유재(董幼宰)는 7년간 참서를 하면서 일이 극진하게 되지 않으면 열 차례나 반복하면서까지 와서 일러주었다." 하였다.《三國志 卷39 蜀書 董和傳》

단암에게 올리다
上丹巖

우의정 대감이 조정에 나아가면서 편지로 책면하시고 지금 말씀하신 것이 또 이와 같으니, 의리가 어둡고 인심이 위축된 때에 이와 같은 의론은 나약한 마음을 몹시 격동시킵니다. 감히 알 수 없습니다만 처음 어전에 나아갔을 때 성상이 하교하신대로 조용히 개진하여 믿고 감동하는 효과가 있었습니까. 이렇게 하고서도 힘을 얻지 못한다면 주자(朱子)가 말한 "제가 누구를 믿고 감히 나아가겠습니까."[16]라고 한 경우와 같습니다. 이 몸이 진실로 감히 관직에 나가지는 못하지만 바뀔 수 없는 천경지의(天經地義)[17]에 이르러서는 처음부터 끝까지 쇠해지지 않았으니, 분통하게 여기고 미워하는 마음이 어찌 다만 남보다 적겠습니까.

늘 생각하기로, 지금 제일 중요한 일은 임금의 마음을 바로잡는 것보

16 주자(朱子)가……나아가겠습니까 : 《회암집(晦庵集)》 권2 〈답왕상서서(答汪尙書書)〉에 "이전 편지에서 경계하시기를 원리(元履)가 한 거취를 본받지 말라 하셨는데……한 마디 말도 할 수 없도록 하여, 결과적으로 소신으로 하여금 지위를 벗어나고 분수를 범하도록 하여 견출(譴出)시키고 있다 하니, 매우 놀랄만한 일입니다. 저 또한 무엇을 믿고서 감히 나갈 수 있겠습니까.〔前書戒以勿視元履爲去就,……不能一言, 使小臣出位犯分而譴出之, 則駭聽甚矣. 某亦何恃而敢來哉?〕" 하였다.

17 천경지의(天經地義) : 천지 간의 당연한 이치로서 변할 수 없는 법도라는 뜻으로, 삼강오륜과 같은 예(禮)를 가리킨다. 《춘추좌씨전》 소공(昭公) 25년에 "대저 예라는 것은 하늘의 떳떳한 도이고, 땅의 후한 덕이며, 사람이 행하는 길이다.〔夫禮, 天之經也, 地之義也, 民之行也.〕"라는 말이 나온다.

다 더 시급한 것이 없습니다. 임금의 마음이 한번 바로잡히면 모든 일이 절로 이루어질 것이기에 실로 근심스런 마음을 한번 아뢰고 싶지만, 충정이 표출된 종전의 간절한 차자에 대해서도 드러나는 효과가 없기에, 믿음을 받지 못하는 간언을 감히 갑자기 올리지 못하고 우선 묵묵히 기다리는 중입니다. 때를 생각하고 역량을 헤아려보건대 이미 구차히 영화로운 녹봉에 메여 단지 평소 지키던 소신을 잃어서도 안 되거니와 천지와 같은 큰 은혜에 어찌 보잘 것 없는 저의 한 번의 사은으로 보답할 수 있겠습니까. 애초에 감히 외람되이 나아간 계획을 하지 못했던 것은 이 때문입니다. 따로 유시(諭示)가 내려옴에 오히려 위태로운 처지인데, 새로 과분한 은혜를 받았으니 터럭만큼이라도 나아가 받들 가망이 있겠습니까. 형세상 죄만 더할 뿐이라 더욱 두렵고 위축되니, 또 어떻게 해야 하겠습니까.

단암에게 올리다
上丹巖

말씀해 주신 내용을 거듭 읽고서 감탄하여 거의 눈물이 날 듯합니다. 평소에 '지성측달(至誠惻怛)' 네 글자를 즐겨 말씀하셨으니,[18] 만일 오늘날 조정이 모두 이런 좌하(座下)의 마음과 같다면 시사를 오히려 해볼 만합니다. 불초한 저도 감히 격앙하지 않을 수 없으나, 다만 학식이 거칠고 졸렬하며 정성과 믿음이 얕아 대인의 덕을 받들어 돕기에 부족하니, 이 점이 너무나 부끄럽고 두렵습니다. 주자(朱子)가 말하기를,

"임금의 마음을 바로잡으려고 한다면 자신부터 시작해야 한다." 하였습니다. 그런데 몇 년 동안 죄상을 끌어 자숙하고 오랫동안 버티면서 허다한 사직 상소를 올려놓고 하루아침에 높은 관직을 얻어 갑자기 당돌하게 나아간다면, 이처럼 처신하고서 감히 조금이라도 믿음을 얻어 임금을 바로잡을 가망이 있겠습니까.

평소에 조용히 마음을 점검할 적에 과연 '퇴(退)' 한 글자에 대한 생각이 많았으니, 거취를 결정하는 사이에 깊이 처신하지 않을 수 없습니다. 나라를 걱정하고 백성을 사랑하는 일념에 있어서는 처음부터 끝까지 쇠해지지 않았으니, 조만간에 기미를 보아 한번 말씀드리려고

18 평소에……말씀하셨으니 : 본서 제28권 〈우의정 민공 신도비(右議政閔公神道碑)〉에 "늘 지성측달(至誠惻怛)' 네 글자를 마음속에 두고 일에 발현하셨다.〔常以至誠惻怛四字, 存諸中而發於事〕" 하였다.

합니다. 강연하는 자리에서 정사를 논할 적에 혹 성상의 뜻을 감격시킨 적이 있습니까. 이렇게 했는데도 힘을 얻지 못한다면 앞으로 어떻게 하겠습니까. 스스로 생각하건대 저는 과거로 등용된 평범한 벼슬아치로 감히 고원한 것을 자처하려는 것이 아니라, 단지 때와 힘을 헤아려 감당할 수 없는 것을 그만두는 것뿐이니, 너그럽게 헤아려 주시기를 바랍니다.

'편(偏)'자에 대한 경계는 삼가 마땅히 가슴에 새기겠습니다. 연석의 하교는 황송하여 어쩔 줄 모르겠으니, 조정의 동료들이 만일 저를 사랑한다면, 우선 제쳐두고 조용히 거취를 결정하도록 두어야 하는데, 이처럼 나오도록 종용하여 단지 두려워하여 나아갈 수 없는 단서를 더하니, 공사(公私)에 무슨 이득이 있겠습니까. 오직 삼가 견책과 벌을 기다릴 뿐입니다. 조보(朝報) 중에 탐관오리를 처벌하고 관리 임용을 삼가라는 명은 사람들을 감격하게 만드니, 너무나도 다행스런 일입니다.

단암에게 올리다
上丹巖

말씀해주신 뜻은 삼가 잘 알겠습니다. 칠조개(漆雕開)의 벼슬을 제가 그 고하는 모르겠으나, '저는 아직 믿지 못하겠습니다.'라고 한 말을 공자께서 기뻐하셨습니다.[19] 임금의 마음을 바로잡는 것은 너무나도 큰일이니, 맹자께서 오직 대인만이 임금의 잘못된 마음을 바로잡을 수 있다고 하지 않았습니까.[20] 그러나 지금 재주와 정성을 헤아리지 않고 출처를 살피지 않고서 갑자기 자신의 임무로 여기는 것은 어리석은 것이 아니면 망령된 것입니다. 이전 편지에서 단지 때와 힘을 헤아려 감당할 수 없는 것을 그만둔다고 말씀드린 것은 다만 저의 졸렬한 법입니다. 마음이 치우치는 것에 대한 경계의 말씀은 정문일침(頂門一鍼)으로 여겨야 합니다. 치우치게 된 까닭은 다만 마음을 기르는 공부가 없어서일 뿐만이 아니라, 처음부터 끝까지 믿음이 미치지 못하고 행동으로 옮기지 못해서 그런 것이니, 감히 마음에 새기지 않을 수 있겠습니까.

근래의 여러 계사는 제법 윤허를 얻었으니, 어찌 성상께서 감동하여

19 칠조개(漆雕開)의……기뻐하셨습니다 : 185쪽 주10 참조.

20 임금의……않았습니까 : 《맹자》 〈이루 상(離婁上)〉에 "오직 대인만이 임금의 잘못된 마음을 바로잡을 수 있다. 임금이 인하면 인해지지 않는 일이 없고, 임금이 의로우면 의롭지 않은 일이 없고, 임금이 바르면 바르게 되지 않는 일이 없으니, 한번 임금의 마음을 바르게 하면 나라가 안정되는 것이다.〔惟大人爲能格君心之非, 君仁莫不仁, 君義莫不義, 君正莫不正, 一正君而國定矣.〕" 하였다.

마음을 돌리는 효과가 있는 것이 아니겠습니까. 근래에 무관들에 대한 탄핵이 분분히 일어나고 있으니, 죄가 명백한 자들은 진실로 용서해 주기가 어려운데 묘당의 의론은 안정시켜 수습해야 한다고 여길 듯하니, 우려가 없을 수 없습니다.

단암에게 올리다
上丹巖

전후로 미혹함을 일깨워주신 것은 지성스럽고 몹시 측은하게 여기신 마음에서 나온 것이니, 비록 무지하기가 목석같은 사람이라 한들 어찌 감격하여 눈물을 흘리지 않겠습니까. 다만 퇴옹(退翁)[21]의 일에는 진실로 감히 참람히 견줄 수 없으니, 지금 《성학십도(聖學十圖)》를 저술할 수 있는 학문이 없으면서 헛되이 나아가 대제학의 영화로운 명성을 차지해서야 되겠습니까. 가슴 속에 늘 '퇴(退)' 한 글자가 들어 있어 없앨 수 없으니, 끝내 재질이 부족해 학력이 없음을 알 만합니다. 이러한 마음을 가지고 나아간다면 무슨 일을 할 수 있겠습니까. 성대한 가르침을 받은 뒤로 스스로 반성해보니 부끄럽고 두려운데, 더구나 큰 은혜에 보답하지 못한 채 작위만 부질없이 높아지고 있으니, 한밤중에도 잠이 깨어 줄줄 눈물을 흘립니다. 이 마음에 어찌 감히 하루라도 임금에 대한 생각을 잊을 수 있겠습니까. 구구하고 곡진한 마음을 혹여 다 굽어 살피지 못하신 점이 있는 듯합니다. 감히 들을 수가 없고 차마 들을 수가 없는 가르침에 이르러서는 제가 우매함이 심하여 장자(長者)를 끊어버렸기 때문이지만, 장자 역시 어찌 차마 갑자기 끊어버릴 수 있겠습니까. 중도에 맞는 사람이 중도에 맞지 않는 사람을 길러주는 공[22]을 처음부터 끝까지 의뢰하기를 절실히 바랍니다.

21 퇴옹(退翁) : 퇴계(退溪) 이황(李滉)을 가리킨다.

22 중도에……공 : 《맹자》 〈이루 하(離婁下)〉에 "중도에 맞는 사람이 중도에 맞지

않는 사람을 길러 주며, 재주 있는 사람이 재주 없는 사람을 길러 준다. 그러므로 사람들은 훌륭한 부형이 있는 것을 즐거워한다.〔中也養不中, 才也養不才, 故人樂有賢父兄也.〕" 하였다.

단암에게 올리다
上丹巖

충성스런 마음을 아뢸 생각이 본래 간절하였는데, 병을 앓는 와중에 글을 쓸 힘이 없어 지금에서야 비로소 써서 올리니, 엎드려 바라건대 잘못된 점을 바로잡아 회답해주십시오. 이는 마땅히 명백하고 완곡하게 납유(納牖)[23]하는 의리를 다해야 하는데, 식견이 얕고 문장이 졸렬하니, 어찌할 도리가 없습니다. 또 생각해보니 지난번에 올린 차자의 내용 외에는 별다른 의리가 없이 그저 그 뜻을 부연한 것일 뿐입니다. 집사의 절실한 충정도 성상께 감동과 깨달음을 줄 수 없었는데, 하물며 저의 이런 말이야 말해 무엇 하겠습니까.

지난번에 한두 가지 처분이 내린 뒤로는 이러한 뜻이 더욱 줄어들어 나아갈 마음이 없습니다. 방금 또 듣건대 저를 연주 서사관(練主書寫官)에 실차(實差)[24]했다고 하는데, 모르겠습니다만 어느 부서에서 계하를 받아서 또 나아가기 어려운 단서를 하나 더 보탠 것입니까 . 여기에서 상소를 올리고, 길일을 기다려 잠시 들어가는 것이 좋겠습니까. 이에 대해서도 가르침을 바랍니다.

23 납유(納牖) : 납약자유(納約自牖)란 말로, 《주역》 〈감괘(坎卦) 육사(六四)〉에 "맺음을 들이되 통한 곳으로부터 하면 끝내 허물이 없으리라.〔納約自牖, 終无咎.〕"라고 하였는데, 이는 신하가 군주를 깨우칠 때에는 극진한 충성과 옳은 방법으로 군주의 마음을 유도하되, 반드시 군주가 잘 알 수 있는 것부터 시작하여야 한다는 뜻이다.

24 실차(實差) : 제향(祭享)・국상(國喪)・지문 제술(誌文製述) 등 나라의 큰일이 있을 때 이 일을 맡아 보게 하기 위해 관원 2인을 차정(差定)하여 1인은 실차(實差), 1인은 예차(豫差)라 하는데, 실차가 유고시에는 예차가 대행하였다.

단암에게 올리다
上丹巖

얼굴을 겨우 두세 번 뵙고서 어찌 사오년 동안 쌓인 소회를 다 말할 수 있겠습니까. 요사이 날씨가 많이 싸늘한데 삼가 중책을 맡으신 와중에 기체가 어떠신지 모르겠습니다. 우러러 그리운 마음이 더욱 간절합니다. 한번 청대(請對)한 뒤로는 다시 들리는 말이 없으니 어찌 양사(兩司)가 갖추어지지 않아 그런 것이겠습니까. 일전에 주전(鑄錢)에 관한 말이 조보(朝報)에 실렸던데, 누가 건의한 것입니까. 오활하고 식견이 얕은 제가 본래 시무에는 어둡지만 평상시 외람된 생각으로는 지금의 백성들을 구제하는 정책은 전화(錢貨)를 없애는 것이 급선무라고 생각합니다. 군상(君相)께서 그 폐단을 환하게 보고 계시니, 차츰 해소할 방도를 마련하실 수 있을 것입니다. 현재의 상황으로는 전화를 혁파하지 못하면 부득불 다시 주전을 해야 할 듯합니다. 그러나 지금의 인심에 또 무한한 폐단의 근원을 열게 될 것이기에 광(光)과 휘(輝)의 무리[25]도 이 일을 어려워하고 있으니, 끝내 그만둘 수 없겠습니까. 걱정스럽고 개탄스러운 마음에 서찰에 드러내는 것을 면치 못하였으니, 어찌하면 좋겠습니까.

25 광(光)과 휘(輝)의 무리 : 당시 소론의 핵심 세력이었던 이광좌(李光佐)와 유봉휘(柳鳳輝)를 말하는 것으로 보인다.

단암에게 올리다
上丹巖

형제(亨弟)[26]가 초시(初試)에 합격한 것이 기쁘지 않은 것은 아니지만, 다행히 유종의 미를 거둔다면 실로 분수에 넘치는데 따르는 두려움이 있는지라 기쁜 줄도 모르겠으니, 이 또한 인지상정과는 상반되는 것이 아니겠습니까. 근래에 판서의 자리가 모자란 것이 아닌데, 가망(加望)[27]하는 것이 만일 성상의 뜻에서 나왔다면 그만이지만, 아래에서 아뢰어 청한 것이라면 이미 마땅한 일이 아닙니다. 한 번의 정사에서 승진 의망한 사람이 일곱 명에 이르니, 비록 한 명 한 명 정밀하게 택했다 하더라도 벼슬자리가 진실로 남발된 것인데, 더구나 단지 오래 근무한 순서에 따라 승진시켰으니, 어찌 크게 남들이 놀라고 비웃을 일이 아니겠습니까. 저는 끝내 감히 이해할 수가 없습니다. 사람을 천거하는 것은 대신의 임무로 제대로 천거했느냐 아니냐는 작은 일이 아니니, 이후로는 부디 신중히 하시기를 지극히 바랍니다.

26 형제(亨弟) : 민진원의 둘째 아들 민형수(閔亨洙, 1690~1741)로, 저자에게는 외사촌 동생이 되므로 이렇게 말한 것이다.

27 가망(加望) : 관원의 후보자로 삼망(三望)을 갖추어 올릴 그 벼슬에 해당한 품계(品階)보다 한 품계 낮은 이를 삼망 안에 혹은 삼망 밖에 더 적어 올리는 것을 이른다.

단암에게 올리다 기유년(1729, 영조5)

上丹巖 己酉

청궁(靑宮)[28]의 장례 기일이 점차 다가오니 비통함이 처음과 같습니다. 지난 날 주문(州門)에 달려가 곡을 한 것은 바로 선유(先儒)가 말했던 "하나의 의자(義字)에 마음을 두어 절로 남들을 따라 할 수 없다."[29]라는 경우이니, 수군대는 말은 오직 그대로 내버려 둘 뿐입니다. 묘 밖에서 애달픈 마음을 쏟아내도 제 마음을 다 펼 수 있습니다. 묘제(墓祭)가 조정의 명으로 인해 정지되었으니, 애통하고 서운한 마음을 어찌 말로 다하겠습니까. 절일(節日)은 삭망(朔望)[30]과 비교하면 조금 차이가 있으니, 참으로 말씀해주신 것과 같습니다.

28 청궁(靑宮) : 청궁은 동궁(東宮)으로, 본문에서는 영조의 장남 효장세자를 말한다. 이름은 행(緈, 1719~1728), 자는 성경(聖敬)이다. 영조의 맏아들로, 1724년(영조 즉위년) 경의군(敬義君)에 봉하여지고, 이듬해 왕세자에 책봉되었으나 즉위하기 전 나이 10세에 죽었다.

29 하나의……없다 : 주자가 황직경(黃直卿)에게 답한 편지에, "우리들이 처할 바는 도리(道理) 두 글자에 마음을 붙이는 것이니, 곧 남들이 하는 대로 따를 수 없습니다. 이것은 바꿀 수 없는 이치이나 다만 처신이 편안하지 여부를 살펴야 합니다. 〔吾人所處, 着個道理二字, 便自是隨衆不得. 此是不可易之理, 但看處之安與否.〕"라고 하였다. 《朱子大典 卷100 答黃直卿》

30 삭망(朔望) : 삭망전(朔望奠)으로, 상중(喪中) 에 있는 집에서 매달 초하룻날과 보름날에 지내는 제사이다.

단암에게 올리다
上丹巖

양득중(梁得中)의 상소를 보니, 의리(義理)를 가리켜 천하를 어지럽히는 것이 거의 홍수와 맹수보다 심하여 천지가 개벽한 이래로 있지 않은 세상의 변괴라 하였는데,[31] 이는 진실로 자신을 두고 한 말입니다. 맹자가 말하기를,

"군자는 상도로 복귀할 따름이니, 일단 상도가 바르게 되면 사특함이 없어질 것이다."[32]

하였으니, 모르겠습니다만 누가 이 책무를 맡을 수 있겠습니까. 삼가 보내신 편지를 읽어보고 차마 세상을 잊지 못하는 어진 마음을 알았으니, 어찌 감격하지 않겠습니까. 다만 애달파하고 괴로워하는 와중에 마음과 힘이 상했으니, 우선 아직 이에 대해 말을 할 수 없을 뿐입니다.

31 양득중(梁得中)의……하였는데 : 양득중은 1729년(영조5) 상소에서 허위의 풍속이 유행하고 온갖 폐단이 형성된 근본적인 원인이 의리의 근본을 모르고 대의리(大義理)만을 주장하는 데서 비롯되었다고 하였는데, 본문에 해당하는 부분은 다음과 같다. "이것이 바로 지금 세상의 대의리로서, 인심을 타락하게 하고 세도를 파괴하는 미친 귀신입니다. 이것이 바로 신이 이른바 의리로써 천하를 어지럽힌다는 것이니, 실제로 천지가 생긴 이래로 일찍이 없었던 세변입니다.〔此乃今世之大義理, 而爲陷人心壞世道之倀鬼, 此臣所謂以義理而亂天下, 實有天地以來所未有之世變也〕"《德村集 卷1 辭召旨疏》

32 군자는……것이다 : 《맹자》〈진심 하(盡心下)〉에 "군자는 상도로 복귀할 따름이니 일단 상도가 바르게 되면 사특함이 없어질 것이다.〔君子反經而已矣, 經正則斯無邪慝矣.〕"라는 내용이 보인다.

젊은 벗들을 이따금씩 만날 때 진실로 자신을 위하고 실제에 힘쓰는 학문으로 면려하지 않은 적이 없습니다. 그러나 결국 말하기는 쉬워도 행동하기는 어려우니 어찌하겠습니까.

단암에게 올리다
上丹巖

보여주신 부본(副本)[33]을 반복하여 상세히 읽어보았으니, 제가 감히 첨부(籤付)할 것이 있겠습니까. 삼가 보건대 주된 뜻이 완곡하게 깨우치는데 힘을 썼기 때문에 감히 쉽게 말을 꺼내지 못했으니, 과격하게 말하다가 기회를 그르칠까 염려되어 그런 것입니다. 다만 그 뜻만을 취하여 참작하여 헤아려보는 것이 어떻겠습니까. 결론을 짓기가 끝내 어려운 줄 알겠습니다. 대체로 한 번 명백히 포유(布諭)하는 일을 그만둘 수 없으나 이는 마땅히 임금의 마음을 바로잡고 난신적자를 바로잡은 뒤에 해야 하니, 오늘날 세상에선 이를 논할 수 없을 듯합니다. 그러나 이를 버리면 할 수 있는 말이 없습니다.

두 분 자성(慈聖)[34]의 하교를 후세 사람들에게 남기는 증거라고 여기는 것은 아닐 듯하지만 어찌 없는 것보다 낫지 않겠습니까. 다만 상소를 올린 뒤에 필시 곧바로 비답을 내려주지 않을까 염려됩니다. 홍상국(洪相國)[35]이 과연 이 상소를 이어 조정에서 호소할 수 있겠습니까. 거취의 절차로 논하자면 만일 임금의 무함을 변론하고 국가의 명맥을 부지할 수 있다면 동일한 죄를 저지르고 처벌을 달리하는 것은 다만

33 부본(副本) : 역적을 토벌하라고 청한 민진원의 상소에 대한 부본을 말한다. 상소의 내용은 실록에 자세히 보인다.《英祖實錄 5年 12月 7日》

34 두 분 자성(慈聖) : 대왕대비와 왕대비를 말한다.

35 홍상국(洪相國) : 당시 영의정이었던 홍치중(洪致中, 1667～1732)을 말한다.

하나의 미세한 일이니, 본래 말할 만한 것이 못됩니다. 그러나 이는 하려고 하는 자들이 적고 미약하기 때문에 지난번 편지에 감히 우러러 권면하지 못했던 것입니다. 지금은 연상(練祥)이 이미 지나고 장옹(丈翁)[36]이 서용된 뒤이니, 숙부께서 한번 사은숙배할 뜻이 있다면 이 기회에 나아가서 상소를 올린 뒤 비답을 보아 진퇴를 결정하시고, 만일 그럴 뜻이 없다면 여기에서 상소를 올리는 것이 수습하기 어려운 근심이 없을 듯합니다. 입대하였을 때 구두로 이야기하는 것이 끝내 글을 올려 아뢰는 것만 못하니, 지난 번 편지에서 말씀드린 것은 상소를 올린 뒤에 혹 한번 입대하여 간절하게 그 나머지 뜻을 아뢰라는 뜻이었습니다. 부디 익숙히 살피시어 처리하시기를 엎드려 바랍니다.

36 장옹(丈翁) : 장암(丈巖) 정호(鄭澔, 1648~1736)를 말한다. 정호는 1727년 삭출당했다가 1729년 직첩을 돌려받았다. 《英祖實錄 5年 9月 2日》

단암에게 올리다
上丹巖

거취는 감히 모르겠습니다만 어떻게 결정하셨는지요. 도성에서 돌아온 사람이 근래에 한두 가지 일을 말해주었는데, 《주서(朱書)》에서 읽었던 "시장이나 조정처럼 뒤엉키고 어지러운 곳은 당세의 대인군자들도 여기에 이르면 그 본심을 잃는 자가 줄지어 나올 것이다."[37]고 한 말이 불행히도 이에 가까우니, 이로써 벼슬길에 나아가기 어려움을 더욱 알겠습니다. 부디 신중하게 행하신다면 매우 다행이겠습니다. 눈앞의 기상과 규모는 부본(副本)에서 열거한 것과 비교하면 아마도 별다른 세계인 듯하니, 사람으로 하여금 너무도 당황하게 만듭니다.

37 시장이나……것이다 : 주자가 왕상서에게 거듭 사의를 표명하며 보내는 답장에 보이는 내용이다. 원문은 본문과 조금 차이가 있는데 다음과 같다. "지금 저는 초야에 묻혀 지내고 있어 오히려 제 자신을 주장할 수 없는데, 하물며 시장이나 조정처럼 뒤엉키고 어지러운 곳이야 말할 것이 있겠습니까. 당세 대인군자들도 여기에 이르면 그 본심을 잃는 자가 줄지어 나올 것입니다.〔今身在山林, 尙恐不能自主, 況市朝膠擾之域? 當世之大人君子, 至是而失其本心者, 踵相尋也.〕"《朱子大全 卷24 答汪尙書》

단암에게 올리다 경술년(1730, 영조6)

上丹巖 庚戌

부본은 옷깃을 여미고 여러 번 반복해 읽어 보고서 감탄을 금치 못하였습니다. 이처럼 곡진하고 간절하니, 하늘이 우리나라에 복을 내린다면[38] 혹 조금이라도 성상께서 감응하실 가망이 있겠지요. 진부한 세상에 만약 이러한 일이 없다면 대방(大防)이 다 사라질 것입니다. 그러나 집사께서는 또한 기꺼이 "나의 정성이 이미 지극하고 나의 책임을 다하였다."라고 말씀하시겠습니까. 나아가서는 충성을 다할 것을 생각하고, 물러나서는 과오를 보충할 것을 생각하여 임금을 바로잡고 나라를 안정되게 하는 공을 완수하는 일로 말하자면 식견이 있는 자들의 바람이 이와 같지 않은 것이 없습니다. 그러나 쓰이고 버려지는 것은 하늘에 달려 있어 본래 기필할 수가 없으니, 오로지 자신에게 있는 것을 힘쓰지 않을 수 없습니다. 지금 거취와 사양하고 받는 일부터 일상의 모든 행동에 이르기까지 일의 대소(大小)나 미현(微顯)에 관

38 하늘이……내린다면 : 《사략(史略)》 권6 송 철종(宋哲宗) 조(條)에 "어떤 이가 사마광(司馬光)에게 이르기를, '장돈(章惇)과 여혜경(呂惠卿) 등이 훗날 부자간의 논의로 임금을 이간시킨다면 붕당의 화가 일어날 것입니다.' 하자, 사마광(司馬光)이 일어나 손을 모으고서 준엄하게 말하기를, '하늘이 송(宋)나라에 복을 내린다면 기필코 이런 일은 없을 것입니다.' 하였다.〔或謂光曰, 章惇呂惠卿輩, 他日有以父子之議間於上, 則朋黨之禍作矣. 光起立拱手, 厲聲曰, 天若祚宋, 必無此事.〕"라고 하였다. 원문에는 송(宋)나라로 되어 있으나 우리나라에 해당하는 말이므로, 송나라를 우리나라로 번역하였다.

계없이 순수하게 한결같이 올바름에서 나온 뒤에야 오늘날 이 말이 백세에 믿음을 징험할 수 있을 것이고, 여기에 하나라도 잘못이 있으면 우리 임금과 우리나라를 어찌하겠습니까. 그러니 집사의 책임이 중하지 않습니까. 말이 여기에 이르니 또한 슬픕니다.

지난 을사년(1725, 영조1) 봄에 외람되이 주자(朱子)가 양승상(梁丞相)에게 주는 편지[39]를 드렸었는데, 아직 까지 살펴보지 못하신 듯합니다. 다시 바라건대 정자명(鄭自明)에게 답한 편지[40]까지 아울러 조석으로 살펴보십시오. 편지를 쓰다가 저도 모르게 말이 여기에까지 이르렀으니, 살펴주시기를 바랍니다.

39 양승상(梁丞相)에게 주는 편지 : 당시 재상이었던 양극가(梁克家)가 당시의 정국과 인재등용에 대해 주자에게 의견을 구한 내용에 대해 주자가 답한 편지이다. 주자는 이 편지에서 세세한 실무에 대해 말하지 않고 왕통(王通)이 말했던 "군후(君侯)께서 일신을 바르게 하시어 천하를 통솔해 주시기를 바란다."라는 말을 인용하여 이를 마음속에 새기라고 권면하였다. 《朱子大全 卷27 答梁丞相書》

40 정자명(鄭自明)에게 답한 편지 : 주자가 정감(鄭鑑)이 올린 상소의 부본(副本)을 뒤늦게 읽어보고 정감에게 보낸 답장으로, 상소에서 미비했던 점을 말해주고 정감을 권면하는 내용이 주를 이룬다. 그 내용은 다음과 같다. "다시 바라건대 깊이 스스로를 배양하여 기초를 두터이 하시고, 뜻을 독실하게 하고 학문을 강론하여 근원을 파고드십시오. 가령 성의가 충만하게 쌓이고 날카로운 예지가 점점 축적되며, 의리가 드러나고 논의가 조리 있게 된다면 훗날 다시 나아가 조정에 서게 되었을 때 천자의 마음을 감동시켜 깨우치고 계발하는 것이 결코 오늘날의 성취에서 그치지 않을 것입니다.〔更願深自培養以厚其基, 篤志講學, 以濬其源, 使誠意充積, 而鋒穎潛藏, 義理著名, 而議論條暢, 則一日復進而立於朝, 其所以動寤啓發者, 決不但如今日之所就而止也〕" 《朱子大全 卷25 答鄭自明書》

단암에게 올리다
上丹巖

이천(利川)의 거취[41]는 그 경중과 득실이 그의 한 몸에만 그치지 않으니, 오늘날 세도를 유지하는 책임이 좌하(座下)가 아니면 누구에게 있겠습니까. 좌하께서 평소에 탕평론을 어떻게 생각하셨습니까. 그런데도 알지 못하고 깨닫지 못하는 사이에 함께 동화되고 있으니, 이 점이 제가 깊이 우려하고 길이 탄식하지 않을 수 없는 까닭입니다. 지난 번 편지에서 말한 것은 다만 한 가지 일을 가지고 말하느라 어리석고 미혹한 저의 견해를 다 말씀드리지 못했습니다. 지금 들으니, 체직되기를 바라지만 아직 체직되지 못하여 크게 낭패를 겪고 계시다 하니, 염려스러운 마음을 더욱 말할 수가 없습니다.

별지 別紙

어렸을 때에 선조고(先祖考)를 뵈었을 때에 말이 종묘사직이 외롭고 위태롭다는데 이르면 눈물을 흘리지 않은 적이 없던 것이 아직까지 기억나니, 종실(宗室) 중에 재능이 걸출한 사람을 선발할 것을 청한 일이 그 당시에 있었던 것 같습니다. 기사년(1689, 숙종15)에 이현기

41 이천(利川)의 거취 : 이천은 단암의 아들인 이천 현감(利川縣監) 민형수(閔亨洙)를 말한다. 민형수가 처지가 다른 사람과 다르고, 또 이광좌(李光佐)를 논핵하다가 엄한 분부를 당하여 혐의를 풀이주기도 전에 인칙인 징승의 구신으로 이천 현감에 세수되었는데, 사론(士論)이 이를 비난하였다.《英祖實錄 6年 9月 17日》

(李玄紀)가 이 일을 성상께 아뢰어 "이는 송모(宋某)가 원자에 대해 하례하지 않은 것과 동일한 처사입니다."[42]라고 하였으니, 화의 기미를 예측할 수가 없었습니다. 나라를 위하는 선조고의 충정을 생각할 때마다 늘 어제 일처럼 생생한데, 만일 오늘의 상황을 수수방관한다면 선조고께서 장차 어떻게 생각하시겠습니까. 혼자 말로 "오늘날 이 일은 오직 집사에게 기대를 걸 수 있으니, 누가 다시 이를 생각하겠는가."라고 하였는데, 지금이 과연 그러하나 시의(時義)는 십분 조심하고 삼가지 않을 수 없습니다. 다시 벼슬에 나온 뒤에 한번 말을 하는 것은 고인도 그런 일이 있었으며, 분의(分義)에도 마땅한 일이지만 지금은 말을 했는데도 써주지 않은 한 가지 일이 그 사이에 걸쳐 있으니, 비록 같은 죄를 지은 사람이 서용된다 하더라도 나아갈 수 있는 의리가 없을 듯합니다. 더구나 의리에 합당한 일도 임금에게 자주 간하면 욕을 당하는 것[43]을 마땅히 경계해야 하니, 작은 일도 그러한데, 이처럼 종사를 위하는 큰 계획은 어떻겠습니까. 우제(遇弟)[44]의 말이 진실로 옳습니다.

42 이는……처사입니다 : 송모(宋某)는 송시열(宋時烈)을 말한다. 1689년(숙종15) 숙종이 태어난 지 두 달 된 원자(훗날의 경종)를 정호(定號)한 일로 봉조하 송시열이 상소를 올려 불만과 부족한 뜻을 노골적으로 드러낸 일이 있다.《肅宗實錄 15年 2月 1日》

43 임금에게……것 : 자유(子游)가 말하기를 "임금을 섬김에 자주 간하면 욕을 당하고, 붕우 간에 자주 충고하면 소원해지는 것이다.〔事君數, 斯辱矣, 朋友數, 斯疏矣.〕" 하였다.《論語 里仁》

44 우제(遇弟) : 단암의 형 민진후(閔鎭厚)의 아들 민우수((閔遇洙, 1694~1756)를 말하는 것으로 보인다. 저자에게 외사촌 동생이 되기 때문에 이렇게 말한 것이다.

소강절(邵康節)의 시에 '당기기는 천균(千勻)의 쇠뇌처럼 하고, 갈기는 마땅히 쇠를 백 번 제련하듯 한다.'라고 하였는데, 어떤 이가 "천균의 쇠뇌는 어떻게 다루어야 합니까."라고 묻자, 주자(朱子)가 답하기를,

"망녕되이 움직이지 않아야 하니, 저 장자방(張子房 장량(張良))은 한(漢)에 있을 때 괜히 천 균의 쇠뇌에 대해 한 마디 말을 꺼냈다가 천 균의 쇠뇌와 맞섰던 자가 모두 박살이 났었다."[45]

하였습니다. 바라건대 이 말을 깊이 유념하십시오. 비단 이 일만이 그런 것이 아닙니다. 양규(兩揆)[46]에게 편지를 쓰게 된 것은 역시 인내하지 못한 점이 있는 듯합니다. 자신의 마음을 다하는 성인의 마음에 염유(冉有)가 계씨(季氏)를 구원하는 못하리라는 것을 어찌 알았겠습니까.[47] 그러나 역시 일찍이 말하기를, "더불어 말할 만하지 않은데 더불어 말한다면 말을 잃게 된다."[48]라고 하였으니, 이 말도 하나의

45 소강절(邵康節)의……났었다 : 본문의 내용은《주자어류(朱子語類)》권100에 보인다.

46 양규(兩揆) : 좌의정과 우의정을 말한다.

47 자신의……알았겠습니까 : 염유가 계씨(季氏)의 가신(家臣)으로 있으면서 계씨의 대부로서 참람하게 태산(泰山)에 여제(旅祭)를 지내는 제후의 예를 행한 것을 막지 못하자 공자가 염유에게 네가 막을 수 없느냐고 물었다. 염유가 할 수 없다고 하자, 공자가 "아! 어찌 태산의 신령이. 임방만 못하다고 생각하느냐!"라고 탄식하였다. 그 집주(集註)에 범씨가 말하기를 "염유는 계씨의 집에 종사하고 있었으니, 공자께서 어찌 그가 고하지 못할 것을 모르셨겠는가. 그러나 성인께서는 쉽게 사람을 쉽게 사람을 끊어버리지 않으시고 자신의 마음을 다하신다. 어찌 염유가 막지 못하고, 계씨는 간할 수 있는 상대가 아님을 모르셨겠는가."〔范氏曰, 冉有從季氏, 夫子豈不知其不可告也? 然而聖人不輕絶人, 盡己之心, 安知冉有之不能救?〕하였다.《論語 八佾》

48 더불어……된다 :《논어》〈위령공(衛靈公)〉에 "공자가 이르기를 '더불어 말할 만한데 더불어 말하지 않는다면 사람을 잃고, 더불어 말할 만하지 않은데 더불어 말한다면

마땅한 도리이니 어떻습니까. 설령 조정에 나아가더라도 마땅히 성상의 마음이 열려 깨닫는 기미를 천천히 기다린 뒤에야 이를 논할 수 있으나 한두 마디 말로는 끝내 힘을 얻기가 어렵습니다. 한가할 때에 송나라의 범진(范鎭)과 사마광(司馬光) 등 여러 공이 소를 올려 이 일에 대해 논한 것을 익숙히 읽고는 그중에 명백하고 절실한 말을 뽑아 하나의 작은 책자로 만들고, 근세 우리 조부께서 건의하여 청한 일과 같은 것을 첨부하였으니, 조용할 때 성상을 뵙고 올린다면 혹시 성상의 마음을 감발시킬 수 있지 않겠습니까. 부디 잘 생각하시고 또한 남들에게는 절대로 말하지 마시기를 간절히 바랍니다.

가정(嘉靖) 을축년(1565, 명종20)에 명묘(明廟 명종)께서 편찮으신데 후사가 정해지지 않아 중외가 설렁거렸다. 고(故) 상신(相臣) 민기(閔箕)가 당시에 재상의 지위에 있었는데, 은밀히 영의정 이준경(李浚慶)에게 말하기를,

"성상의 질병이 오랫동안 낫지 않는데, 공은 국정을 맡은 몸으로 어찌 사직에 대해 걱정도 하지 않으십니까."

하니, 이준경이 크게 깨달은 바가 있어 들어가서 후사를 세우기를 청하였다. 명묘의 말씀이 이미 불분명하자, 인순왕비(仁順王妃)가 말하기를,

"순회세자(順懷世子)가 죽은 뒤로는 성상이 덕흥군(德興君)의 셋째 아들을 보고 칭찬하였소."

말을 잃는다. 지혜로운 사람은 사람도 잃지 않고 말도 잃지 않는다.' 하였다.〔子曰, 可與言而不與之言, 失人, 不可與言而與之言, 失言. 知者, 不失人, 亦不失言.〕" 하였다.

하니, 이준경이 말하기를,

"성상의 뜻이 이 분에게 있구나."

하고, 드디어 장수에게 명하여 잠저에서 선묘(宣廟 선조)를 호위하게 하였는데 명묘는 알지 못했다. 병세에 차도가 있어 경연이 열리자 민기가 자청하여 특진관으로 입시하였다. 이준경이 명묘 앞에서 머리를 조아리며 말하기를,

"성상의 체후가 편찮으실 때 온 나라가 두려움에 떨며 모두 국본(國本)을 근심하였는데, 신이 대신(大臣)의 지위에 있기에 종사를 위한 계책을 세우지 않을 수 없었습니다."

하니, 명묘께서 언짢아하는 기색을 띠며 말하기를,

"내 병이 어찌 죽음에 이를 정도였겠는가. 그런데도 대신은 미리 이 일을 준비했단 말인가."

하였다. 민기가 소매에서 《대학연의(大學衍義)》〈정국본권(定國本卷)〉을 꺼내어 올리며 말하기를,

"대신이 국가를 위해 일을 도모한 것이지 어찌 자신만을 위한 계책이겠습니까. 고금에 나라가 어지럽거나 망하게 된 것은 늘 후사가 결정되지 않은 데에서 비롯되었으니, 만약 이 책을 보신다면 성인께서도 자연히 아시게 될 것입니다."

하였다. 명묘께서 살펴보시고는 그제야 안색이 편안해져 말하기를,

"영의정이 자신의 목숨을 나라를 위해 바치려했으니 사직을 위하는 신하라 할 만하오."

하고는 이로 인해 경연에서 《대학연의》를 강론하도록 명하고 민기에게 표범 가죽을 하사하였으니, 《대학연의》를 진강한 것은 이때부터 시작되었다.

숙종대왕(肅宗大王) 13년 정묘년(1687) 2월, 주강(晝講)에 지사(知事) 이숙(李翻)이 다음과 같이 아뢰었다.

"성상께서 재위하신 지 십여 년인데 아직까지 후사가 없어 모든 신하와 백성들이 모두 간절히 칠실(漆室)의 근심[49]이 있습니다. 우리 조종(祖宗)의 깊은 인(仁)과 근후한 은택, 전하의 성덕(聖德)과 성효(誠孝)로 어찌 끝내 〈인지(麟趾)〉와 〈종사(螽斯)〉의 경사[50]가 없겠습니까. 그러나 예로부터 한(漢)나라의 하간왕(河間王)[51]과 동평왕(東平王)[52] 같은 종실의 어진 이는 국가에서 의지하였는데, 종학(宗學)의 법도가 근래에 오래도록 해이해지고 무

49 칠실(漆室)의 근심 : 춘추 시대 노(魯)나라 칠실에 과년한 처녀가 시집 못 가는 것은 걱정하지 않고 나라의 임금이 늙고 태자가 어린 것을 걱정하여 기둥에 기대어 울었다는 고사에서 나온 말이다. 자신의 분수에 지나친 근심을 뜻하는 말로, 국사에 대한 걱정을 나타내는 겸사로 쓰인다. 《列女傳 漆室女》

50 인지(麟趾)와 종사(螽斯)의 경사 : 모두 《시경》 주남(周南)의 편명으로, 〈종사〉는 자손이 번창함을 축하하는 내용이고, 〈인지〉는 문왕(文王)의 많은 자손이 잘 교화됨을 노래한 것으로 왕가(王家)의 자손이 번성하기를 원하는 뜻으로 쓰인다.

51 하간왕(河間王) : 한 경제(漢景帝)의 아들 14명 중에 셋째인 하간헌왕(河間獻王) 덕(德)을 말한다. 그는 학문을 추구하고 옛것을 좋아하였으며, 고문서나 골동품을 많이 수집하여 대부분 선진(先秦) 시대의 진본을 소장하고 있었다. 그리고 무제(武帝) 때는 직접 조회를 가서 아악(雅樂)을 진상하고 무제가 조책(詔策)을 내려 질문한 30여 가지에 대해서도 성실히 답변하였다. 《漢書 卷53 景十三王傳》

52 동평왕(東平王) : 후한(後漢) 광무제(光武帝) 11명의 아들 중에 여덟째인 동평헌왕(東平憲王) 창(蒼)을 말한다. 명제(明帝)가 그에게 집에 있을 때 무엇이 가장 즐겁더냐고 묻자, 그는 "선(善)을 실천하는 것이 가장 즐겁다."라고 하였고, 명제가 직접 지은 〈광무본기(光武本紀)〉를 보여 주자, 〈광무수명중흥송(光武受命中興頌)〉을 지어 올리는 등 황실에 많은 역할을 하였다. 《後漢書 卷42 光武十王列傳》

너졌습니다. 만일 가까운 종중에서 열 두세 살부터 여덟아홉 살에 이르기까지 총민하고 재주가 있는 자를 뽑아 경전에 밝고 행실을 수양한 선비를 선발하여 교육하고 인도할 책임을 맡기고, 전하께서도 때때로 만나 장려하여 성취되기를 가약하신다면 훗날 원자가 탄생하실 경우에 역시 필시 반석의 도움이 없지는 않을 것입니다. 국조(國朝)의 고사에도 종학도선(宗學導善)과 전훈(典訓)등의 직책이 있었으니, 가르치고 이끌어 주었던 조종(祖宗)의 뜻을 볼 수 있습니다. 이런 재앙의 해를 당하여 만일 다시 관소를 설치하는 것이 어렵다면 종부시의 관원 중에서 신중히 선발하여 그들로 하여금 가르치게 해도 좋을 것입니다."

하니, 상이 마땅히 대신과 상의해서 시행하라고 하였다.

단암에게 올리다 임자년(1732, 영조8)

上丹巖 壬子

가뭄이 너무 심하여 백성들의 근심이 끝이 없는 이때에 부모님을 모시는 체후가 어떠하신지요.

저는 용문(龍門)에서 여강(驪江)에 이르러 그대로 며칠간 머물렀는데, 익제(翼弟)[53] 무리가 단정(丹亭)을 청소하고 기다리고 있었습니다. 내외의 여러 종항간이 모두 모이는 것은 참으로 인간 세상에서 쉽게 얻을 수 없는 즐거운 일입니다. 작년 이곳에서 외람되어 원로들을 모셨을 때 홀로 참여하지 못했던 일이 생각납니다. 강물은 아주 얕은데 모래사장이 멀리까지 넓게 펼쳐져 있어 물가를 따라 거닐다보니 해질녘이 되었는데, 사방을 돌아봐도 사람은 없고 경물이 맑고 그윽합니다. 알지 못하겠습니다만 언제쯤이면 국가의 기틀이 반석처럼 놓여서 온 강의 물고기와 물새로 하여금 다시 안정된 모습을 보게 할 수 있겠습니까. 바람결에 크게 탄식할 뿐입니다.

53 익제(翼弟) : 민진원의 형 민진후의 아들 민익수(閔翼洙, 1690~1742)를 가리킨다. 저자에게는 외사촌 동생이 되므로 이렇게 말한 것이다.

단암에게 올리다 계축년(1733, 영조9)

上丹巖 癸丑

어제(御製)가 어떤 은전(恩典)입니까. 정말 감축드립니다. 천지 사이에 음과 양이 서로 대치하는 것은 진실로 바꿀 수 없는 이치입니다. 그러나 유행(流行)을 가지고 말하자면 이것이 자라나면 저것이 줄어들고 저것이 나아가면 이것은 물러나 혼란스럽고 뒤섞이는 이치가 없으니, 지금이 어떤 세상인지 감히 알지 못하겠습니다. 저의 근심과 탄식이 참으로 어디까지 이를지 모르겠습니다.

단암에게 올리다
上丹巖

보여주신 부본(副本)은 삼가 읽어보고 감탄하였습니다. 이 한 번의 거조(擧措)가 아니면 거의 율옹(栗翁)[54]이 말한 "천지 사이에 정기가 사라질 것이다."[55]라는 말에 가까울 것입니다. 상소를 올렸을 때 성상께서 향안(香案)에 놓아두셨습니까. 만일 조금이라도 성상의 마음을 감동시켜 깨우칠 가망이 있다면 너무나도 다행스런 일입니다. 비록 이로 인해 불안한 형세를 야기하여 광주(廣州)의 우거(寓居)로 되돌아간다고 하더라도 또한 세도(世道)의 절반은 구원할 수 있을 것입니다.

54 율옹(栗翁) : 율곡(栗谷) 이이(李珥, 1536~1584)를 가리킨다.

55 천지……것이다 : 율곡이 성혼(成渾, 1535~1598)에게 보낸 편지에 나오는 내용이다. 《栗谷全書 卷11 答成浩原》

단암에게 올리다

上丹巖

지난번의 비망기는 삼가 읽어보고 감탄하였습니다. 다만 그 뜻이 세명의 재상을 추념하여 탕평의 교화를 빛나게 하는데 있는 듯하니, 진실로 뉘우치는 단서가 있는지는 감히 모르겠습니다. 그러나 만에 하나라도 이러한 점이 있다면 어찌 종사를 위한 복이 아니겠습니까. 좌하(座下)가 지닌 일단의 고심혈성(苦心血誠)을 성상께서 이미 특별히 물으셨으니, 어찌 가슴에 쌓인 것을 다 아뢰고 싶지 않겠습니까. 그러나 오늘날의 정세로 논하자면 두렵고 위축되어 감히 진언을 하지 않는 것이 아마도 적절한 도리인 듯합니다. 만일 한 마디 말로 알선할 기회가 있다면 다행스러운 일이나 이는 기필할 수 없으니, 어떻게 하겠습니까. 성신(誠信)이 이미 성상께 믿음을 주지 못한 만큼 이전의 일로 성을 내어 의심을 하실까 진실로 또한 두려우니, 방자하고 무엄하다는 이유로 처벌받는 일이 필시 없을 것이라 또 어찌 장담하겠습니까. 엎드려 바라건대 다시 깊이 생각하십시오.

별지 別紙

신하의 의리는 충성을 바치고 임금의 과실을 보완하는 것보다 큰 것은 없습니다. 그러나 오직 의리에 부합하는 일도 여러 번 말하게 되면 욕을 당하니, 들어주지 않으면 떠날 뿐입니다. 대신은 국가와 휴척(休戚)을 함께하는 것이 비록 다른 사람들과는 다르지만 믿음을 주지 못하는 간언은 끝내 무익합니다. 때를 가늠하고 의리를 헤아릴 적에 귀하게 여기는 것이 신중함에 있습니다. 더구나 현재 좌하(座下)의 정세는 너무나 위태로우니, 어찌 말을 할 수 있는 시기이겠습니까. 마땅히 먼저 짧은 상소로 대략 오랜 질병으로 인해 정세상 두렵고 위축되어 감히 명에 응할 수 없는 정상을 말씀드리고, 만일 으레 내리는 비답을 받는다면 다만 입을 다물고 관망해야 합니다. 혹 장백조여(將伯助予)[56]의 성의가 간곡하고 그치지 않아야 비로소 충성을 바칠 수 있는 방법을 의논할 수 있을 것입니다.

만일 종사를 위한 계획이 중대하여 일신의 화복을 돌아보아서는 안 된다고 생각한다면 마땅히 언행록에 실려 있는 송(宋)나라의 범진(范鎭), 사마광(司馬光), 호숙(胡宿) 여러 공들의 말과 논의를 취하고, 사서(史書)를 참고하여 그 요점을 취하고, 말미에 "신이 지난번에 여러 차례 아뢴 것이 이미 고인에게 부끄러운 것이 많으니, 바라건대 성상은 깊이 유념하소서."라 하고, 이 이하로는 굳이 할 필요가 없습니다.

그러나 이 한 번의 행동이 결코 시의(時義)에 마땅한 것이 아니라 여겨 또 반드시 그만두지 않고자 하신다면 보여주신 책자도 올려야 할 것이니, 표지는 《주서요어(朱書要語)》라고 하는 것이 좋을 듯합니다. 책자를 올릴 때 쓸 차자에는 누차의 질문에 감히 답변하지 않을 수 없다는 뜻을 먼저 진술하고서 "우연히 이 글을 보고는 미나리를 먹고 맛이 좋아[57] 감히 바칩니다."라고 쓰고서 부연하여 몇 줄의 글을

56 장백조여(將伯助予) : 임금이 신하에게 도움을 청한다는 뜻이다. 《시경》〈소아(小雅) 정월(正月)〉에 "그 수레에 짐을 싣고 마침내 바퀴살에 대는 덧방나무〔輔〕를 버리니 너의 수레에 실은 짐을 떨어뜨리고서야 백(伯)을 불러 나를 도우라 하리라.〔其車旣載, 乃棄爾輔, 載輸爾載, 將伯助予.〕" 하였다.

57 미나리를……좋아 : 맛좋은 음식을 임금께 바친다는 뜻이다. 진(晉)나라 혜강(嵇

쓰는데 일의 체단이 어떠한가에 대해서는 굳이 갖추어 말할 필요가 없습니다. 여러 조목이 진실로 모두 지금의 병폐에 절실하기는 하지만 함축된 뜻이 적고 또 너무나 간략한 듯하니, 비록 올린다고 하더라도 반드시 급급하게 할 것은 없습니다. 만일 추가로 더 뽑으라고 명하신다면 제가 응당 천천히 약간의 조목을 기록해 올리겠습니다.

康)의 〈절교서(絶交書)〉에, "시골 사람이 등에 쬐는 따뜻한 볕을 상쾌하게 여기고 미나리나물 맛을 아름답게 여긴 자가 있어 이것을 임금님께 바치고자 하였으니, 비록 구구한 정성은 있다 할지라도 이미 현실과는 거리가 먼 것이다.〔野人有快炙背而美芹子者, 欲獻之於至尊, 雖有區區之意, 亦已疎矣.〕" 하였다.

단암에게 올리다 갑인년(1734, 영조10)

上丹巖 甲寅

고(故) 결성 현감(結城縣監) 이두삼(李斗三)이 호서(湖西)에서 원통하게 죽은 것[58]은 공론이 모두 그렇게 생각하지 않는 경우가 없습니다. 문서에는 진실로 크게 잘못 기록되어 있으나 본심으로 말하자면 단단무타(斷斷無他)[59]합니다. 지금 그의 아들이 신문고를 쳐서 원통함을 호소하려 하는데 한번 좌하(座下)를 뵙고자 합니다. 알지 못하겠습니다만 그 원통하고 참혹한 마음이 군상(君相)께 받아들여질 수 있겠습니까. 또 듣자하니, 이군이 살아있을 때 좌하에게 지우를 입었다고 합니다. 엎드려 생각하건대 반드시 측은히 여기시는 바가 있을 것이니, 한번 속마음을 다 말하도록 해 주시는 것이 어떻습니까. 용서할 만한 원통함을 혹 조정 관료들 사이에서 공론화시켜 만일 형조 판서와 여러 공들이 이러한 정상을 모두 알게 된다면 한 마디 말의 힘이 어찌 천 균의 무게일 뿐이겠습니까. 부디 그렇게 되기를 바랍니다.

58 결성 현감(結城縣監)……것 : 1728년(영조 4)에 무신란이 일어났을 때 결성 현감(結城縣監) 이두삼(李斗三)이 수영(水營)에 적의 관문(關文)을 보낼 때 곧바로 적괴(賊魁)의 '대원수(大元帥)'란 위호(僞號)를 호칭하였으므로, 충청 수사(忠淸水使) 유준(柳濬)에게 효시(梟示)하라 명하였다. 《英祖實錄 4年 3月 21日》

59 단단무타(斷斷無他) : 다른 볼 만한 재능은 없어도 마음만은 성실하다는 말이다. 《서경》 〈태서(泰誓)〉의 "어떤 신하가 그저 정성스럽기만 할 뿐 다른 재능은 없다 할지라도〔斷斷兮無他技〕, 그 마음만은 아름다워서 남을 용납할 줄을 안다."는 말에서 나온 것이다.

단암에게 올리다 을묘년(1735, 영조11)

上丹巖 乙卯

심부름꾼을 통해 보내주신 편지로 삼가 외숙께서 이미 교외로 나가셨다는 것을 알았습니다. 교외가 멀지 않다는 것을 갑자기 알게 되니 풍모에 대한 그리움이 더욱 간절합니다. 이어 생각건대 날이 따뜻해 꽃이 활짝 피어 정신과 기운이 왕성하니, 이때 곁에서 모시는 즐거움이 바로 한 해 동안 마음에 두었던 일입니다. 그러나 우연히 이런 질병에 걸려 비록 몸을 떨쳐 일어나고자 하나 그렇게 할 수 없습니다. 옛사람이 말한, 몸은 머물러 있으나 마음은 달려간다는 말도 이 울적한 마음을 비유하기에는 부족합니다.

성상께 뜻을 전하는 것은 아마도 어려울 듯하니, 법에 따라 체직을 청하는 글을 올리는 것이 하나의 올바른 도리이지만 노인을 모시고 수백 리가 넘는 길을 오가는 것 역시 결국에는 신중한 뜻이 아닙니다. 알지 못하겠습니다만 이전 편지에서 하셨던 말씀은 이미 계획을 정하셨습니까. 근래의 일이 조정에서 얼마나 중요한 일입니까. 그런데도 상하가 서로 따르기만 하여 이미 의혹이 없고 편안한 세상이 되어버렸습니다. 이미 바로잡아 구원할 힘이 없다면 월조(月朝)의 예는 곧 작은 절차이니, 역시 그만둘 수 없습니까. 궁내(宮內)의 전교는 사사로운 은혜와 관계된 것이라 더욱 전석(前席)에서 사은하는 것은 마땅하지 않으니, 다시 깊이 헤아려 처신하신다면 매우 다행이겠습니다.

외구(外舅) 홍공[60] 우현 에게 올리다 갑진년(1724, 경종4)

上外舅洪公 禹賢○甲辰

은근한 가르침 덕택에 미혹함을 깨트리게 되었습니다만 생각해오던 계획은 궁벽한 곳으로 들어가는 데 있습니다. 궁벽한 곳은 전혀 뿌리를 내리고 살 수 없으니, 이곳의 생활은 참으로 어렵습니다. 하지만 그래도 가까이로는 기린(麒麟)[61]에 일가의 곡식이 있고, 멀리로는 양근(楊根)과 여주(驪州) 두 곳의 원조가 있으며, 또 춘천(春川)의 우사(寓舍)와 기각(掎角)의 형세[62]를 이루고 있습니다. 하물며 이곳을 버리고 다른 곳으로 간다면 다시 새로운 전장을 마련해야 하는데 옮기는 수고라면 피차가 다를 것이 없습니다. 그러므로 우선 안토중천(安土重遷)[63]의 계획을 하지 않을 수 없습니다. 다만 이 형세가 마치 바람 속에서 배를 끄는 것과 같아 닻을 내릴 곳이 없으니, 생각할 때면 절로 웃음이 납니다. 이 떠돌이 생활이 과연 언제 그칠지 모르겠습니다.

60 홍공(洪公) : 저자의 장인 홍우현(洪禹賢, 1654~?)이다. 본관은 남양(南陽), 자는 사희(士希)이다.

61 기린(麒麟) : 강원도 인제(麟蹄)를 말한다. 저자는 1722년(경종2)에 가솔들을 이끌고 인제 가덕산촌(佳德山村)으로 들어갔는데, 이 편지는 그 당시의 상황을 말하는 것으로 보인다.

62 기각(掎角)의 형세 : 서로 호응하는 형세를 말한다. 《춘추좌씨전》양공(襄公) 14년 조에 "비유하자면, 사슴을 잡는데 진(晉)나라 사람은 그 뿔을 잡고 제융(諸戎)은 그 다리를 잡은 것과 같다.〔譬如捕鹿, 晉人角之, 諸戎掎之.〕"라고 하였다.

63 안토중천(安土重遷) : 고향 떠나기를 즐거워하지 않는 마음을 말한다.

산속의 농사가 또 흉작이 될 것은 분명하나 메밀은 그래도 희망이 있습니다. 교외의 소식이 또 한심합니다. 기내(畿內)의 농사는 조금 낫다고 하는 말 역시 정말 그런지는 모르겠습니다.

홍공[64] 우전 에게 답하다 갑오년(1714, 숙종40)

答洪公 禹傳○甲午

절에서 모시고 하룻밤을 묵었던 것은 실제 인간세상의 기이한 만남이었습니다. 모이면 흩어지고 만나면 헤어지는 법이니, 어찌 꿈속에서 그리워하지 않은 적이 있겠습니까. 일전에 큰 눈이 흠뻑 내려 문득 산음(山陰)의 홍취[65]가 일어 다시 부왕사(扶旺寺)[66]에 올라갔다가 하룻밤을 묵고 돌아왔습니다. 송대(松臺)에서 혼자 술을 마셨는데, 완연히 예전에 이별하던 곳이지만 남북으로 떠도는 구름 신세라 아득히 만날 수가 없습니다. 돌아온 지 며칠만에 외람되게도 편지를 보내주시니 마치 마음과 소리가 상응하는 듯합니다. 펼쳐보고는 위안이 되어 천리 먼 길 떨어져 있는 것도 깨닫지 못했습니다. 또 추위가 시작되는 이때에 부모님을 모시면서 관직 생활도 편안하시다는 것을 알았습니다. 이는 그대가 돌아가신 뒤에 들은 가장 좋은 소식이니 더욱 다행스러운 일입니다.

저는 겨울이 되어 예전처럼 칩거하고 있고 조용히 유유자적하게 지

64 홍공(洪公) : 저자의 처숙부 홍우전(洪禹傳, 1663~1728)이다. 본관은 남양(南陽), 자는 집중(執中), 호는 구만(龜灣)이다.

65 산음(山陰)의 홍취 : 친구에 대한 그리움을 말한다. 진(晉)나라 왕휘지(王徽之)가 산음(山陰)에 살았을 때 큰 눈이 내린 밤 홍취가 일어나 친구 대안도(戴安道)를 찾아갔다가 홍이 사라지자 만나지 않고 다시 돌아왔다. 《世說新語 任誕》

66 부왕사(扶旺寺) : 숙종 때 북한산성을 수비하기 위해서 지은 절로, 부황사(浮皇寺)라고도 하였다.

냈고 있습니다. 졸렬한 처지에 과장(科場)의 일을 논할 것은 없으나 다만 전주(全州)의 홍로(洪老)가 과거에 급제한 것은 기이한 일입니다. 굴신(屈伸)에는 각각 때가 있으니, 이를 거울삼아 자신의 한계를 정하지 않는 것이 어떻습니까.

홍공에게 답하다 기해년(1719, 숙종45)
答洪公 己亥

말씀해주신 뜻은 삼가 잘 알았습니다. 이 하교가 있었다는 것을 들은 뒤로 한밤중에 여러 번 탄식하였으나 다만 한 사람도 말을 하는 사람이 없었는데, 집사의 말이 여기에 이르니 매우 훌륭합니다. 노숙한 이들이 그만두라고 권면한 논의는 세속에서 돌아보는 견해에 불과하니, 어찌 말할 것이 있겠습니까. 다만 보여주신 부본은 말을 하는 것을 어렵게 여기고 지나치게 두려워하고 조심하다보니 문세(文勢)가 끝내 통창하지 못하고 말의 뜻도 절실하지 못합니다. 이 일이 비록 말하기 어려울 듯하지만 만일 스스로 임금의 잘못을 바로잡고 보완하는 의리를 따른다면 크게 막히거나 궁색한 곳은 없을 듯합니다. 다만 이렇게 죄를 짓고 있는 처지에서는 비록 일상적인 만사(輓詞)와 별장(別章)이라 하더라도 역시 감히 지어 보낼 수 없는데, 하물며 감히 이와 같은 글을 함께 논할 수 있겠습니까. 그러나 평소에 외람되게도 크나큰 지우를 입었기에 감히 피상적인 말은 할 수가 없고 마음속으로 근심하고 개탄함이 거의 마음과 소리가 상응하는 듯하여 부득불 별지로 저의 비루한 소견을 올리니, 어떻게 생각하실지 모르겠습니다. 바로잡지 않으면 도가 드러나지 않으니,[67] 부디 성상의 격노를 걱정하지 마십시

67 바로잡지……않으니 : 맹자의 말을 인용한 표현이다. 묵가의 학자 이지(夷之)가 맹자를 만나기를 원하자, 맹자는 "내 오늘은 그를 만나 볼 수 있다. 하지만 서로의 의견을 다 말하여 바로잡지 않으면 피차의 도가 드러나지 않으니, 내 우선 그대의 주장

오. 도모하는 것이 많으면 일을 이루지 못하니 역시 빨리 결정을 해야 합니다. 이미 처신에 관해 말씀해 주셨기에 감히 속마음을 다하여 말씀드리지 않을 수 없습니다.

을 바로잡아 보겠다.〔吾今則可以見矣. 不直則道不見, 我且直之.〕" 하였다.《孟子 滕文公上》

홍공에게 답하다 경자년(1720, 숙종46)
答洪公 庚子

지난번에 외반(外班)에서 멀리서 얼굴을 뵌 적이 여러 번이었는데, 임금께서 붕어(崩御)하신 뒤[68]에 끝내 서로 부여잡고 한번 통곡하지도 못했습니다. 그리고 돌아와서는 계속해서 병을 앓아 안부 편지도 올리지 못한 채 이렇게 마음으로만 그리워하고 있었습니다. 5일에 보내주신 편지를 어제 비로소 받아보았으니, 여러 번 읽고 위로가 되는 마음을 무엇으로 비유할 수 있겠습니까. 공제(公除)[69]가 어느덧 지났으니 울부짖어도 소용이 없습니다. 우리들이 죽지 않고 살아서 큰 강을 건너는데 나루터가 보이지 않는[70] 오늘과 같은 상황을 볼 줄 어찌 생각이나 했겠습니까. 인심이 혼란하여 바람이 불어 풀이 움직일 때면[71] 놀라

68 임금께서 붕어(崩御)하신 뒤 : 숙종의 승하를 말한다.

69 공제(公除) : 국상(國喪)을 당하여 조의를 표하는 뜻으로 일정 기간 공무를 보지 않다가 그 기간이 지난 뒤에 상복을 벗는 일을 말한다.

70 큰……않는 : 나라의 형세가 멸망의 위기에 처할 정도로 급하게 되었다는 말이다. 《서경》 〈미자(微子)〉에 "지금 우리 은나라가 장차 멸망하게 되어, 마치 큰 물을 건널 적에 나루터나 물가가 보이지 않는 것처럼 되고 말았다.〔今殷其淪喪, 若涉大水, 其無津涯.〕" 하였다.

71 바람이……때면 : 견해가 투철하지 못하여 외부의 변화가 있을 때마다 마음이 움직인다는 의미이다. 바람이 불어 풀이 움직인다.〔風吹草動〕라는 말은 원래 중국 송(宋)나라의 문신・학자인 사양좌(謝良佐)의 언행을 수록한 《상채어록(上蔡語錄)》에 나오는데, 그 어록에서 사양좌가 "천명에 관해 아는 것이 비록 얕고 비근하다 해도 또한 모든 사물이 진실로 천명을 가지고 있으며 인력으로 비교하거나 따질 수 없음을 믿어야 한다.

고 두려워하니, 일간에 시끄럽게 떠드는 말을 귀로 듣고 싶지 않습니다. 척촉(蹢躅)[72]이 본디 두려운데 양(陽)의 기운 속에 음(陰)의 기운이 있는 것은 더욱 두려워할만 하니, 지금 온 조정이 동요하지 않고서 한결같이 올바른 것을 지키는 것으로 마음을 삼는다면 거의 괜찮을 것입니다. 구구히 강호에서 걱정만 하는 것이 조정에 무슨 보탬이 되겠습니까. 그러나 집사께서 조만간 반드시 간언을 하는 직책에 오르실 것이니, 무엇으로 직분을 다 하시겠습니까. 공적으로나 사적으로 염려가 됩니다.

만약 믿지 않으면, 바람이 불어 풀이 움직여도 바로 두려워하거나 걱정하고 기뻐하는 마음이 생기며, 쓸데없는 공부를 하게 되고 쓸데없는 신경을 쓰게 된다." 하였다.

72 척촉(蹢躅) : 《주역》 〈구괘(姤卦) 초육(初六)〉의 효사(爻辭)에 나오는 말로, "여린 돼지가 날뛰고 싶은 마음이 진실하다.〔羸豕孚蹢躅〕" 하였는데, 이는 소인이 올바르지 못한 마음으로 군자를 해치려는 생각을 품고 있음을 비유한 것이다.

홍공에게 답하다 신축년(1721, 경종1)

答洪公 辛丑

과거에 급제한지 겨우 두 해 만에 관직이 자사(刺史)에 이르렀으니[73] 영광스런 일입니다. 낙점되고 은혜로운 비답을 받았으니 어떻게 성상께 이런 사랑을 받은 것입니까.

말씀해주신 뜻은 잘 알았습니다. 주금(晝錦)의 영광[74]은 진실로 다른 길보다 갑절이 되지만 세상만사에는 기복이 없을 수 없습니다. 오직 지극한 영화 때문에 화를 부르기가 쉽지만 이는 외부로부터 이르는 것이니, 굳이 우려할 것은 아닙니다. 다만 가속을 이끌고 부임하라는 명이 곧바로 철회되어 지금 떠날 수 없다는 말을 들었습니다. 전주(全州)는 고향집이 있는 곳이니, 비록 모친을 모시고 남쪽으로 내려가더라도 자시(子始) 영공(令公)이 모친을 강원 감영(江原監營)으로 모신 일과는 같지 않습니다.[75] 그러나 의리를 다하는 것으로 논한다면 '구차

73 과거에……이르렀으니 : 홍우전(洪禹傳, 1663~1728)이 1719년(숙종45) 별시문과에 급제하여 지평을 지낸 뒤 2년 만에 충청도 관찰사에 임명된 것을 말한다.

74 주금(晝錦)의 영광 : '주금'은 낮에 입은 비단옷으로 금의환향(錦衣還鄕)과 같은 말이다. 항우(項羽)가 진(秦)나라 수도 함양(咸陽)을 함락시킨 뒤 누가 그에게 관중(關中)에 머물라고 권하니, 항우가 고향인 강동(江東)으로 돌아가고 싶어 말하기를 "부귀하여 고향에 돌아가지 않으면 비단옷을 입고 밤에 다니는 것과 같다." 한 데서 온 말이다.《漢書 卷31 項籍傳》

75 자시(子始)……않습니다 : 자시(子始)는 이조(李肇, 1666~1726)를 말한다. 본관은 전주(全州), 자는 자시(子始), 호는 학산(鶴山)이다. 본문의 내용은 1711(숙종37)년 강원도 관찰사로 나아갔을 때 모친의 병환으로 인해 자신의 경내 가까이 모신

하고 소홀하다〔苟簡〕'는 두 글자는 진실로 말씀해 주신 바와 같습니다. 전례에 따라 체직을 바라는 것이 마땅한 일인 듯하니, 어떻게 생각하시는지요. 편지 말미에 권면해주신 말씀은 사람으로 하여금 부끄럽고 땀이 나게 합니다. 이 몸으로 이 직분을 수행한다면 관방(官方)이 날로 가벼워지는 것은 괴이한 일도 아닙니다. 다만 생각건대 성신(誠信)이 평소 상하에게 믿음을 받지 못했으니, 스스로를 바로잡을 겨를도 없는데 어찌 다른 사람을 바로잡을 수 있겠습니까. 오직 움츠리고 반성하여 소명을 어긴 죄를 기다릴 뿐입니다.

별지 別紙

전후의 질책은 깊고 지극하였습니다. "홀로 이 세상 사람이 아니고서야 어찌 인정이 없겠는가."라고 말한 부분에 이르러서는 실로 송구스럽습니다. 그러나 스스로 칩거한 뒤로 조정의 옛 관직은 물을 일이 아닌지라 한 글 자도 먼저 통한 적이 없는데, 더구나 이조(吏曹)에 관한 일이겠습니까. 친한 벗들 중에 이조에 있는 이들을 만나면 번번이 공도(公道)를 넓히라고 면려하였습니다. 비록 그 말이 받아들여지지 않았다 하더라도 평소 제가 남을 면려한 것이 이와 같은데, 어찌 개인적인 일을 청탁하겠습니까. 이 일로 여러 번 말씀을 들었지만 끝내 감히 신조를 무너뜨릴 수 없습니다. 지금부터는 혹 이 졸렬한 지킴을 온전히 할 수 있겠는지요.

일로 물의가 일자 사직을 청하여 체차되었던 일을 말한다.《肅宗實錄 37年 4月 25日》

홍공에게 답하다 임인년(1722, 경종2)

答洪公 壬寅

시사가 이러한 상황에 이르렀으니, 이때에는 욕을 당하는 것이 영화로운 일이고 죽는 것이 살아 있는 것 보다 낫습니다. 사류(士流)의 화복은 진실로 논할 것이 없지만 국가가 장차 어떤 지경에 이르겠습니까. 주자(朱子)께서 말씀하신 '통고(痛苦)' 두 글자는 진실로 먼저 이러한 마음을 안 것입니다. 스스로 벼슬에서 물러나 있는 처지로, 있으나 마나한 사람이지만 영광스럽게도 간당(奸黨)의 명부에 올랐으니,[76] 얼마나 다행스런 일입니까. 진동(陳東)[77]이 죽었으니 여파가 조만간에 미칠 것인데, 지금 편안히 큰 고을을 맡고 있는 것도 하나의 이상한 일입니다.[78] 덕징(德徵)[79] 여러 공들이 유배를 면한 일로 보건대, 혹여

76 영광스럽게도……올랐으니 : 현인(賢人)의 유에 끼었음을 반어적으로 말한 것이다. 송(宋) 원우(元祐) 연간에 장돈(章惇) 이 정사를 천단하여 그 무리 채경(蔡京) 등과 더불어 원우당인(元祐黨人)을 간당(奸黨)이라 무함하고 간당비를 세운 일이 있으며, 주자가 간당비 고사에 비유하여 벼슬에서 물러 나와 남의 시에 화답하면서 "노년의 영화로움은 간당으로 지목된 것이요, 지난날의 수치는 시신의 관을 썼던 것이라네.〔老去光華奸黨籍, 向來羞辱侍臣冠.〕" 하였다.《朱子大全 卷9 詩》

77 진동(陳東) : 진동은 송(宋)나라 때 사람으로 태학(太學)에 있으면서 나라를 그르친 채경(蔡京) 등의 간신을 처형할 것을 청하였고, 명재상인 이강(李綱)이 파직되자 제생들을 거느리고 선덕문(宣德門) 앞에 엎드려 항의하였으며, 고종(高宗)이 남쪽으로 천도(遷都)한 뒤에 또다시 글을 올려 정사를 극언하다가 구양철(歐陽徹)과 함께 참형을 당하였다. 본문에서는 당시의 앞장서서 극언한 사람을 비유해서 말한듯한데 미상이다.《宋史 卷455 忠義列傳 陳東》

임기를 채우고 돌아오겠습니까. 도리어 한번 웃을 만합니다. 부풍(扶風 부안(扶安))이 무탈하다는 소식[80]은 근래 들었으니, 한번 가서 뵙고 돌아오려고 합니다.

78 여파가……일입니다 : 홍우전이 경상 감사로 있으면서 소론의 탄핵을 받기 이전의 상황을 말한 것으로 보인다. 그러나 얼마 후에 사헌부에서 등과할 때 자매의 상을 듣고도 발애(發哀)하지 않고, 감사로 부임하여 뇌물을 받았다는 추잡한 소문이 있다고 삭거사판 하도록 청하였다. 처음에 임금이 따르지 않았는데, 그 후에 결국 삭거사판 되었다. 《景宗實錄 2年 3月 3日, 5月 8日》

79 덕징(德徵) : 정덕징(鄭德徵, 1657~1739)을 말하는 것으로 보인다. 본관은 연일(延日), 자는 성유(聖由)이다. 신축년(1721,경종1) 연잉군(영조)이 왕세제로 책봉되고 나서 노론이 왕세제의 대리청정까지 주장하여 경종은 이를 승인하였다. 그 후 소론 대신 유봉휘(柳鳳輝) 등이 부당성을 상소하자 유봉휘의 상소에 대해 관학의 여러 유생들이 유봉휘를 벌하라는 상소를 올렸는데, 이때에 정덕징은 동지중추부사 겸 우림위장으로 있었는데, 자손들에게 상소에 참여하도록 하였다. 그러나 결국 대리청정이 취소되었고, 소론은 이 문제를 노론의 경종에 대한 불충으로 몰아 노론을 탄핵하여 이듬해 임인년에 이르기까지 노론이 화를 입었다. 그러나 정덕징은 화를 입지 않았고 임인년에 정주 목사로 나갔다. 《陶菴集 卷37 節度使鄭公墓碣》

80 부풍(扶風)이 무탈하다는 소식 : 저자의 중부(仲父) 이만성(李晩成)의 소식을 말한다. 부풍은 전북 부안의 옛 지명으로, 이 당시에 이만성은 무옥(誣獄)에 연루되어 부안에 유배되어 있었다.

홍공에게 답하다
答洪公

눈으로 끝없는 변고를 보았지만, 오늘날 이러한 일을 보게 될 줄 어찌 생각이나 했겠습니까. 그러나 이후로 어떤 재앙이 닥칠지 모르니, 이는 오히려 논할 겨를도 없습니다. 삼복더위가 이와 같은데, 한번 닫히고 나면 좌기(坐起)가 언제 열릴지 아득히 기약할 수 없으니, 애가 타고 눈물이 끓어올라 오히려 다시 무슨 말을 하겠습니까.

저는 죄인의 명부에 이름이 올라 감히 성안의 의막(依幕)으로 들어갈 수도 없고 또한 차마 교외에 가만히 앉아 있을 수도 없어서 지금 아현(阿峴) 근처에 우거하고 있습니다. 이에 밤낮으로 애태우고 근심하시는 노친을 위로할 사람이 없으니, 어떤 심정이겠습니까.

한번 곤욕을 겪어 만일 해를 끼치려는 저들의 마음을 누그러뜨릴 수 있다면 남북이든 동서든 다시 논할 것이 있겠습니까. 그러나 근래의 일은 실제 보통의 이치로는 헤아릴 수 없기에 믿을 수 있는 것은 오직 하늘뿐인데, 하늘 역시 어찌 기필할 수 있겠습니까. 일전에 체포되어 가는 길을 전송하려고 위읍(威邑)[81]에 들렀을 적에 모시고 하룻밤을 묵은 것이 어제 일처럼 뚜렷하니, 저도 모르게 그리움이 더욱 남쪽으로 향해갑니다. 추욕(醜辱)이 돌아가신 분에게 까지 미칠 것이니, 이때에 이러한 상황을 어찌 면하겠습니까. 너무나도 마음이 아픕니다.

81 위읍(威邑) : 경기도 진위(振威 평택)를 말하는 것으로 보인다.

홍공에게 답하다 계묘년(1723, 경종3)

答洪公 癸卯

구중(彀中)[82]에 있는 것은 오래전에 알고 있었지만 끝내 이 지경에 이른 것은 믿지 못하겠습니다. 지난해의 무고[83]로도 그 마음을 풀기에 부족했단 말입니까. 건강하지 못한 몸으로 또 이렇게 추운 날씨에 변방으로 떠나게 되었으니,[84] 필시 몸이 손상될 것입니다. 믿을 것이라곤 오직 화락한 군자를 신이 위로해 주는 것뿐입니다.[85] 다만 생각건대 서쪽과 남쪽의 거리가 거의 수천 리가 되어 모친을 모시고 갈 방법이 없으니, 오랫동안 곁에서 모친을 모시지 못하는 심정을 어찌 견디시겠

82 구중(彀中) : 구중은 사정거리 안이라는 뜻으로, 《장자》 〈덕충부(德充符)〉에 "명사수인 예의 사정거리 안에서 노니는 자 가운데 그 한복판에 서 있는 자는 적중되기에 꼭 알맞다고 할 것인데, 그럼에도 불구하고 그 화살을 맞지 않는 자가 있다고 한다면 그것은 우연이라고 할 수밖에 없다.〔遊於羿之彀中, 中央者中地也, 然而不中者命也.〕" 하였다.

83 지난해의 무고 : 411쪽 주79 참조.

84 또……되었으니 : 홍우전이 평안도 정주(定州)로 유배된 일을 말한다. 경종이 동궁(東宮)으로 대리(代理)하던 시절에 삼사(三司)의 상소와 차자 및 병조의 공사(公事)를 동궁에 들이라는 명이 있었는데, 당시 지평으로 있던 홍우전이 상소를 올려 도로 거두어들이기를 힘껏 청하면서, '놀랍고도 의혹스러우며 근심스럽고 한탄스럽다.'는 말을 한 적이 있었다. 대각에서 이 일에 대한 처벌로 홍우전을 유배 보내야 한다고 하자 경종이 그대로 따랐다. 《景宗實錄 3年 11月 17日》

85 화락한……것뿐입니다 : 원문은 '신로개제(神勞豈弟)'로 《시경》 〈한록(旱麓)〉에 "화락한 군자는 신이 위로하는 바이다.〔豈弟君子, 神所勞矣.〕"라는 말에서 나온 것이다. 이 작품은 문왕(文王)의 성덕(盛德)을 노래한 것이다.

습니까. 우리 종고모(從姑母)[86]는 또 병이 잘 드시니, 두 고종이 비록 두 곳을 분주히 오가더라도 간호하는 일이 더욱 어려울 것입니다. 이러한 상황을 생각하면 실로 말할 수가 없습니다. 그러나 사람은 어려운 상황을 잘 넘겨야 비로소 그 의지를 볼 수 있으니, 강철과 돌 같은 마음이 어찌 대번에 옛 사람만 못하다고 하겠습니까. 부디 이 말이 망령되다고 하지 마시기 바랍니다.

언제 구만(龜灣)의 우사(寓舍)[87]를 출발하여 언제쯤 도성 입구를 지나십니까. 만일 제가 교외에 있다면 중도에 멀리서 배웅할 수 있겠지만 지금이야 어찌 기약할 수 있겠습니까. 온 산이 눈으로 가득 덮여 있지만 막히지 않는 것은 이 마음뿐입니다.

86 우리 종고모 : 홍우전의 아내 우봉 이씨(牛峯李氏)를 말한다. 이씨 부인은 이상(李翔, 1620~1690)의 여식으로, 저자에게는 종고모가 된다.

87 구만(龜灣)의 우사(寓舍) : 홍우전이 은거했던 전주(全州)의 구만동을 말하는 것으로 보인다. 1722년에 박필몽(朴弼夢)이 홍우전을 사판에서 삭거하도록 논핵하자 홍우전은 전주 구만동(龜灣洞)으로 돌아와 우거하며 스스로 구만(龜灣)이라 호를 지었다.〔弼夢啓削仕籍, 公退居全州之龜灣, 因以自號.〕《陶菴集 卷43 參判洪公墓誌》

홍공에게 보내다 갑진년(1724, 경종4)

與洪公 甲辰

지난 가을 뒤늦게 서쪽으로 옮기셨다는 소식[88]을 듣고 급히 편지를 보내 안부를 여쭈었는데, 나중에 교외의 서신을 받고서야 제 편지가 도착하지 않았다는 사실을 알았습니다. 어느새 한 해가 바뀌었으니, 삼가 생각하건대 멀리 이역에서 구름을 바라보며 그리워하는 마음[89]을 더욱 금하지 못할 것입니다. 이때에 신변의 모든 일에 큰 복이 있으시기를 저는 갑절이나 간절히 우러러 축원합니다. 거주할 계책을 마련하신지 이미 여러 날이 지났을 터인데, 누구의 집을 주인집으로 정하셨으며, 거처하는 곳은 읍의 내외 어디입니까. 풍토는 본디 좋을 것입니다만 얼마나 어렵고 고생스러우실지 알 만합니다.

삼려대부(三閭大夫) 굴원(屈原)이 비록 스스로 "굶주린들 또한 무엇이 해로우랴."[90]라고 하였으나, 목란의 이슬과 가을 국화의 꽃잎은 오래

88 지난……소식 : 홍우전(洪禹傳, 1663~1728)이 1724년에 정주(定州)로 귀양을 간 일을 말한다.

89 구름을……마음 : 부모를 그리워하는 자식의 마음을 뜻하는 말이다. 당(唐)나라 적인걸(狄仁傑)이 병주(幷州)의 법조참군(法曹參軍)으로 부임할 적에 태행산(太行山)에 올라 멀리 남쪽으로 흰 구름 하나가 떠가는 것을 보고는, 저 구름 아래에 부모님이 계실 것이라면서 한참 동안 바라보며 사념에 젖다가 구름이 보이지 않게 된 뒤에야 떠났다.《新唐書 卷115 狄仁傑傳》

90 굶주린들……해로우랴 :《초사(楚辭)》〈이소〉에 "아침엔 목란의 떨어진 이슬을 마시고, 저녁엔 가을 국화의 떨어진 꽃잎을 먹노라. 진실로 내 마음 성실하고 정결히 하여 도를 지킨다면, 길이 굶주린들 또한 무엇이 해로우랴.〔朝飮木蘭之墜露兮, 夕餐秋

도록 먹을 수 있는 물건이 아니니, 요량해 마련한 것이 있는지요. 끝내 가마로 부모님을 모시고 올 수 있는 이치가 없고, 남쪽과 서쪽이 이처럼 멀리 가로막혀 있으니, 생각할 때마다 눈물이 얼굴을 적십니다. 종제들 가운데 누가 곁에 있습니까. 평소에 기대하기를 스스로 원성(元城)[91]의 아래에 있는 것을 바라지 않았으니, 재차 《주서(朱書)》에 실린 〈파옹첩(坡翁帖)〉[92]에 십분 유념하십시오. 저는 깊은 산에 은거하여 또 이렇게 세월만 보내고 있으니, 모든 생각이 마음에 걸립니다. 바라는 것은 노인의 기력이 점차 안정되는 것이니, 기쁨과 두려움[93]이 날마다 더욱 깊어질 뿐입니다.

菊之落英. 苟余情其信姱以練要兮, 長顑頷亦何傷?]" 하였다.

91 원성(元城) : 송나라 유안세(劉安世, 1048~1125)를 말한다. 자는 기지(器之)이고 시호는 충정(忠定)이며 원성(元城) 사람이다. 간의대부(諫議大夫)로 직간을 잘하였고, 송 휘종(宋徽宗) 때 당화(黨禍)로 일곱 차례나 귀양을 가는 등 수많은 역경을 겪었는데, 그때마다 흔들림 없이 지조를 지켰다. 《宋史 卷345 劉安世列傳》

92 주서(朱書)에 실린 파옹첩(坡翁帖) : 《주자서절요(朱子書節要)》 19권 〈저행지에게 답함〔答儲行之〕〉에 실려 있는 〈동파첩(東坡帖)〉으로, 이 글은 소동파가 이공택(李公擇)에게 보낸 편지이다. 그 내용 중에 "나는 철심 석장(鐵心石腸)으로 공에게 기대하였는데, 어찌 지금 그러합니까? 우리들이 비록 늙고 곤궁하지만 도리(道理)가 심간(心肝)을 꿰뚫고 충의(忠義)로 골수(骨髓)를 채워 마땅히 생사의 갈림길에서도 담소하며 태연할 수 있어야 합니다. 만약 나의 곤궁함을 보고서 문득 서로 안절부절못한다면, 도리를 배우지 못한 사람과 크게 다름이 없을 것입니다."라는 내용이 있는데, 저행지(儲行之 저용(儲用))에게 이를 좌우명으로 삼게 하였다.

93 기쁨과 두려움 : 연로한 부모를 모시는 사람은 한편으로는 기쁘고 한편으로는 두렵다는 공자의 말에서 유래한 말이다. 부모가 이미 장수하신 것은 기쁘지만 앞으로 사실 날이 많지 않음을 두려워한다는 뜻이다. 《論語 里仁》

홍공에게 보내다
與洪公

지장(芝丈 이희조(李喜朝))께서 배소(配所)로 가던 도중에 고복(皐復)[94]을 하였으니, 당시 사람들이 그를 죽이고자 하였는데 하늘이 또 그의 목숨을 잘못 앗아갔으니, 이것이 무슨 이치란 말입니까. 염빈(斂殯)하는 여러 절차에는 필시 유감이 없을 터이니, 변방에서 그대와 같은 친당(親黨)을 만나는 경우[95]가 어찌 쉽사리 있는 일이겠습니까. 이전 편지에 이 어른의 안부를 묻는 편지를 동봉한 것은 적소(謫所)가 멀지 않아 대신 전해줄 수 있으리라 생각해서였는데, 받아보시고 슬프셨으리라 생각됩니다. 편지를 쓴 것이 상이 난지 수십 일이 지난 뒤였으니, 멀리 떨어져 있는 사람의 처지가 더욱 가슴 아픕니다.

훌륭한 그대의 시(詩)에 억지로 화답하였으나, 함축된 것이 매우 적어 끝내 짓지 않은 것만 못합니다. 찢어 없애버리는 것이 마땅하니, 남겨두어 사람들의 눈을 번거롭게 하지 마시기 바랍니다. 또 주자(朱子)의 글을 읽고 있다고 하시니, 득력처가 필시 적지 않을 것인데, 그중에 또 담암(澹菴)을 비롯한 여러 공들이 해상(海上)에서 수창한 일에 대해 논한 것을 보셨는지요.[96] 지금 이렇게 말씀드리는 것이 비웃

94 고복(皐復) : 상을 당하였을 때 죽은 이의 이름을 부르면서 초혼(招魂)하는 것이다. 여기서 고(皐)는 길게 빼어 부르는 소리를 뜻하고, 복(復)은 죽은 이의 영혼이 돌아오라는 뜻이다. 《禮記 禮運》

95 변방에서……경우 : 이 당시에 홍우전(洪禹傳)이 정주(定州)에 유배 와 있었다.

음을 살 일인 듯하지만 지나치게 조심하는 것 역시 나쁜 일은 아닐 것입니다.

96 담암(澹菴)을……보셨는지요 : 담암(澹菴)은 송나라 명신 호전(胡銓)이다. 이 내용은 호전을 비롯한 여러 사람이 귀양지에서 행동에 삼가지 않고 다른 사람들과 편지를 주고 받거나 시를 수창한 일을 말한다. 《주자대전》 속집 권3 〈채계통에게 답함〔答蔡季通〕〉에 "양자직(楊子直)의 편지를 받으니, ……전날 답하면서 일찍이 문제 삼지 않고, 단지 '내가 젊은 시절 조충간(趙忠簡)·이참정(李參政) 등 여러 사람이 바닷가 귀양지에 있었으나 문인과 친구들이 세시(歲時)마다 끊임없이 안부를 물었고, 호 담암(胡澹菴) 같은 사람은 오히려 날마다 지인들과 창화하고 왕래하며 언급하지 않은 것이 없었습니다. 그러나 진회(秦檜)도 또한 체포하여 모두 죽일 수 없었다고 들었으니, 이는 절로 천명이 있는 것이다.'라고 하였습니다.' 하였다."

홍중웅[97] 우서 에게 답하다 임진년(1712, 숙종38)

答洪仲熊 禹瑞○壬辰

조정으로 돌아오신 뒤로 아직까지 한 번도 만나지 못했으니, 그리움이 산처럼 쌓여 밤낮으로 그저 그리워할 뿐입니다. 삼가 보내주신 편지를 받고서 상한(霜寒)에 벼슬하시는 체후가 편안하심을 알았으니, 아주 위안이 되어 마치 직접 말씀을 듣는 듯합니다.

저는 모친의 병환이 근래에 심해져 애태우며 경황없이 날을 보내고 있었습니다. 이러한 때에 갑자기 분수에 넘치는 은혜로운 발탁을 입었으니, 나무 위에 아슬아슬 앉아 있고 살얼음 위를 걷는다는 말로도 그 위태롭고 두려운 상황을 말하기에 부족합니다. 깊이 아껴주는 사람이라면 마땅히 근심해야지 하례하는 것은 마땅하지 않습니다.

저는 효도를 하고자 하는 바람을 십 년간 이루지 못했으니, 분수에 맞는 작은 고을 자리 하나 얻는 것이라면 어찌 아침에 명령을 듣고 저녁에 사은숙배를 하지 않겠습니까. 그러나 영화로운 당상관의 자리는 너무나 외람됩니다. 진실로 감히 염치를 무릅쓰고 관직을 맡아 낮은 자리는 사양하고 높은 자리를 받으려고 한다는 비난을 초래할 수 없는 지라, 여러 차례 상소를 올려 힘써 사양하여 과분한 은혜를 거두어 주시기를 바랐습니다. 지평 이세덕(李世德)의 상소가 다시 벼슬에 나아가기 위태로운 단서를 더 보탰으니,[98] 우리가 오랫동안 구설에 곤란을

97 홍중웅(洪仲熊) : 홍우서(洪禹瑞, 1662~1716)이다. 본관은 남양(南陽), 자는 중웅(仲熊), 호는 서암(西巖)이다.

겪은 것이 또한 너무 지리합니다. 망원(亡猿)의 화(禍)[99]가 다시 숲에까지 미쳤으니, 다친 새가 쉽게 놀라는 것[100]을 어느 때나 그칠 수 있겠습니까. 세도(世道)를 위해 통탄할 일이나 도리어 웃음이 납니다.

98 이세덕(李世德)……보탰으니 : 지평 이세덕(李世德)이 상소를 올려 임오년(1702, 숙종28)의 과거를 논하여 말이 많았던 과거라고 하였다. 그로 인해 임오년의 과거 때 급제한 부교리 홍우서(洪禹瑞)가 인퇴(引退)하고 출사하지 않고, 세 차례나 사직 상소를 올렸는데, 임금이 특별히 그 상소를 도로 내주라고 명하였다. 저자 역시 임오년의 과거 때 합격하였다. 《肅宗實錄 38年 9月 11日》

99 망원(亡猿)의 화(禍) : 사소한 것을 추구하다가 큰 것을 잃을 수 있음을 비유한 말이다. 《회남자(淮南子)》 〈설산훈(說山訓)〉에 "초왕(楚王)이 도망간 원숭이를 찾으려고 하여 숲이 이 때문에 잔멸되었다."라고 한 데서 유래하였다.

100 다친……것 : 한 번 화란을 겪은 사람은 화살에 상한 새처럼 매사에 놀라고 조심함을 비유한 말이다. 《전국책(戰國策)》 〈초책(楚策)〉에 "한 번 화살에 상한 새는 시위 소리만 듣고도 높이 난다.〔傷弓之鳥, 聞弦音而高飛.〕" 하였다.

이덕재[101] 의현 에게 보내다 임인년(1722, 경종2)

與李德哉 宜顯○壬寅

여름에야 뒤늦게 대감이 가까이 계시다는 소식을 듣고 한번 조용히 이야기를 하고 싶은 생각이 늘 마음에 있었는데, 찾아가 뵙기도 전에 화(禍)가 일어났습니다. 멀리 유배를 떠나시는데 손을 잡고 작별을 하지 못하였으니, 이 한(恨)이 어떻겠습니까. 지난해에 한번 운산(雲山)을 지나갔을 때에는 황량한 변방이라 살기 힘든 곳이라 생각했는데, 근래의 일로 말하자면 적소(謫所)에서 지내는 맛이 참으로 사탕수수를 씹는 것과 같으니,[102] 편안히 지내시는지요.

저는 초겨울에 장례를 치르고 나서,[103] 곧장 가솔들을 데리고 산골짜기로 들어왔으니, 설악(雪嶽)과는 지척간입니다. 우리가 지금 날마다 힘써야 할 것은 오직 '환난에 처해 있다.〔素患難〕'[104]라는 세 글자이니,

101 이덕재 : 이의현(李宜顯, 1669~1745)을 말한다. 본관은 용인(龍仁), 자는 덕재(德哉), 호는 도곡(陶谷)이다. 목호룡(睦虎龍)의 고변으로 신임옥사가 일어나 많은 노론 관료가 죄를 입었을 때, 평안도 운산에 유배되었다.

102 사탕수수를……같으니 : 고달픈 현실보다 적소의 생활이 더 낫다는 말이다. 진(晉)나라 때 고개지(顧愷之)가 사탕수수〔甘蔗〕를 먹을 때마다 꼬리부터 먹어 들어가므로, 어떤 이가 그것을 괴이하게 여기자, 고개지가 말하기를, "점차 가경으로 들어가기 위해서이다.〔漸入佳境〕" 한 데서 온 말이다. 《晉書 卷92 顧愷之傳》

103 저는……나서 : 중부(仲父) 이만성(李晩成)의 상을 말한다. 《도암선생연보》에 1722년 8월 부안(扶安)에 유배 가 있던 중부 이만성이 세상을 떠났다고 하였다.

104 환난에 처해 있다 : 《중용장구》 제14장의 "군자는 자신이 처한 위치에 맞게 행동하고 그 밖의 것은 바라지 않는다. 부귀한 위치에 있으면 부귀함에 맞게 행동하고,

다른 것을 어찌 감히 말하겠으며, 역시 어찌 차마 말하겠습니까. 나머지는 오직 묵묵히 알고 계실 것입니다.

빈천한 위치에 있으면 빈천함에 맞게 행동하고, 오랑캐 땅에 있으면 오랑캐에 맞게 행동하고, 환란에 처했으면 환란의 상황에 맞게 행동하는 것이니, 군자는 어디에 있든 자득(自得)하지 않는 경우가 없다."에서 발췌한 말이다.

이여오[105] 병상 에게 답하다 갑인년(1734, 영조10)

答李汝五 秉常○甲寅

사람들이 대감께서 견책을 받고 외직에 보임된 것은 몹시 황공한 일이지만, 이렇게 되지 않았으면 물가에서 굶주리며 앉아 있게 되었을 것이니, 도리어 더 나은 일이라고 말합니다. 다만 노년에 직무를 수행하는 노고와 관아에서 온갖 일을 처리해야 하는 괴로움이 결코 굶주리며 앉아서 편안히 지내는 것만 같지는 못할 것입니다. 고인은 하루의 부모 봉양을 삼공과 바꾸지 않았으니,[106] 모르겠습니다만 대감께서는 어떻게 이러한 성은에 보답하시렵니까. 지금 상하의 기상이 편안하고 즐거우나, 어디에서 화변(禍變)이 일어날지 모릅니다. 이때에 지방관의 책무가 다른 때보다 갑절이나 중요하니, 부디 신중을 기하시기 바랍니다.

유안령(幼安令)[107]의 초상은 애통하고 안타까움을 어찌 말로 하겠습니까. 듣건대 이 수령이 공문서를 처리하는데 지나치게 정력을 낭비하였다고 하니, 중요한 일만 신경 쓰라는 완평 상공(完平相公)[108]의 가르

105 이여오 : 이병상(李秉常, 1676~1748)을 말한다. 본관은 한산(韓山), 자는 여오(汝五), 호는 삼산(三山)이다.

106 고인은……않았으니 : 송나라 왕안석(王安石)의 시에 "고인이 하루의 부모 봉양을, 삼공과 바꾸지 않네.〔古人一日養, 不以三公換.〕"라는 구절이 있다. 《臨川文集 卷9 送喬執中秀才歸高郵》

107 유안령(幼安令) : 이병태(李秉泰, 1688~1733)를 말한다. 자는 유안(幼安), 호는 동산(東山)이다.

침을 일찍 듣게 하지 못한 것이 한스럽습니다. 대감께서도 이러한 경계를 몰라서는 안 되니, 어떻게 생각하십니까.

율곡 선생(栗谷先生)의 《사서토석(四書吐釋)》은 현재 통행되는 언해(諺解)와 비교할 때 더욱 정밀한데, 막 본가에서 초본을 가지고 왔습니다. 대감이 만일 간행할 수 있다면 후학을 위한 은혜로운 일일 것입니다. 고을의 재력이 미치기가 어렵고 대감께서 오랫동안 고을을 맡는 것을 기필하기 어렵다면 본래 언해의 권수만큼 공책(空冊)을 보내주시면 등본(謄本)을 전하여 훗날을 대비할 수 있을 것이니, 어떻게 생각하십니까. 이 일은 이급(李及)이 《백낙천집(白樂天集)》을 구입했던 일[109]과는 경우가 다르니, 염치를 상하게 하는 데에는 이르지 않겠지요. 한번 언급해보았습니다.

108 완평 상공(完平相公) : 이원익(李元翼, 1547～1634)을 말한다. 자는 공려(公勵), 호는 오리(梧里), 본관은 전주(全州)이다.

109 이급(李及)이……일 : 이급은 송(宋)나라 진종(眞宗) 때 사람으로, 청렴결백하기로 유명하였다. 채군모(蔡君謨)가 일찍이 작은 오전(吳牋)에 쓰기를, "이급(李及)이 항주를 다스릴 때에 《백낙천집(白樂天集)》 1부를 산 것을 평생의 한으로 여겼다.〔蔡君謨, 嘗書小吳牋云, 李及知杭州市白集一部, 乃爲終身之恨.〕" 하였다. 《仕學規范 卷7》

이여오에게 답하다 무오년(1738, 영조14)

答李汝五 戊午

겨울에 보내주신 답장을 받고는 마치 천리 밖에서 얼굴을 대면하는 것 같아 몹시 위로가 되어 차마 손에서 놓지 못했습니다. 어느새 이미 한 해가 바뀌었으니, 체후에 신의 가호로 만복이 깃들 것입니다. 우러러 그리운 마음이 더욱 간절합니다.

저는 쇠약함이 날마다 더해져 어느새 육순에 가까워졌습니다. 위로는 천시(天時)가 개탄스럽고 아래로는 인사(人事)가 근심스러워 그저 세상일이 지루할 뿐입니다.

근간에 조보(朝報)를 접하니, 연석의 비답과 하유(下諭) 중에 이따금씩 대감이 황공하여 몸 둘 바를 모르게 할 내용이 있었습니다. 그러나 멀리 변방으로 내친 것은 하늘이 옥처럼 만들어 주려는 것입니다.[110] 주자(朱子)의 "시장이나 조정처럼 뒤엉키고 어지러운 곳에서는 본심을 잃는 자가 줄지어 나올 것이다."[111]라는 말은 근래에 경험을 익숙히 하고 난 뒤에야 더욱 그러함을 알겠으니, 인생에 있어 만년의 절개가 참으로 두려워할 만합니다. 육경여(陸敬輿)가 약방(藥方)을 엮은 것[112]

110 하늘이……것입니다 : 사람에게 시련을 주어 옥처럼 훌륭히 완성시켜 준다는 뜻이다. 송나라 장재(張載)의 〈서명(西銘)〉에 "빈천과 우척은 너를 옥처럼 다듬어 완성시키는 것이다.〔貧賤憂戚, 庸玉汝於成也.〕" 하였다.

111 시장이나……것이다 : 382쪽 주37 참조.

112 육경여(陸敬輿)가……것 : 육경여는 당나라 때 인물인 육지(陸贄)를 말한다. 그는 조정에서 물러나 충주(忠州)에 있으면서 의방집을 익히고 고금의 유명한 처방을

이 또한 화를 두려워하여 한 것 인듯하나 굳이 그렇게 할 필요가 있겠습니까. 바라건대 날마다 성현의 책을 가까이 하여 견식을 넓힌다면 꼭 훗날 부처의 은혜에 보답[113]하는 바탕이 되지 않을 것이라 할 수 없으니, 어떻게 생각하시는지요.

모아《육씨집험방(陸氏集驗方)》50권을 만들었는데, 이 일을 말한다.

113 부처의 은혜에 보답 : 갚을 수 없는 임금의 큰 은혜에 보답하는 것을 말한다. 불가(佛家)의 말에 "나의 몸과 마음을 던져 불법의 세계를 받든다"는 말이 있는데, 이 말은 부처의 은혜에 보답한다는 뜻이다. 주자(朱子)가 벼슬하지 않는 의리를 말하면서 이 말을 인용하였다.《朱子大全 卷36 答陳同甫》

이여오에게 답하다 신유년(1741, 영조17)

答李汝五 辛酉

출사에 매우 재촉을 받고 계시다고 하니, 두렵고 위축됨을 알만합니다. 대감께서 비록 나아가기는 어렵다 하더라도 이미 예전처럼 스스로 끊어버릴 단서가 없으니, 그 형세로 볼 때 결국에는 힘써 조정으로 달려가는 일을 면하지 못할 것입니다. 몇 차례 경연에 참석하면 내락이 분의(分義)를 펼 수 있을 것인데, 곧바로 병을 핑계로 조정에 나가지 않으면 이후로는 점점 수습하기가 어려울 것이니, 한번 충정을 아뢰어 거취를 결정하시지 않아서는 안 될 듯합니다. 대체로 출처가 의(義)에 맞지 못하면 대가(大家)를 혼란에 이르지 않게 하는 경우가 드무니, 중간에 적당히 미지근한 것[114]을 구하려고 한다면 이러한 이치는 없으니, 어떻게 생각하십니까.

114 적당히 미진근한 것 : 원문은 '온탄난처(溫呑暖處)'로, 《심경부주(心經附註)》 권4 계명이기장(鷄鳴而起章)에 나오는 말이다. 이(利)와 선(善)의 중간에 대해 묻자 주희(朱熹)가 "냉수가 아니면 펄펄 끓어서 그 중간인 미지근한 것은 없다."라고 답한 말을 인용한 것이다. 《심경부주》에는 '暖'이 '煖'으로 되어 있다.

이여오의 별지에 답하다
答李汝五別紙

가을에 대감께서 휴가를 받아 나온 일이 설령 계획대로 나온 것이라 하더라도 괜히 찬물이나 마시고 고생한 것에 지나지 않습니다. 이미 주장을 견지하지도 못하고, 또 장차 도로 들어간다면 무슨 이득이 있겠습니까. 이 일이 어긋난 것은 진실로 탄식하기에 부족합니다만, 몇 개월 사이에 좋은 기회가 많았는데, 또 기회를 잃은 것은 어째서입니까. 성상께서 《대훈(大訓)》[115]을 처음 내리셨을 때, 대감께서 연석(筵席)에서 아뢴 대체는 좋았는데, 어찌하여 힘써 간쟁하여 성상의 마음을 돌리려 하지 않았습니까. 비록 이 일로 인해 견책을 받았다 하더라도 또한 충분히 자신의 도리를 다했다고 할 수 있을 것입니다. 신하들의 상소가 거의 이루어지려고 하다가 도리어 그만두게 된 것이 이미 안타까운데, 청대(請對)하여 허락을 받지 못한 뒤에도 그대로 다시 두려워하며 조정을 출입하니, 어찌 거듭 염의(廉義)를 무너뜨리는 것이 아니겠습니까.

115 대훈(大訓) : 《어제대훈(御製大訓)》을 말한다. 영조가 당쟁의 폐해를 일소하고 신임사화의 원흉을 처벌하기 위하여 내린 훈유문(訓諭文)으로, 1741년에 간행되었다. 영조는 숙종 이후 갈라지게 된 노론과 소론 간의 당쟁으로 많은 유혈 참극을 빚고 자신도 그 와중에 참변을 당할 뻔했던 지난 일을 통감하고, 이와 같은 당쟁을 일소하고 그들의 원흉인 김일경(金一鏡)과 목호룡(睦虎龍)의 처형을 위해 이를 내린 것이다. 끝에는 이 훈유문을 완성한 뒤에 올린 어제고묘문(御製告廟文)과 백성에게 반포한 반교문(頒敎文)이 덧붙여져 있다. 《奎章閣韓國本圖書解題 史部 詔令·奏議類 詔令》

지난번에 대감의 상소에 대해 내리신 성상의 비답을 이해할 수는 없으나, 성상에게 '애경(愛卿)' 두 글자를 얻은 것이 늘그막의 광영은 아닌 듯합니다. 만일 성상의 생각에 임금이 구속하여 잡아두고 놓아주려 하지 않는 것을 '애경'이라 여기고, 신하가 벼슬길에 나올 줄만 알고 물러남을 모르는 것을 '애군(愛君)'이라 여긴다면, 세도(世道)에 해를 되는 것이 더욱 어떠하겠습니까. 제가 이전 편지에서 권면한 '진충(陳忠)' 두 글자가 참으로 '애군'이 되니, 끝내 하실 수 없단 말입니까. 마무리를 잘하는 계책을 깊이 생각하시기 바랍니다.

이여오의 문목에 답하다 임술년(1742, 영조18)

答李汝五問目 壬戌

문 상상(殤喪)[116]은 《개원례(開元禮)》[117]에서는 신주(神主)를 세우지 않으며, 우제(虞祭)가 지나면 영좌(靈座)를 철거한다고 하였는데, 정자(程子)와 주자(朱子)는 여덟 살 이상은 신주를 세워야 한다고만 말하고 언제 영좌를 철거하는지에 대해서는 말하지 않았습니다. 《의례문해(疑禮問解)》[118]와 《남계예설(南溪禮說)》[119]에서는 영좌를 철거하

116 상상(殤喪) : 8세부터 19세 사이에 죽은 경우를 말한다. 19세부터 16세까지를 장상(長殤)이라 하고, 15세부터 12세까지를 중상(中殤)이라 하고, 11세부터 8세까지를 하상(下殤)이라고 하며, 8세가 되지 못한 경우에는 복(服)이 없다. 《儀禮 喪服》

117 개원례(開元禮) : 당나라 현종(玄宗) 개원(開元) 연간에 칙명에 의해 서견(徐堅), 소숭(蕭崇) 등이 150권으로 편찬한 《대당개원례(大唐開元禮)》를 말한다. 길례(吉禮), 빈례(賓禮), 가례(嘉禮), 군례(軍禮), 흉례(凶禮)의 다섯 가지로 분류되었다. 두우(杜佑)의 《통전(通典)》에 일부 편입되었고, 《신당서(新唐書)》 〈예문지(藝文志)〉와 《구당서(舊唐書)》 〈예문지〉의 바탕이 되었다.

118 의례문해(疑禮問解) : 사계(沙溪) 김장생(金長生)이 문인과 친우들의 예(禮)에 관한 질문에 답변한 내용을, 아들 신독재 김집과 제자인 송시열, 이유태, 윤선거 등이 교정하여 유별로 엮은 책이다. 관혼상제(冠婚喪祭) 등 사례(四禮) 전반을 다루고 있으나 그중에서도 상례(喪禮)에 대한 내용이 자세하다. 《奎章閣 韓國學硏究院 疑禮問解 解題》

119 남계예설(南溪禮說) : 남계(南溪) 박세채(朴世采)의 문인인 김간(金幹)이 《남계문집(南溪文集)》에서 예에 관한 부분을 발췌, 정리하여 만든 것으로, 《가례》의 편목을 기준으로 연대순으로 정리하고 《육례의집(六禮疑輯)》, 《삼례의(三禮儀)》, 《가례요해(家禮要解)》 등을 참고하여 편집한 것을 김유(金楺)가 간행하였다.

는 여러 절차를 모두 《개원례》를 기준으로 삼았고, 우암(尤菴 송시열)은 "예(禮)에 의거하면 궤연(几筵)을 거두는 것은 상복을 벗는 달이나 소상(小祥)에 해야 한다."고 논하였는데, 이 예가 어느 책에 보이는지 모르겠습니다. 그러나 《개원례》에서 우제(虞祭)가 지나면 영좌를 철거한다고 한 것은 신주를 세우지 않기 때문인 듯한데, 이미 《개원례》에는 없는 신주를 세우고 나서 영좌를 철거하는 일에서는 유독 《개원례》를 따른다면 처음에는 정성껏 하다가 중도에 그만두게 되는 상황을 면하지 못할 듯합니다. 신주를 세우는 일은 정자와 주자의 논의를 따르고, 영좌를 철거하는 것은 우암의 주장을 따라 소상(小祥)으로 기한을 정하는 것이 어떻습니까.

답 우암의 주장 중에 '예에 의거하면'이라고 말한 것은 필시 근거하는 바가 있어서일 것이니, 비록 어떤 책에 보이는지 모른다고 해도 이 두 글자로 이미 충분히 근거를 삼을 수 있습니다. 그러나 소상으로 기한을 정하는 것은 너무 지나친 듯하고, 상복을 벗는 날에 영좌를 철거하는 것이 옳을 듯합니다.

문 현석(玄石 박세채(朴世采))이 "단지 삼우제(三虞祭)만 지내고, 졸곡제와 부제(祔祭)는 지내지 않는다."라고 하였으니, 이는 우제(虞祭)가 지나면 영좌를 철거한다는 《개원례》의 글귀를 근거로 말한 것입니다. 우암이 어떤 이의 질문에 답변한 말에 "마땅히 신주를 세워야 한다. 이는 《개원례》에 비해 조금 갖추어진 것이니 역시 졸곡제와 부제도 있지 않겠는가."[120]라고 하였으니, 이는 비록 마땅히 행해야 한다고

120 마땅히……않겠는가 : 《송자대전(宋子大全)》 권17 〈송도원에게 답함[答宋道

분명하게 말하지는 않았지만, 은미한 뜻은 알 수 있습니다. 《개원례》를 지금 이미 쓰지 않는다면 졸곡제와 부제를 마땅히 일정하게 시행하는 것이 어떻습니까.

답 우옹이 '역시 있지 않겠는가.'라고 말한 것은 어렵게 여겨 망설인 뜻이 있었던 것입니다. 그러나 상주(殤主)가 마땅히 묘(廟)로 들어간다면, 묘(廟)로 들어간 자는 부제가 없어서는 안 될 듯하고, 이미 부제를 지냈다면 또 졸곡제가 없어서는 안 될 듯하니, 어떻게 생각하시는지요.

문 제주(題主)에 단지 이름만 쓰면 상상(殤喪)인 줄 알지 못하니, 이 일은 어떻습니까.

답 제주(題主)에 이름만 쓰는 것이 문제될 것은 없습니다. 그러나 상망(殤亡)인 줄을 모를까 염려되니, '손(孫)' 아래에 '동(童)'을 첨가하는 것이 어떻습니까. 《예기(禮記)》에 '동왕기(童汪踦)'[121]라는 글귀가 있으니, 이것이 근거로 삼을 만합니다.

源]〉에 관련 내용이 보인다.

121 동왕기(童汪踦) : 동자 왕기(汪踦)이다. 왕기는 춘추 시대 노(魯)나라의 동자로 제(齊)나라 군대와 싸우다가 전사하였는데, 당시 사람들이 왕기의 공적을 높여 미성년자의 장례인 상례(殤禮)가 아니라 성년의 예로 장사지내고자 하여 공자에게 물으니 "창과 방패를 잡아 사직을 수호할 수 있었으니, 상(殤)으로 장사지내지 않으려 하는 것이 옳지 않겠는가.〔能執干戈, 以衛社稷, 雖欲勿殤也, 不亦可乎?〕" 하였다. 《禮記 檀弓下》

이여오에게 답하다

答李汝五

병을 앓는 와중에 대감에 대한 그리움이 간절했는데, 갑자기 멀리서 보내주신 편지를 받고서 혹독한 추위에 대감의 체후가 몹시 편안하시다는 것을 알았으니, 너무나도 위안이 됩니다.

저는 겨울이 지나도록 병을 앓아 죽을 날이 멀지 않고, 하업 역시 거의 전폐하는 지경에 이르렀습니다. 정신을 아껴야한다는 가르침에 대해서는 간절히 염려해 주신 마음에 매우 감사를 드리며, 대감께서도 이치를 가지고 슬픔을 잊고 노년의 기력을 상하지 않기를 바랍니다.

지난번에 스스로를 믿으라고 정성스레 고해주신 것은 고식적인 사랑이 아닌데, 한해가 지나서야 예전의 의례적인 말로 답을 올리니 이후로 더 이상 옛날의 도(道)를 기대할 수 없기에 너무나 개탄스럽습니다. 매년 책력을 연례적으로 보내 주시니, 벗이 조정에 있어 많은 도움을 받습니다.

이계통[122] 집 에게 답하다 신묘년(1711, 숙종37)

答李季通 渫○辛卯

지난해에 선아(仙衙)[123]에 한번 들렀을 적에 한 말 정도 되는 작은 고을이지만, 한산하고 고요하며 후미진데 있어 아주 즐거워할 만했습니다. 저는 평소부터 소나무와 계수나무가 있는 곳에서 독서를 하고 싶은 바람이 있어 꿈에서도 잊지 못했는데, 모르겠습니다만 형은 무슨 복이 있기에 바다와 산이 어우러진 곳에서 맑고 한가로운 즐거움을 실컷 누리는 것입니까. 졸음 귀신과 짝을 하신다고 하니, 이은(吏隱)의 흥취를 더욱 잘 알겠습니다. 평소 저의 기대가 적지 않은데 마침 이러한 고을에 수령 자리를 얻었으니, 하늘이 형에게 베푸는 것 또한 풍성하다고 하겠습니다. 공무의 여가에 일이 없을 때, 날마다 경전을 가까이 하면 필시 백 척의 장대 끝에서 한 걸음 더 나아가는 형세가 있을 것이니,[124] 어찌 오래도록 태만하고 한가한 생활을 누려서야 되겠습니까. 사랑하는 마음이 절실하여 번번이 감히 힘쓰라고 권면하니, 웃음

122 이계통 : 이집(李渫, 1670~1727)이다. 본관은 한산(韓山), 호는 한주(韓州)이다.

123 선아(仙衙) : 남의 관아를 높여 부르는 말이다. 1711년에 이집은 흡곡현령(歙谷縣令)으로 있었다.

124 백……것이니 : 지극한 어려움을 겪어 한 단계 더 나아가는 것을 말한다. 《전등록(傳燈錄)》에 "백 척의 장대 끝에 한 걸음을 더 걸어야만 시방세계가 곧 전신이다.〔百尺竿頭須進步, 十方世界是全身.〕" 하였다. 따라서 학업의 진취를 두고 간두진보(竿頭進步) 또는 간진(竿進)이라고 한다.

을 터트릴 것이라 생각됩니다.

청나라 사신들은 여전히 공갈을 치고 허세를 부리며, 남쪽 왜구들은 아직 새로운 경보가 없으나, 근심의 단서가 진실로 산처럼 쌓일 정도가 아닙니다. 처음 일이 발생할 때는 지나치게 놀라다가 곧바로 또 아무렇지 않은 듯 편안하게 지내니, 조정의 계책과 백성의 마음이 대체로 이와 같아 사람을 근심하도록 만듭니다.

저는 노모를 봉양하며 한가로이 지내며 대체로 그럭저럭 지내고 있으나 우혜로운 소명(召命)을 거듭 어긴지라 황공한 마음은 무어라 형언하기 어렵습니다. 보내주신 세 종류의 해산물은 생각해주신 마음에 몹시 감사드립니다. 시중대(侍中臺)에 올랐던 때를 떠올려보니, 고을 사람이 서리 지난 게를 쪼개 주었는데, 그 크기가 동이만 했습니다. 왼손에는 게를, 오른손에는 술잔을 잡아 홍취와 맛이 모두 좋았는데, 형이 그 당시에 이곳의 수령으로 있지 않았던 것이 아쉽습니다. 풍악산의 구름과 노을은 몇 차례나 구경하셨습니까. 목을 빼고 그곳으로 향하는 마음을 더욱 그칠 수가 없습니다.

황여문[125] 규하 에게 답하다 을미년(1715, 숙종41)

答黃汝文 奎河○乙未

형이 성상께 하직 인사를 올렸다는 소식을 들었으니, 더욱 서로 멀리 떨어져 그리워하게 되었습니다. 그리움이 날마다 쌓이던 차에 눈 속에 심부름꾼이 문을 두드리고 전해준 형의 편지를 읽어보니, 실로 빈 골짜기에 사람의 발소리가 들리는 것처럼 기뻤습니다.[126] 또 새로 옮기신 관직의 정황(政況)이 편안하시다고 하니, 얼마나 위안이 되는지 어찌 말로 다할 수 있겠습니까. 다만 읍을 다스린 지 열흘도 안 되어 이렇게 머리를 긁적이는 고민이 일어났으니, 형이 외직을 청한 것은 진실로 일신만을 위한 계책이 아니었을 터인데, 힘써 구하는 사이에 처음부터 이렇게 괴로운 상황이 있을 줄 모르셨습니까.

형이 말씀하신 내용은 관직을 하지 않고 몸을 가벼이 하는 것이니,[127]

125 황여문 : 황규하(黃奎河, 1678~?)이다. 본관은 창원(昌原)이다. 1715년 7월 사헌부 지평으로 북한산성(北漢山城)의 역사가 재정 규모가 크니 우선 역사를 정지한 후 묘당(廟堂)에 물어 다시 실시할 것을 상소하였다.

126 빈……기뻤습니다 : 쓸쓸하고 허전한 마음을 채워 주는 반가운 손님과 같았다는 말이다. 《장자(莊子)》 서무귀(徐无鬼)에 "빈 골짜기에 도망쳐 숨어 사는 사람이 있다고 하자, 오소리나 다니는 작은 오솔길마저 잡초로 막혀 버린 곳에서 오래도록 홀로 지내고 있다가, 저벅저벅 들려오는 사람의 발소리를 듣는다면 그 기쁨이 또 어떠하겠는가."라는 말이 나온다.

127 관직을……것이니 : 소식(蘇軾)의 〈하자유생제사손(賀子由生第四孫)〉 시에 "관직이 없으니 이 한 몸이 가볍고, 자식이 있으니 만사가 족하네.〔無官一身輕, 有子萬事足〕" 하였다.

어찌 제일 편하고 좋은 방편이 아니겠습니까. 그러나 도성에는 풍랑이 널리 일고 있는 상황이니, 이러한 때에 사헌부 관원들은 필시 형을 부러워하기에 겨를이 없을 것입니다. 승제(乘除)[128]와 득실이 걸핏하면 이와 같으니, 처하는 상황에 따라 편안히 여겨야 할 것입니다. 바라건대 정자(程子)가 말한 '처음 벼슬에 나아간 선비가 남을 구제한다.'[129]는 가르침에 마음을 두는 것이 어떻습니까.

편지에 보여주신 보고하는 내용을 통해 백성들의 곤궁함이 극한 상황에 이르렀음을 알았습니다. 북한산성(北漢山城)의 역사가 생긴 이래로 경기 도내 백성들의 힘이 이미 고갈되었고, 형이 다스리는 고을만 그런 것이 아니니, 이를 장차 어찌하겠습니까. 형이 이미 결코 감당하기 어려운 정황을 목도하셨으니, 보신대로 논청(論請)을 하는 것은 참으로 불가할 것이 없습니다. 다만 이름난 관리가 고을 수령으로 나가 상급 관청을 다그치고 윽박질러 구차히 백성들의 칭송을 요구하는 폐단이 간혹 있는 만큼 이점 역시 유념하지 않아서는 안 되니, 오직 일의 형세와 도리를 자세히 살펴서 처리하십시오.

128 승제(乘除) : 성쇠(盛衰)와 같은 뜻으로, 승(乘)은 성함에 해당하고, 제(除)는 쇠함에 해당한다.

129 처음……구제한다 : 정호(程顥)가 말하기를, "맨 처음 벼슬길에 나선 선비가 진실로 민물을 사랑하는데 마음을 두면 사람들에 대해서도 반드시 구제해 주는 바가 있을 것이다.〔一命之士, 苟存心於愛物, 於人必有所濟.〕"라고 하였다. 《近思錄 卷10》

황여문에게 보내다 병신년(1716, 숙종42)

與黃汝文 丙申

봄추위가 아직도 풀리지 않은 이때에, 정무를 보시는 근황이 편안하십니까. 저는 뜻밖에도 외람되이 가까이서 성상을 모시는 자리로 옮겼습니다. 십년 동안 떨어져 있다가 한번 성상의 얼굴을 뵙고 나니, 조금이나마 견마(犬馬)의 정성을 풀 수 있었습니다. 그러나 간혀서 숙직을 하는 여드레 동안 마침 어지러운 상황을 만나 하루도 조금이나마 편안할 겨를이 없었습니다. 결국 엄한 분부를 받아 이렇게 움츠린 채 견책을 기다리고 있으니, 감히 한때 관례적으로 파직되는 것을 다행으로 여길 수 없는 상황입니다. 이는 주자가 말한 "처음 먹은 마음으로 말하면, 내 자리를 얻은 것이다."[130]라는 경우와 같으니, 실제 저보다 먼저 이러한 상황을 경험한 것입니다.

그대가 한 마디 말로 십수 년 동안 침체되어 가려져 있던 의리를 분명하게 구분지어 드러나게 하였으니, 충분히 사류(士流)로 하여금 기운을 북돋우게 할 수 있을 것입니다. 형과 같은 분들이 훗날 대각에

130 처음……것이다 : 벼슬에 나갔다가 돌아왔지만 본래 벼슬에 나가려는 뜻이 없었으므로 자신의 자리를 얻었다고 한 것이다. 주자가 진동보(陳同甫)에게 답하는 편지에 "이 사람은 본래 이 시대에 등용되기를 생각하지 않았는데, 중간에 확고하지 못하여 쉽게 한번 나갔다가 곤란해져 돌아왔습니다. 근래의 일로 말하자면 쫓겨난 것이나 처음 먹은 마음으로 말하면 자신의 자리를 얻었다고 말할 수 있습니다.〔此生本不擬爲時用, 中間立脚不牢, 容易一出, 取困而歸, 自近事而言, 則爲廢斥, 自初心而言, 則可謂爰得我所矣.〕"《朱子大全 卷36 答陳同甫》

들어오면 모범이 되어 뜻을 굽히고 남을 따르기만 하는 폐습을 없앨 수 있지 않겠습니까.

듣자하니 징우(徵友)[131]가 지나는 길에 금헌(琴軒)에서 하룻밤을 묵었다고 하는데, 바다를 건너가는 이별이 암담하지 않겠습니까. 떠난 뒤에 눈이 내려 길이 진흙탕이 되었으니, 더욱 사람으로 하여금 마음이 쓰이게 합니다.

131 징우(徵友) : 이름에 '징(徵)'이 들어가는 사람으로 추정되나 정확히 누구를 가리키는지는 알 수 없다.

황여문에게 답하다
答黃汝文

관악산에서 돌아와 예전처럼 궤안(几案)에 기대 있으니, 선탑과 짚신이 눈앞에 선합니다. 지난번의 유람을 돌이켜보건대 얼마나 마음이 흡족하고 통쾌하였습니까. 편지를 받고서 저와 같은 심정임을 알았습니다. 지금은 시기가 좋지 못하니, 쌀을 실어 나르는 일이 사람으로 하여금 마음을 쓰이게 합니다. 탕춘대(蕩春臺)의 수석이 근래 쌀 먼지로 더렵혀지고 있으니,[132] 소나무 사이에서 갈도하는 부끄러움이 없을 수 있겠습니까.[133]

저는 바깥 출입을 하지 않고 노모를 봉양하며 그럭저럭 세월을 보내고 있습니다. 전답에는 물이 가득해 풍년의 조짐이 넘치니, 이 밖의 세상사는 말씀드리고 싶지 않습니다. 홍령(洪令)[134]이 얼마 전에 세상

132 탕춘대(蕩春臺)의……있으니 : 1715년에 황규하가 지평으로 있을 때 북한 산성(北漢山成)의 역사(役事)가 커서 재정의 소모가 있음을 말하면서 군량(軍糧)을 조적(糶糴)하는 문제에 대해서도 말하였으나, 그 논의가 받아들여지지 않았다. 이듬해 이유(李濡)가 또 탕춘대 성의 축성 공사를 극력 주장하는데, 본문의 내용은 이때의 일을 말하는 것으로 보인다. 《肅宗實錄 41年 7月 15日》《承政院日記 肅宗 42年 1月 29日》

133 소나무……있겠습니까 : 관원이 출입할 때에 벽제(辟除)하는 것을 갈도(喝道)라 한다. 소나무 사이에 갈도(喝道)하는 것은 당나라 이의산(李義山)이 열거한 살풍경(殺風景)의 하나이다. 그것은 산에 놀러가는 사람은 한가하고 맑은 취미를 찾는 것인데, 관원이 소나무 숲 사이에 벽제(辟除) 소리를 높이 하는 것을 조롱하는 말이다. 본문에서는 경관이 좋은 탕춘대가 북한산성 축성 및 군량 수송으로 관리들의 출입이 잦아져 살풍경하다는 뜻으로 보인다.

을 떠났는데, 또 정보(正甫)[135]까지 세상을 떠났으니, 문아(文雅)와 풍류(風流)를 지닌 이를 실로 다시 만날 수 없습니다. 이것 역시 장자후(章子厚)가 그렇게 한 일이겠습니까.[136] 너무나도 애통합니다.

134 홍령(洪令) : 홍씨(洪氏) 성(姓)을 지니고, 수령을 역임한 사람으로 추정되나 정확히 누구를 가리키는지는 알 수 없다.

135 정보(正甫) : 신정하(申靖夏, 1680~1715)를 말한다. 본관은 평산(平山), 자는 정보(正甫), 호는 서암(恕菴)이다.

136 장자후(章子厚)가……일이겠습니까 : 천명이 그렇게 만든 것을 말한다. 장자후는 송 철종(宋哲宗) 때의 권신 장돈(章惇)을 말한다. 범순인(范純仁)이 장돈에게 쫓겨나 영주(永州)로 폄적되었을 때에 늘 제자(諸子)들이 장돈을 원망하자, 제자들의 그러한 마음을 저지시켰다. 영주로 가는 길에 강을 건너다가 배가 전복되어 옷이 모두 젖었는데, 함께 가던 자제들을 돌아보며 말하기를, "이것이 어찌 장자후(章子厚)가 할 수 있는 일이겠느냐?"라고 말한 고사가 있다. 《宋史 卷314 范純仁列傳》

황여문에게 답하다
答黃汝文

장마가 지난 뒤에 풍재(風災)와 한재(旱災)가 거듭 닥쳐 농사가 엉망이 되었습니다. 어찌 다만 농부들의 걱정거리일 뿐이겠습니까. 이러한 때에는 지방관의 책임도 진실로 적지 않습니다. 그러나 홍문록의 선발은 명망이 중하니[137], 어찌 몸을 굽혀 고을 수령 자리에 있을 수 있겠습니까. 다만 사람은 많고 자리는 적으니, 차임되는 사이에 혹 급과(及瓜)[138]에 이르지 않겠습니까. 관직이 근래에 비록 난잡해졌지만 직책은 예나 지금이나 다름이 없으니, 오직 마땅히 자신이 맡은 직분을 극진히 해야 합니다. 바라건대 공무를 마친 여가에 독서를 하여 시대의 쓰임에 대비하는 것이 어떻습니까. 김 대감께서 돌아가신 것은 실로 시운과 관계된 일이니, 올해에는 무슨 액운을 만나서 수많은 좋은 사람들이 죽는단 말입니까. 너무나도 애통합니다.

137 홍문록의……중하니 : 황규하는 금천현감(衿川縣監)으로 있다가 1716년(숙종 42) 4월에 홍문록에 뽑히고, 6월에 도당록에 뽑혔다. 《承政院日記 肅宗 42年 4月 27日, 6月 16日》

138 급과(及瓜) : 오이가 익을 때라는 말로, 임기가 끝나 교체되는 것을 뜻하는 말이다. 춘추 시대 제 양공(齊襄公)이 연칭(連稱)과 관지보(管至父)를 규구(葵丘)로 보내 1년 동안 지키게 할 적에, 마침 오이가 익을 때였으므로 "이듬해 오이가 익을 때에 후임자를 보내어 교체시켜 주겠다.〔及瓜而代〕"라고 약속했는데, 1년이 지나도 교체해주지 않고 교대를 요청해도 들어주지 않자, 마침내 그들이 분개하여 난리를 일으켰다. 《春秋左氏傳 莊公8年》

황여문에게 답하다

答黃汝文

임금이 과오를 고치는 일은 실로 사문(斯文)과 세도를 위해 다행한 일입니다. 다만 그 처분을 너무 급하게 하면 모양새가 아름답지 않고 조정이 분산되어 근심스러운 단서가 산더미 같을 뿐만이 아닙니다. 모르겠습니다만 경연에 참여하는 여러 사람들이 어떻게 임금을 인도하고 보좌하는 책임을 다하고 있는지요.

아무개의 상소는 그 내용이 너무도 도리에 어긋나니, 성균관의 이름을 빌렸다고 해서 용서해서는 안 될 듯합니다. 노성한 대신의 의견이 훗날의 폐단을 염려하고 사체(事體)를 보존하는 데에서 나왔지만, 일에는 경중의 차이가 있으니, 공의(公議)가 결정되고 사설(邪說)이 조금 그친 뒤에 다른 대신이 말하기를 천천히 기다리더라도 역시 늦지 않을 것입니다. 어찌 굳이 급급하게 할 것이 있겠습니까. 너무나도 애석한 일입니다.

황여문에게 답하다 정유년(1717, 숙종43)
答黃汝文 丁酉

성상께서 곽란(癨亂)을 앓으신 뒤에 평소처럼 식사를 하지 못하시는데, 오늘 이미 거둥하셨다고 하니, 저는 멀리 외방에서 근심스러운 마음을 더욱 그칠 수가 없습니다. 황강(黃江)이 이미 입대(入對)하였다[139]고 들었는데, 잘 모르겠습니다만 한번 나와서 어떻게 특별한 성은에 응답하고 상하의 소망을 충족시킬런지요. 연석(筵席)에서의 대화를 제가 어떻게 자세히 들을 수 있겠습니까마는 전하는 말을 듣기로, 성상께서 친절히 위로하면서 심지어 가까이 오라고 명하여 손을 잡고 간곡히 만류하셨는데, 황강이 선대왕들이 전하는 심법인 성정(誠正)과 직(直)을 미루어 말을 하고,[140] 또 춘추대의(春秋大義)와 위무공(衛

139 황강(黃江)이 이미 입대(入對)하였다 : 황강(黃江)은 송시열의 고제 수암(遂庵) 권상하(權尙夏, 1641~1721)를 가리킨다. 《한수재집(寒水齋集)》 〈연보(年譜)〉에 의하면 권상하는 이해 3월 소명을 받고 온천 행궁(行宮)에 입대하였다.

140 황강이……하고 : 권상하가 행궁으로 입대하여 말한 내용을 가리킨 말로, 그 내용은 다음과 같다. "예전에 우리 효종대왕께서 항상 경연에 납시어 늘 성의(誠意), 정심(正心)을 학문의 주로 삼으시어 충분히 강론하셨습니다.……성의, 정심의 학문은 바로 전하의 가법(家法)이니 후왕(後王)으로서 마땅히 계술(繼述)해야 할 것이 오직 여기에 있을 뿐입니다. 주자(朱子)가 임종하기 3일 전에 문인들에게 말하기를 '천지가 만물을 내는 소이(所以)와 성인이 만사를 응대하는 소이는 직(直)일 뿐이다.' 하였는데, 신의 스승 송시열이 임종할 때에도 일찍이 이 말로써 문인들에게 가르친 것은 대개 직 자가 포함하고 있는 뜻이 매우 크기 때문입니다. 공자께서 '사람의 생리(生理)는 직하다.' 하였고, 맹자는 '직으로 길러 해침이 없으면'이라고 하였는데, 《대학》의 성의 정심과 《중용》의 정일(精一)이 모두 이 뜻이니, 천고의 성현들이 서로 전한 심법(心法)

武公)의 〈억(抑)〉 시[141]로 경계할 것을 아뢰고 물러 나와서는 그의 아들인 단양 군수(丹陽郡守)[142]의 병세가 악화되었다는 소식을 듣고는 상소를 올리고 곧장 돌아갔다고 합니다.

이 이 하나의 직자에서 벗어나지 않습니다."《寒水齋集 年譜》

141 위무공(衛武公)의 억(抑)시 : 26쪽 주12 참조.

142 단양 군수(丹陽郡守) : 권상하의 아들인 권욱(權煜, 1658~1717)을 말한다.

황여문에게 답하다 무술년(1718, 숙종44)

答黃汝文 戊戌

빈궁(嬪宮)께서 세상을 떠난 것은 전혀 뜻밖의 일이니, 너무나도 놀라워 무슨 말을 해야 할지 모르겠습니다. 현덕왕후(顯德王后)의 고사 외에는 의거할 만한 법식이 없을 듯하니,[143] 모든 절차에 필시 소란스러운 일이 많을 것입니다. 평상시에 신료들이 신하로 칭하지 않았으니, 복제(服制)에는 논할 수 있는 것이 없을 듯합니다. 조정이 위문하는 예법은 있을 듯한데, 곡하는 자리는 설치하지 않습니까. 설령 궐 밖에서 거애(擧哀)하는 절차가 있더라도 경중에 이미 차이가 있으니, 상중에 있는 사람이 나아가 곡하는 것은 마땅하지 않을 듯합니다. 그러나 이는 모두 제 생각이니, 전례와 예의(禮意)가 과연 어떠한지 모르겠습니다.

143 빈궁(嬪宮)께서……듯하니 : 빈궁은 왕세자빈 심씨(沈氏)를 말한다. 경종의 첫째 왕비로 1718년(숙종44) 2월 7일에 세상을 떠났다. 1720년(경종즉위년)에 단의왕후(端懿王后)로 추봉(追封)되었다. 이때 대전과 중궁전의 복제(服制)를 세종조 현덕왕후(顯德王后)가 빈궁(嬪宮)으로 훙서(薨逝)하였을 때의 전례를 따라 대공복(大功服)을 입게 하였다가 다시 기년복(朞年服)으로 고쳐 정하였다. 《肅宗實錄 44年 2月 8日·14日》

김숙기[144] 홍경 에게 답하다 신유년(1741, 영조17)

答金叔起 興慶○辛酉

빈 산에 외로이 앉아 있자니, 모든 생각이 다 사라집니다. 오직 젊은 시절 가깝게 지내던 이와 옛날 동료들이 세상을 떠나 남아 있는 자들이 거의 없으니, 이로 인해 대감에 대한 그리움이 더욱 간절합니다. 다만 늙고 병들어 게으르고 무력해져 대감에게 안부 편지 한번 보내지 못하였습니다. 지난해에 명부(明府)[145]가 부임한 뒤로 점차 가까워지는 듯하다가 곧바로 다시 기회를 잃었으니, 슬픔과 한이 되는 것은 사사로이 보살펴주시는 인정 때문에 그런 것만은 아닙니다. 뜻밖에도 멀리서 몇십 리 떨어진 곳으로 편지를 보내 안부를 물어 주시니, 극진한 말씀에 너무나도 감사하고 위로되는 마음을 어찌 말로 다할 수 있겠습니까.

날씨가 점점 따뜻해지는 이때에 대감의 체후가 신령의 도움을 받아 두루 평안하신지요. 저는 지루하게 세상에 살아남아 슬프기만 하고 기쁜 일이 없습니다. 이는 예전에 노인 분들께 듣던 말인데, 제가 이런 처지가 될지 어찌 알았겠습니까. 도리어 웃음이 납니다. 더구나 재이가 거듭 닥치고 시대의 어려움이 날로 심해지는 상황이라 농사에 대한

144 김숙기 : 김홍경(金興慶, 1677～1750)이다. 본관은 경주(慶州), 자는 자유(子有)·숙기(叔起), 호는 급류정(急流亭)이다.

145 명부(明府) : 지방관에 대한 경칭으로, 본문에서는 김홍경의 큰 아들 김한정(金漢楨)을 말하는 것으로 보인다. 저자는 이 무렵 용인에 우거하고 있었는데, 1년 전인 영조 16년(1740)에 김한정이 용인 현령으로 부임한 적이 있다.《承政院日記 英祖 16年 8月 3日》

근심을 실로 떨쳐버릴 수 없으니, 어찌하겠습니까.

말씀하신 내용은 삼가 알겠습니다. 이 일 역시 강성함과 쇠퇴함이 수응하여 날마다 문사(文思)가 메말라 감을 알겠으니, 제대로 글을 쓰기가 어렵습니다. 그러나 이름을 의탁하여 영광이 되는 일을 어찌 감히 사양하겠습니까. 오직 속초(續貂)[146]가 부끄러울 뿐입니다. 한 번 뵐 길이 없어 이렇게 소회를 말하였으니, 다만 절기에 맞게 더욱 몸을 보중하시기 바랍니다.

146 속초(續貂) : 개 꼬리로 담비 꼬리를 잇다는 뜻으로, 훌륭한 것에 뒤이어 변변치 못한 것이 뒤따른다는 뜻인 구미속초(狗尾續貂)의 준말이다. 진(晉)나라 조왕(趙王) 윤(倫) 일당이 고관이 되자, 그의 종까지도 관직에 올라 관을 장식하는 담비 꼬리가 부족하여 개 꼬리로 장식한 고사에서 유래하였다. 《晉書 卷59 趙王倫列傳》

권경하[147] 적 에게 답하다 정유년(1717, 숙종43)

答權景賀 禘○丁酉

나라에 대한 걱정이 밤낮으로 맺힌 듯하여 큰 강을 건너는데 나루터가 보이지 않는다는 말이 오히려 한가로운 소리이니, 무슨 말을 하겠습니까. 근래 누차 소명(召命)을 어긴 일은 곁에서 보기에도 황송함을 알 수 있지만, 염치와 의리가 이미 중하니 어찌 다른 것을 돌아볼 겨를이 있겠습니까. 처음에 독대한 일이 이미 재앙의 연결고리가 되었으니, 어찌 다만 좌우의 불행일 뿐이겠습니까. 사체(事體)와 관련된 일인 만큼 대각(臺閣)에서 마땅히 한마디 말이 있어야 하는데, 지금 사헌부 집의가 한 말은 거의 돌을 던지는 행위[148]와 유사합니다. 무슨 말을 했는지 상세히 알 수는 없지만 너무나도 놀랍고 개탄스럽습니다.

거취에 대해서는 지금 말할 수 있는 것이 없는데, 중간에 비록 나아가기를 권하는 논의가 있었지만 좌우께서 굳건하게 흔들리지 않은 것은 진실로 잘한 일입니다. 잠시 들어갔다가 곧바로 나왔더라면 더욱 낭패만 더했을 것입니다.

147 권경하 : 권적(權禘, 1675~1755)이다. 본관은 안동(安東), 자는 경하(景賀), 호는 창백헌(蒼白軒)·남애(南厓)이다.

148 돌을 던지는 행위 : 위급한 상황에 놓인 사람을 보고 구해 주기는커녕 더욱 곤경에 빠뜨리는 자를 비유한 말로, 당(唐)나라 한유(韓愈)가 지은 〈유자후묘지명(柳子厚墓志銘)〉에 "사람들이 작은 이해에 걸리면 그것이 아무리 하찮은 것일지라도 안면을 몰수하는 경우가 있고, 함정에 빠졌을 경우에 손을 내밀어 구제해 주는 것이 아니라 더욱 밀어 넣고 돌을 던진다." 하였다.

화복과 영욕은 일체 하늘에 맡기고 오직 나의 직분을 다한다면 가슴 속이 절로 안정됨을 스스로 깨달을 것이니, 편지에서 말씀하신 온갖 재앙이니 험한 길이니 하는 말은 너무 근심하고 슬퍼하는 것이 아닐지요. 더욱 힘쓰시기를 바랍니다.

권경하에게 답하다 계묘년(1723, 경종3)

答權景賀 癸卯

빈 산에 우두커니 앉아 있자니 모든 생각이 사라지고 오직 그대에 대한 그리움만 더해집니다. 일전에 이현(梨峴)의 인편을 통해 편지를 받았으니, 마음과 소리가 서로 상응한다는 말이 어찌 빈말이겠습니까.

저는 판잣집에 거적문을 닫고 수많은 봉우리에 둘러싸여 있으니, 도성과는 딴 세상처럼 아득히 떨어져 있습니다. 화를 당하고 남은 목숨[149]은 그래도 스스로 지내기에 충분하나 가난 속에 어머니를 봉양하는 일은 봄이 되면서 더 어려워지니, 옛 사람이 말한 "풀 옷 입고 나무 열매를 먹으며 구차히 세월을 보낸다."라는 것이 바로 우리들의 처지입니다. 상을 당한 종형제와는 하룻밤이 지나야 도달할 수 있는 거리에 있는데, 양쪽이 다 외로운 처지라 그리운 마음을 풀 수 없으니, 어찌하겠습니까.

늘 형 집안의 대를 잇는 일을 생각할 적마다 마치 저의 일처럼 안타까웠는데, 양자를 들였다는 기쁜 소식을 들었으니, 형을 잘 닮은 사람이라면 어찌 굳이 자신의 소생일 필요가 있겠습니까. 멀리서 경하드립니다.

이곳은 조용하기 짝이 없는 곳이라 나태해지는 것을 어찌할 수 없습니다. 산만해져 옛날에 얻은 것은 모두 잊어버리고, 새로 아는 것도

149 화를……목숨 : 1721년과 1722년에 걸쳐 노론이 신임사화를 겪었고 그 와중에 중부 이만성이 무고로 유배를 가서 죽었기 때문에 말한 것이다.

없으니, 편지에서 하신 말씀이 너무나도 사람의 얼굴에 땀이 흐르게 합니다. 가장 큰 즐거움은 자식을 가르치는 것이고, 가장 중요한 것은 독서이니, 또한 바라건대 형은 아울러 살피셔서 게을리하지 마십시오.

권경하에게 답하다 갑인년(1734, 영조10)

答權景賀 甲寅

그대가 작년에 한 행동[150]은 비록 혹 본심이 아니었다고는 하나, 세도(世道)에 해를 끼치고 선류(善類)에게 수치를 끼친 것이 큽니다. 그대를 위해 가슴 아파하고 분개하는 마음이 실로 제가 다른 사람들보다 갑절이니, 어찌 선인(先人)과의 인연 때문에 더욱 각별히 그대를 아끼기 때문이 아니겠습니까. 그러나 또 글에 드러내어 사람들의 구설을 더 보태고 싶지 않아 조정에 계실 때 보내주신 편지에 감히 답장을 하지 않았으며, 해를 넘겨 영남의 바닷가에 계시는 동안에도 끝내 안부 편지를 올리지 않았습니다. 그대에게 소홀했다는 근심이 실로 마음에서 사라지지 않았는데, 그대가 언짢게 여기지 않고 먼저 편지를 보내서 곡진하게 말씀을 해주시니, 참으로 부끄럽고 감사한 마음을 이루 다 말할 수 없습니다.

이전에 부탁하신 글은 지금까지 쓰지 못하고 있으니, 그대가 의아하게 생각하시는 것이 당연합니다. 그러나 조만간에 정성을 다해 써드릴 것이니, 너그러이 용서해 주시기 바랍니다.

150 그대가……행동 : 권적이 이조 참의로 있으면서 전라 감사를 차출할 때 영의정 심수현(沈壽賢)이 박문수(朴文秀)를 맨 앞에 의망하게 하니, 권적이 '박문수는 일찍이 영남의 일이 있었다.' 하여 그 불가함을 말하자, 박문수가 상소하여 스스로 변명하였다. 영조는 자신이 탕평책을 선포한 뒤에 권적의 이러한 행동이 당쟁을 조장하고 박문수를 모함하는 일이라 하여 권적을 기장 현감(機張縣監)으로 좌천시켰다.《英祖實錄 9年 4月 22日》

생각해보면 선대 존장(先尊)께서는 강직하고 고결한 지조를 지니셔서 하루도 시속에 구차히 용납되기를 구하지 않으셨으니, 가령 그대가 한결같이 남기신 가법(家法)을 따라 실추시키지 않았다면 어찌 지난번과 같은 낭패가 있었겠습니까. 부디 분발하셔서 스스로를 새롭게 하여 반드시 존장에게 누를 끼치지 않고자 생각하시는 것이 어떻습니까.

권경하에게 답하다 임술년(1742, 영조18)

答權景賀 壬戌

이규채(李奎采) 군이 방송되어 돌아오는 길[151]에 우리 집에 들러 새로 유배된 사람이 바다를 건넜다는 소식을 들었으니, 조금 위로가 됩니다. 그가 들어가고 나올 때에 그대가 도와준 양식과 비용은 그대에게도 작은 금액이 아니라 할 수 있습니다. 그러나 유배객의 끼니는 스스로 마련할 수 있는 방법이 전혀 없어 온전히 관아에 의지하는데, 돌아보면 지금 섬에 있는 관리들은 모두 권력자의 친지들이라 가엾게 생각해 줄 사람이 없습니다. 더구나 그의 두 아우가 차례대로 세상을 떠나 문호가 쇠퇴하였으니, 누가 기꺼이 돌봐줄 생각을 하겠습니까. 그대가 관찰사가 되어 이 아우로 하여금 자신의 땅에서 굶주리게 하는 것을 면하지 못하게 했다면 이것이 어찌 사류(士流)들이 그대에게 바라는 것이겠습니까.

이군(李君)이 그곳의 형세에 대해 익숙하여 이때는 바람이 잔잔한 때라 바다를 건너는 것은 어려운 일이 아니라고 말하였습니다. 배 한 척에 가득 실어 보내는 것은 관찰사에게 있어서는 한 번 호령으로 가능한 일이니, 부디 넉넉히 구휼하는 계책을 잘 생각해 주시기 바랍니다.

151 이규채(李奎采)……길 : 이규채(李奎采)가 지평으로 있다가 죄를 얻어 대정현(大靜縣)에 천극(栫棘)을 당했으며, 그 후에 전라도 나주목(羅州牧)으로 출륙(出陸)되었다가 풀려난 일을 말한다. 이때 권적은 전라도 관찰사로 있었다. 《英祖實錄 16年 11月 2日》《英祖實錄 18年 1月 10日》

바닷가에 있는 친구의 고을에서 떼어 즉시 실어 보내어 무사히 지내게 해 주신다면 어찌 처음부터 끝까지 한결같은 은혜가 아니겠습니까. 제가 이렇게 말씀드리는 것은 다만 가까운 친척의 입장 때문이 아닙니다. 그대 역시 옛날 일을 생각하여 필시 마음을 써 주실 것이나 관아에서 미처 생각지 못한 것이 있다면 마땅히 속히 도모해 주십시오.

윤명숙[152] 봉조 에게 보내다 병인년(1746, 영조22)

與尹鳴叔 鳳朝○丙寅

제주도 바닷가에 유배 가 있을 때[153]에도 오히려 한 해에 한 번은 편지를 왕래했는데, 근세에는 그렇지 못하니, 어찌 고양(高陽)이 바닷가 유배지 보다 멀어서 그런 것이겠습니까. 우연히 동경회(同庚會)[154]의 시축을 보다가 슬픔을 금치 못하여 막 첩으로 만들어 집으로 보냈습니다. 살아있는 사람이 우리 둘뿐이니, 짧은 발문이나마 없어서는 안 되는데, 발문을 지을 사람은 제가 아니면 형밖에 없습니다. 형이 직접 쓴 발문을 얻어 그리울 때 얼굴 대신 보는 도구로 삼고자 하는데, 어떻습니까. 《주역(周易)》공부는 한가한 때에도 져버리지 않습니까. 이에 대해 듣기를 바랍니다. 지난달 함경도에 시관(試官)을 파견할 때, 그대의 거취를 깊이 생각했는데, 지금 생각해보니 늙은이의 잘못된 판단이라 하겠습니다.

152 윤명숙 : 윤봉조(尹鳳朝, 1680~1761)이다. 본관은 파평(坡平), 자는 명숙(鳴叔), 호는 포암(圃巖)이다.

153 제주도……때 : 이광좌(李光佐)가 정권을 획득하자 윤봉조가 제주도 정의현(旌義縣)에 귀양 가 있을 때를 말한다. 《英祖實錄 4年 1月 23日》

154 동경회(同庚會) : 동갑의 모임을 말한다. 저자와 윤봉조는 경신년(1680) 생으로 동갑니다. 송(宋)나라 재상 문언박(文彦博)이 87세에 치사(致仕)하고 낙양(洛陽)에 돌아와 동경회(同庚會)를 만들었던 고사가 있다.

김태백[155] 진상 에게 답하다 경신년(1740, 영조16)

答金太白 鎭商○庚申

뜻밖에 심부름꾼 편에 편지를 보내주시니, 놀랍고 위로되는 마음을 금치 못하겠습니다. 이에 들으니 근처에 들리셨다가 내일 돌아가신다고 하는데, 주인이 없어 흥이 깨져서 돌아가는 것을 면하지 못하리라 생각됩니다. 오실 때에 필시 양아(陽衙)[156]에 들어가셨을 터라 서로 만나서 회포를 풀었을 것이니, 예전처럼 소식이 막히지는 않으셨는지요.

주자(朱子)가 일찍이 매번 인가(人家)로 하여금 딸을 낳게 하는 것을 기박한 운명이라 여겼는데,[157] 그대의 지금 행차는 이와 반대이니, 혹여 아들이 없는 집에 아들이 생길 조짐입니까. 너무나도 기쁜 일입니다.

속히 찾아뵙고 소회를 풀고 싶었으나 근래에 풍현증(風眩症)[158]에

155 김태백 : 김진상(金鎭商, 1684～1755)이다. 본관은 광산(光山), 자는 여익(汝翼), 호는 퇴어(退漁)이다.

156 양아(陽衙) : 고을 이름 중에 '양(陽)'이 들어가는 곳의 관아인데, 정확히 어디를 가리키는지 미상이다.

157 주자(朱子)가……여겼는데 : 주자가 채계통(蔡季通)에 답하는 편지에 "중간에 집에 도착하여 이 날 아들을 얻었다는 소식을 들었으니, 깊이 축하드립니다. 쇠약하고 어리석은 저는 평소에 크게 이로움을 얻지 못해서 나이 서른이 넘어서부터 늘 인가에 이르면 사람들이 늘 딸을 낳았는데, 이와 같은 경우가 다섯에서 일곱 곳이나 되었습니다〔中間到宅上, 聞是日得子, 深爲贊喜. 衰鈍之蹤, 素不利市, 自年三十餘時, 每到人家, 輒令人生女, 如是凡五七處.〕."라고 하였다. 《朱子大全 卷44 答蔡季通》

158 풍현증(風眩症) : 풍사(風邪)로 인하여 생기는 현기증. 목덜미가 뻣뻣하여지고

시달려 날마다 약을 복용하다보니 힘을 낼 방도가 없고, 그대도 왕림하시기를 달가워하지 않으시니, 어쩌면 예법 상 오고가는 것을 귀하게 여기는 것[159] 때문에 그런 것입니까. 참으로 서운합니다.

구역질을 하기도 한다

159 예법……것 : 한 번씩 서로 주고받는 예법을 말한다. 《예기》 〈곡례(曲禮)〉에 "예법은 오고 가는 것을 귀하에 여기니, 가기만 하고 오지 않는 것도 예법이 아니고, 오기만 하고 가지 않는 것도 예법이 아니다.〔禮尙往來, 往而不來, 非禮也, 來而不往, 亦非禮也.〕" 하였다.

김언장[160] 상옥 에게 답하다 병오년(1726, 영조2)

答金彦章 相玉○丙午

삼가 듣기로, 율곡 선생(栗谷先生)의 문집을 다시 간행하는 일이 막 시작되었다고 하니, 이는 사문(斯文)에 다행스런 일입니다. 그러나 예전 판본이 글자가 작아서 보기 어려운데, 단지 문드러지거나 닳아 없어진 부분만 보충하여 넣는다면, 선배를 존경하고 후학에게 은혜를 끼쳐 주는 뜻을 극진히 하는 것이 아닐듯합니다. 물력(物力)이 모자라기는 하지만 해직되어 돌아가는 일이 우선 쉽지는 않으니, 지금이라도 다시 일을 도모하여 천천히 착수한다면 최선의 방도가 되지 않겠습니까. 옛날의 연보는 마땅히 잘라내고 그 대신에 우옹(尤翁 송시열(宋時烈))이 새로 지은 것을 책머리에 실어야 하는데, 보내신 편지에 그에 대한 언급이 없으니, 어쩌면 우연히 점검을 빠트린 것입니까. 현석(玄石 박세채(朴世采))이 교감한 것은 예전에 본 적이 없으니, 감히 알지 못하겠으나 분량이 얼마나 됩니까.

외람되이 발문을 써달라는 부탁을 받았으니, 이름을 넣는 일이 어찌 영화로운 일이 아니겠습니까. 그러나 스스로 생각하기에 비루하고 졸렬하여 끝내 감히 부탁을 받들 수 없으니, 깊이 생각하시어 다른 사람으로 다시 맡기는 것이 마땅할 것입니다. 또 이번에 다시 보완하여 간행하는 것은 전질을 다시 간행하는 것과는 다른 만큼 그 일을 장황하

160 김언장 : 김상옥(金相玉, 1683～1739)이다. 본관은 연안(延安), 자는 언장(彦章), 호는 소와(疏窩)이다.

게 말할 필요가 없이 책 말미에 일의 전말을 대략 기록하면 되니, 그대가 어찌 굳이 사양할 것이 있겠습니까. 부디 생각하여 조처하시기 바랍니다.

이군범[161] 기진 에게 답하다 계해년(1743, 영조19)
答李君範 箕鎭○癸亥

병이 들어 무료하게 지내던 차에 대감의 아우가 찾아오고 이어 대감의 편지를 받고서 풍재(風災)와 한재(旱災)에 대감의 체후가 편안하시다는 것을 알았으니, 참으로 위로가 되고 감사합니다. 저는 병이 조금 나았을 때 조심해야 한다는 경계를 소홀히 하여 왼쪽 팔다리가 다시 온전치 못합니다. 참으로 두 번이나 이러한 일을 당했으니, 위태로운 상황을 알 만합니다. 대감의 거취는 근세에 이조 판서를 사양하셨는데, 장암(丈巖 정호(鄭澔)) 이후로는 오직 대감 한 사람에게서 보았으니, 실로 사류(士類)의 영광입니다. 지난해 겨울 돌아가서 죽겠다는 상소는 맹렬하고도 흔적이 있다[162]고 제 마음대로 의심하고 이미 확고한 뜻을 결정하신 줄은 생각지도 못했습니다.

지문(誌文)은 대감의 가르침을 따라 다시 고실(故實)을 고찰하고 대감의 아우와 서로 상의하여 산삭해서 돌려보냅니다. 노년에 가슴

161 이군범 : 이기진(李箕鎭, 1687~1755)이다. 본관은 덕수(德水), 자는 군범(君範). 호는 목곡(牧谷)이다.

162 맹렬하고도 흔적이 있다 : 거취를 결정함에 있어 지나치도록 드러나게 행동하는 것을 말한다. 송나라의 명신 한기(韓琦)가 말하기를, "부귀는 얻기 쉽지만 명절은 보존하기가 어렵다."라고 하였으며, 또 "거취를 드러내기 곤란한 상황에 처한 경우 맹렬하고도 흔적이 있게 해서는 안 된다는 것이다. 〔韓魏公有云, 富貴易得, 名節難保. 又云, 處去就之難者, 不可猛而有跡.〕"라고 하였는데, 그 주석에 "공자께서 작은 죄로써 떠나고자 하신 뜻이다.〔卽孔子欲以微罪行之義〕"라고 하였다. 《明本釋 卷下》

속의 슬픔은 쉽게 몸을 상하게 하는데 이르니, 부디 마음을 느긋하게 하여 대감을 친애하는 이들의 바람에 부응하시기 바랍니다.

윤계형[163] 양래 에게 답하는 문목 신유년(1741, 영조17)

答尹季亨 陽來 問目 辛酉

망형(亡兄)의 대상(大祥)이 이번 사월에 있는데, 그 상주가 지난해 유월에 본생모(本生母)의 상을 당하였습니다. 지금 망형(亡兄)의 초상에 담제(禫祭)의 기일이 마침 유월에 있으니, 만약 상중에 담제를 지내지 않는 전례를 따라 제사를 지내지 않는다면 후계를 잇는 엄정함에 해를 끼치게 되고, 제사를 지낸다면 심상(心喪) 중에 담제를 지내는 것 역시 편안하지 못합니다. 만약 담제를 지내지 않는다면 길제(吉祭)는 체모가 담제보다 더욱 중요한데, 지내기도 어렵고 지내지 않는 것도 어렵습니다.

망형이 이미 아버지를 계승한 종자(宗子)이므로, 지금에 중요한 것은 오로지 전중(傳重)[164]에 있는데, 삼년상 이외에 사사로운 상으로 전중을 할 수 없다면 경중이 서로 어긋나니, 비록 담제와 길제를 지내지 못한다고 하더라도 따로 개제(改題)[165]하고 부묘와 체천을

163 윤계형 : 윤양래(尹陽來, 1673~1751)이다. 본관은 파평(坡平), 자는 계형(季亨), 호는 회와(晦窩)이다.

164 전중(傳重) : 상제(喪祭)나 종묘(宗廟)의 중한 책임을 손자에게 전한다는 뜻이다. 적자(嫡子)가 죽었을 경우 다른 서자에게 종통을 전하지 않고 바로 손자에게 전하였는데, 이를 할아버지의 처지에서는 '전중'이라 하고, 손자의 처지에서는 '승중(承重)'이라고 하였다.

165 개제(改題) : 신주의 글자를 고쳐 쓰는 것이다. 모든 상례 절차를 마치고 돌아간 이의 신주를 사당에 모실 때, 5대조가 넘어가는 조상의 신주는 묻고, 나머지 신주의

행하여 예법에 해가 되지 않는 예가 있습니까.

지금 또 은혜를 입어 영광스럽게 추증되는데 이르렀으니, 비록 길제를 지내지 못한다 하더라도 우선 먼저 개제를 하면 속칭(屬稱)[166] 및 방제(旁題)[167]는 어떻게 해야 합니까. 만약 개제를 하기 전에 제사를 지낼 경우 은혜로운 조서가 비록 내려 왔는데도 축사(祝辭)에는 추증된 직함을 쓰지 못하는 것입니까.

양자로 나간 사람은 본생의 부모에 대해 비록 스스로 심상(心喪)을 거행하지만, 실제로는 기년복(朞年服)을입니다. 종통을 잇는 의리는 지극히 엄하고도 중하며, 담제는 변제(變除)[168]의 큰일에 해당하고, 길제는 또 체천과 개제의 절차가 있어 관계된 바가 더욱 크니, 어찌 감히 사친(私親)의 상복 때문에 내버려두고 제사를 지내지 않을 수 있겠습니까. 본생가(本生家)의 소상이 이미 유월 십일 전에 있었으니, 중정일(仲丁日)[169]에 담제를 지내고, 길제 역시 마땅히 지내야 하는 달에 지낼 수 있으며, 복색은 단지 잠깐 길복(吉服)을 입으면 되니,

글자를 고쳐 쓴다. 또한 증직을 받아서 신분이 바뀌었을 때도 신주의 글자를 고쳐 쓴다.

166 속칭(屬稱) : 신주에 쓰는 친속 관계의 호칭으로, 속(屬)은 고조(高祖), 증조(曾祖), 조(祖), 고(考) 등과 같은 친속 관계의 호칭이고, 칭(稱)은 관직이나 호(號) 등이다.

167 방제(旁題) : 신주(神主)의 아랫부분 왼쪽에 제사를 받드는 사람의 이름을 쓰는 것으로, 신주에 "제사를 대행하는 후손 아무개 봉사〔攝祀孫某奉祀〕"라고 쓴다는 말이다.

168 변제(變除) : 변복제상(變服除喪)의 준말로, 변복은 소상(小祥) 때에 전에 입던 상복을 연복(練服)으로 갈아입고, 남자는 수질(首絰)을, 여자는 요질(腰絰)을 제거하며, 담제(禫祭) 때에 연복과 상장(喪杖)을 버리고 길복(吉服)으로 갈아입는 것이고, 제상은 상기(喪期)를 마치고 복을 벗는 것이다

169 중정일(仲丁日) : 그 달의 두 번째 정일(丁日)이다.

의심할 것이 없을 듯합니다.

담제와 길제를 행하지 않고 별도로 개제와 체천의 절차를 두는 것은 결코 이러한 이치는 없습니다.

추증이 이미 특별한 은혜인 만큼 이미 사유를 갖추어 사당에 고유했을 것이니, 고유한 뒤에는 비록 개제를 하기 전이라 하더라도 제사를 지낼 때의 축문에는 증직된 직함을 쓰는 것이 불가하지는 않을 듯합니다. 먼저 개제를 한다고 말한 부분에 이르러서는 역시 도리에 어긋나는 일인 듯하니 어떻게 생각하십니까.

홍우서[170] 봉조 에게 보내다 기미년(1739, 영조15)

與洪虞瑞 鳳祚○己未

높은 관직이 뜻밖에 이르러도 취하지 않고, 바닷가의 장기가 두려워할 만한데도 피하지 않으니,[171] 이는 비록 젊은 사람도 오히려 감당하기 어려운 일인데, 얻는 것을 경계해야 하고[172] 죽음을 듣기 싫어하는 노년이야 말할 것이 있겠습니까. 형의 이러한 행동은 사람의 뜻을 강하게 만드니, 동료들에게도 역시 다행스런 일입니다. 모르겠습니다만 부임하시는 날이 언제인지요. 더위를 무릅쓰고 부임길에 올랐으니, 몸이 축나지는 않았습니까. 풍토가 진실로 좋지 않을 것이나, 영남의 바닷가가 사람에게 어찌할 수가 있겠습니까. 좌천되어 오히려 봉래와 같은 곳을 얻었으니, 이 역시 학사의 끝나지 않은 맑은 인연일 것입니다.

이전 그믐에 족형의 상을 당해 곡을 할 일이 있어 교외에 갔다가 비로소 이 소식을 들었습니다. 부임하는 행차가 그 사이에 떠나는 바람에 길가에서 작별하지 못한 것이 한스럽습니다. 많이 드시고 건강하시기 바랍니다.

170 홍우서 : 홍봉조(洪鳳祚, 1680~1760)이다. 본관은 남양(南陽), 자는 우서(虞瑞), 호는 간산(盂山)이다.

171 바닷가의……않으니 : 수찬으로 있던 홍봉조(洪鳳祚)가 관직에 취임하지 않았기 때문에 장기 현감(長鬐縣監)으로 출보(黜補)된 일을 말한다.《英祖實錄 15年 5月 23日》

172 얻는……하고 :《논어》〈계씨(季氏)〉에서 공자가 "늙어서는 혈기가 쇠하였으므로 얻으려는 욕심을 경계하여야 한다.〔及其老也，血氣旣衰，戒之在得.〕"라고 한 말을 인용한 것이다.

김중례[173] 재로 에게 답하다 을묘년(1735, 영조11)

答金仲禮 在魯○乙卯

초닷새에 보내신 편지를 그저께 받아보았으니, 소식이 막혔던 차에 위로되는 마음을 어찌 헤아릴 수 있겠습니까. 날씨가 서늘한 근래에 삼가 대감의 체후와 기거가 편안하시리라 생각됩니다.

저는 날마다 더욱 쇠약해짐을 깨달아 죽을 날이 멀지 않고, 근래 또 차지해서는 안 될 자리로 인해 마치 병 하나가 더해진 것 같은데 벗어날 길이 없으니, 황공하고 근심스러운 마음을 어찌하겠습니까. 다만 몇 년 사이 이부(嫠婦)와 칠실(漆室)의 근심[174]을 하다가 이런 경사로운 일을 보게 되었으니, 한 번 충질(沖質 원자)을 보고자 하는 바람이 어찌 없겠습니까.

대감께서 말씀해주신 것이 이와 같을 뿐 아니라, 친한 벗들의 말을 들어보니 모두 그러하였습니다. 그러나 이 관직을 설치한 것은 그 뜻이 심원하고 그 책무가 중대하니, 어찌 단지 한 번 나아가 뵙는 것으로 그만이겠습니까. 비록 대감이 말씀하신 내용으로 보더라도 역시 이미 그대로 머물러 있기가 어렵다는 사실을 알 수 있습니다. 한 번 나아가

173 김중례 : 김재로(金在魯, 1682~1759)이다. 본관은 청풍(淸風), 자는 중례(仲禮), 호는 청사(淸沙)이다.

174 이부(嫠婦)와 칠실(漆室)의 근심 : 분수에 지나친 근심을 뜻하는 말인데, 일반적으로 자신의 말에 대한 겸사(謙辭)로 쓰인다. 이부(嫠婦)의 근심은 춘추 시대 어떤 과부가 베 짜는 일은 걱정하지 않고 주(周)나라 왕실이 망하여 화가 미칠까 걱정하였다는 고사에서 나온 말이다. 《春秋左氏傳 昭公2年》 칠실의 근심은 390쪽 주50 참조.

뵙는 것은 저에게 있어 진실로 영광스러운 일이지만 국가에는 무슨 보탬이 있겠습니까. 나아가면 죄가 없을 것이나 나아가지 않으면 견책을 받을 것은 이치상 분명한 일입니다. 이것이 어찌 한갓 이해(利害)를 생각하고 따지는 일에 귀결되지 않겠습니까.

산림의 고매한 자취와 선현이 남긴 행적은 모두 보잘 것 없는 저에게 견줄 수 있는 점이 아니나, 구구한 거취의 뜻은 역시 감히 완전히 방치할 수는 없으니, 이것이 어찌 다만 제 한 몸을 위한 일일 뿐이겠습니까. 지금 상견례는 이미 거행되었을 것이라 생각되니, 만일 처분이 내려졌다면 아주 다행한 일입니다. 근년에 친구들과 소원하였는데, 대감만은 잊지 않고 생각해주시어 우매한 저를 이처럼 간절하고 곡진하게 일깨워 주시니, 비록 소견이 꽉 막혀 변화를 알지 못하나 감사하는 마음을 어찌 말로 다하겠습니까.

오 좌윤[175] 중주 에게 답하다 계축년(1733, 영조9)

答吳左尹 重周○癸丑

비가 내린 뒤 서늘한 가을 날씨에 삼가 대감의 체후가 편안하시리라 생각됩니다.

저는 돌아오고 나서 며칠이 지났는데도 여정의 피로가 점점 더해집니다. 바다와 산의 승경(勝景)이 한바탕 꿈처럼 아득하니, 세상의 어떤 일이 이와 같지 않겠습니까. 이전에 심상치 않은 우레가 일어서 나라 걱정에 밤에도 잠들지 못했습니다. 한가히 지내는 것이 즐거운 일인 줄 전혀 알지 못하니, 어떻게 하겠습니까. 만사(萬寺)에서 사냥을 구경한 일은 사람으로 하여금 마음을 이끌리게 하니, 나이 아흔에 말 달리며 매 사냥하는 일이 옛날에도 있었습니까. 날씨가 조금 따뜻해지면 한번 왕림해 주시겠다는 말씀은 더욱 기뻐 기다려집니다.

175 오 좌윤 : 오중주(吳重周, 1654~1735)이다. 본관은 해주(海州), 자는 자후(子厚), 호는 야은(野隱)이다.

지은이 **이재(李縡)**

본관은 우봉(牛峰), 자는 희경(熙卿), 호는 도암(陶菴), 한천(寒泉)이다. 부친은 이만창(李晩昌), 모친은 민유중(閔維重)의 딸로 인현왕후(仁顯王后)의 동생이다. 1680년(숙종6) 9월 28일 한양 훈도방(薰陶坊) 주자동(鑄字洞) 외가에서 태어났다. 5세에 부친상을 당하여 중부(仲父) 이만성(李晩成)의 훈도를 받았다. 1702년(숙종28) 문과에 급제하여 예문관 검열, 이조 정랑, 함경북도 병마평사, 수원 부사, 대사성, 예조 참판을 역임하였다. 1722년(경종2) 중부가 신임옥사에 연루되어 옥사하자 인제(麟蹄)에 은거하였다. 영조 즉위 후 대제학, 이조 참판에 임명되었으나 모두 사직하고, 1728년(영조4) 모친상을 계기로 용인에 한천정사(寒泉精舍)를 짓고 강학에 몰두하였다. 이후 대사헌, 공조 판서, 좌참찬에 임명되었으나 모두 사직하였다. 1746년(영조22) 10월 28일 광주(廣州)에서 세상을 떠났다. 문집 《도암집(陶菴集)》과 함께 《사례편람(四禮便覽)》, 《서사윤송(書社輪誦)》, 《삼관기(三官記)》, 《주형(宙衡)》, 《검신록(檢身錄)》, 《사서강설(四書講說)》 등 많은 저술을 남겼다. 시호는 문정(文正)이다.

옮긴이

최예심(崔禮心)

1967년 충북 제천 출생. 민족문화추진회 국역연수원 연수부 및 상임연구부를 졸업하였다. 민족문화추진회를 거쳐 단국대학교 동양학연구원 선임연구원으로 재직 중이다. 《승정원일기》(공역), 《월정집》(공역), 《용주유고》(공역), 《어우집》(공역) 등을 번역하였다.

장유승(張裕昇)

1976년 서울 출생. 성균관대학교 한문학과를 졸업하고, 한국학중앙연구원 한국학대학원을 거쳐 서울대학교 국어국문학과에서 〈조선후기 서북지역 문인 연구〉로 박사학위를 받았다. 한국고전번역원 고전번역교육원 전문과정을 마치고 한국고전번역원 번역위원을 거쳐 현재 단국대학교 동양학연구원 책임연구원으로 재직 중이다. 《정조어찰첩》(공역), 《영조 승정원일기》(공역), 《동국세시기》, 《현고기》, 《한국산문선》(공역) 등을 번역하였다.

권진옥(權津鈺)

1979년 경북 영천 출생. 고려대학교 한문학과를 졸업하고, 동 대학교 국어국문학과에서 <택당 이식의 변문·고문 연찬과 산문 창작의 실제>로 석사학위를 받고 <귤산 이유원의 학문 성향과 유서·필기 편찬에 관한 연구>로 박사학위를 받았다. 고려대학교 민족문화연구원 연구원을 거쳐 현재 단국대학교 동양학연구원 선임연구원으로 재직 중이다. 《낙전당집》(공역), 《어우집》(공역), 《한비자집해》(공역), 《오천집》 등을 번역하였다.

이승용(李承容)

1981년 경북 의성 출생. 영남대학교 한문교육과를 졸업하고, 성균관대학교 한문학과에서 《조선후기 강화학파 한시연구》로 박사학위를 받았다. 한국고전번역원 고전번역교육원 연수과정과 전문과정을 마치고 단국대학교 동양학연구원 선임연구원으로 재직 중이다. 《완구유집》, 《정관정요》(공역), 《낙전당집》(공역), 《완역정본 택리지》(공역) 등을 번역하였다.

권역별거점연구소협동번역사업 연구진

연구책임자 **김문식**(단국대학교 사학과)
공동연구원 **윤재환**(단국대학교 국어국문학과)
김우정(단국대학교 한문교육과)
책임연구원 **허호구**(단국대학교 동양학연구원)
장유승(단국대학교 동양학연구원)
최예심(단국대학교 동양학연구원)
선임연구원 **권진옥**(단국대학교 동양학연구원)
이승용(단국대학교 동양학연구원)
연구보조원 **신윤수**(단국대학교 동양학연구원)

도암집 3

이재 지음 | 최예심 · 장유승 · 권진옥 · 이승용 옮김
2019년 12월 31일 초판 1쇄 발행
편집 · 발행 학자원
등록 2011.4.6 제2011-14호
주소 (05355) 서울시 강동구 천호대로 1121
전화 02-6403-1000 | 팩스 02-6338-1001 | 이메일 hakjaone@daum.net

값 30,000원
ISBN 979-11-6247-140-1 94810
979-11-6247-088-6 (세트)

권역별거점연구소협동번역사업 연구진

연구책임자 **김문식**(단국대학교 사학과)
공동연구원 **윤재환**(단국대학교 국어국문학과)
김우정(단국대학교 한문교육과)
책임연구원 **허호구**(단국대학교 동양학연구원)
장유승(단국대학교 동양학연구원)
최예심(단국대학교 동양학연구원)
선임연구원 **권진옥**(단국대학교 동양학연구원)
이승용(단국대학교 동양학연구원)
연구보조원 **신유수**(단국대학교 동양학연구원)

도암집 3
이재 지음 | 최예심 · 장유승 · 권진옥 · 이승용 옮김
2019년 12월 31일 초판 1쇄 발행
편집 · 발행 학자원
등록 2011.4.6 제2011-14호
주소 (05355) 서울시 강동구 천호대로 1121
전화 02-6403-1000 | 팩스 02-6338-1001 | 이메일 hakjaone@daum.net

값 30,000원
ISBN 979-11-6247-140-1 94810
979-11-6247-088-6 (세트)